eSocial: Origem e Conceitos

A Visão de seus Construtores

LUIZ ANTONIO MEDEIROS DE ARAÚJO
(Coordenador)

eSocial: Origem e Conceitos

A Visão de seus Construtores

EDITORA LTDA.

© Todos os direitos reservados

Rua Jaguaribe, 571
CEP 01224-003
São Paulo, SP — Brasil
Fone (11) 2167-1101
www.ltr.com.br
Janeiro, 2019

Produção Gráfica e Editoração Eletrônica: RLUX
Projeto de capa: FABIO GIGLIO
Impressão: META BRASIL

Versão impressa — LTr 6124.2 — ISBN 978-85-361-9832-3
Versão digital   — LTr 9500.2 — ISBN 978-85-361-9914-6

Atualizado em: 31.10.2018

Dados Internacionais de Catalogação na Publicação (CIP)
(Câmara Brasileira do Livro, SP, Brasil)

eSocial: origem e conceitos — a visão de seus construtores / Luiz Antonio Medeiros de Araújo, coordenador. — São Paulo : LTr, 2019.

Vários autores.
Bibliografia.
ISBN 978-85-361-9832-3

1. Contrato de trabalho 2. Contribuições previdenciárias 3. Direito do trabalho 4. eSocial — Sistema de Escrituração Fiscal Digital das Obrigações Fiscais, Previdenciárias e Trabalhistas 5. Relações de trabalho 6. Terceirização 7. Trabalho e trabalhadores I. Araújo, Luiz Antonio Medeiros de.

18-20249   CDU-34:331

Índice para catálogo sistemático:

1. Direito do trabalho 34:331

Cibele Maria Dias — Bibliotecária — CRB-8/9427

Sumário

Apresentação 7

Prefácio 9

Lista de Siglas 11

Lista de Eventos do eSocial 17

Lista de Tabelas do eSocial 19

O Modelo *eSocial* 21
José Alberto Maia

A Ressignificação do Direito Administrativo do Trabalho sob a Perspectiva do eSocial: Reconfigurações Desejadas 29
Margarida Barreto de Almeida

A Importância e o Papel das Lideranças no Apoio à Implantação e Manutenção dos Processos do eSocial 40
Lélio R. Tocchio

Preparação para Implantação do eSocial nos Empregadores 48
Odair Rocha Fantoni

Reflexões sobre o Impacto do Registro Digital das Relações de Trabalho Trazido pelo eSocial nos Atores Sociais e Estado 59
Alex Assis de Mendonça
Adilson da Silva Bastos

A Reavaliação dos Procedimentos Internos de Gestão de Pessoas como Pressuposto para a Conformidade com o Modelo eSocial ... 70
Cesar Augusto Alves Neto

O Contrato de Trabalho, seus Sujeitos e Evocações Normativas — Uma Análise à Luz do eSocial 81
Luiz Antonio Medeiros de Araujo

Entendendo como Informar a Contratação de Aprendizes, Pessoas com Deficiência e Expatriados no eSocial 92
Fernando de Oliveira Lisboa

A Dinâmica dos Trabalhadores Sem Vínculo — TSV — no eSocial 100
Eduardo Tanaka

A Terceirização, o Trabalho Temporário e suas Informações ao eSocial 108
Fernando César Gonçalves de Castro

Remuneração de Trabalhadores e Incidências da Folha de Pagamento no eSocial 120
Daniel Belmiro Fontes

A Dinâmica das Informações Relativas ao Pagamento de Rendimentos do Trabalho no eSocial.. 148
Samuel Kruger

A Comercialização da Produção Rural e seus Reflexos no eSocial 158
Maria Geórgia Magalhães de Almeida

Os Cálculos das Contribuições Sociais no eSocial.. 166
Cláudio Maia

O Encadeamento de Dados no eSocial e as Informações Extemporâneas.. 184
Paulo César Santos Brandão

Gerenciamento de Riscos Ocupacionais e o eSocial... 199
Airton Marinho da Silva
Lailah Vasconcelos de Oliveira Vilela

Aportes Teóricos Utilizados na Construção da Tabela 23 — Fatores de Risco... 214
Mara Queiroga Camisassa

Eventos de Segurança e Saúde no Trabalho do eSocial: Impactos na Previdência Social.. 222
Orion Sávio Santos de Oliveira

O eSocial e o Tratamento Diferenciado Previsto na Legislação ao Empregador Doméstico, Microempreendedor Individual, Segurado Especial e Micro e Pequenas Empresas... 236
Zander Gonçalves da Silva

Apresentação

O mundo do trabalho passa atualmente por profundas transformações.

Transformações decorrentes das inovações tecnológicas e econômicas que deram causa à reestruturação do processo produtivo de bens e serviços, que tem desafiado o Direito do Trabalho a promover reconfigurações conceituais importantes de seus institutos, como forma de alcançar as novas formas de trabalho surgidas; alterações normativas vultosas como as decorrentes da reforma trabalhista na legislação pátria, que promoveu (ou pretendeu promover) uma ruptura paradigmática com os pressupostos do ramo juslaboral, porquanto subdimensiona o conflito como elemento dinâmico das relações laborais e da função tuitiva do Direito do Trabalho como condição de liberdade do trabalhador; e, por último, as alterações concernentes à implantação do eSocial, que constitui uma nova forma de cumprimento, perante o Estado, das obrigações trabalhistas, previdenciárias e tributárias relativas à contratação de mão de obra no país, modernizando a relação entre o Estado e seus administrados, no que concerne à prestação de trabalho.

Esse sistema cria um canal único para a prestação das informações pelos empregadores e contribuintes, respeitantes à contratação de trabalhadores e, embora não isento a controvérsias, representa o mais importante avanço nas relações entre o Estado e seus administrados dos últimos tempos, em face da sua vocação modernizadora e desburocratizante.

É com o objetivo de esclarecer a todos os interessados em conhecer o eSocial que esse livro foi escrito e para tanto foi reunido um conceituado rol de autores, todos com profundo conhecimento do sistema, das matérias que lhes são subjacentes, além de larga experiência no dia-a-dia nas relações trabalhistas, previdenciárias e tributárias. A maioria desses autores compõem o grupo técnico do eSocial, representando seus respectivos órgãos e entidades.

A diversidade da formação dos autores e sua experiência diária com relação aos assuntos tratados garante a qualidade e relevância da obra e é, sem dúvida alguma, seu diferencial com relação a outras obras já publicadas sobre o tema.

O livro se propõe a levar ao leitor uma visão geral, porém precisa, do eSocial, numa linguagem simples e acessível, sob a ótica das pessoas que o idealizaram, o desenvolveram e que participam de sua implantação em empregadores e órgãos públicos, e que sabem de sua grande importância para o país.

Esperamos, por fim, que esta obra traga uma efetiva contribuição para que todos tenham uma perfeita compreensão acerca do eSocial.

Luiz Antonio Medeiros de Araujo
Coordenador da obra

Prefácio

Este livro reúne estudos apurados de 21 integrantes da equipe de planejamento e desenvolvimento do eSocial. São Auditores Fiscais do Trabalho, Auditores Fiscais da Receita Federal, gestores de Recursos Humanos, especialista em Seguridade Social, Analista de Sistemas, Engenheiro da Computação etc, que oferecem informações históricas e orientações para a utilização desse sistema tão importante para a administração pública do Brasil.

Fruto das experiências vividas na pesquisa e na execução de um emaranhado de leis, decretos, instruções normativas, portarias, bancos de dados, sistemas, modelos, formulários, demandas de natureza trabalhista, previdenciária e tributária, os autores, com o uso da tecnologia da informação, conceberam o sistema eSocial, para oferecer ao fisco um modelo simplificado de recepção e gerenciamento de informações estruturadas, transmitidas pelos empregadores urbanos e rurais a um só banco de dados (informações como: identificação de empregadores, empregados, prestadores de serviços, aprendizes, receita, lucro, pagamentos de salários, remunerações e valores creditados, contribuições sociais, previdenciárias e fiscais, FGTS etc).

Evitam-se, com isso, repetições e retrabalho para as empresas e para os órgãos destinatários dessas preciosas informações, sem acrescentar novas obrigações e sem alterar a legislação. Como garantem: *"O eSocial não criará nenhuma nova obrigação acessória ou trabalhista, apenas centralizará essas informações a partir de um único canal"*.

E assim nasce e cresce um banco de dados nacional, cujas informações estarão disponíveis aos órgãos da administração pública, que as utilizarão segundo as atribuições e as competências de cada um, no âmbito da aplicação do direito administrativo do trabalho (MTb, INSS, Receita Federal, SPrev. e CEF).

Pelo que se extrai dos textos, para se adequarem à estrutura prevista no modelo eSocial, as empresas e os órgãos da administração pública haverão de melhorar e atualizar seus cadastros e registros, com ênfase na área de recursos humanos, a fim de evitar inconsistências nas informações e atender a um dos objetivos do eSocial: a busca pela melhoria do nível das informações prestadas ao fisco.

O livro explicita esse modelo de registro digital das obrigações trabalhistas fiscais e previdenciárias e traz uma gama enorme de informações acerca das inúmeras situações emergentes das relações de trabalho e de suas consequências trabalhistas, bem como trata da proteção e dos benefícios aos segurados e mostra como informar a ocorrência desses eventos no eSocial.

Ao examinar as diversas facetas e vantagens do eSocial para os empregadores e para o Estado, seja nas ações de fiscalização, seja nos processos de garantia dos benefícios aos segurados, os autores oferecem, de forma didática e em linguagem acessível, respostas às dúvidas sobre a nova ferramenta de gerenciamento de dados, com orientações sobre cálculos e conceitos preciosos dos variados eventos que envolvem as informações a serem transmitidas. Eles trazem também orientações ao usuário sobre como identificar situações, umas corriqueiras, outras aparentemente tormentosas, indicando o caminho, tudo visando a uma *"perfeita transição para o novo modelo que chega com o eSocial"*, que permitirá ao segurado acompanhar seus registros e sua situação nesse novo e unificado banco de dados.

Em virtude da excelência dos textos que compõem esta obra e da induvidosa relevância do novo sistema único de registro e gerenciamento de dados reveladores da situação trabalhista, fiscal e previdenciária, extraída das relações de trabalho, de modo atualizado e disponível para as empresas, para os empregados e para os órgãos da administração pública, é que recomendo sua leitura e releitura.

Este livro, portanto, despertará o máximo interesse dos profissionais do direito administrativo do trabalho e fomentará o fiel cumprimento da legislação trabalhista, fiscal e previdenciária, de tal modo que compromete os ilustres autores a escreverem novos livros sobre os variados temas cujo interesse este livro estimula.

Brasília, outubro de 2018.

João Batista Brito Pereira
Ministro Presidente do Tribunal Superior do Trabalho

Lista de Siglas

ABNT	— Associação Brasileira de Normas Técnicas
ACGIH	— *American Conference of Governmental Industrial Hygienists*
AET	— Análise Ergonômica do Trabalho
AFRF	— Auditor-fiscal da Receita Federal do Brasil
ASO	— Atestado de Saúde Ocupacional
ASSERTTEM	— Associação Brasileira do Trabalho Temporário
BNH	— Banco Nacional de Habitação
CA	— Certificado de Aprovação
CAEPF	— Cadastro de Atividade Econômica de Pessoa Física
CAGED	— Cadastro Geral de Empregados e Desempregados
Caixa	— Caixa Econômica Federal
CAT	— Comunicação de Acidente de Trabalho
CBO	— Classificação Brasileira de Ocupações
CCFGTS	— Conselho Curador do FGTS
CD	— Comunicação de Dispensa
CEBAS	— Certificado de Entidade Beneficente de Assistência Social
CEI	— Cadastro Específico do INSS
CFM	— Conselho Federal de Medicina
CFRB	— Constituição da República Federativa do Brasil
CG	— Comitê Gestor do eSocial
CGSN	— Comitê Gestor do Simples Nacional
CID	— Classificação Internacional de Doenças
CIEE	— Centro de Integração Escola-Empresa
CIPA	— Comissão Interna de Prevenção de Acidentes
CLT	— Consolidação das Leis do Trabalho
CNAE	— Classificação Nacional de Atividades Econômicas
CND	— Certidão Negativa de Débito
CNES	— Cadastro Nacional de Estabelecimento de Saúde
CNH	— Carteira Nacional de Habilitação

CNIg	— Conselho Nacional de Imigração
CNIS	— Cadastro Nacional de Informações Sociais
CNO	— Cadastro Nacional de Obra
CNPJ	— Cadastro Nacional da Pessoa Jurídica
COFINS	— Contribuição para o Financiamento da Seguridade Social
CONAB	— Companhia Nacional de Abastecimento
CP	— Contribuição Previdenciária
CPF	— Cadastro de Pessoas Físicas
CPRB	— Contribuição Previdenciária sobre Receita Bruta
CRC	— Conselho Regional de Contabilidade
CREA	— Conselho Regional de Engenharia e Agronomia
CSLL	— Contribuição Social sobre o Lucro Líquido
CSR	— Contribuição Sindical Rescisória
CTN	— Código Tributário Nacional
CTPS	— Carteira de Trabalho e Previdência Social
DARF	— Documento de Arrecadação da Receita Federal
DAS-MEI	— Documento de Arrecadação Simplificado
DCOMP	— Declaração de Compensação
DCTF	— Declaração de Débitos e Créditos Previdenciários
DCTFWeb	— Declaração de Débitos e Créditos Previdenciários
DIRF	— Declaração do Imposto de Renda Retido na Fonte
DIRPF	— Declaração do Imposto de Renda Pessoa Física (DIRPF
DNI	— Documento Nacional de Identificação
DSR	— Descanso Semanal Remunerado
EAD	— Ensino a distância
EFD-Reinf	— Escrituração Fiscal Digital de Retenções e Outras Informações Fiscais
EPC	— Equipamento de Proteção Coletiva
EPI	— Equipamento de Proteção Individual
eSocial	— Sistema de Escrituração Digital das Obrigações Fiscais, Previdenciárias e Trabalhistas
ETT	— Empresa de Trabalho Temporário
FAE	— Financiamento Aposentadoria Especial
FAP	— Fator Acidentário de Prevenção
FDEPM	— Fundo de Desenvolvimento do Ensino Profissional Marítimo
FGTS	— Fundo de Garantia do Tempo de Serviço
FNDE	— Fundo Nacional de Desenvolvimento da Educação
FPAS	— Fundo de Previdência e Assistência Social

GFIP	— Guia de Recolhimento do FGTS e de Informações à Previdência Social
GILRAT	— Grau de incidência de incapacidade laborativa decorrente dos riscos ambientais do trabalho
GPS	— Guia da Previdência Social
GRE	— Guia de Recolhimento do FGTS
GRFGTS	— Guia de Recolhimento do FGTS
GRRF	— Guia Recolhimento Rescisório FGTS
IAPs	— Instituto de Aposentadorias e Pensões
IBGE	— Instituto Brasileiro de Geografia e Estatística
IN	— Instrução Normativa
INCRA	— Instituto Nacional de Colonização e Reforma Agrária
INSS	— Instituto Nacional do Seguro Social
IR	— Imposto de Renda
IRPF	— Imposto de Renda da Pessoa Física
IRRF	— Imposto de Renda Retido na Fonte
LINACH	— Lista Nacional de Agentes Cancerígenos para Humanos
LOPS	— Lei Orgânica da Previdência Social
LRE	— Livro de Registro de Empregados
LTCAT	— Laudo Técnico de Condições Ambientais de Trabalho
MANAD	— Manual Normativo de Arquivos Digitais
ME/EPP	— Microempresa e Empresa de Pequeno Porte
MEI	— Microempreendedor Individual
MOS	— Manual de Orientação do eSocial
MPT	— Ministério Público do Trabalho
MTb	— Ministério do Trabalho
NDE	— Nota de Documentação Evolutiva
NIS	— Número de Identificação Social
NIT	— Número de Inscrição do Trabalhador
NR	— Normas Regulamentadoras
OAB	— Ordem dos Advogados do Brasil
OC	— Órgão de classe
OGMO	— Órgão Gestor de Mão de Obra
OIT	— Organização Internacional do Trabalho
OJ	— Orientação Jurisprudencial
PAA	— Programa de Aquisição de Alimentos
PASEP	— Programa de Formação do Patrimônio do Servidor Público

PCD	— Pessoa com deficiência
PCMAT	— Programa de Condições e Meio Ambiente de Trabalho na Indústria da Construção Civil
PCMSO	— Programa de Controle Médico de Saúde Ocupacional
PEFUG	— Projeto Estratégico do FGTS
PGD	— Programa Gerador de Dados
PGFN	— Procuradoria Geral da Fazenda Nacional
PGR	— Programa de Gerenciamento de Riscos
PIS	— Programa de Integração Social
PLR	— Participação em Lucros ou Resultados
PNOS	— *Particles not Otherwise Specified*
PPP	— Perfil Profissiográfico Previdenciário
PPRA	— Programa de Prevenção de Riscos Ambientais
PVA	— Programa Validador e Assinador
QHT	— Quadro de Horário de Trabalho
RAIS	— Relação Anual de Informações Social
REB	— Registro Especial Brasileiro
RET	— Registro de Eventos Trabalhistas
RFB	— Receita Federal do Brasil
RG	— Registro Geral
RGPS	— Regime Geral de Previdência Social
RH	— Recursos Humanos
RIC	— Registro de Identificação Civil
RIR	— Regulamento do Imposto de Renda
RNE	— Registro Nacional de Estrangeiro
RNM	— Registro Nacional Migratório
RPPS	— Regime Próprio de Previdência Social
RPS	— Regulamento da Previdência Social
RRA	— Rendimentos Recebidos Acumuladamente
SAT	— Seguro contra Acidentes de Trabalho
SDI1	— Primeira Seção de Dissídios Individuais
SEFIP	— Sistema Empresa de Recolhimento do FGTS e Informações à Previdência Social
SENAI	— Serviço Nacional de Aprendizagem Industrial
SENAR	— Serviço Nacional de Aprendizagem Rural
SESMT	— Serviço Especializado em Engenharia de Segurança e em Medicina do Trabalho
SFH	— Sistema Financeiro da Habitação
SIMEI	— Sistema de Recolhimento em valores fixos mensais dos tributos abrangidos pelo Simples Nacional

Simples Nacional	—	Regime Especial Unificado de Arrecadação de Tributos e Contribuições devidos pelas Microempresas e Empresas de Pequeno Porte
SIRETT	—	Sistema de Registro de Empresas de Trabalho Temporário
SIT	—	Secretaria de Inspeção do Trabalho
SPED	—	Sistema de Escrituração Pública Digital
SPREV	—	Secretaria de Previdência do Ministério da Fazenda
SST	—	Segurança e Saúde no Trabalho
STF	—	Supremo Tribunal Federal
STJ	—	Superior Tribunal de Justiça
SUS	—	Sistema Único de Saúde
TAC	—	Transportador Autônomo de Cargas
TOM	—	Tabela de Órgãos e Municípios
TST	—	Tribunal Superior do Trabalho
TSVE	—	Trabalhador sem vínculo de emprego ou estatutário
TUSS	—	Terminologia Unificada da Saúde Suplementar
UF	—	Unidade da Federação
VAR	—	Sistema de vídeo-arbitragem
VBFR	—	Valor Base para Fins Rescisórios

Lista de Eventos do eSocial

S-1000 — Informações do Empregador/Contribuinte/Órgão Público

S-1005 — Tabela de Estabelecimentos, Obras ou Unidades de Órgãos Públicos

S-1010 — Tabela de Rubricas

S-1020 — Tabela de Lotações Tributárias

S-1030 — Tabela de Cargos/Empregos Públicos

S-1035 — Tabela de Carreiras Públicas

S-1040 — Tabela de Funções/Cargos em Comissão

S-1050 — Tabela de Horários/Turnos de Trabalho

S-1060 — Tabela de Ambientes de Trabalho

S-1070 — Tabela de Processos Administrativos/Judiciais

S-1080 — Tabela de Operadores Portuários

S-1200 — Remuneração de trabalhador vinculado ao Regime Geral de Previdência Social

S-1202 — Remuneração de servidor vinculado a Regime Próprio de Previdência Social

S-1207 — Benefícios previdenciários — RPPS

S-1210 — Pagamentos de Rendimentos do Trabalho

S-1250 — Aquisição de Produção Rural

S-1260 — Comercialização da Produção Rural Pessoa Física

S-1270 — Contratação de Trabalhadores Avulsos Não Portuários

S-1280 — Informações Complementares aos Eventos Periódicos

S-1295 — Solicitação de Totalização para Pagamento em Contingência

S-1298 — Reabertura dos Eventos Periódicos

S-1299 — Fechamento dos Eventos Periódicos

S-1300 — Contribuição Sindical Patronal

S-2190 — Admissão de Trabalhador — Registro Preliminar

S-2200 — Cadastramento Inicial do Vínculo e Admissão/Ingresso de Trabalhador

S-2205 — Alteração de Dados Cadastrais do Trabalhador

S-2206 — Alteração de Contrato de Trabalho

S-2210 — Comunicação de Acidente de Trabalho

S-2220 — Monitoramento da Saúde do Trabalhador

S-2221 — Exame Toxicológico do Motorista Profissional

S-2230 — Afastamento Temporário

S-2240 — Condições Ambientais do Trabalho — Fatores de Risco

S-2245 – Treinamentos e Capacitações

S-2250 — Aviso Prévio

S-2260 — Convocação para Trabalho Intermitente

S-2298 — Reintegração

S-2299 — Desligamento

S-2300 — Trabalhador Sem Vínculo de Emprego/Estatutário — Início

S-2306 — Trabalhador Sem Vínculo de Emprego/Estatutário — Alteração Contratual

S-2399 — Trabalhador Sem Vínculo de Emprego/Estatutário — Término

S-2400 — Cadastro de Benefícios Previdenciários — RPPS

S-3000 — Exclusão de eventos

S-5001 — Informações das contribuições sociais por trabalhador

S-5002 — Imposto de Renda Retido na Fonte

S-5003 — Informações do FGTS por Trabalhador

S-5011 — Informações das contribuições sociais consolidadas por contribuinte

S-5012 — Informações do IRRF consolidadas por contribuinte

S-5013 — Informações do FGTS consolidadas por empregador

Lista de Tabelas do eSocial

Tabela 01 — Categorias de Trabalhadores

Tabela 02 — Financiamento da Aposentadoria Especial e Redução do Tempo de Contribuição

Tabela 03 — Natureza das Rubricas da Folha de Pagamento

Tabela 04 — Códigos e Alíquotas de FPAS/Terceiros

Tabela 05 — Tipos de Inscrição

Tabela 06 — Países

Tabela 07 — Tipos de Dependente

Tabela 08 — Classificação Tributária

Tabela 09 — Tipos de Arquivo do eSocial

Tabela 10 — Tipos de Lotação Tributária

Tabela 11 — Compatibilidade entre Categoria de Trabalhadores, Classificação Tributária e Tipos de Lotação

Tabela 12 — Compatibilidade entre Tipos de Lotação e Classificação Tributária

Tabela 13 — Parte do corpo atingida

Tabela 14 — Agente Causador do Acidente de Trabalho

Tabela 15 — Agente Causador / Situação Geradora de Doença Profissional

Tabela 16 — Situação Geradora do Acidente de Trabalho

Tabela 17 — Descrição da Natureza da Lesão

Tabela 18 — Motivos de Afastamento

Tabela 19 — Motivos de Desligamento

Tabela 20 — Tipos de Logradouro

Tabela 21 — Natureza Jurídica

Tabela 22 — Compatibilidade entre FPAS e Classificação Tributária

Tabela 23 — Fatores de Riscos do Meio Ambiente do Trabalho

Tabela 24 — Codificação de Acidente de Trabalho

Tabela 25 — Tipos de Benefícios Previdenciários dos Regimes Próprios de Previdência

Tabela 26 — Motivos de Cessação de Benefícios Previdenciários

Tabela 27 — Procedimentos Diagnósticos

Tabela 28 — Atividades Periculosas, Insalubres e/ou Especiais

Tabela 29 — Treinamentos, Capacitações e Exercícios Simulados

O Modelo eSocial

José Alberto Maia[*]

1. Introdução

Enfim, nasce o *eSocial* — Uma nova forma de registro de eventos trabalhistas.

Após sete anos de gestação, entra em fase de implantação o sistema que pretende ser uma revolução no processo de prestação de informações trabalhistas ao governo, melhorando de maneira substancial os ambientes de trabalho e de negócios no Brasil.

Fruto de um verdadeiro processo de construção coletiva, envolvendo diversos entes governamentais, assim como representações de empresas e de trabalhadores, o *eSocial* determina uma profunda mudança de paradigma na relação do fisco com os administrados, constituindo-se como um projeto de Estado, e não apenas como um projeto de governo.

Conhecer o *eSocial* passa a ser um imperativo não apenas para aqueles que irão operá-lo no dia-a-dia, mas para todos que porventura venham a fazer uso de alguma informação do mundo do trabalho, seja na condição de trabalhador, de segurado, de empregador, de tomador ou de prestador de serviços, bem como de pesquisador das relações laborais. Passa a ser também de conhecimento obrigatório para os agentes do Estado, responsável por prestar benefícios aos segurados, arrecadar tributos e definir políticas públicas, inclusive de segurança e saúde no trabalho.

Conhecer o *eSocial* vai além de saber como ele funciona. Demanda conhecer seu escopo e seu não--escopo, ou seja: o que é, e o que não é o *eSocial*. Para isto é necessário ter uma razoável noção dos sistemas aos quais ele se integra, ou que com ele, de alguma maneira, se relaciona.

Este artigo, assim como todo este livro, se propõe a levar ao leitor uma visão geral, porém precisa, deste projeto, numa linguagem simples e acessível, sob a ótica daqueles que o idealizaram e o desenvolveram, e que sabem de sua importância para o país.

Antes de apresentarmos o "Modelo *eSocial*", precisamos conhecer melhor o projeto em si e sua história. Quais seus objetivos e premissas, assim com os resultados almejados, com base nos quais deverá ser avaliado.

2. História do eSocial

Com o objetivo inicial de substituir o SEFIP, gerador da GFIP, e também a DCTF, em meados de 2010, a RFB idealizou um sistema por meio do qual as empresas passariam a prestar ao fisco as informações relativas à sua folha de pagamento. Com base nestas informações, seria possível que o próprio fisco, e não mais o contribuinte, passasse a gerar, de maneira mais segura, as guias de recolhimento dos tributos incidentes sobre a folha de pagamento. Nascia ali o então "FOPAG", embrião do que viria a ser o *eSocial*.

(*) Bacharel em direito e em ciência da computação; auditor-fiscal do trabalho; coordenador do projeto *eSocial* no âmbito do Ministério do Trabalho; membro titular do Comitê Gestor do *eSocial*; professor de MBA; autor de artigos publicados em revistas e jornais especializados em direito do trabalho.

Após algumas reuniões internas na RFB, foi formatada uma proposta de sistema baseada nos modelos dos demais sistemas daquela instituição existentes à época, que faziam uso de PGD capazes de validar, "assinar" e enviar arquivos digitais, em formato de texto, para um ambiente público. Chegou-se inclusive a se propor um leiaute inicial para este arquivo, algo parecido com o leiaute do MANAD.

Percebeu-se, porém, no final de 2010, uma grande oportunidade de se ampliar o escopo do projeto com a inclusão de outros entes da administração pública que também tivessem interesse no projeto, seja por terem competência concorrente para fiscalizar a folha de pagamento das empresas — como no caso do Ministério do Trabalho —, seja por terem interesse direto nas informações da folha para a caracterização do vínculo previdenciário —, como no caso do INSS. O convite para participar do projeto foi feito e aceito de imediato por estes entes.

A Caixa, na qualidade de agente operador do FGTS, também foi convidada a participar do projeto, mas não demonstrou interesse naquele momento, só vindo a participar do desenvolvimento do eSocial dois anos mais tarde, quando o projeto já se encontrava em uma fase mais avançada.

O fato é que, com a entrada do MTb e dos demais entes como patrocinadores, o eSocial teve seu escopo largamente ampliado, deixando de ser um projeto voltado exclusivamente para a arrecadação de tributos, se tornando o que é hoje: "*uma nova forma de registro de eventos trabalhistas*".

O que se viu naquele momento foi uma grande oportunidade de se criar uma nova forma de registrar não apenas os fatos que se caracterizavam como "geradores de tributos", mas também os demais fatos que ocorrem na relação laboral, que lastreiam e validam as informações da folha de pagamento, e que por força de lei também são passíveis de registro. Estamos falando de eventos como uma admissão de trabalhador, seus eventuais afastamentos ou até seu desligamento, e não apenas os pagamentos de salários feitos a ele.

O registro adequado destes demais eventos trabalhistas seria necessário não apenas para que se assegurassem, de maneira mais efetiva, os direitos dos trabalhadores, mas também para que o Estado pudesse prestar aos trabalhadores e aos segurados os benefícios a que está obrigado de maneira mais segura e eficiente.

Na verdade, o MTb conseguiu acrescentar ao então "*FOPAG*" um sistema de registro eletrônico de trabalhadores, projeto que já estava em estudo na SIT, desde os idos de 2002, e que previa sistematizar de maneira unificada o registro de todos os fatos relevantes que acontecem numa relação laboral. Neste momento o então *FOPAG* passou a ser chamado de Escrituração Fiscal Digital Social, o *EFD-Social*, e, em seguida, simplesmente *eSocial*.

Com a migração do registro dessas informações para o novo sistema, também seria possível a substituição de uma gama muito maior de obrigações que as previstas inicialmente. Além do SEFIP e da DCTF, seria possível, então, substituir também a RAIS; o CAGED; o LRE; a CD; o QHT; o PPP dentre outras, simplificando os processos das empresas e do fisco, e diminuindo seus custos operacionais.

Seria possível, enfim, uma melhoria muito mais significativa dos ambientes de trabalho e de negócios do país.

3. Objetivos do eSocial

Mas a substituição dessas obrigações não poderia ser feita de qualquer forma, ou a qualquer custo. Deveria ser feita de modo a preservar os objetivos basilares do projeto, quais sejam: garantir de forma mais efetiva os direitos dos trabalhadores, inclusive aqueles relativos à segurança e saúde no trabalho; simplificar os processos administrativos; diminuir os custos das empresas; e gerar informações de melhor qualidade para o Estado.

Estes são os principais objetivos do *eSocial* e com base nos quais o projeto deve ser avaliado.

O *eSocial* também proporcionará uma diminuição nas fraudes contra o INSS e o Seguro Desemprego, assim como um aumento na arrecadação de tributos. Mas consideramos estes resultados apenas como efeitos colaterais positivos do projeto, e não objetivos em si.

4. Premissas do eSocial

Na persecução desses objetivos, porém, deveriam ser respeitadas algumas premissas, sob pena de o projeto sequer conseguir decolar.

Uma dessas premissas seria a preservação das competências e das atribuições de cada ente envolvido. Seria necessária então a formulação de um modelo de governança no qual os entes pudessem continuar desenvolvendo suas atividades com independência e autonomia.

Outra premissa que teria que ser respeitada seria a de se prescindir de mudança legislativa, *strictu sensu*, para a sua implantação. Percebeu-se que a necessidade de mudanças legislativas, que demandassem um esforço muito expressivo junto ao poder legislativo para que o projeto fosse implantado, poderia comprometer de forma fatal os prazos ou o nível de patrocínio governamental. Por este motivo, o *eSocial* só deveria contemplar informações que já fossem passíveis de registro à luz da legislação vigente.

Por fim, atentou-se também para a necessidade de se desenvolver uma proposta de modelo de prestação de informações que fosse a mais aderente possível à forma que as empresas já trabalham em seu dia a dia. Não seria razoável exigir que as empresas mudassem desnecessariamente a sua maneira de trabalhar unicamente em função da criação de um novo sistema, ao menos não aquelas que já trabalhavam em conformidade com a legislação.

5. Criação do eSocial

Uma vez definidos os objetivos do projeto e as premissas a serem respeitadas pela equipe técnica para o seu desenvolvimento, passou-se a estudar em profundidade o modelo vigente de prestação de informações ao fisco e os fatores que realmente concorriam para que este modelo fosse tão complexo, caro e ineficiente. Foi necessário questionar a real necessidade e utilidade de cada informação que seria prestada pelas empresas ao *eSocial*.

Sabia-se, porém, que, para que fosse possível de fato substituir as diversas obrigações já existentes, a maioria das informações por elas exigidas teria também que ser requerida na nova obrigação, porém de forma mais racional e sem redundância.

Passou-se então a se desenvolver o novo modelo de prestação de informação ao fisco.

5.1. Forma Padronizada e Segura de Envio de Informação

O primeiro fator que chamou a atenção da equipe técnica, e que concorria fortemente para a degradação do modelo atual, foi a diversidade de formas e procedimentos existentes para a prestação de informações ao fisco.

No modelo vigente, as informações eram prestadas por meio de diversos sistemas independentes, que funcionavam de maneiras totalmente diferentes, obrigando as empresas a investirem em formação e treinamento de especialistas em cada um desses sistemas. Havia necessidade de se ter um especialista em SEFIP, outro na RAIS, outro no CAGED e assim por diante, o que dificultava o cumprimento das obrigações por parte das empresas e elevava seus custos operacionais.

Saltava aos olhos a necessidade de se padronizar a forma de prestação dessas informações, de modo a que as empresas pudessem adaptar seus sistemas institucionais para atenderem a este dever quase que de maneira automática e transparente. E, como dito anteriormente, esta nova forma de prestação de informação deveria ser a mais aderente possível à forma que as empresas já trabalhavam em seus processos administrativos, não gerando processos adicionais, e muito menos custos desnecessários.

Não se poderia, porém, prescindir da segurança no envio e recebimento das informações, assim como na sua guarda. E mais, ainda se deveria garantir, de qualquer maneira, a absoluta *rastreabilidade* das informações.

A escolha desta nova forma de prestação de informações, que atendesse a todos os requisitos acima, passou a ser o principal desafio do projeto.

5.2. Não Redundância de Informação

Constatou-se também que no modelo vigente havia uma redundância enorme de informações, uma vez que cada ente pedia as informações de que necessitava, sem se preocupar se estas já se encontravam em algum banco de dados estatal.

No caso do MTb, havia informações redundantes exigidas por meio de diversas obrigações de sua própria competência. Cita-se como exemplo a data de admissão de um trabalhador. Que é anotada no Livro de Registro de Empregados, depois trasladada para a CTPS, e posteriormente informada no CAGED e na RAIS.

O novo sistema deveria acabar com esta multiplicidade de prestação da mesma informação, permitindo que as empresas passassem a registrá-la uma única vez.

5.3. Tempestividade na Prestação das Informações

Outro aspecto que também foi levado em conta diz respeito à tempestividade da prestação da informação por parte da empresa. Muitas vezes as informações só eram registradas em um momento muito posterior ao momento em que o fato passível de registro havia acontecido.

Como se sabe, informação é perecível, e, muitas vezes, perde em qualidade e, sobretudo, em utilidade quando não prestada oportunamente. Um registro deve ser feito a tempo de a informação ser utilizada para o fim a que se destina. E de nada adianta receber uma informação quando ela já não tem mais utilidade.

O novo sistema deveria permitir que os registros fossem feitos oportuna e tempestivamente.

5.4. Informações sem Erros

De nada adiantaria padronizar a forma de envio e recepção da informação, acabar com a redundância e receber a informação tempestivamente se não fosse possível assegurar a qualidade da informação.

O novo sistema deveria minimizar a possibilidade de a empresa cometer erros na prestação das informações, só aceitando aquelas que fossem perfeitamente compreendidas pelo fisco e que fossem realmente possíveis de ter acontecido na vida real, mesmo que em desacordo com o regramento legal.

Um erro comum que ocorre nas empresas é em relação à identificação dos trabalhadores a que os registros se referem. Sendo assim, para que as informações fossem perfeitamente compreendidas e efetivamente recebidas pelo *eSocial*, seria fundamental que os dados dos trabalhadores, constantes nos cadastros da empresa, estivessem em perfeita consonância com as informações existentes nos cadastros oficiais.

Outro erro que ocorre com frequência nas empresas, e que poderia ser evitado, é em relação a cálculos aritméticos feitos por ocasião da geração das guias para recolhimento de tributos. Com foco neste problema, o novo modelo deveria trazer para si a responsabilidade de efetuar as respectivas totalizações, respeitando sempre, claro, as regras definidas pelos próprios contribuintes.

Enfim, o *eSocial* deveria evitar, na medida do possível, que a empresa cometesse erros na prestação das informações ao fisco, diminuindo assim a possibilidade de geração de passivos trabalhistas e tributários desnecessários.

6. O Modelo eSocial

Em suma, o *eSocial* deveria adotar um modelo de prestação de informação que garantisse de forma mais efetiva os direitos dos trabalhadores, que fosse mais simples e mais barato para as empresas e que gerasse uma informação de melhor qualidade para o Estado.

E este modelo deveria ainda prever uma forma segura, simples e padronizada de envio tempestivo de informação, aderente aos processos das empresas, e que evitasse redundâncias e erros desnecessários.

Com efeito o *eSocial* é um canal único de prestação de informações, por meio do qual um usuário, devidamente identificado e autorizado, transmite arquivos eletrônicos digitalmente assinados contendo informações sobre determinados eventos trabalhistas ocorridos na empresa, que sejam passíveis de registro.

Eis aqui o primeiro conceito importante do modelo *eSocial* — o conceito de *"evento"*.

6.1. Evento no *eSocial*

Evento, no *eSocial*, é o fato jurídico trabalhista, que quando ocorre na relação laboral deve ser informado ao fisco por meio do envio de um arquivo eletrônico com um formato específico, em um determinado prazo.

Este arquivo, que representará um evento específico, deverá ser gerado em formato XML e atender a um determinado leiaute, próprio a cada tipo de evento. Depois de gerado, este arquivo será transmitido ao *eSocial* e submetido a uma gama de validações antes de ser armazenado em caráter definitivo no seu *ambiente nacional*.

6.2. Transmissão de Arquivos no *eSocial*

O processo de envio e recebimento de arquivos no eSocial será feito em duas etapas (processo assíncrono).

Na primeira etapa, a empresa envia o arquivo para o eSocial que o recebe para análise, devolvendo apenas um *"número de protocolo"* para que a empresa possa posteriormente consultar o resultado da *"validação"* a que este arquivo será submetido.

Na verdade, ao receber este arquivo, o *eSocial* o coloca numa *"fila de arquivos"*, para ir analisando um a um, na medida do possível. Acreditamos que num futuro próximo será possível proceder a esta validação no mesmo momento do recebimento (processo síncrono), evitando assim uma segunda etapa.

Na segunda etapa, a empresa enviará ao *eSocial* o número de protocolo para consultar o resultado da validação do respectivo arquivo.

Caso o *eSocial* tenha encontrado alguma inconsistência no envio do arquivo, que pode ser desde a falta de autorização para o transmissor enviar o evento pela empresa até um erro de leiaute, o *eSocial* devolverá uma mensagem com um *"código do erro"* para que a empresa corrija o arquivo e o envie novamente.

Caso o arquivo seja um arquivo válido, transmitido por alguém devidamente autorizado pela empresa, o *eSocial* o armazenará no seu *ambiente nacional* e devolverá à empresa um *"número de recibo"*.

Este número de recibo será o documento hábil para comprovar o envio do arquivo pela empresa e seu recebimento pelo *eSocial*, e deverá ser guardado inclusive para que a empresa possa ter acesso a esse arquivo diretamente no *ambiente nacional* do *eSocial*, ou até para retificar as informações prestadas por meio dele (*retificação*), ou torná-las sem efeito (*exclusão*).

6.3. Regras de Validação no *eSocial*

Como dito, para que um arquivo enviado pela empresa seja efetivamente recebido pelo *eSocial*, ele deverá passar por uma série de validações. Estas regras estão publicadas juntamente com o próprio leiaute, com o qual elas guardam uma forte relação.

A primeira validação, ou *validação de primeiro nível*, diz respeito basicamente a duas coisas: a primeira, em relação à identificação do transmissor do arquivo; a segunda, em relação ao formato do arquivo em si. Neste momento, verifica-se apenas se o arquivo atende ao formato disposto no leiaute do *eSocial*. Diz-se que se trata de uma *validação* meramente *sintática*.

Caso o arquivo passe pela primeira validação, ele será submetido à *validação de segundo nível*. Nesta etapa, o arquivo será submetido a uma validação contextual que considera diversas regras de negócio tais como se os eventos que são pré-requisitos do que está sendo enviado já foram transmitidos e efetivamente recebidos no ambiente nacional. Esta validação é considerada uma *validação semântica*.

Somente os arquivos que passarem nas validações de primeiro e segundo níveis serão efetivamente recebidos pelo *eSocial* e serão armazenados no seu *ambiente nacional*.

6.4. Ambiente Nacional do *eSocial*

É muito importante compreendermos a forma que o *eSocial* armazena as informações em seu *ambiente nacional*.

Primeiro, é importante destacar que todo arquivo efetivamente recebido pelo *eSocial* e armazenado em seu *ambiente nacional* jamais poderá ser retificado, alterado ou excluído. O que poderá sofrer alguma alteração são as informações prestadas por meio destes arquivos. E esta alteração deverá ser feita também por meio de outro arquivo, igualmente recebido e validado pelo *eSocial*, que também ficará arquivado no *ambiente nacional*. Este modelo é que garante a *rastreabilidade* do sistema.

Ou seja, por meio do envio de novos arquivos será possível modificar os efeitos jurídicos das informações prestadas anteriormente por outros arquivos, mas jamais será possível substituir ou excluir fisicamente qualquer arquivo efetivamente recebido e armazenado no *ambiente nacional* do *eSocial*.

Diz-se que estes arquivos ficarão *empilhados* por ordem cronológica de recebimento no ambiente nacional, e que a leitura que deverá ser feita em relação às informações por eles prestadas vai depender do momento em que for realizada esta consulta. Isto porque eventualmente será possível tomar conhecimento de que determinada informação prestada anteriormente deve ser desconsiderada, ou considerada de forma diferente.

Daí a importância de se conhecer como funcionam as *regras de validação* do *eSocial*.

6.5. Escopo do *eSocial*

Cumprir com a obrigação de informar o *eSocial* consiste em enviar para seu *ambiente nacional* todos os arquivos que representam os eventos de registro obrigatório, de modo que eles sejam efetivamente recebidos.

Uma vez cumprida esta obrigação por parte da empresa, as informações ficarão disponíveis ao fisco para que cada ente faça uso delas no limite de suas atribuições e competências.

O *eSocial*, na verdade, é apenas um sistema de gestão compartilhada de recepção e guarda de informações, o qual possibilitará que os entes partícipes do projeto façam uso dessas informações para subsidiar outros sistemas de sua competência.

6.6. Integrações com o *eSocial*

As informações prestadas ao *eSocial* serão aproveitadas pelos diversos entes como base para outros sistemas.

O MTb usará as informações do *eSocial* para alimentar seus sistemas de estatísticas como o CAGED e a RAIS, e de benefícios, como o do Seguro Desemprego e de Abono Salarial. E suas informações também serão utilizadas para subsidiar os sistemas de fiscalização da Inspeção do Trabalho.

Já a RFB usará o *eSocial* como fonte de informação para a constituição do crédito tributário por meio da DCTF-WEB, e também como fonte de informação para seus sistemas de fiscalização.

A Caixa usará o *eSocial* como fonte de informação para seu sistema GRFGTS, que possibilitará ao empregador gerar as guias de recolhimento do FGTS.

E o INSS utilizará as informações do *eSocial* para alimentar o CNIS, assim como seu sistema de registro de acidentes de trabalho, o CAT — WEB.

Sendo assim, a partir da completa implantação do *eSocial* será possível a substituição de diversas obrigações existentes hoje no país.

6.7. Substituição de Obrigações pelo *eSocial*

Não será mais necessário, por exemplo, o empregador informar por meio do CAGED todas as movimentações de seus trabalhadores, nem por meio da RAIS as remunerações pagas a eles, pois todas essas informações já terão sido prestadas ao fisco por meio do *eSocial*. Da mesma forma não será mais necessário entregar ao trabalhador, quando de seu desligamento da empresa, sua CD, nem seu PPP, pois estas informações também já constarão do *eSocial*.

A partir da implementação do *eSocial*, também será possível a substituição de diversas outras obrigações tais como a GFIP, a DIRF, a DCTF, o MANAD, a CAT etc.

Uma das mudanças mais importantes trazidas pelo *eSocial* será, sem dúvida, em relação ao próprio registro do trabalhador. Este deixará de ser feito em livros ou fichas e passará a ser feito diretamente no *eSocial*. Esta é uma mudança fundamental em relação à formalização do contrato de trabalho, pois o envio pela empresa do *evento admissão* com as informações relativas à contratação do trabalhador passará a ser o próprio *registro do trabalhador*, e o trabalhador que não estiver registrado no *eSocial* será considerado empregado sem registro, com as consequências jurídicas daí advindas.

6.8. Resultados do *eSocial*

Espera-se, com a implantação deste novo modelo de prestação de informações, alcançar os três principais objetivos do projeto, que são garantir de forma mais efetiva os direitos dos trabalhadores; melhorar os ambientes de trabalho e de negócios do país a partir de uma simplificação dos processos administrativos das empresas; e, por fim, melhorar a qualidade das informações prestadas ao Estado.

Além disso, a partir do aumento da cobertura dos dados recebidos pelo governo, assim como da capacidade fiscalizatória do fisco, espera-se também um aumento da percepção de risco por parte das empresas e o correspondente aumento do nível de adimplência em relação às obrigações trabalhistas e tributárias, concorrendo assim para o aumento da segurança jurídica nas relações laborais.

O *eSocial* trará luz aos processos das empresas e concorrerá para a construção de um ambiente de trabalho mais saudável e seguro no Brasil.

7. *Desafios do* eSocial

O maior desafio do projeto é, sem dúvida, uma boa comunicação.

Sendo um projeto bom para todos, seja para o trabalhador e para a empresa, ou para o governo, não se vislumbram razões para que lhe sejam opostas resistências.

Como se sabe, os últimos anos foram de profundas mudanças na estrutura política e administrativa do país, e mesmo assim o projeto jamais se ressentiu de falta de patrocínio, seja do governo, seja das próprias representações empresariais.

Trata-se de um projeto de Estado, que não *pegou* cor de partido político nem se ateve a qualquer viés ideológico, prevalecendo sempre o elevado interesse público de construção de um ambiente seguro e transparente de prestação de informações essenciais ao nosso país.

Esperamos com esta obra contribuir positivamente para divulgação do *eSocial* e permitir que o leitor tenha acesso a informações de qualidade sobre este projeto que certamente se firmará como um divisor de águas no mundo do trabalho.

8. Referências Bibliográficas

BRASIL. Leiautes do eSocial versão 2.4.02. Disponível em: <https://portal.esocial.gov.br/institucional/documentacao-tecnica>. Acesso em: 21 jul. 2018.

BRASIL. Manual de Orientação do eSocial, versão 2.4.02. Disponível em: <https://portal.esocial.gov.br/institucional/documentacao-tecnica>. Acesso em: 21 jul. 2018.

A Ressignificação do Direito Administrativo do Trabalho sob a Perspectiva do eSocial: Reconfigurações Desejadas

Margarida Barreto de Almeida[*]

1. Introdução

A copa do mundo de 2018 trouxe consigo uma grande novidade: o sistema de vídeo-arbitragem — VAR[1]. Cercada de polêmicas, a implantação do VAR visava, pelo uso da tecnologia, a tornar a arbitragem mais eficiente, evitando e corrigindo erros, que muitas vezes afetavam o resultado final da partida.

O VAR é formado por várias câmeras que transmitem as imagens das jogadas para uma sala de vídeo, onde os assistentes de arbitragem podem rever alguns tipos de jogadas. A revisão do lance pode ocorrer a pedido do árbitro da partida, ou pode ser provocada pelo próprio assistente de vídeo, caso observe uma falha na arbitragem, que é comunicada ao juiz da partida através de um fone de ouvido. A este, contudo, cabe o poder de decisão, posto que contrária à do assistente de vídeo-arbitragem.

Mas o uso da tecnologia no esporte já há muito não é uma novidade. E em raras ocasiões provocou tamanha controvérsia. Ela há muito vem sendo usada na preparação dos atletas, no estudo tático, na transmissão com melhor qualidade do jogo, entre outras aplicações. A polêmica se estabeleceu não pelo uso da tecnologia em si, mas porque esta passou a ser utilizada para alterar o método de aplicação das normas que regem o futebol, já há tanto sedimentado. Enfim, intrometeu-se com o Direito.

Aliás, esse é um conflito da atualidade. Direito e tecnologia são ciências que, via de regra, são concebidas de forma isolada, e que não evocam muitas características em comum. O primeiro, pouco propenso a mudanças, tem evolução naturalmente morosa e gradual; a tecnologia, por outro lado, é essencialmente dinâmica[2], veloz e, por vezes, revolucionária.

A pouca conjunção entre elas ocorre por fatos específicos que, em momento determinado, propulsionam tal relação. A origem do Direito do Trabalho é um exemplo: tal ramo jurídico nasceu das transformações sociais produzidas pela Primeira Revolução Industrial[3], inobstante tenham sido necessários mais de 150 anos para que essa nova ciência jurídica se consolidasse, absorvendo e regulando os efeitos provocados pelo uso da tecnologia que permitiu a produção em massa.

Mas é necessário distinguir bem a relação entre Direito e tecnologia para que a intercessão entre elas possa ser melhor entendida. Neste sentido, impende destacar que a tecnologia se apresenta ao Direito de duas formas: como **objeto** e como **meio**.

(*) Auditora-Fiscal do Trabalho, Bacharel em Direito, Especialista em Direito do Trabalho e Direito Previdenciário, Mestre em Direito do Trabalho pela Pontifícia Universidade Católica de Minas Gerais, Doutora em Direito do Trabalho pela *Università degli Studi di Roma Tor Vergata* em regime de cotutela com a UFMG, representante do Ministério do Trabalho no Comitê Gestor do eSocial e integrante da equipe de desenvolvimento do eSocial.
(1) Sigla em inglês de *video assistant referee*.
(2) A lei de Moore, regra de ouro que tem impulsionado o setor de informática, diz que o poder de computador dobra a cada dezoito meses (KAKU, 2011, p. 27).
(3) A Revolução Industrial iniciou-se na Inglaterra, aproximadamente na metade do século XVIII, que teve como um dos principais acontecimentos a invenção da máquina a vapor e sua aplicação na produção têxtil. O Direito do Trabalho é um produto cultural do século XIX e das transformações econômico-sociais e políticas então vivenciadas a partir da revolução industrial, mas que só foi institucionalizado ou oficializado a partir da segunda década do século XX (DELGADO, 2018, p. 98-109).

Sob a perspectiva de objeto, a tecnologia desafia o Direito. A este cabe regular o uso das novas tecnologias e suas consequências, levando em conta sua multidisciplinariedade e velocidade de desenvolvimento que podem colocar em risco interesses protegidos pela ordem jurídica. E não é uma tarefa fácil.

Como meio, todavia, a tecnologia é uma aliada. Ela se torna instrumento para persecução dos fins do Direito, potencializando o papel do Estado na sua função de guardião da ordem jurídica. Destarte, nesta messe, o desafio do Direito se transforma: tem de superar o tradicionalismo dos seus métodos, abrindo-se ao novo, sem, todavia, se descurar do seu papel de protetor dos direitos e garantias fundamentais, característico ao Estado de Direito.

Se objeto, conforme dito, a tecnologia impacta de forma contundente o Direito, enfrentando com insolência o quadro normativo existente. A análise da adequação das normas jurídicas existentes à realidade transformada pelo avanço tecnológico bem como a formulação de novas normas para regulá-la, ainda que temporalmente não sincronizadas, é um processo penoso, e quase sempre inexorável. É o que aconteceu, como dito, com o Direito do Trabalho, que surgiu para regular as profundas modificações acarretadas pelo desenvolvimento tecnológico decorrente da Revolução Industrial, que provocou não apenas mudanças nas relações produtivas e laborais, mas "*modificou radicalmente diversos aspectos na sociedade, como a separação do lugar de trabalho com o de moradia, a menor disponibilidade de tempo para o convívio familiar e lazer, o desenvolvimento de novas doenças, problemas decorrentes da falta de infraestrutura nas cidades, dentre outros aspectos*" (ARIBI, 2017).

Ainda no rol das situações em que a tecnologia constitui objeto do Direito, desafiando-o, podem ser citados, dentre inúmeros outros exemplos: a) os aplicativos e redes sociais que cada vez mais invadem a privacidade[4] e podem estabelecer, inclusive, novas relações de trabalho (uberização do trabalho)[5]; b) a tributação dos contratos de licenciamento de programas de computador (*software*), de serviços de *cloud computing*, de serviços de *streaming*; c) o desenvolvimento tecnológico em questões como a gestão de patentes e de direitos autorais, além de campos como o biodireito (ARIBI, 2014).

Mas, se a tecnologia vista como **objeto** desafia o quadro normativo instituído, paradoxalmente, se utilizada como **meio**, coloca-se à disposição do Direito na aplicação da lei. Nesse sentido, embora ainda assim não isento a controvérsias, o avanço tecnológico pode servir para instrumentalizar o Estado na persecução dos seus objetivos impondo maior celeridade, maior eficácia e, por conseguinte, maior eficiência ao Direito. Serve ainda, em um papel subsidiário, para evidenciar incoerências e excessos da ordem jurídica, sobretudo no que se refere à imposição de obrigações aos administrados, criadas, não obstante, para viabilizar o exercício das competências legalmente distribuídas entre as várias unidades administrativas do Estado.

Como exemplo de tecnologia, instrumento do Direito para a persecução dos seus fins, além do *VAR*, no que se refere à arbitragem, conforme mencionado no prólogo deste artigo, podem ser citados a) o processo eletrônico (Lei n. 11.419 de 2006), que pode ser definido como o sistema processual que se apropria de recursos computacionais para "*reproduzir o procedimento judicial em meio eletrônico, substituindo o registro dos atos processuais realizados no papel por armazenamento e manipulação dos autos em meio digital*" (GONTIJO, 2016); b) o Sistema Público de Escrituração Digital — SPED (Decreto n. 6.022 de 2007), que "*consiste na modernização da sistemática de cumprimento das obrigações acessórias, transmitidas pelos contribuintes às administrações tributárias e aos órgãos fiscalizadores*"[6]; e c) o eSocial instituído pelo Decreto n. 8.373 de 2014.

É sobre este último que iremos tratar neste artigo, ressaltando sua interface com o Direito como ferramenta para a persecução dos fins da ordem jurídica e, por conseguinte, como instrumento de afirmação do Estado de Direito. Pretende-se também demonstrar determinadas incoerências e excessos da ordem jurídica, no que se refere à imposição de obrigações aos administrados, instituídas com o propósito de instrumentalizar as várias unidades administrativas do Estado com competência sobre a aplicação das normas que regem as relações de trabalho no país.

---

(4) Lei n. 12.965/2014, considerada como Marco Civil da Internet, fixou princípios, direitos e deveres para o uso da Internet no Brasil.
(5) A propósito consultar a obra organizada por LEME, Ana Carolina; RODRIGUES, Bruno; JUNIOR, José Eduardo. *Tecnologias Disruptivas e a Exploração do Trabalho Humano*: a intermediação de mão de obra a partir das plataformas eletrônicas e seus efeitos jurídicos e sociais. São Paulo: LTr, 2017.
(6) Informação disponível na página: <http://sped.rfb.gov.br/pagina/show/964>. Acesso em: 07.07.2018.

Com efeito, esse artigo será dividido em três partes: a primeira pretende demonstrar a abrangência do eSocial e a dependência das relações jurídicas previdenciárias e tributárias, no que concerne à prestação de serviços, com a relação jurídica principal, vale dizer, a relação de trabalho, seja ela de natureza contratual ou estatutária; a segunda, ambiciona demonstrar como a divisão de competências relativas à aplicação das normas que regem as relações de trabalho no país, entre as várias unidades administrativas do Estado e, sobretudo, a falta de cooperação entre essas unidades, inchou, ao longo dos tempos, o rol de obrigações impostas aos administrados, sem, contudo, garantir a eficácia dos métodos de aplicação da norma; e, por fim, como o eSocial pode suscitar a relevância do Direito Administrativo do Trabalho. Neste último caso, o destaque será para a necessária alteração de comportamento e de processos no seio do próprio Estado, para viabilizar a modernização dos métodos de aplicação das normas.

2. Da Abrangência do eSocial: Interdependência das Relações Trabalhistas, Previdenciárias e Tributárias Declaradas

O eSocial, criado pelo Decreto n. 8373 de 2014, constitui-se no instrumento de unificação da prestação de informações referentes à escrituração das obrigações fiscais, previdenciárias e trabalhistas com a finalidade de padronizar sua transmissão, validação, armazenamento e distribuição, constituindo um ambiente nacional composto por escrituração digital, repositório nacional e aplicação para preenchimento, geração, transmissão, recepção, validação e distribuição da escrituração.

O eSocial, com sua abrangência audaciosa, alcança todas (ou quase todas) as relações de trabalho do país, assim como as relações jurídicas previdenciárias e tributárias que têm como ponto de interseção a figura do trabalhador ou do empregador, empresa ou entidade a ela equiparada que contrata trabalhador.

O exercício da atividade laboral remunerada promove, em regra, a filiação automática do trabalhador à Previdência Social, que passa a gozar de proteção em face dos riscos sociais por ela tutelados, instaurando a relação jurídica previdenciária, seja no que refere ao RGPS ou no que tange ao RPPS[7]. Uma vez efetivado o risco social tutelado pela Previdência, são concedidos benefícios previdenciários enquanto perdurar a sua condição de segurado a qual, como dito, via de regra, deriva da prestação de serviços, ainda que de natureza autônoma.

Por outro lado, a relação laboral dá origem também a relações jurídicas tributárias que têm como sujeitos passivos tanto o empregador ou contratante de mão de obra, quanto o trabalhador. No caso da contribuição para o custeio da Seguridade Social[8], quando o sujeito passivo é o empregador, a empresa e a entidade a ela equiparada na forma da lei, o tributo incide sobre a) a folha de salários e demais rendimentos do trabalho pagos ou creditados, a qualquer título, à pessoa física que lhe preste serviço, mesmo sem vínculo empregatício; b) a receita ou o faturamento; c) o lucro (art. 195, I, a, da Constituição Federal). Por sua vez, quando é o trabalhador o sujeito passivo da contribuição destinada ao financiamento da seguridade social, a base de incidência do mencionado tributo é o seu salário-de-contribuição, aferível a partir da remuneração percebida no trabalho (art. 195, II, da Constituição Federal, no que se refere ao RGPS)[9].

---

(7) "O Sistema de Previdência Pública é destinado a todos os trabalhadores que exercem atividades remuneradas, no entanto, há distinção nas regras entre os servidores públicos titulares de cargo efetivo e os demais trabalhadores. O regime de Previdência assegurado exclusivamente aos servidores públicos titulares de cargo efetivo pode ser mantido pelos entes públicos da Federação (União, Estados, Distrito Federal e Municípios), sendo, neste caso, denominado de Regime Próprio de Previdência Social — RPPS e suas normas básicas estão previstas no art. 40 da Constituição Federal e na Lei n. 9.717/98. Já o regime dos trabalhadores da iniciativa privada e dos demais servidores públicos não filiados a Regime Próprio de Previdência Social é o Regime Geral de Previdência Social — RGPS, gerido pela autarquia federal denominada de Instituto Nacional do Seguro Social — INSS e suas normas básicas estão previstas no art. 201 da Constituição Federal e nas Leis ns. 8.212/91 — Organização da Seguridade Social e Plano de Custeio e 8.213/91 — Planos de Benefícios da Previdência Social. Estas Leis estão regulamentadas pelo Regulamento da Previdência Social — Aprovado pelo Decreto n. 3.048/99". Texto extraído do site oficial da Secretara de Previdência do Ministério da Fazenda, no endereço <http://www.previdencia.gov.br/perguntas-frequentes/regime-proprio-de-previdencia-perguntas-e-respostas>. Acesso em: 08.07.2018.
(8) Nos termos do art. 193 da Constituição Federal "A seguridade social compreende um conjunto integrado de ações de iniciativa dos Poderes Públicos e da sociedade, destinadas a assegurar os direitos relativos à saúde, à previdência e à assistência social".
(9) A base de cálculo da contribuição previdenciária para o Regime Próprio de Previdência Social — RPPS, que tem como sujeito passivo o servidor, em regra, é constituída pelo vencimento básico do servidor, acrescido dos adicionais de caráter individual e das vantagens

O rendimento do trabalho é ainda fato gerador do imposto de renda, tributo previsto o art. 153, III da Constituição Federal e no art. 43 da Lei n. 5.172, de 1966. Nesse caso, o sujeito passivo do tributo é o trabalhador, mas o contratante do trabalho é titular da obrigação tributária principal, em que está obrigado a reter do beneficiário da renda, o imposto correspondente, nos termos estabelecidos pelo RIR.

Há, ainda, decorrente da relação de emprego, a incidência da contribuição social, no caso de despedida de empregado sem justa causa, à alíquota de dez por cento sobre o montante de todos os depósitos devidos, referentes ao FGTS, durante a vigência do contrato de trabalho (art. 1º da Lei Complementar n. 110, de 2001). Neste caso, o sujeito passivo do tributo também é o empregador.

Em resumo, as relações jurídicas previdenciária e tributária, no que refere à prestação de trabalho, têm estreita relação de dependência com a relação jurídica principal — relação de trabalho-, seja ela de natureza contratual ou estatutária, e, por essa razão, não escapam do domínio normativo das relações de trabalho.

Com efeito, a maioria das regras do Direito do Trabalho e legislação especial que disciplina as relações de trabalho no país, ponto de intercessão entre as relações jurídicas previdenciária e tributária dela decorrentes, tem especial importância na estruturação e fundamentação do eSocial, que tem por objeto: a) as relações de emprego, disciplinadas pela CLT e legislações especiais; b) a relação de trabalho estatutária, com normatização própria nas várias esferas da federação que optaram pelo regime estatutário de trabalho; c) a relação de trabalho avulso, portuário ou não portuário, regulados pela Lei n. 12.815, de 2013 e Lei n. 12.023, de 2009; d) a relação de estágio, regulada pela Lei n. 11.788, de 2008; e) a relação de trabalho cooperativado, regulada pela Lei n. 12.690, de 2012; f) a relação de trabalho onde o microempreendedor individual for contratado para prestar serviços de hidráulica, eletricidade, pintura, alvenaria, carpintaria e de manutenção ou reparo de veículos, nos termos do art. 18-B, da Lei Complementar n. 123/2006; g) outras relações de trabalho, regulados em legislação esparsa, que geram o vínculo como contribuinte individual (segurado obrigatório) perante Previdência Social, nos termos do art. 12 da Lei n. 8.212, de 1991.

Destarte, as informações declaradas no eSocial, porquanto dependentes da normatização trabalhista, visam a:

1) Identificar as partes da relação de trabalho, ou seja, a parte que contrata o trabalho, ou dele se beneficia, e o trabalhador[10]:

1.1) O contratante de trabalho será identificado e qualificado nos eventos[11] S-1000 (Informações do Empregador/Contribuinte/Órgão Público), S-1005 (Tabela de Estabelecimentos, Obras ou Unidades de Órgãos Públicos)[12].

1.2) O tomador de serviços será identificado, em complemento às informações do item 1.1 supra, nos eventos S-1020 (Tabela de Lotações Tributárias), S-1080 (Tabela de Operadores Portuários), S-1270 — Contratação de Trabalhadores Avulsos Não Portuários, S-1280 — Informações Complementares aos Eventos Periódicos e no evento S-2200 Cadastramento Inicial do Vínculo e Admissão/Ingresso de Trabalhador), quando se referir trabalho temporário (Lei n. 6.019, de 03.01.1974) ou de contratação de aprendiz por intermédio de entidades sem fins lucrativos, que tenham por objetivo a assistência ao adolescente e à educação profissional, ou entidades de prática desportiva das diversas modalidades filiadas ao Sistema Nacional do Desporto e aos Sistemas de Desporto dos Estados, do Distrito Federal e dos Municípios (art. 431 da Consolidação da Leis do Trabalho).

---

pessoais permanentes, conforme disposto no inciso IX do art. 2º da Orientação Normativa MPS/SPS n. 02/2009. No entanto é a lei do ente federativo que definirá as parcelas que comporão a base de cálculo da contribuição (Disponível em: <http://www.previdencia.gov.br/perguntas-frequentes/regime-proprio-de-previdencia-perguntas-e-respostas>.
(10) As informações relativas à identificação do contratante de trabalho e do trabalhador, juntamente com as informações relativas ao próprio contrato de trabalho, servem também para identificar o beneficiário da previdência social (RPPS ou RGPS), bem como os sujeitos passivos das obrigações tributárias decorrentes das relações de trabalho.
(11) Evento é o termo utilizado para designar o conjunto de informações que deve ser encaminhado ao ambiente nacional do eSocial em um mesmo arquivo.
(12) Os eventos de tabelas (S-1005 a S-1080) só têm valor jurídico quando referenciados em outros eventos de natureza periódica ou não periódica.

1.3) O trabalhador, por sua vez, será identificado no evento S-2200 (Cadastramento Inicial do Vínculo e Admissão/Ingresso de Trabalhador)[13], no evento S-2300 (Trabalhador Sem Vínculo de Emprego/Estatutário — Início) ou mesmo no evento S-1200 (Remuneração de trabalhador vinculado ao Regime Geral de Previdência Social), no grupo {infoComplem} destinado à identificação do trabalhador não formalizada nos eventos S-2200 ou S-2300. A alteração dos dados cadastrais dos trabalhadores ao longo da vigência do contrato de trabalho deve ser informada por intermédio dos eventos S-2205 (Alteração de Dados Cadastrais do Trabalhador), se provenientes dos eventos S-2200 e S-2300.

2) Identificar os sujeitos coletivos da relação de trabalho[14]:

2.1) a identificação das entidades de classe de representação profissional, com a indicação da entidade sindical representativa, e da filiação ou não do trabalhador, é também objeto do evento S-2200;

2.2) as entidades de classe representativas do empregador serão identificadas no evento S-1300 (Contribuição Sindical Patronal).

3) Determinar o enquadramento jurídico do contrato de trabalho, o seu marco inicial[15] e as cláusulas pactuadas, como, por exemplo, as referentes ao cargo e função ocupados, horário de trabalho, local da prestação dos serviços[16], salário contratual, entre outras. Essas informações devem ser declaradas nos eventos S-2200 e S-2300. As alterações das cláusulas contratuais pactuadas (ou estabelecidas em estatuto, em se tratando de servidor público) ao longo da vigência da relação de trabalho devem ser informadas por meio dos eventos S-2206 (Alteração de Contrato de Trabalho) ou S-2306 (Trabalhador Sem Vínculo de Emprego/Estatutário — Alteração Contratual), conforme a origem da informação[17].

4) Declarar a ocorrência de hipóteses de interrupção e suspensão do vínculo laboral, ou seja, de sustação provisória dos seus efeitos: evento S-2230 (Afastamento Temporário)[18]. Tais institutos trabalhistas também geram reflexos previdenciários e tributários. Na suspensão praticamente todas as cláusulas do vínculo laboral ficam esterilizadas: não há prestação de serviços, não há pagamento de salários, não há computo do tempo de serviço etc; na interrupção, por sua vez, há uma sustação temporária da "*cláusula de prestação de serviços e disponibilidade obreira, mas o contrato continua em plena vigência*" (DELGADO, 2018, p. 1261), computando-se o tempo de serviço e pagando-se o salário.

5) Informar o cumprimento de obrigações legais decorrentes do vínculo de trabalho:

5.1) Informações concernentes ao cumprimento das normas de Segurança e Saúde no Trabalho: S-1060 — Tabela de Ambientes de Trabalho, S-1065 (Tabela de Equipamentos de Proteção), S-2210 (Comunicação de Acidente de Trabalho), S-2220 (Monitoramento da Saúde do Trabalhador), S-2240 (Condições Ambientais do Trabalho — Fatores de Risco) e S-2245 (Treinamentos e Capacitações). Os

---

(13) Há também a possibilidade de informar precariamente o vínculo de trabalho por intermédio do evento S-2190 — Admissão de Trabalhador — Registro Preliminar. O evento S-2200 deve ser encaminhado para confirmar as informações prestadas neste evento. Em caso de mudança em qualquer um dos dados informados, a admissão não será confirmada.

(14) Antes da reforma trabalhista a contribuição sindical devida por empregados e empregadores possuía natureza tributária. Após a entrada em vigência da Lei n. 13.467/2017, cujo dispositivo teve constitucionalidade declarada pela (ADI) 5794, a contribuição sindical perdeu a natureza tributária, mas remanesce a obrigação do recolhimento para aqueles que expressamente o autorizarem.

(15) Também é necessária a indicação da previsão de término, em caso de contratação por prazo determinado.

(16) Os cargos e funções ocupados, assim como as carreiras públicas, devem ser previamente identificados nos eventos de tabelas S-1030 — Tabela de Cargos/Empregos Públicos, S-1035 — Tabela de Carreiras Públicas e S-1040 — Tabela de Funções/Cargos em Comissão; o horário de trabalho, no evento de tabela S-1050 — Tabela de Horários/Turnos de Trabalho; e o local da prestação dos serviços, por sua vez, nos eventos S-1005 — Tabela de Estabelecimentos, Obras ou Unidades de Órgãos Públicos.

(17) Usa-se o evento S-2206 para alterar informações originárias do evento S-2200; para alterar informações provenientes do evento S-2300, usa-se o evento S-2306.

(18) Como são muitos os tipos de interrupção/suspensão do contrato de trabalho, suas hipóteses não serão objeto de estudo neste trabalho. Destaca-se apenas, para fins elucidativos, que a ordem jurídica em algumas hipóteses de suspensão da prestação de serviços atenuou seus efeitos, minorando as implicações contrárias ao trabalhador, como é o caso, por exemplo do afastamento para prestação de serviço militar, período em que é devido o FGTS e é computado o tempo de serviço. Registre-se ainda, que há hipóteses de suspensão contratual que também dão causa ao pagamento de benefício previdenciário, como é o caso, por exemplo, de afastamento por doença não relacionada ao trabalho a partir do 16º dia, afastamento por acidente do trabalho ou doença relacionada ao trabalho, licença maternidade e aposentadoria por invalidez.

eventos que se destinam à prestação das informações de Segurança e Saúde no Trabalho- SST, além de declarar o cumprimento das obrigações trabalhistas para prevenção contra a infortunística no trabalho, servem para identificar as condições ensejadoras do pagamento de benefício previdenciário da aposentadoria especial e do seu financiamento (FAE)[19], bem como para comunicação de acidentes de trabalho, cujo índice é usado para o dimensionamento da alíquota do FAP, que por sua vez reflete na alíquota do GILRAT. Enfim, as informações relativas ao cumprimento das normas trabalhistas de segurança e saúde no trabalho interferem tanto na relação jurídica previdenciária, como na tributária.

5.2) Informações relativas à convocação de trabalho intermitente, requisito formal e material obrigatório respeitante à nova modalidade de contratação de empregado: evento S-2260 — Convocação para Trabalho Intermitente. A relação de trabalho intermitente é uma nova modalidade de contrato de trabalho introduzida na ordem jurídica pela reforma trabalhista (Lei n. 13.617, de 2017), que a par de atenuar a responsabilidade do empregador pelo tempo de disposição do empregado, visto que este faz jus apenas à remuneração do período efetivamente trabalhado, condiciona a licitude desta contratação à prévia convocação e aceite do empregado. Esta nova modalidade de prestação de serviços, porque subverte a lógica do Direito do Trabalho, acarreta, em consequência, evidentes efeitos previdenciários[20] e tributários[21], em face da estreita relação de dependência desses ramos jurídicos.

5.3) Informações relativas ao aviso prévio (S-2250 — Aviso-Prévio). O aviso-prévio, instituto trabalhista que impõe a comunicação prévia do rompimento do vínculo laboral ao empregado ou ao empregador, também repercute na relação jurídica previdenciária e tributária: se no prazo correspondente ao aviso houver prestação de serviço (aviso trabalhado), o tempo de trabalho, por óbvio, integra-se ao contrato de trabalho para todos os efeitos; se o período correspondente for indenizado, contudo, embora o § 2º do art. 487 da CLT garanta sua integração no tempo de serviço para todos os efeitos, o STJ no julgamento do Resp. 1.230.957/RS pacificou o entendimento de que o aviso prévio indenizado não integra o salário de contribuição[22] e, por conseguinte, não integra o tempo de serviço para fins previdenciários[23]. Não há que se falar também em incidência de imposto de renda sobre o aviso-prévio indenizado

---

(19) Nos termos do art. 57, § 6º da Lei n. 8.213/91, o benefício da aposentadoria especial será financiado pelo acréscimo na alíquota da contribuição previdenciária prevista no art. 22, II da Lei n. 8.212/91, no montante de doze, nove ou seis pontos percentuais, dos empregadores explorem atividades especiais (insalubres), que geram direito à aposentadoria antecipada do empregado, após 15, 20 ou 25 anos de trabalho.

(20) Cite-se, como exemplo, duas questões que devem ser objeto de normatização uma vez que a lei não cumpriu esse papel: a quem compete o pagamento dos 15 primeiros dias de afastamento do trabalhador intermitente por motivo de doença não relacionada ao trabalho, se esse ocorrer no intervalo entre os efetivos períodos de prestação de serviço; se o período em que não há efetiva prestação de trabalho é contado como tempo de serviço e para fins de carência, entre outros.

(21) A questão do custeio da previdência social é tema a ser enfrentado, já que a Constituição Federal estabelece no § 5º do art. 195, que "nenhum benefício ou serviço da seguridade social poderá ser criado, majorado ou **estendido** sem a correspondente fonte de custeio total" e no § 2º do art. 201, que "nenhum benefício que substitua o salário de contribuição ou o rendimento do trabalho do segurado terá valor mensal inferior **ao salário mínimo**"(os grifos não constam do original).

(22) Vide SOLUÇÃO DE CONSULTA SRRF03 N. 3002, DE 19 DE JULHO DE 2018
(Publicado(a) no DOU de 23.07.2018, seção 1, p. 50)
ASSUNTO: CONTRIBUIÇÕES SOCIAIS PREVIDENCIÁRIAS
CONTRIBUIÇÃO PREVIDENCIÁRIA. AVISO PRÉVIO INDENIZADO. BASE DE CÁLCULO. NÃO INCLUSÃO.
Nos termos da NOTA PGFN/CRJ/N. 485/2016, de 30 de maio de 2016 (aprovada em 2 de junho de 2016), e com esteio no art. 19, inciso V, §§ 4º, 5º e 7º da Lei n. 10.522, de 2002, e no art. 3º, § 3º da Portaria Conjunta PGFN/RFB n. 1, de 2014, o aviso prévio indenizado, exceto seu reflexo no 13º salário, não integra a base de cálculo para fins de incidência das contribuições sociais previdenciárias.

(23) "A despeito da atual moldura legislativa (Lei n. 9.528/97 e Decreto n. 6.727/2009), as importâncias pagas a título de indenização, que não correspondam a serviços prestados nem a tempo à disposição do empregador, não ensejam a incidência de contribuição previdenciária. A CLT estabelece que, em se tratando de contrato de trabalho por prazo indeterminado, a parte que, sem justo motivo, quiser a sua rescisão, deverá comunicar a outra a sua intenção com a devida antecedência. Não concedido o aviso-prévio pelo empregador, nasce para o empregado o direito aos salários correspondentes ao prazo do aviso, garantida sempre a integração desse período no seu tempo de serviço (art. 487, § 1º, da CLT). Desse modo, o pagamento decorrente da falta de aviso prévio, isto é, o aviso-prévio indenizado, visa a reparar o dano causado ao trabalhador que não fora alertado sobre a futura rescisão contratual com a antecedência mínima estipulada na Constituição Federal (atualmente regulamentada pela Lei n. 12.506/2011). Dessarte, não há como se conferir à referida verba o caráter remuneratório pretendido pela Fazenda Nacional, por não retribuir o trabalho, mas sim reparar

6) Declarar as parcelas contraprestativas, de natureza remuneratória ou não, com ou sem incidência tributária e de FGTS, devidas e pagas ao trabalhador na vigência do contrato de trabalho:

6.1) Informações dos valores devidos ao trabalhador, por competência, com a identificação de todas as parcelas que compõem a sua remuneração, tenham elas natureza salarial ou não salarial (Eventos S-1200 — Remuneração de trabalhador vinculado ao Regime Geral de Previdência Social e S-1202 — Remuneração de servidor vinculado a Regime Próprio de Previdência Social). Tais parcelas devem ser identificadas por rubricas, previamente criadas no Evento S-1010 — Tabela de Rubricas, as quais devem ser obrigatoriamente associadas às naturezas de rubricas previstas na Tabela 3 do eSocial, com a indicação da incidência para fins tributários (Contribuição Previdenciária para o RGPS, contribuição previdenciária para o RPPS e imposto de renda), de contribuição sindical e de FGTS. Além de representar o valor devido ao trabalhador como contraprestação pelo trabalho ou pelo tempo à disposição do empregador, os valores devidos e declarados nestes eventos, também servem para determinar o salário de contribuição do empregado e, por conseguinte, o seu salário-de-benefício[24].

6.2) Informações relativas ao pagamento do trabalhador, com a indicação da data do efetivo pagamento e das parcelas que compõem sua remuneração líquida: evento S-1210 — Pagamentos de Rendimentos do Trabalho. A remuneração paga ao trabalhador deve também ser discriminada por rubricas, seja por referência às informações prestadas nos eventos S-1200, S-1202, S-1207 Benefícios — Entes públicos, S-2299 — Desligamento e S-2399 — Trabalhador Sem Vínculo de Emprego/Estatutário — Término, quando se tratar de pagamento total, ou pela indicação das rubricas que constituem o pagamento, quanto este não corresponder à integralidade dos valores devidos. Além de indicar o cumprimento de pagamento da remuneração do trabalhador, as informações deste evento destinam-se também a determinar a base de cálculo e período de apuração do imposto de renda.

6.3) Informações relativas ao fechamento da folha de pagamento com a inclusão de todos os trabalhadores: evento 1299 — Fechamento dos Eventos Periódicos. Tal evento tem a finalidade de informar o encerramento e consolidação da transmissão das informações de remuneração e pagamentos, no respectivo período de apuração. O recebimento deste evento no ambiente nacional indica que as remunerações devidas a todos os trabalhadores da empresa/órgão público foram declaradas, promovendo a totalização das bases de cálculo e demais informações de fatos geradores de contribuições previdenciárias (S-1200 a S-1280). Viabiliza, neste sentido, a apuração dos valores totais devidos pelo declarante a título remuneração de seus trabalhadores, de FGTS, de contribuição previdenciária[25] (devidas ao RGPS ou ao RPPS) e de imposto de renda.

7) Informar o término da relação de trabalho, bem como nas parcelas contraprestativas, de natureza remuneratória ou não, devidas ao trabalhador por ocasião da sua desvinculação da contratante de serviços[26]: Evento S-2299 — Desligamento e S-2399 — Trabalhador Sem Vínculo de Emprego/Estatutário — Término. Tais eventos também se destinam a registrar as hipóteses legais de sucessão de vínculo empregatício ou estatutário ainda que não importem na extinção do vínculo de trabalho e têm óbvios reflexos na relação previdenciária e tributária.

---

um dano. Ressalte-se que, "se o aviso prévio é indenizado, no período que lhe corresponderia o empregado não presta trabalho algum, nem fica à disposição do empregador. Assim, por ser ela estranha à hipótese de incidência, é irrelevante a circunstância de não haver previsão legal de isenção em relação a tal verba" (REsp 1.221.665/PR, 1ª Turma, Rel. Min. Teori Albino Zavascki, DJe de 23.02.2011). Disponível em: <http://www.decisoes.com.br/v29/index.php?fuseaction=home.mostra_artigos_boletins&id_conteudo=4255#ixzz5LtgHUBnO>.

(24) O salário de contribuição corresponde ao salário do trabalhador até o teto de R$ 5.189,82. O salário de benefício, por sua vez, desde 1999, corresponde à média aritmética simples dos maiores salários de contribuição correspondentes a 80 por cento de todo período contributivo.

(25) Bases de cálculo relativas não só à remuneração dos trabalhadores, mas também aquelas relativas às demais informações de fatos geradores de contribuições sociais previdenciárias, inclusive as devidas a outras entidades e fundos, declaradas nos eventos S-1250 — Aquisição de Produção Rural, S-1260- Comercialização da Produção Rural Pessoa Física, S-1270 Contratação de Trabalhadores Avulsos Não Portuários e S-1280 — Informações Complementares aos Eventos Periódicos.

(26) A forma de declaração das informações remuneratórias nestes eventos segue a mesma dinâmica das informações prestadas nos eventos de remuneração (grupo 6).

8) Declarar o restabelecimento do vínculo jurídico do trabalhador, tornando sem efeito a informação relativa à sua desvinculação do trabalho, previamente informada no evento de desligamento (S-2299): evento S-2298 — Reintegração/Outros Provimentos.

Os eventos que não foram mencionados na classificação supra, em virtude de não serem dotados de caráter predominantemente trabalhista, podem ser assim classificados[27]:

1) Eventos em cujo conteúdo sobressai informações relativas a relação tributária: eventos S-1250 — Aquisição de Produção Rural, evento S-1260- Comercialização da Produção Rural Pessoa Física[28] e S-1070 — Tabela de Processos Administrativos/Judiciais[29].

2) Eventos que dizem respeito à relação previdenciária dos servidores públicos vinculados ao RPPS, com reflexos tributários: S-1207 — Benefícios — Entes públicos, S-2400 — Cadastro de Beneficiários — Entes Públicos — Início, S-2405 — Cadastro de Beneficiários — Entes Públicos — Alteração, S-2410 — Cadastro de Benefícios — Entes Públicos — Início, S-2416 — Cadastro de Benefícios — Entes Públicos — Alteração, S-2420 — Cadastro de Benefícios — Entes Públicos — Término. Tais eventos, embora classificados como desvinculados da relação jurídica principal, em sua grande maioria são dela decorrentes. Ou seja, a relação jurídica previdenciária declarada nestes eventos tem origem em uma relação trabalhista estatutária estabelecida, ativa ou já encerrada.

3) Eventos que se referem à arquitetura e desempenho do sistema: S-1295 — Solicitação de Totalização para Pagamento em Contingência, S-1298 —Reabertura dos Eventos Periódicos.

4) Eventos que dizem respeito à correção ou exclusão das informações prestadas: além da possibilidade de retificação das informações prestadas, por intermédio do reenvio do evento a ser retificado com a indicação de que se trata de um evento retificador, o evento S-3000 — Exclusão de eventos, destina-se à supressão da informação prestada pelo declarante, tornando-a sem efeitos jurídicos.

5) Eventos totalizadores: S-5001 — Informações das contribuições sociais por trabalhador, S-5002 — Imposto de Renda Retido na Fonte, S-5003 — S-5003 — Informações do FGTS por Trabalhador, S-5011 — Informações das contribuições sociais consolidadas por contribuinte, S-5012 — Informações do IRRF consolidadas por contribuinte e S-5013 — Informações do FGTS consolidadas por empregador. Os eventos totalizadores são eventos de retorno, ou seja, eventos emitidos pelo próprio eSocial e entregues ao declarante, informando-lhe o valor devido, individualizado por trabalhador, a título contribuição previdenciária (S-5001), imposto de renda (S-5002) e FGTS (S-5003), bem como os valores consolidados por empregador/contribuinte a esses mesmos títulos (S-5011, S-5012 e S-5013, respectivamente)[30].

Por todo o exposto neste capítulo, depreende-se que a estrutura de eventos do eSocial tem como pilar a identificação e qualificação da relação jurídica principal (relação de trabalho) à qual são agregadas informações inerentes à relação jurídica previdenciária e tributárias, via de regra, dela decorrentes. Com efeito, têm proeminência nesta novel escrituração o correto enquadramento jurídico da relação de trabalho (relação jurídica principal) e dos seus efeitos, domínio normativo do Direito do Trabalho e do Direito Administrativo, este último no que se refere aos servidores públicos estatutários.

3. A Divisão de Competências no Sistema Brasileiro e o Inchaço das Obrigações Impostas aos Administrados

No sistema de repartição de competências brasileiro, cinco órgãos do Poder Executivo são responsáveis pelo uso, tratamento e fiscalização das informações relativas às relações de trabalho do país, no que se refere à relação jurídica principal, à previdenciária e à tributária. São eles: MTb, INSS, RFB, SPrev e Caixa.

---

(27) Não serão traçados maiores detalhes sobre esses grupos de eventos, pois fogem ao espoco deste trabalho.
(28) Os eventos S-1020, S-1270 e S-1280, embora referenciados entre os eventos de natureza eminentemente trabalhista, no grupo 1.2 (identificação dos tomadores de serviços), também têm forte conotação tributária, assim como os eventos S-1000, S-1005 do grupo 1.1 (identificação do contratante de trabalho)
(29) O evento S-1070, por sua vez, embora relacionado neste grupo, também têm forte impacto na relação jurídica de trabalho, quando se referir a autorização de trabalho de menor; dispensa, ainda que parcial, de contratação de pessoa com deficiência (PCD)e de aprendiz; segurança e saúde no trabalho; FGTS e contribuição sindical.
(30) Na data de conclusão deste artigo, havia a perspectiva, mas ainda não a definição, de criação de eventos totalizadores das contribuições devidas ao RPPS.

A existência de diversos órgãos públicos, com estrutura e atribuições definidas em lei, corresponde a uma necessidade de distribuir de forma racional, mediante desconcentração jurídica, as várias e complexas atribuições do Estado.

No que se referem às relações de trabalho, convivem na estrutura administrativa órgãos que ocupam a mesma linha na pirâmide administrativa e que não possuem nenhum vínculo hierárquico entre si, com atribuições distintas, conforme definido por lei.

Ao MTb compete, nos termos do art. 55 da Lei n. 13.502, de 2017, entre outras atribuições, o estabelecimento de políticas e diretrizes para a modernização das relações de trabalho no país; a normatização sobre segurança e saúde no trabalho[31], bem como a fiscalização das relações de trabalho e aplicação das sanções previstas em normas legais ou coletivas[32].

À RFB, compete, entre outras atribuições, a gestão e execução das atividades de arrecadação, lançamento, cobrança administrativa, fiscalização, pesquisa e investigação fiscal e controle da arrecadação administrada, inclusive no que se refere à tributação sobre a renda auferida do trabalho e à destinada ao financiamento da seguridade social e às contribuições devidas a terceiros, assim entendidos outros fundos e entidades, na forma da legislação em vigor (Lei n. 13.502, de 2017 conjugada com Decreto n. 9.003, de 2017, art. 25).

Ao INSS compete conceder e verificar aspectos ligados a concessão de benefícios previdenciários e assistenciais, destacando-se entre aqueles os decorrentes da relação de trabalho que dá origem ao vínculo previdenciário como segurado obrigatório (Lei n. 8.029, de 1992 e Decreto n. 9.104, de 2017).

À SPrev compete propor e acompanhar políticas de seguro e prevenção contra acidente de trabalho, de benefícios por incapacidade e de aposentadoria especial, bem como orientar, acompanhar e supervisionar os RPPS dos servidores públicos da União, dos Estados, do Distrito Federal e dos Municípios e dos militares dos Estados e Distrito Federal e propor a edição de normas gerais para a organização e o funcionamento destes regimes (Decreto n. 9.003, de 2017 e Portaria do MF n. 359, de 2018).

À Caixa, na qualidade de agente operador, cabe centralizar os recursos do FGTS, manter e controlar as contas vinculadas, bem como expedir atos normativos referentes aos procedimentos administrativo-operacionais dos bancos depositários, dos agentes financeiros, dos empregadores e dos trabalhadores, integrantes do sistema do FGTS (art. 7º da Lei n. 8.036, de 1990).

Ante o fracionamento de competências relativas às relações de trabalho (relação jurídica principal, relação previdenciária e relação tributária), ao longo do tempo, os entes responsáveis, no âmbito de suas competências, instituíram obrigações para os administrados com vistas a instrumentalizar o desempenho de suas atribuições para garantir os direitos protegidos pela ordem jurídica.

Não obstante, o fracionamento de competências relativas à aplicação das normas que regem as relações de trabalho no país, entre várias unidades administrativas do Estado e, sobretudo, a falta de cooperação entre elas, inchou, ao longo dos tempos, o rol de obrigações impostas aos administrados, sem, contudo, garantir a eficiência desejada dos métodos e processos utilizados pelo Estado para assegurar direitos ou para promover a arrecadação tributária. A racionalidade técnica-burocrática, pressuposto de eficiência da administração pública, restou suplantada pela rigidez administrativa, pela grande quantidade de regulamentos, sobretudo infralegais, e pela individualidade dos métodos e processos instituídos por cada uma das unidades administrativas competentes em matéria de trabalho, embora com objetos interdependentes.

E aqui a tecnologia flerta com o Direito. Ou melhor, o Direito se instrumentaliza com a tecnologia para superar o tradicionalismo dos seus métodos e para atenuar a pesada estrutura do Estado, sem, contudo, negligenciar seu papel de protetor da ordem jurídica, característico do Estado de Direito.

---

(31) A competência normativa sobre saúde e segurança do trabalho tem previsão constitucional (art. 7º, XXII — redução dos riscos inerentes ao trabalho, por meio de normas de saúde, higiene e segurança), constituindo direito fundamental do trabalhador.
(32) A fiscalização do trabalho é atribuição da Inspeção do Trabalho, cuja carreira passou a denominar-se Auditoria-Fiscal do Trabalho com a Medida Provisória n. 2.175, de 30.08.1999, integrando as carreiras do fisco federal.

E é neste sentido que o eSocial impacta o Direito: propõe-se a atenuar os efeitos deletérios da burocracia institucionalizada que onera empresas e cidadãos, sem alcançar a eficácia desejada no cumprimento das normas.

Por um lado, simplifica e racionaliza a prestação de informações feita pelo administrado aos entes do poder executivo competentes para a aplicação e controle do cumprimento das normas trabalhistas, previdenciárias e tributárias relativas à prestação de trabalho por pessoa física. O eSocial não cria nenhuma obrigação nova para os empregadores/contribuintes contratantes de mão de obra no país, incluindo-se os entes públicos, mas altera a forma de declaração destas informações constituindo-se em um poderoso instrumento desburocratizante, que deverá substituir as declarações e informações atualmente entregues em outros formatos.

Por outro lado, tem também vocação para racionalizar e potencializar a própria atuação do Estado, seja no que se refere à garantia de direitos ou no que concerne à eficiência no exercício de suas competências. E neste processo, o eSocial alerta para a ressignificação de determinadas funções de Estado, imprescindíveis à racionalização e eficiência pretendidas pelo poder público.

É este o caso da função fiscalizatória, sobretudo no que se refere à fiscalização da relação jurídica principal: a relação de trabalho.

4. A Ressignificação e a Desejada Reconfiguração do Direito Administrativo do Trabalho

Conforme se pretendeu demonstrar, as relações jurídicas previdenciária e tributária decorrentes da prestação de trabalho por pessoa física, têm estreita relação de dependência com a relação jurídica principal — relação de trabalho —, seja ela de natureza contratual ou estatutária, e, por essa razão, não se esquivam do domínio normativo do Direito do Trabalho e do Direito Administrativo, no que se refere aos servidores públicos.

Também se pretendeu demonstrar que a estruturação e conteúdo dos eventos do eSocial estribam-se na declaração dos elementos balizadores da relação de trabalho — partes, objeto, vigência, cláusulas pactuadas — e das obrigações contratuais e legais dela decorrentes, inclusive as relativas às parcelas remuneratórias devidas e pagas durante a vigência do vínculo, o que expõe a relevância do ramo juslaboral no enquadramento e dimensionamento das relações previdenciárias e tributárias.

Neste sentido, evidencia-se o fato de que a constatação de eventual desrespeito às normas que regem as relações de trabalho deveria acarretar, de forma encadeada, os devidos reflexos nas relações jurídicas previdenciárias e tributárias delas decorrentes[33]. Mas, esclareça-se, não é assim que funciona atualmente.

No modelo atual, devido ao fracionamento de competências, as fiscalizações trabalham de forma isolada e raramente as informações levantadas por qualquer uma das auditorias são comunicadas aos órgãos responsáveis pelas relações jurídicas previdenciárias ou servem de fundamento para a pronta atuação da outra instituição com competência fiscalizatória, gerando muitas vezes retrabalho, quando não, o simples não aproveitamento do trabalho e da expertise da entidade parceira.

E esta é outra questão que fica latente com o eSocial, embora não seja seu objeto: a necessidade de remodelar (ou criar) o fluxo de informações entre os órgãos competentes, para permitir que as irregularidades constatadas na relação jurídica principal tenham repercussão, em cadeia, nas relações jurídicas previdenciárias e tributárias, dela dependentes. Ao se preconizar a racionalização e eficiência do Estado, no que se refere à garantia de direitos trabalhistas e previdenciários, essa é uma conclusão inexorável.

É nesse contexto que ganha proeminência o Direito Administrativo do Trabalho. As irregularidades constatadas na relação de emprego e as regularizações decorrentes da atuação da auditoria-fiscal do trabalho, devem ser repercutidas nas relações jurídicas dela dependentes, de forma a viabilizar a ideal e desejada racionalidade burocrática com seus inegáveis ganhos de eficiência.

---

(33) A auditoria-fiscal do trabalho, instituição que integra a estrutura do Ministério do Trabalho, é responsável pela fiscalização das relações de trabalho, inclusive das normas de segurança e saúde no trabalho, pela constituição de débito do FGTS e fiscalização e lançamento da contribuição social; já a auditoria-fiscal da Receita Federal do Brasil é responsável pela fiscalização e lançamento de tributos sobre a renda auferida do trabalho e da contribuição previdenciária destinada ao financiamento da seguridade social e às contribuições devidas a terceiros.

Ressignificar e complementar o sentido do Direito Administrativo do Trabalho é uma necessidade evidenciada pelo eSocial. Novos processos e normatizações devem ser desenvolvidos para aperfeiçoar a operacionalidade deste ramo jurídico, à luz dos princípios republicano e da eficiência que o fundamenta e legítima, de forma normativa e obrigatória.

Mas, por ora, essas são apenas inquietações propositivas sobre gestão e ética. Com o tempo, todavia, visto que pressupostos de modernidade e racionalidade, tornar-se-ão imperativas, assim como o foi o eSocial. E o *VAR*.

5. Referências Bibliográficas

ARIBI, ABHNER YOUSSIF MOTA. *Direito e tecnologia*: relação cada vez mais necessária, 2017. Disponível em: <https://www.jota.info/opiniao-e-analise/artigos/direito-e-tecnologia-relacao-cada-vez-mais-necessaria-04012017>.

DELGADO, Maurício Godinho. *Curso de Direito do Trabalho*. 17. ed. São Paulo: LTr, 2018.

GONTIJO, IGGOR LEONARDO COSTA. *Processo judicial eletrônico no Brasil*: legislação, impactos e desafios; 2016. Disponível em: <http://www.conteudojuridico.com.br/artigo,processo-judicial-eletronico-no-brasil-legislacao-impactos-e-desafios,56997.html>

KAKU, Michio. *A Física do Futuro*: como a ciência moldará o destino humano e o nosso cotidiano em 2100. Rio de Janeiro: Rocco, 2011.

A Importância e o Papel das Lideranças no Apoio à Implantação e Manutenção dos Processos do eSocial

Lélio R. Tocchio[*]

1. Introdução

Embora vivamos constantemente num processo de mudanças e transformações, o eSocial causa na maioria das organizações um forte impacto que exige revisão e mudança no processo de gestão das pessoas. As empresas, principalmente aquelas acostumadas com o "jeito brasileiro de fazer as coisas", são as que sofrem os maiores impactos.

Uma administração de pessoas focada na entrega dos produtos ou serviços e no resultado financeiro, que nem sempre observa antecipadamente "de maneira completa e detalhada" todas as determinações e obrigações legais trabalhistas e previdenciárias para tomar decisões sobre os colaboradores, está com sua data fim claramente definida. Com a fiscalização eletrônica adotada pelo eSocial todo descumprimento da lei é observado; assim, é a grande oportunidade que as empresas têm para revisar as práticas de administração e garantir aos seus colaboradores respeito, saúde e segurança no trabalho de acordo com os padrões legalmente estabelecidos.

O eSocial não requer cuidados apenas na sua implantação, mas, principalmente, muita atenção, zelo e foco na sua manutenção. Todos os detalhes no cumprimento da lei devem ser observados, pois foi para isso que ele foi criado, e por meio dos arquivos com as informações, sejam eles periódicos ou não, as empresas devem provar que estão agindo corretamente.

Essa responsabilidade pelo cumprimento das obrigações não cabe apenas à direção da empresa; cabe também a todos os líderes, independentemente do cargo que ocupam, aos dirigentes e profissionais da área de Recursos Humanos, aos profissionais do SESMT, aos profissionais das áreas de apoio e a todos os colaboradores em geral.

2. A Gestão das Pessoas e o Resultado para as Organizações

Independentemente do tamanho da empresa, do segmento de negócio, da tecnologia utilizada, são as pessoas que fazem o resultado. O resultado pode ser bom ou ruim dependendo do time e da administração que se pratica. Um time competentemente adequado ao resultado planejado, preparado, corretamente direcionado e bem liderado, tem muita probabilidade de trazer bons resultados. Nem sempre é observada a consequência da competência do time, em todos os níveis hierárquicos, e do impacto da administração praticada nos resultados da empresa. Portanto, bons resultados se faz com time competente nos quesitos técnico e comportamental.

(*) Lélio R. Tocchio é profissional com longa carreira e grande experiência na área de Recursos Humanos em empresas de grande porte e de diferentes segmentos econômicos. Formado em Administração de Empresas, com cursos de Pós-Graduação e MBA em RH e Direção Executiva na FEA-USP, FGV e Fundação Dom Cabral. É especialista em implantação do eSocial e Sócio diretor da T3 Assessoria e Consultoria Ltda.

2.1. O Papel da Liderança

Sem querer generalizar, muitos processos de contratação de profissionais não consideram corretamente a formação educacional, as habilidades e atitudes, as exigências legais; consideram, na sua maioria, apenas a experiência profissional. Um time com esse perfil certamente exige um líder praticamente com o tempo todo focado na entrega e sem tempo para fazer a gestão das pessoas. Como consequência pode haver muito retrabalho, excesso de horas extras, acidentes de trabalho etc, e costumeiramente a reclamação de "uma equipe muito pequena para fazer o que precisa". Costumo dizer a quem se queixa de excesso de horas extras no departamento que provavelmente se tem nessa ordem: falta de competência na liderança, ou falta de competência no time, ou processos/planejamento inadequados de trabalho, ou carência de tecnologia, ou, finalmente, quadro menor que o necessário. Tudo começa com o líder.

Um time de profissionais sempre exige um bom líder, e não um chefe, pois o dinamismo e a sobrevivência das organizações requerem constantemente visão, direcionamento, orientação, avaliação, reposicionamento na rota, reconhecimento. Essa deve ser a bandeira do líder.

Na maioria das vezes o maior responsável pelo fracasso de uma empresa é o corpo de líderes, pois estão nas mãos deles os resultados financeiros, de qualidade, de retenção de clientes etc. Assim, eles devem ser competentes e estar plenamente preparados para fazer uma boa e correta gestão das pessoas sob comando, para que os resultados planejados sejam alcançados.

Ser competente e estar preparado para fazer gestão de pessoas não é suficiente. A empresa deve oferecer e manter sustentação por meio de processos e políticas adequadas de administração de pessoas. Os processos e as políticas devem estar perfeitamente alinhados com a legislação, com os interesses e com o posicionamento da empresa no mercado.

Considerando a competência para liderar e o suporte da empresa em processos e políticas, os líderes devem assumir o papel de gestor de pessoas e cumprir todas as determinações. Afinal, as informações do trabalho para atender o eSocial estão nas mãos deles e são eles que fazem com que elas cheguem ao RH para serem encaminhadas. Cuidar das pessoas não é "responsabilidade do RH", mas responsabilidade do líder; cuidar da segurança das pessoas na execução do trabalho não é "responsabilidade do Técnico de Segurança", mas do líder.

O líder, como condutor das pessoas para obtenção do resultado planejado, tem a responsabilidade pelo resultado financeiro da empresa nas mãos. Desta forma, entrega dos produtos ou serviços no prazo e no padrão de qualidade estabelecidos é com ele, gente é com ele, resultado financeiro é com ele, consequências diretas e indiretas da sua gestão também é com ele.

Com o eSocial o líder, seja de qual nível hierárquico ou cargo for, não pode mais ficar focado somente na entrega do produto ou serviço, ele também tem que se responsabilizar pelo atendimento da legislação trabalhista e previdenciária e das obrigações do eSocial relacionadas à equipe sob sua responsabilidade. Para isso ele deve:

a) Conhecer e entender a legislação trabalhista e previdenciária, assim como todas as obrigações do eSocial. Obviamente ele não precisa ser especialista no assunto, mas deve ter conhecimento suficiente para fazer uma administração correta e garantir a segurança no cumprimento das obrigações pela empresa, o respeito e a segurança no trabalho dos seus colaboradores.

A legislação é repleta de detalhes e requer cuidados na sua interpretação. O líder precisa buscar apoio das áreas competentes e saber interpretar o que for necessário antes de tomar qualquer decisão. A empresa deve prover esse conhecimento, mas, independentemente de ela prover ou não, todo líder deve buscar autodesenvolvimento. O autodesenvolvimento, em qualquer posição profissional, é fundamental para a manutenção e crescimento na carreira. Gestão de pessoas com conhecimento amplo e completo é requisito obrigatório para todo líder. Isso é uma grande oportunidade que o eSocial proporciona.

b) Sempre planejar a contratação de pessoas observando e garantindo também os prazos obrigatórios de informações ao eSocial.

Líder planejador, outra grande oportunidade que o eSocial traz para o desenvolvimento de carreira.

Como as admissões passam por um processo de verificação de dados do novo colaborador junto ao eSocial, Receita Federal e Previdência Social, além de autorizações prévias, que demandam prazos, não deve haver possibilidade de o líder pedir contratações imediatas, como geralmente acontece. Assim todas as contratações devem ser planejadas com antecedência suficiente. Por outro lado, empresas que trabalham com fornecimento de mão de obra para prestação de serviços precisam rever e ajustar as negociações contratuais com seus clientes, porque a disponibilização de mão de obra, onde quer que ela esteja, passa por esse processo.

Lado positivo do eSocial que obriga todos os profissionais, sejam contratantes ou fornecedores, a tomarem decisão de forma planejada, o que facilita o processo de recrutamento e seleção consequentemente favorecendo contratações com perfil e competência adequados, que também gera melhores resultados tanto para o cliente quanto para o fornecedor.

c) Definir, com o suporte do RH e SESMT os requisitos das novas contratações em razão dos riscos do ambiente, das atividades a serem desempenhadas, dos requisitos legais obrigatórios, das novas competências.

Líder com visão sistêmica, que lhe proporciona ampla visão do trabalho, visão dos riscos e dos resultados; outro ganho do eSocial na sua competência de gestão. Para a empresa, assegura maior produtividade do profissional.

Os requisitos relacionados à segurança do trabalho são eletronicamente auditados. As contratações, principalmente nas áreas com riscos à saúde do colaborador, devem passar antecipadamente por uma análise criteriosa que considere os riscos aos quais o empregado estará submetido e que possam lhe causar acidentes, a formação técnica necessária, os equipamentos de proteção necessários, os treinamentos etc. Também devem ser consideradas as exigências legais no exercício da função como cursos técnicos obrigatórios, registro em conselho de classe etc.

Isso é um grande ganho para as empresas e para os colaboradores, que assegura condições ambientais de trabalho e práticas de acordo com os padrões legais estabelecidos, melhor produtividade, maior vínculo do profissional com a empresa, melhor imagem da empresa etc.

d) Planejar mudança de função, de área, ou substituição interna também em razão dos riscos do ambiente e da mudança das atividades desempenhadas, seja por férias, por afastamento, desligamento ou promoção.

Da mesma forma que uma admissão, os novos ambientes, riscos e novas atividades, equipamentos de proteção, treinamentos etc. devem ser analisados pelo RH e SESMT e informados ao eSocial para o colaborador em questão. Todos os requisitos obrigatórios também devem ser observados, como formação escolar, técnica, registros em conselhos de classe etc.

e) Administrar corretamente as horas extras dentro dos limites legais, observando sempre a jornada diária realizada e a semanal.

É responsabilidade do líder analisar as causas de horas extras e, se estiverem ultrapassando os limites legais, propor alternativas de solução a quem de competência. O líder tem que fazer planejamento antecipado do trabalho e da equipe de maneira a não exceder a jornada legal diária individual dos seus colaboradores. Para isso tem que ter conhecimento dos processos de trabalho, das competências do seu time e planejar adequadamente o trabalho.

É recomendável considerar o limite máximo de 50 horas semanais, considerando a jornada normal diária e as horas adicionais (compensação e extras). O Relatório da OIT, ano 2009 — **"Duração do trabalho em todo o mundo: tendências de jornadas de trabalho, legislação e políticas numa perspectiva global comparada" Sangheon Lee, Deirdre McCann, Jon C. Messenger** (Página a8) cita:

> Esse modelo inicial da semana de 48 horas é importante porque consiste no padrão legal mais próximo do ponto além do qual o trabalho regular se torna insalubre, ponto este identificado na literatura médica como 50 horas (ver, p.ex., SPURGEON, 2003). De fato, a preservação da

saúde dos trabalhadores foi um ponto primordial para a adoção dessa norma desde sua criação e permanece como fundamento importante das políticas que visam a manter a duração do trabalho dentro desse limite. Saúde e segurança não foram, no entanto, os únicos objetivos subjacentes à semana de 48 horas. Outros objetivos se refletiram, por exemplo, nos debates sobre a adoção da Convenção n. 1. Neles foram mencionadas preocupações com saúde e segurança, mas a motivação dominante foi a de assegurar tempo adequado de ócio, ou "lazer", para os trabalhadores[1].

f) Administrar as mudanças de turno de trabalho e comunicar antecipadamente ao RH e SESMT, para que as informações sejam enviadas ao eSocial no prazo necessário e os direitos do colaborador garantidos.

Os pagamentos efetuados ao colaborador, cujas informações também são encaminhadas ao eSocial, devem estar em consonância com as informações cadastradas e devidamente informadas. Assim, mudanças dos turnos de trabalho e da jornada devem ser corretamente informados pelo líder para que os pagamentos de horas extras e adicional noturno estejam em conformidade. Mais uma exigência de um líder planejador.

g) Conceder de maneira planejada os aumentos de salários e promoções.

De acordo com as políticas salariais da empresa, os líderes devem se planejar para conceder aumentos salariais individuais. Devem planejar e decidir antecipadamente junto com quem de competência essa alteração, de maneira que as informações ao eSocial sejam encaminhadas no prazo necessário.

h) Garantir o uso dos equipamentos de proteção individual e coletivo pelos membros do time.

O uso dos equipamentos de proteção, quando exigidos pelos riscos e pela atividade, é obrigatório e a empresa fica sujeita às consequências legais no caso de o empregado se acidentar e estar trabalhando sem utilizar esses equipamentos.

A responsabilidade do Técnico de Segurança é de prover equipamentos, de orientar e treinar a utilização, de garantir a qualidade, de fornecer todos os equipamentos que são necessários à proteção do trabalhador no desempenho das funções. Cabe ao líder exigir e garantir a utilização por parte de todos os seus colaboradores nas funções em que o uso é obrigatório. Exigência de um líder que zele pela segurança no trabalho de seus colaboradores.

i) Apontar prontamente e comunicar ao RH todas as ausências e afastamentos, para que as informações sejam enviadas ao eSocial no prazo necessário.

Os afastamentos e ausências por acidente ou por doença, conforme as regras estabelecidas, devem ser informados ao eSocial. As informações devem ser enviadas prontamente ao RH para que este as encaminhe ao eSocial nos prazos determinados. É papel do líder acompanhar a presença dos seus colaboradores e prontamente comunicar qualquer ausência.

j) Planejar os desligamentos, para que as informações também sejam enviadas ao eSocial.

Concessão de aviso-prévio e desligamentos também devem ser informados ao eSocial nos prazos determinados. Desta forma, todo desligamento, seja com cumprimento ou não de aviso-prévio, seja a pedido do colaborador ou por determinação da empresa, deve ser previamente negociado e planejado com o RH, para que os prazos de informação sejam cumpridos.

k) Fazer com que os liderados conheçam suas responsabilidades para com o eSocial e as cumpram: informar alteração de dados pessoais, comunicar ausências e afastamentos, realizar os exames médicos agendados, participar dos treinamentos obrigatórios agendados, usar EPI etc.

O líder tem que agir como líder: orientar, educar, informar, direcionar. Os colaboradores também têm suas responsabilidades para com o eSocial e compete ao líder fazer com que elas sejam cumpridas na forma e no prazo necessários.

l) Garantir o pleno conhecimento das políticas e procedimentos de administração de pessoas da empresa e praticá-los no dia a dia.

Conhecer, entender e praticar corretamente as políticas e procedimentos de administração de pessoas é parte integrante e obrigatória do processo de gestão do líder.

m) Comunicar no prazo determinado pela empresa todas as ocorrências ao RH, ou à área competente, para que os responsáveis possam enviá-las ao eSocial.

Ocorrências acontecem na produção, na administração ou em qualquer outra área em que tenha gente trabalhando. O RH tem a responsabilidade de encaminhar a informação para o eSocial de acordo com determinações, procedimentos e datas definidas. Esse processo somente fica completo quando a informação chega ao RH e lhe dá tempo de preparar os arquivos obrigatórios necessários. É papel do líder a comunicação eficaz e diária com o RH ou a área competente.

A competência de uma comunicação eficaz é determinante para o sucesso da liderança.

O líder, independentemente da qualidade do time que possui, não pode ficar focado apenas na produção e na entrega dos produtos e serviços; ele tem uma responsabilidade sobre o time cujo impacto financeiro é grande e traz consequências tanto para a empresa quanto para sua carreira, e ainda pode prejudicar o colaborador. É necessário que ele sempre reveja e complemente sua competência para garantir a sua permanência e progresso no trabalho, seja em que empresa for. As empresas não têm mais espaço para líderes que não sejam de fato líderes competentes e completos na execução de todas as suas responsabilidades com o resultado do trabalho e também com a gestão do seu time.

Competência para planejar, para administrar pessoas, para comunicar, visão, pensamento crítico entres outras, assim como responsabilidade pelo resultado do negócio como um todo, são fundamentais para o sucesso na carreira e a manutenção no trabalho, independentemente do nível hierárquico ou do cargo que o líder ocupa na empresa.

O eSocial traz uma grande oportunidade para que os atuais e futuros líderes façam uma autocrítica, revejam suas competências, busquem desenvolvimento e contribuam para uma gestão eficaz, correta e que certamente alavanca bons resultados para a empresa e para sua própria carreira profissional.

2.2. O Papel da Área de Recursos Humanos para a Liderança

O cumprimento das obrigações do eSocial exige uma mudança de comportamento de toda a organização; o propulsor dessa mudança é a área de Recursos Humanos.

O RH tem uma grande responsabilidade e um papel importante no sucesso do processo de liderança para que a empresa tenha uma administração correta, sadia e um time de profissionais comprometidos, motivados, engajados.

Os líderes estão e continuarão sempre focados na entrega dos produtos ou serviços sob responsabilidade, razão pela qual são contratados e pagos pela empresa. É papel e responsabilidade do RH oferecer orientação, assessoria e suporte constante a todos os líderes para que eles façam uma administração adequada dos seus times e a empresa cumpra todas as determinações do eSocial, para o bem dela e de todos os colaboradores.

O RH deve focar o resultado do negócio e garantir o cumprimento de todas as obrigações legais trabalhistas e previdenciárias, assim como prover competência e manter uma liderança responsável. Para isso deve:

a) Orientar o corpo de líderes sobre as determinações do eSocial e as responsabilidades de cada um no cumprimento dos prazos e obrigações.

Não se pode cobrar o que não se ensina. Assim, como o próprio RH pode apresentar dificuldades de entendimento das obrigações legais e das determinações do eSocial, a liderança que não atua diretamente com essas questões pode apresentar mais dificuldade ainda.

A orientação e o esclarecimento da legislação e das exigências do eSocial, com seus detalhes e particularidades, a todo corpo de líderes, são requisitos fundamentais e necessários para que a empresa tenha sucesso. Prover essa competência aos líderes é dever do RH para que a empresa faça uma administração justa e sadia.

A orientação e o provimento de competência deve ser feito aos líderes atuais e aos futuros, como parte da integração do novo profissional. Uma correta integração considera esclarecimentos, direcionamento e orientação para atendimento e cumprimento de responsabilidades perante o resultado do negócio. Atender determinações e prazos do eSocial faz parte dessa responsabilidade.

b) Orientar as responsabilidades individuais para todos os colaboradores.

Os colaboradores também devem conhecer a importância do eSocial nas suas vidas com relação à garantia dos seus direitos previdenciários atuais e futuros, assim como as suas obrigações com relação ao cadastro de informações pessoais, com relação aos exames médicos, participação nos treinamentos, uso de equipamentos de segurança e o atendimento das determinações relacionadas a afastamentos e ausências por questões de saúde e acidente.

c) Assessorar os líderes na administração das pessoas e na tomada de decisão.

Líderes têm os resultados da área para atingir e não são profissionais com todo conhecimento técnico de RH e Jurídico. Assim, precisam de assessoria e apoio para que possam fazer uma boa administração.

O papel do RH não pode ser interno, tem que ser dentro das áreas operacionais, acompanhando o dia a dia dos líderes, fortalecendo as práticas de gestão de pessoas, provendo competência, apoiando as tomadas de decisão, auditando o cumprimento das responsabilidades legais trabalhistas e previdenciárias. Somente assim o RH assegura que os líderes pratiquem de maneira correta a administração das pessoas, contribuam para uma empresa saudável.

d) Acompanhar pelo sistema tecnológico da área o retorno dos processos de envio de informação ao eSocial e evitar recorrência daqueles que apresentarem inconsistências e erros.

A quantidade de informações ao eSocial é grande; acompanhar o retorno dos arquivos enviados é necessário. Todo retorno negativo deve ter sua causa analisada e o processo que gerou a informação deve ser revisado para evitar recorrência.

e) Analisar e agir preventivamente.

Todas as ações e decisões com relação às pessoas devem ser previamente analisadas com todas as áreas envolvidas, para que a melhor decisão seja tomada para o bem da empresa e do colaborador.

O RH deve trabalhar em conjunto com todas as áreas de apoio de maneira que todas as obrigações legais sejam atendidas na sua plenitude: jurídico, SESMT, compras, sistemas, controladoria etc. O eSocial, positivamente, demanda uma atuação integrada de todas áreas da empresa, que certamente traz ótimos resultados.

f) Avaliar os riscos ergonômicos e psicossociais existentes na empresa e, por consequência, redirecionar ações da liderança. Apoiar o redirecionamento dos processos operacionais, redirecionar o processo de captação de mão de obra etc.

Riscos ocupacionais existentes nos ambientes de trabalho fazem parte integrante das informações ao eSocial. Cabe ao RH atuar fortemente em conjunto com o SESMT para avaliá-los, eliminá-los ou, na impossibilidade, garantir o bem-estar e a proteção de todos os trabalhadores.

g) Garantir o cumprimento das cotas de Aprendizes e de Pessoas Com Deficiência.

Não há desculpas para o não cumprimento de cotas. Embora saibamos que existem várias dificuldades para atendimento dessa obrigação, principalmente no caso de pessoas com deficiência, sejam por questões de mobilidade, de formação escolar, de oferta de mão de obra etc. é dever do RH encontrar alternativas para o atendimento dessa obrigação, promover a inserção dentro das áreas orientando e apoiando a liderança e seu time, assim como apoiar a empresa a se manter como uma empresa socialmente responsável.

Somente com ações efetivas e uma comunicação eficaz, ampla e completa do RH para toda a empresa, as determinações do eSocial são atendidas com mais facilidade e colocam a empresa em posição de destaque no mercado e junto aos seus colaboradores.

3. Outros Impactos que o eSocial traz para as Organizações

Além da liderança e da área de Recursos Humanos, o eSocial traz outros impactos para as organizações.

3.1. Nos Processos de Gestão e Administração das Pessoas

Nem todas as empresas se preocupam com os processos de gestão e administração de pessoas (recrutamento, contratação, manutenção, desligamento) dando a eles pouca importância, mantendo-os desatualizados ou nem mesmo formalizados e amplamente divulgados. A manutenção do eSocial, como já dito, requer processos corretamente estruturados, formalizados, amplamente divulgados e inteiramente praticados. A não observância traz impacto no cumprimento dos prazos de envio das informações. Portanto, é importante que todos esses processos sejam revisados e facilitem o dia a dia da liderança assim como assegurem o atendimento dos prazos.

3.2. Nas Políticas de Administração de Pessoas

Também como já dito, o cumprimento do eSocial traz a necessidade de revisão e manutenção de políticas corretas de administração de pessoas, políticas coletivas e em sintonia com a legislação, seja no recrutamento, na contratação, na manutenção e no desligamento dos colaboradores. As políticas devem ser validadas pelo departamento jurídico da empresa para garantir que elas não contradizem a legislação.

Não há espaço para práticas, por exemplo, de alterações salariais, saída em férias, pagamentos, desligamentos, concessão de benefícios etc., sem ter a certeza de que estão de acordo com a lei e com as determinações do eSocial, sejam elas para qualquer nível hierárquico profissional ou cargo. Desta forma, é papel do RH revisar e garantir que as políticas favoreçam práticas de gestão corretas da empresa.

3.3. Nos Custos de Produção e na Margem de Lucro

Tudo o que significa salário é e deve ser tributado; portanto cabe ao responsável pela área de Recursos Humanos analisar, juntamente com o departamento Jurídico, eventuais concessões ou práticas que até então são consideradas benefícios ou são comuns no "jeito brasileiro", as quais devem ser informadas ao eSocial com a respectiva tributação, quando devida por lei.

Outra questão se refere à contratação de profissionais tidos como pessoas jurídicas, cuja prática se baseia no mal entendimento da viabilidade da terceirização de funções e atividades. Cabe ao RH, juntamente com o departamento Jurídico, analisar a legalidade da prática. Uma vez caracterizados "subordinação, pessoalidade, habitualidade e onerosidade", que são os elementos que caracterizam a relação de emprego, trata-se de profissional que deve ser contratado conforme determina a legislação.

A análise de horas extras, mesmo que com a adoção do banco de horas pode exigir, se esta for a causa principal, aumento de estrutura.

O cumprimento de todas as obrigações previdenciárias por parte da empresa, considerando também as NR que eventualmente ainda não estão sendo cumpridas, como: exames médicos admissionais, periódicos, de retorno ao trabalho, de mudança de função e de desligamento, todos no PCMSO considerando as atividades e riscos ambientais; o fornecimento de equipamentos de proteção, a realização dos treinamentos obrigatórios e respectivas reciclagens, o pagamento de adicional de insalubridade e de periculosidade quando devidos etc.

A empresa deve dispor de um sistema tecnológico que atenda adequadamente as exigências do eSocial e facilite a vida dos líderes, da área de Recursos Humanos e da área de Saúde e Segurança do Trabalho. A quantidade de informações que devem ser enviadas com prazo definido e os controles que devem ser adotados, tanto pelo RH e SESMT quanto pelas lideranças das áreas, exigem que um sistema automatizado de gestão e controle dê todo o apoio necessário e facilite a administração no dia a dia.

4. Considerações Finais

O eSocial coloca todas as empresas num novo patamar de administração e tratamento de seus colaboradores, promovendo respeito e cumprimento da lei. Traz aos colaboradores garantia de facilidade na obtenção dos direitos previdenciários futuros. Acaba com o "jeitinho brasileiro" de administrar, traz o repensar da produção, o inovar, a integração das áreas internas das empresas, a melhoria da qualidade no trabalho para todos os profissionais. Traz exigência de mais competência da liderança, que estimula o seu desenvolvimento e promove melhoria nos resultados do negócio. Associado a outros módulos do SPED e às demais informações da Receita Federal, exige uma revisão completa de todo o sistema de administração.

Caminhamos para um novo patamar nas relações do trabalho, talvez burocrático para muitos, mas, seguramente muito melhor, porque empresas são feitas e sustentadas por pessoas.

Atender o eSocial não se trata simplesmente de preparar arquivos e mandar informações aos entes governamentais; o eSocial traz uma nova maneira de produzir e de administrar as pessoas, uma profunda mudança na cultura administrativa brasileira: repensar o jeito de fazer, planejar, inovar, cumprir totalmente todas as determinações e obrigações legais trabalhistas, previdenciárias e tributárias.

Com o eSocial todo líder, independentemente da área em que atua, do seu nível hierárquico ou função, sofre impactos no trabalho e no seu desenvolvimento pessoal, cultural e profissional, os quais promovem mudanças comportamentais, de conhecimento, de visão e de atuação, seguramente para o bem de todos.

Entramos numa nova era, uma nova cultura predomina em todo o nosso território trazendo uma nova visão e nos colocando num novo caminho, o caminho de repensar as responsabilidades, repensar a ética e o nosso posicionamento, repensar o respeito e o tratamento dos nossos trabalhadores.

Todos nós ganhamos, como pessoas, como profissionais, como empresas, como país.

Preparação para Implantação do eSocial nos Empregadores

Odair Rocha Fantoni[*]

1. Introdução

O objetivo principal deste artigo é levar aos empregadores e profissionais das áreas de Recursos Humanos e Saúde e Segurança do Trabalho, subsídios auxiliares para a realização de algumas das principais tarefas prévias necessárias para a correta implantação do eSocial.

Por meio dele serão apresentados os motivos para a respectiva realização, atentando, principalmente, para detalhes de nossas normas legais que, se não cumpridas, sujeitam os empregadores a diversas penalidades, entre elas multas administrativas, impossibilidade de emissão de CND e, até mesmo, futuras ações regressivas por parte da Previdência Social.

Além disso, objetiva demonstrar que o eSocial vai além de envios de arquivos com informações para uma base do governo, necessitando muito mais que sistemas tecnológicos de folha de pagamento e gestão de saúde ocupacional.

Por fim, demostrar a importância de conscientizar a alta direção, demais gestores e, até mesmo todos os trabalhadores com ou sem vínculo empregatício, e neste caso, apresentar os riscos de eventuais não conformidades que podem trazer prejuízos tanto para os empregadores como para os trabalhadores.

2. Conscientização da Alta Direção, Demais Gestores e Colaboradores

Para a plena conformidade das informações prestadas ao eSocial, primeiramente é necessário o apoio da alta direção da empresa. Portanto, ela deve ser conscientizada sobre os problemas que as não conformidades podem trazer para a empresa.

Muito importante nesta conscientização, deixar claro que muitas das ações praticadas atualmente não são mais possíveis, pois o próprio eSocial tem como diferencial, em relação a outras obrigações acessórias existentes atualmente, a possibilidade de fornecer subsídios imediatos para cruzamentos de informações que podem gerar multas e outras penalizações. Nos arriscamos a dizer que, por meio das informações prestadas, ou na falta delas, pode levar a empresa arcar com custos previdenciários advindas por intermédio de ações regressivas. Quanto a isso, apenas como exemplo, podemos citar a falta de treinamentos e o não fornecimento de EPI. Será que a empresa pode negligenciar essas questões?

Outro ponto importante nesta conscientização da alta direção, é quanto à possibilidade da informação prestada ou a falta de informação servir de subsídio para possíveis ações regressivas por parte da Previdência Social. Ações, estas, cobrando dos empregadores eventuais valores referentes à indenizações, aposentadorias

---

[*] ODAIR ROCHA FANTONI — COACH — Mentor — Holomentor® do sistema ISOR®; Especialista Pós-graduado em Direito do Trabalho; Executivo atuante a mais de 30 anos em RH e Sistemas de Gestão de RH nas seguintes empresas: Editora Abril, Círculo do Livro, IPL Informática, Sênior Sistemas, Elenco Informática, Nydus Systems e Dimep; Palestrante sobre temas diversos, entre eles: Danos Morais no Ambiente de Trabalho, Desoneração da Folha de Pagamento e eSocial; Atual Diretor Presidente do informativo virtual Revista RH. Como consultor assessorou centenas de empresas, entre elas: Grupo Estado de São Paulo, Tecnologia Bancária, Unilever, Grupo Itaú, Grupo CLC, CBPO, Brasmotor, Mahle Metal Leve. Autor do livro eSocial Fácil: Implantação Consciente publicado pela LTR, já em sua 4ª edição.

e ou pensões pagas aos trabalhadores e ou aos seus dependentes. Quanto a isso, sem me estender, recomendo a leitura da Lei n. 10.406, de 2002 (Código Civil), Título IX Da Responsabilidade Civil, Capítulo I Da Obrigação de Indenizar, e Lei n. 8.212 de 1991, art. 120.

A conscientização dos gestores é muito importante, pois muitas das irregularidades existentes nas empresas têm relação direta com a falta de conhecimentos de nossas normas legais por parte dos líderes intermediários. Desta forma, nesta conscientização, além de levar estes conhecimentos aos gestores, é muito importante mostrar as implicações possíveis para a empresa quando essas normas não são observadas.

Um exemplo simples é quanto à utilização dos Equipamentos de Proteção. Será que nossos líderes intermediários, que devem cobrar a correta utilização dos equipamentos de proteção pelos seus subordinados, têm conhecimento das implicações possíveis para a empresa causadas pela falta de utilização ou utilização de forma inadequada?

Outro exemplo, é quanto à realização de horas extraordinárias. Neste caso, se um gestor conhecer os riscos em manter trabalhadores além da jornada máxima diária permitida ele deverá organizar as atividades do departamento para que a jornada total dos trabalhadores, consideradas a jornada normal, de compensação e de horas extras, não ultrapasse os limites legais.

A conscientização dos gestores trará benefícios para o RH, pois muitas das questões que atualmente chegam ao RH poderão ser imediatamente resolvidas diretamente entre o trabalhador e o gestor. Por exemplo, quando um colaborador solicitar férias antes de vencido o período aquisitivo, o próprio gestor informa ao colaborador da impossibilidade legal do gozo antecipado.

Por fim, conscientizar os demais trabalhadores também será muito importante e, quanto a isso, podemos levar as mesmas informações passadas aos gestores. O ideal, entretanto, é que os próprios gestores levem estes conhecimentos aos seus liderados.

3. Recadastramento dos Colaboradores

Se um dos objetivos desta nova obrigação acessória é justamente melhorar a qualidade das informações prestadas ao governo, devemos recadastrar todos os colaboradores e seus dependentes, pois, assim, evitamos enviar informações desatualizadas ao eSocial.

Em cursos e palestras costumo brincar com os presentes perguntado se alguma vez, após a emissão de suas respectivas CTPS, eles voltaram à Superintendência Regional do Trabalho para atualizar o endereço. Esta brincadeira, na verdade, objetiva mostrar a importância do eSocial, pois, por meio dele todos os órgãos do governo terão acesso rápido as atualizações cadastrais dos trabalhadores realizadas pelas empresas. Assim, por exemplo, a RFB não precisará esperar até a próxima declaração do trabalhador para ter acesso ao novo endereço, ao e-mail, ao celular etc.

Entendo que, futuramente, os próprios órgãos do governo possam desenvolver uma comunicação eficiente com os trabalhadores, informando-os sobre seus direitos e deveres, como por exemplo, valores previdenciários e fundiários recolhidos, ou a falta de recolhimentos por parte das empresas.

Além disso, como o eSocial é um grande banco de informações, futuramente, entendo, até mesmo a CTPS poderá ser eliminada, pois o governo poderá disponibilizar, por diversas formas, informações diretamente aos trabalhadores sempre que elas ocorrerem, tais como salários, férias, entre outras. Portanto, muito importante que as informações cadastrais estejam sempre atualizadas.

4. Revisões/Definições dos Ambientes de Trabalho

Definir os ambientes de trabalho não é tarefa fácil e deverá levar em consideração diversas características não apenas de um ou outro local de trabalho, mas, também, das atividades executadas pelos trabalhadores.

Primeiramente devemos observar que a descrição de um determinado ambiente é composta, entre outras informações, de:

a) Descrição do ambiente em si, com até 8 mil caracteres;

b) Indicação da localização do ambiente, sendo estabelecimento do próprio empregador ou de terceiros.

É certo ainda que, quase sempre, um determinado local físico é considerado um ambiente de trabalho. Entretanto, não devemos considerar esta possibilidade como única regra, pois, em várias situações é necessário observar outros aspectos para definir um ambiente de trabalho.

Um exemplo de ambiente de trabalho, que necessariamente não tem relação específica com um determinado espaço físico, é o ambiente externo dos vendedores. Estes profissionais podem, por exemplo, utilizar ou não de veículo próprio ou da empresa, transporte público, acessar os mais variados espaços públicos ou privados e, desta forma, todas estas variáveis devem ser levadas em consideração na descrição do ambiente de trabalho deste profissional. Por outro lado, se este mesmo profissional atua internamente na empresa podemos tanto criar um segundo ambiente de trabalho, quanto adicionar características deste ambiente interno ao ambiente de trabalho do vendedor.

Cabe destacar ainda, nos casos de prestação de serviços em terceiros, a unificação de ambientes não é possível, pois, neste caso, para cada ambiente devemos indicar o tomador de serviço.

5. Elaborações/Revisões das Atividades Desempenhadas

Primeiramente, quanto às atividades desempenhadas devemos observar que não se trata de descrição de cargo, muito comum nas empresas. A descrição tem formato próprio e deve ser feita conforme instruções específicas existentes no Leiaute do evento S-2240 — Condições Ambientais do Trabalho — Fatores de Risco da versão 2.4.02, ou seja, "descrição das atividades, físicas ou mentais, realizadas pelo trabalhador, por força do poder de comando a que se submete". As atividades devem ser descritas com exatidão e de forma sucinta, com a utilização de verbos no infinitivo impessoal. Exemplos: distribuir panfletos, operar máquina de envase etc. Além disso, devemos atentar para o limite de 999 caracteres determinado pelo próprio leiaute.

Devemos observar que, a partir da NDE 1 vs 02 a descrição de atividade desempenhada, até então uma para cada ambiente, passou a ser independente e, portanto única atividade desempenhada por trabalhador com até 999 caracteres.

Entendo, ainda, que ao descrever as atividades, é conveniente fazer de forma que se justifique a vinculação ou não do trabalhador a possíveis riscos presentes no ambiente.

Por exemplo: suponha dois trabalhadores que realizam limpeza de vidros, entretanto, um realiza limpeza em altura superior a dois metros, utilizando de balancim. Já o outro não, pois trabalha apenas em áreas internas ou externas com auxílio de cabo extensor. Desta forma, para o primeiro podemos informar: Limpar vidros e fachadas em altura superior a dois metros. Já para o segundo, podemos informar: Limpar vidros nunca em altura superior a dois metros.

6. Mapeamento das Necessidades de Treinamentos Obrigatórios

Nas NR existem mais de 150 indicadores de treinamentos e capacitações obrigatórias associadas, ou às atividades ou aos riscos presentes nos ambientes de trabalho; devemos informá-las ao eSocial nas épocas certas, inicial e ou reciclagem.

Desde 2013 já alertava os profissionais e empresários para a necessidade de rever a questão dos treinamentos e capacitações obrigatórias, pois sempre acreditamos que mais cedo ou mais tarde estas obrigações seriam incorporadas ao eSocial, principalmente em razão da obrigatoriedade de consignar estas informações no registro de empregado.

Por outro lado, percebia que muitos empregadores não observavam estas questões, até mesmo os mais comuns dos treinamentos "Designado CIPA e Utilização de Materiais de Primeiros Socorros", obrigatórios em todos os estabelecimentos com empregados.

Assim, até mesmo o bar da esquina e o salão de beleza, desde que tenham pelo menos um empregado, devem buscar auxílio e rever os treinamentos obrigatórios necessários. Obviamente, para isso, primeiramente devem rever os fatores de riscos existentes nos ambientes e aqueles relacionados às atividades dos empregados.

7. Revisões dos Códigos da CBO dos Cargos Existentes na Empresa

Sabemos que, atualmente, o CAGED rejeita a informação de um determinado trabalhador que não tenha indicação de nível superior para alguns códigos de CBO, mas, na verdade, isto só acontece para aqueles códigos da CBO cuja atividade requer registro profissional em ordem/conselho de classe, como por exemplo, contadores, administradores, engenheiros, entre outros. Desta forma, acreditamos que também através do eSocial esse controle possa existir no futuro.

Além disso, em muitos casos, o próprio código da CBO pode ser associado a riscos específicos. Por exemplo, ao indicar o código da CBO 9511-05 (Eletricista) para um determinado cargo estamos, de forma indireta, indicando que todos os trabalhadores com aquele cargo estão sujeitos ao fator de risco "condições ou procedimentos que possam provocar contato com eletricidade".

Por sua vez, muitas vezes ao indicar o código da CBO de um determinado cargo leva-se em consideração apenas o título do cargo, quando, na verdade, deve-se observar o conjunto das atividades desempenhadas, comparando com as atividades descritas em "Áreas de Atividade da CBO". Neste caso, como exemplo, podemos citar o cargo Analista Fiscal comum em quase todas as empresas na área contábil/fiscal, para o qual erroneamente quase sempre é indicado o código da CBO 2512-25 — Analista Fiscal, quando este código exige, além de formação em Economia, registro no respectivo órgão de classe. No caso específico, para os profissionais da área contábil fiscal podemos indicar ou o código 4131-10 (Auxiliar de Escrituração Fiscal) ou o 2522-10 (Assistente de Contadoria fiscal), obviamente dependendo das atividades do colaborador.

Cabe destacar, entretanto, que dificilmente as atividades de determinado código da CBO serão idênticas às atividades do cargo na empresa. Portanto, o mais importante é observar a proximidade entre elas.

Outro ponto importante na revisão dos códigos da CBO tem relação com a necessidade de aprendizagem e, neste caso, para todos os cargos devemos observar se o código da CBO faz menção a necessidade de formação profissional. Quanto a isso devemos atentar o item formação e experiência, localizado no item Características de trabalho da CBO.

8. Revisões de Horários e Jornadas

Antes de prestar as informações relativas aos horários e jornadas dos empregados ao eSocial devemos revê-los a fim de evitar não conformidade em relação ao estabelecido na Constituição Federal e na CLT.

Não é difícil encontrar nas empresas pequenos erros na configuração das jornadas, os quais podem trazer multas e outras despesas tais como, jornada noturna fora dos limites legais em razão da redução da hora noturna para 52,5 minutos, jornada semanal inferior a 44 horas sem a respectiva redução da base mensal de 220 horas, compensação do sábado para trabalhadores sujeitos à insalubridade gerando, portanto, sobrejornada não permitida sem autorização prévia do MTb ou por Acordo Coletivo ou Convenção Coletiva, entre outros.

Assim, vejamos algumas considerações auxiliares para realização destas análises e possíveis ajustes nas jornadas dos trabalhadores.

8.1. Sobre Prorrogação da Jornada Noturna

8.1.1. Jornada Diurna, Jornada Noturna e Jornada Mista

Com base nos §§ 2º e 4º do art. 73 da CLT, jornada diurna é aquela que se desenvolve entre 5h00 e 22h00. Por sua vez, jornada noturna é a que se desenvolve no período entre 22h00 e 5h00, por fim, jornada mista é aquela que compreende parte entre 22h00 e 5h00 e parte entre 5h00 e 22h00.

Aparentemente sem importância, a configuração de horário noturno, diurno ou misto reflete em outros direitos, como, por exemplo, na redução da hora noturna (de que trata o parágrafo primeiro do art. 73 da CLT) e no adicional noturno (de que trata o *caput* do art. 73 da CLT).

Cabe destacar, de acordo com o parágrafo quinto do art. 73, que nas prorrogações da jornada noturna aplica-se todo o conteúdo estabelecido no respectivo capítulo. Portanto, é devida a redução da hora e do adicional noturno também para estas horas.

Quanto às horas de prorrogação, o entendimento já pacificado é de que tanto as horas realizadas em regime de trabalho extraordinário (horas extras), como as horas normais que compõem o horário do empregado após as 5h00, desde que a jornada noturna seja cumprida integralmente, participam dos acréscimos estabelecidos no parágrafo quinto.

Assim, se o horário normal do empregado é das 22h00 às 6h00, mesmo o período das 5h00 às 6h00 deve receber o tratamento de redução de hora e adicional noturno.

Veja a seguir o teor das Súmulas TST n. 60 e OJ n. 388

Súmula TST N. 60

ADICIONAL NOTURNO. INTEGRAÇÃO NO SALÁRIO E PRORROGAÇÃO EM HORÁRIO DIURNO. (incorporada a Orientação Jurisprudencial n. 6 da SBDI-1) — Res. 129/2005 — DJ 20.04.2005

I — O adicional noturno, pago com habitualidade, integra o salário do empregado para todos os efeitos. (ex-Súmula n. 60 — RA 105/74, DJ 24.10.1974)

II — Cumprida integralmente a jornada no período noturno e prorrogada esta, devido é também o adicional quanto às horas prorrogadas. Exegese do art. 73, § 5º, da CLT. (ex-OJ n. 6 — Inserida em 25.11.1996)

Uma primeira dúvida é quanto à redução da hora prorrogada (52,5/60). Alguns entendem que apenas o adicional noturno seja devido. Entretanto, devemos observar que o parágrafo quinto, neste caso, determina a aplicação do conteúdo geral estabelecido "no capítulo". Portanto, também devida a redução da hora de 60 minutos para 52,5 minutos.

Art. 73, § 5º da CLT

Às prorrogações do trabalho noturno aplica-se o disposto neste capítulo. *(Incluído pelo Decreto-lei n. 9.666, de 1946)*

Outro ponto que considero importante é a questão do horário misto e a aplicação do estabelecido no parágrafo quinto. Neste caso, em razão do estabelecido no item II da Súmula n. 60 do TST, há quase consenso de que apenas se cumprido integralmente o horário noturno seriam devidos os acréscimos às horas de prorrogação do horário.

Assim, se levarmos o conteúdo ao pé da letra, realmente tem razão os que defendem esta posição. Entretanto, fica claro que o legislador objetivou salvaguardar os interesses dos trabalhadores que laboram em horário noturno e, visto por este prisma, existe uma diferença gritante entre iniciar as atividades às 23h00 em relação a iniciar as atividades às 4h00.

Considerando que o desgaste físico e mental, tanto do trabalhador que inicia a jornada às 22h00 quanto o do que inicia às 23h00 praticamente são os mesmos, não seria justo que as horas (de prorrogação) laboradas por ambos os trabalhadores tivessem o mesmo tratamento? Acredito que sim, do contrário bastaria que as empresas adotassem como horário de início de atividade noturna, por exemplo, 22h15 para evitar os acréscimos das horas de prorrogação.

Por outro lado, entendo, para os trabalhadores que iniciam suas atividades em horário noturno próximo das 5h00 está configurada a jornada mista, que não dá direito aos acréscimos após as 5h00. Mas, qual seria o limite entre jornada noturna e mista? Acredito que, em uma jornada de 8 horas, quando o início de atividades se dá a partir de 1h30 (metade do período entre 22h00 e 5h00) já se configura jornada mista e assim não encontra amparo no estabelecido no parágrafo 5º do artigo 73 da CLT. Portanto, neste caso, apenas para as horas até 5h00 são devidas a redução para 52,5 minutos e o adicional noturno. Obviamente, para jornadas diferentes de 8 horas, deve-se considerar jornada noturna aquela cujo maior parte se dá entre as 22h00 e 5h00.

Por fim, importante destacar que na tabela 23 do eSocial encontramos o risco trabalho noturno, código 04.03.005, portanto, para todos os empregados que laboram em jornada noturna deve-se informar o respectivo risco.

8.2. Sobre Revezamento de Horários

8.2.1. Caracterização da Jornada de Seis Horas

De acordo com o inciso XIV da Constituição Federal a jornada de trabalho realizado em turnos ininterruptos de revezamento é de seis horas.

CONSTITUIÇÃO FEDERAL

Art. 7º São direitos dos trabalhadores urbanos e rurais, além de outros que visem à melhoria de sua condição social:

XIV — jornada de seis horas para o trabalho realizado em turnos ininterruptos de revezamento, salvo negociação coletiva;

Por sua vez, turnos são ininterruptos em relação à atividade econômica da empresa e revezamento em relação à atividade do trabalho profissional. Portanto, conforme previsão do art. 7º, XIV, da Constituição Federal, é garantida a jornada reduzida de seis horas ao trabalhador quando:

a) a atividade da empresa é desenvolvida em turnos ininterruptos e,

b) houver o revezamento de horário do empregado.

Entretanto, cabe destacar que em 14/03/2008 a SDI I se posicionou da seguinte forma em relação aos turnos de trabalho:

OJ SDI I – TST N. 360. TURNO ININTERRUPTO DE REVEZAMENTO. DOIS TURNOS. HORÁRIO DIURNO E NOTURNO. CARACTERIZAÇÃO (DJ 14.03.2008)

Faz jus à jornada especial prevista no art. 7º, XIV, da CF/1988 o trabalhador que exerce suas atividades em sistema de alternância de turnos, ainda que em dois turnos de trabalho, que compreendam, no todo ou em parte, o horário diurno e o noturno, pois submetido à alternância de horário prejudicial à saúde, sendo irrelevante que a atividade da empresa se desenvolva de forma ininterrupta.

Assim, caracterizado o revezamento do trabalho em turnos diurnos e noturno, de acordo com a OJ SDI I – TST 360, a jornada deve ser de 6 horas e não 8 horas diárias.

8.2.2. Periodicidade do Revezamento

Quanto à periodicidade de revezamento, necessária para constituir ou não a jornada de seis horas, não há na norma especificação se diária, semanal, mensal ou outra forma. Portanto, necessário seria regulamentação a respeito do assunto.

Assim, qualquer que seja a sistemática de revezamento, sujeita-se à caracterização da carga horária de seis horas. Neste sentido, mesmo que o revezamento se dê de forma trimestral, configura-se em "jornada em turnos ininterruptos de revezamento" de que trata o inciso XIV do art. 7º da Constituição Federal de 1988, cuja carga horária é de 6 (seis) horas.

Este é o pensamento, por exemplo, da 4ª Turma do TST como podemos observar no seguinte acórdão proferido no julgamento do RR-153500-89.2000.5.02.0007, Relatora Ministra Maria de Assis Calsing, DEJT 07.08.2009:

"(...) O que caracteriza o turno ininterrupto de revezamento, previsto no art. 7º, XIV, da Constituição da República, é a mudança de turnos de trabalho. Ora, a mudança de turnos de trabalho, ainda que operada a cada trimestre, acarreta prejuízos à saúde física e mental do trabalhador, desajustando o seu relógio biológico, em decorrência das alterações em seus horários de repouso, alimentação, lazer, convívio familiar e social. Assim, o fato da alternância dos turnos não ser semanal, mas trimestral, não descaracteriza o regime de turnos de revezamento. Incontroverso o trabalho, em regime de revezamento, com variação trimestral de turnos, resta caracterizada a hipótese a que alude o art. 7º, XIV, da Constituição da República.

Portanto, diante do exposto, existindo alternância entre jornada diurna e noturna, independentemente da periodicidade, o trabalho estará sujeito ao regime de seis horas.

Diferentemente, as transferências em definitivo do trabalhador para o horário noturno, entendo, não configura o turno de seis horas.

Portanto, entendo, com o eSocial e obrigatoriedade de indicar as alterações de horários do trabalhador sempre que elas ocorrerem, será facilmente caracterizada a jornada de seis horas, obrigando a empresa remunerar como horas extraordinárias as que ultrapassarem este limite.

Por fim, importante destacar que na tabela 23 do eSocial encontramos o risco "Trabalho com necessidade de variação de turnos", código 04.03.003, portanto, para todos os empregados que laboram em revezamento de turnos, deve-se informar o respectivo risco.

8.3. Jornada Semanal, Mensal e Anual

De acordo com a Constituição de 1988 a jornada máxima permitida é de 44 horas que, por sua vez, configura uma jornada média diária de trabalho de 7h20 (44/6). Por sua vez, a Lei n. 605, de 1949 determina que é direito do trabalhador um dia de descanso semanal remunerado. Portanto, as horas do DSR será o equivalente 1/6 das horas semanais. Desta forma, somadas as horas trabalhadas e horas de descanso semanal temos, para 44 semanais, a jornada base de 220 horas mensais.

Obviamente, se o empregado é contratado para laborar 6 horas diárias em 6 dias da semana, o DSR também será de 6 horas e, neste caso, somadas as horas trabalhadas e de DSR, resulta numa base mensal de 180 horas. Já se ele é contratado para laborar 6 horas em apenas 5 dias da semana, o DSR será de 5 horas (30/6) e a base mensal será de 150 horas.

Esta relação impacta, por exemplo, no cálculo das horas extras. Se o empregado for mensalista e a base for 220, para localizar o valor hora divide-se o salário por 220. Já, se a base for 180, divide-se o salário por 180 para localizar o valor hora.

Portanto, dentro deste raciocínio, tomando por base a quantidade de 365 dias e, em média, 52 dias de descanso semanal remunerado no ano, sem considerar os feriados, para o empregado com jornada semanal de 44 horas temos aproximadamente 2.295,33 horas de labor e 381,33 horas de descanso semanal remunerado.

Portanto, ao definir jornadas e escalas diferentes do padrão normal 6x1, como por exemplo, 5x1, 5x2, 6x2 entre outras, devemos tomar cuidado para que a jornada efetivamente trabalhada em um ano se aproxime ao máximo de 2.295,33 horas, pois, do contrário, além de impactar em menor carga de trabalho, também a base divisora do salário para outros fins será menor, aumentando os custos com mão de obra para a empresa. Também devemos ficar atento para que esta jornada máxima de labor não seja ultrapassada, pois, neste caso, serão devidas horas extras.

Apenas como exemplo, já observamos casos concretos de trabalho em escala 6x2 cuja jornada de trabalho de 7h20 por dia foi mantida. Neste caso, o empregado trabalha aproximadamente 278 horas (1 mês e meio) a menos do que deveria. Além disso, não deveria ser utilizada a base divisora do salário de 220 horas, mas 194 horas.

Também não é raro encontrar o contrário, ou seja, configuração de horários que aumenta a jornada semanal de trabalho do empregado para além de 44 horas.

Por fim, chamamos a atenção para a jornada 12 x 36 que, na verdade, reflete numa base mensal de 210 horas e não 220. Portanto, na divisão do salário para efeito diversos, como por exemplo, pagamento de horas extras, deve-se utilizar 210 para esta jornada e não 220.

Portanto, muito importante rever todas os horários, jornadas e escalas a fim de verificar possíveis não conformidades que podem impactar, inclusive, no passado.

8.4. Banco de Horas e Compensação Semanal

A expressão "Banco de Horas", apesar de utilizada há muito tempo no meio trabalhista, é novidade em nossas normas; foi introduzida com a publicação da Lei n. 13.467, de 2017 (Reforma Trabalhista). Assim, o que antes era tratado, geralmente, através de acordo coletivo, agora pode, até mesmo, ser tratado por acordo individual desde que a compensação ocorra no período máximo de seis meses.

É importante destacar que, de acordo com o estabelecido no quinto parágrafo do art. 59 da CLT, não há necessidade de renovar o acordo de banco de horas semestralmente, pois o parágrafo quinto determina apenas a compensação semestral. Vejamos:

CLT, Art. 59. (...)

§ 5º O banco de horas de que trata o § 2º deste artigo poderá ser pactuado por acordo individual escrito, desde que a compensação ocorra no período máximo de seis meses. *(Incluído pela Lei n. 13.467, de 2017)*

Quanto à compensação semanal, por exemplo do sábado, ou das escalas de revezamento, por exemplo 5 x 1, 6 x 2, etc., desde sempre entendo, há necessidade de gerenciamento por meio de uma espécie de banco de horas, em que labora-se algumas horas a mais em alguns dias em detrimento de folgar em outro dia. Desta forma, por exemplo, não seria devido laborar horas adicionais de segunda a sexta na semana em que o sábado seja feriado. Portanto, se o empregado trabalhar algumas horas na semana para compensar o sábado e este for feriado, devemos pagar as correspondentes horas como horas extras.

Da mesma forma, do contrário, existindo feriado em dia da semana, a empresa poderá exigir que o empregado trabalhe estas horas destinadas à compensação do sábado, em outro dia da semana.

Esta forma de compensação se caracterizou mais forte a partir de 1998 com a alteração do parágrafo segundo do art. 59 que anteriormente mencionava especificamente a compensação semanal e, no novo texto, a partir de então e até a reforma trabalhista, passou a permitir a compensação em até 120 dias.

Portanto, recomenda-se, mesmo nos casos de compensação semanal e escalas de folgas, a adoção de termo de compensação em formato de banco de horas, independentemente de manter banco de horas semestral e ou anual, este último, lembrando, com aval do sindicato.

Assim, muito importante rever todos os horários e escalas observando o conteúdo aqui explanado, a fim de evitar penalizações e passivo trabalhista, já que estas jornadas estarão disponíveis para análise.

Por fim, cabe destacar que as horas, tanto creditando quanto debitando o banco de horas devem ser informadas mês a mês ao eSocial. Quanto a estas horas, entendo, se um empregado, no mês, deixou de trabalhar 10 horas para compensar parte das 20 horas em sobrejornada no mesmo mês, ambas devem ser informadas ao eSocial e não apenas o saldo positivo. Ou seja, devemos informa 20 a crédito e 10 horas a débito do banco de horas. Além disso, a indenização do saldo positivo, no mês convencionado, também deve ser informada ao eSocial.

9. Considerações Finais

Como visto, em época de eSocial nem só de *software* a empresa viverá. Do contrário, serão necessários esforços tanto da alta direção como da equipe de Recursos Humanos, da equipe de Saúde e Segurança do Trabalho e, ainda, de todos os gestores para se obter a conformidade exigida em nossas leis. Fato que, antes mesmo do início de sua vigência o eSocial vem auxiliando na melhoria das condições de trabalho.

Por fim, além das atividades prévias aqui apresentadas, recomendamos a realização de outras, conforme segue:

Criação de Comitê de implantação

Muito importante, na fase pré-eSocial envolver profissionais de diversos setores da empresa que direta ou indiretamente serão afetados e devem contribuir nas atividades do eSocial. Assim, entre estes profissionais devemos contar com pelo menos um profissional dos seguintes setores: Folha de pagamento e administração de pessoal; Saúde e Segurança do Trabalho; Recrutamento e Seleção; Jurídico; Financeira; Contabilidade e Fiscal; Contratação de serviços e Compras.

Além destes, em empresas prestadoras de serviços, terceirizados e temporários, devemos inserir neste comitê profissionais das áreas comercial e operacional. Quanto a isso destacamos o prazo para contratação de empregados e início das operações em um novo cliente, a responsabilidade das partes em questões relacionadas a saúde e segurança, o conhecimento prévios dos ambientes de trabalho antes mesmo de efetuar propostas comercial (imagine fechar um contrato de prestação de serviços e só depois descobrir que as atividades requer pagamento de insalubridade e ou periculosidade?).

Por fim, todas as ações devem contar com a anuência e respaldo da alta direção da empresa, a fim de possibilitar tudo o que for necessário para uma implantação segura do eSocial.

Atualização dos sistemas

O eSocial exige uma série de informações que, até o momento, são mantidas apenas nas empresas e, muitas destas informações, até então, armazenadas fora de aplicativos. A partir de agora, entretanto, estas informações devem ser alimentadas em sistemas que terão a missão de enviá-las ao eSocial. Assim, se faz necessário a atualização dos sistemas, entre eles, de folha de pagamento e administração de pessoal, voltado para as atividades de saúde e segurança do trabalho e, em alguns casos, até mesmo os sistemas financeiros que ficam responsáveis, por exemplo, pelos pagamentos aos produtores rurais e, serão os responsáveis por prestar tais informações (de notas fiscais) ao eSocial.

Entendemos, ainda, que até mesmo sistema de ponto, que tem o controle de jornada dos trabalhadores, devem sofrer atualizações e subsidiar informações aos sistemas de folha de pagamento, por exemplo, nas trocas de jornadas dos empregados e no controle do banco de horas, que necessariamente serão informadas ao eSocial.

Identificação dos eventos a serem utilizados

O eSocial exige o envio de até 41 eventos com informações dos colaboradores. Obviamente, nem todas as empresas devem prestar informações através destes 41 eventos. Por exemplo, existem eventos específicos para Órgão Públicos.

Além disso, alguns eventos são de utilização do setor de folha de pagamento, outros da área de saúde e ou segurança do trabalho. Assim, é muito importante conhecer os eventos identificando os responsáveis e impactos de cada evento para cada área. Também há empresas que, por exemplo, o pagamento dos autônomos, ficam a cargo da área financeira que, em alguns casos, repassam informações para o departamento de folha de pagamento. Portanto, não seria o momento de rever esta situação e centralizar estes pagamentos diretamente através do sistema de folha, a cargo do respectivo setor de folha de pagamento?

Levantamento das informações necessárias/faltantes

Como dito, muitas informações, até então não necessárias ou, quando muito, necessárias, mas não enviadas ao governo, a partir de agora devem ser informadas. Assim, uma série de novos campos ou, até mesmo mudanças na formação da informação estão sendo ajustadas nos respectivos sistemas. É o caso, por exemplo, das informações de endereço que, até então, geralmente, o tipo de logradouro ficava junto com a informação do logradouro. Para o eSocial, entretanto, será necessário prestar a informação separadamente, ou seja, tipo de logradouro (rua, avenida, praça, etc.) é uma informação e, o logradouro outra informação.

Reunião com diversos setores

Em razão da agilidade na prestação de informações ao eSocial e, dos impactos que a falta destas informações podem trazer para as empresas é recomendado que todos os gestores e, até mesmo os colaboradores sejam conscientizados sobre o novo quadro que se apresenta. Portanto, reuniões, principalmente com os gestores, abordando questões relacionadas a conformidade legal deverá ser uma constante a partir de agora. Além disso, entendemos, os gestores serão, em muitos casos, multiplicadores das informações aos membros de suas respectivas equipes.

Recadastramento dos Colaboradores e seus Dependentes

Uma das finalidades do eSocial é justamente melhorar o nível das informações prestadas ao Estado e, portanto, cabe a empresa recadastrar seus colaboradores e respectivos dependentes a fim possibilitar, ao máximo, o envio de informações atualizadas ao eSocial. Neste contexto, cabe destacar que, apesar do MOS, em sua versão 2.4.02, exigir o CPF dos dependentes a partir dos 12 anos, para fins do imposto de renda, conforme IN/RFB n. 1.548, de 2015, com alterações advindas da IN/RFB n. 1.760, de 2017, a partir do ano-calendário 2018 o CPF é obrigatório para todos os dependentes do imposto de renda. Além disso, destacamos que também será exigido o CPF dos não dependentes de imposto de renda, desde que sejam dependentes de planos de assistência à saúde (médico e ou odontológico).

Qualificação cadastral (CNIS/eSocial)

Esta atividade é necessária, pois, será com base nela que evitar-se-á inconformidades no envio dos cadastros dos colaboradores ao eSocial. Portanto, esta atividade não se limita aos atuais colaboradores, mas, a partir de agora, mesmo aos postulantes de uma posição na empresa, com ou sem vínculo, antes da respectiva contratação, deve-se realizar a qualificação cadastral a fim de evitar problemas no momento do envio do possível contratado ao eSocial.

Recomenda-se, ainda, verificar junto a RFB a situação cadastral dos CPF de todos os dependentes dos colaboradores, pois, muitos CPF encontram-se cancelados.

Revisões das Lotações Tributárias

Para a definição das lotações tributárias devemos atentar para questões previdenciárias impactantes, tais como: relações de serviços prestados/tomados (terceirizados e temporários), entre outros.

Revisão/elaboração do Acordo de Nível de Serviço (ANS ou *SLA*, do inglês *Service Level Agreement*)

Muito importante e necessário mapear e definir, ou quando já existente, ajustar os procedimentos dos processos de folha de pagamento, administração de pessoal, Recrutamento e Seleção, SST, e de gestão de RH impactantes no eSocial, principalmente quanto aos prazos das atividades e respectivas responsabilidades das partes envolvidas nos processos (RH, Gestores/Clientes Internos e Clientes/Fornecedores Externos). Neste contexto, devemos deixar claro situações especiais, como por exemplo, a diferença de prazo para uma nova contratação de um profissional, que em razão de sua atividade, sujeita a um ASO simples de outro cujo ASO exige exames complementares, em alguns casos, ampliando o prazo de contratação entre dez e quinze dias. O resultado desta atividade deve ser disponibilizado a todos os gestores da empresa.

Revisão do contrato de Trabalho

Para bem atender ao eSocial, até mesmo o contrato de trabalho e documentações acessórias devem passar por revisão e ajustadas e, entre os itens de maior importância citamos:

a) cláusulas de horários (normal, prorrogação e compensação);

b) cláusula obrigando utilização de EPIs e penalizando a falta de utilização e ou da falta de fiscalização da utilização; e,

c) cláusula de concordância, mediante opção, por benefícios concedidos pela empresa; e,

d) entre outras.

Analise e, se for o caso, ajustes das informações para os arquivos digitais (MANAD) e de Registro Eletrônico;

O passado espelha o futuro! Assim, analisando o pleno atendimento aos arquivos MANAD e Registro Eletrônico, podemos ter uma ideia do atendimento futuro ao eSocial pelo sistema utilizado. É certo, ainda, ao analisar os arquivos MANAD e Registro Eletrônico, tomando por base os últimos 5 (cinco) anos, podemos detectar possíveis não conformidades que, em caso de fiscalização presencial, de período anterior ao eSocial, podem gerar autuações. Assim, caso existam possíveis não conformidades, em tempo, podem ser ajustadas.

Estudar a possibilidade de descentralização de atividades

Em razão da nova dinâmica do eSocial, principalmente quanto aos prazos, devemos repensar a cargo de quem diversas atividades deverão ficar após a implantação desta nova obrigação. Por exemplo, em uma empresa com diversos estabelecimentos, em que o RH da matriz centraliza todas as ações, não seria ideal descentralizar, por exemplo, os processos de admissão de empregados?

Indicação da Natureza das Rubricas e Códigos de Incidências para as Verbas Utilizadas pelo Empregador.

Definir as rubricas e códigos de incidências das verbas (proventos, descontos e valores especiais) é uma das mais difíceis tarefas prévias ao eSocial, pois, pode impactar diretamente nos recolhimentos e, além de acarretar multas, poderá, até mesmo, impedir a emissão de CNDs. Assim, a revisão, principalmente das incidências das verbas, se faz necessária e, entendemos, que tanto o Jurídico e, até mesmo a alta direção da empresa, em alguns casos, devem participar na tomada de decisão sobre esta questão.

Paz e bem!

10. Referências Bibliográficas

BRASIL. Leiautes do eSocial versão 2.4.02. Disponível em: <https://portal.esocial.gov.br/institucional/documentacao-tecnica>. Acesso em: 9 jul. 2018

BRASIL. Manual de Orientação do eSocial, versão 2.4.02. Disponível em: <https://portal.esocial.gov.br/institucional/documentacao-tecnica>. Acesso em: 9 jul. 2018

Reflexões sobre o Impacto do Registro Digital das Relações de Trabalho Trazido pelo eSocial nos Atores Sociais e Estado

Alex Assis de Mendonça[*]
Adilson da Silva Bastos[**]

1. Introdução

No início do século XXI, cada vez mais, a tecnologia ocupa um espaço relevante na vida das pessoas. É comum se ouvir dizer que ela veio para ficar e que o seu avanço é inevitável. A cada dia novas descobertas são feitas, novas utilidades surgem e o que antes exigia muito tempo e esforço, agora se torna acessível coletivamente na velocidade de alguns cliques.

Em a *Quarta Revolução Industrial*, Klaus Schwab, afirma que o momento atual é de transição para algo novo, construído sobre as inovações trazidas pela revolução digital anterior. E a novidade dessa nova revolução, que a distingue das anteriores, consolida-se em três razões distintas, quais sejam, na velocidade elevada das mudanças, no alcance irrestrito das aplicações e no impacto em todas as áreas da vida humana, tendendo a desenvolver uma automação ampla e crescente, sobretudo no mundo do trabalho.

A crença na importância da tecnologia é tão generalizada e globalizada que no início de agosto de 2018 uma única empresa privada de tecnologia, a "*apple*", atingiu o patamar de um trilhão de dólares em valor de mercado[1]. Isso significa que se essa empresa fosse um país, ele seria a décima sétima maior economia do mundo, que, segundo a Organização das Nações Unidas, possui 193 países[2]. Esse patrimônio equivale à soma de todas as suas ações e representa o elevado grau de confiança futura dos investidores nesse novo setor econômico.

É nesse contexto, em que a tecnologia se reafirma em importância e se erradia para todas as áreas da vida humana, que se pretende fazer uma reflexão da sua utilização no registro das relações do trabalho humano e sobretudo do potencial impacto que essa nova forma de registro, implementada pelo eSocial, acarretará na vida do trabalhador[3].

(*) Mestre em Direito Constitucional pela Universidade Federal Fluminense — UFF/RJ. Especialista em Direito Tributário pelo CIESA/AM e em Direito do Trabalho e Processo do Trabalho pela UGF/RJ. Professor de Direito Tributário e de Direito Previdenciário da UCAM/Centro/RJ, de Direito Previdenciário na Escola de Magistratura do Estado do Rio de Janeiro — EMERJ, no Curso de Pós-graduação em Direito Tributário da UFF e da FGV/RJ e Professor nos cursos LLM Direito Tributário e Contabilidade Tributária e de pós-graduação em Direito do Trabalho e Processo do Trabalho do IBMEC/RJ. Integrante do grupo técnico do eSocial desde 2016. Auditor-Fiscal da Receita Federal do Brasil.
(**) Pós graduado em Análise de sistemas pela Universidade Estácio de Sá. Bacharel em Matemática pela UERJ. Integrante do grupo técnico do eSocial desde 2013. Auditor-Fiscal da Receita Federal do Brasil.
(1) Segundo reportagem em "O Globo" disponível em: <https://g1.globo.com/economia/noticia/2018/08/02/apple-atinge-marca-de-us-1-trilhao-em-valor-de-mercado.ghtm>. Acesso em: 05.08.2018.
(2) Dados disponíveis em: <https://super.abril.com.br/mundo-estranho/quantos-paises-existem-atualmente/>. Acesso em: 05.08.2018.
(3) O trabalhador considerado nesse estudo será no seu sentido mais amplo, incluindo todas as pessoas físicas que desempenham uma atividade laboral remunerada na iniciativa privada, sujeitas ou não a uma relação de emprego, e na esfera pública, nas mais diversas modalidades de relação de trabalho administrativo ou funcional, como os servidores públicos titulares de cargo efetivo, os agentes políticos e os militares.

Portanto, as linhas que se seguirão, para atingir esse objetivo, serão divididas em duas partes. A primeira, apresentando um breve histórico do registro das relações de trabalho e suas consequências previdenciárias e tributárias dos períodos anterior e posterior à implementação do eSocial e a segunda, analisando especificamente as possíveis repercussões dessa nova sistemática de escrituração na proteção previdenciária dos trabalhadores e em duas acepções do Estado — o Estado Legislador e o Estado Fiscal.

Não se pretende, dessa forma, analisar a arquitetura do eSocial em si, já descrita exaustivamente pela documentação técnica disponível no Portal do eSocial[4], por meio dos manuais de orientação do desenvolvedor e do usuário, das notas técnicas e orientativas, das notas de documentação evolutiva (NDE)[5] e dos leiautes, mas sim, realizar uma ponderação sobre os impactos que esse novo instrumento pode trazer para a pessoa humana que presta serviços, enquanto possui capacidade para o trabalho e como beneficiário do RGPS, quando ele perde a sua capacidade para o trabalho e para o Estado, no que se refere ao desenho normativo das relações de trabalho e de proteção previdência e no perfil da fiscalização de custeio da Seguridade Social.

2. O Registro da Relação de Trabalho ao Longo do Tempo: Antes e Depois do eSocial[6]

2.1. Sem a Utilização do eSocial

Sem a adoção do eSocial, o registro de toda a dinâmica da relação laboral (como a admissão, o registro da contratação, as alterações contratuais, os afastamentos trabalhistas e previdenciários, os pagamentos e o término da relação de trabalho) é realizado por meio de documentos escritos (como o Livro de Registro de Empregados[7], a folha de pagamento[8], o PPP[9]) ou por sistemas informatizados específicos (como o da RAIS[10], do CAGED[11], da emissão da CAT[12], da GFIP[13] e da DIRF[14]) não interligados entre si, cujas informações, quando encaminhadas ao Estado (no caso dos sistemas informatizados), não raro, dá-se muito posteriormente à ocorrência dos fatos que os geraram, como no caso da RAIS, cujo prazo de envio, por exemplo, das informações de todo o ano de 2017, somente se iniciou no ano seguinte, em 23 de janeiro de 2018, e se encerrou em 23 de março de 2018[15].

O Estado (nas suas diversas acepções — MTb, INSS e RFB) recebe dados da mesma relação de trabalho de várias fontes distintas, sem qualquer verificação da integridade entre eles. Portanto, a relação de trabalho não é enxergada pelo Estado na sua totalidade, de forma holística (desde a admissão até o término), embora seja um fenômeno único no mundo real. Ela sempre é reconstruída a partir das informações prestadas pelos empregadores e contribuintes e cada órgão do Estado somente a acessa na parte afeta a sua competência, ainda que essas partes entrem em contradição, caso sejam analisadas em conjunto.

Portanto, não há mecanismos institucionais que impeçam o envio de informações relativas a uma mesma relação de trabalho de forma diversa e contraditória aos diversos órgãos e entes do Estado, como o MTb (para

---

(4) O endereço do portal do eSocial é o <http://portal.esocial.gov.br/>. Acesso em: 07.08.2018.
(5) Até o término da elaboração deste trabalho, foram publicadas as NDE 01 e 02, tratando, respectivamente das alterações propostas no eSocial referente aos temas: "segurança e saúde no trabalho — SST" e "órgão público".
(6) Como este artigo está sendo escrito no período da implementação progressiva do eSocial, no início da entrada do segundo grupo dos obrigados, optou-se por usar o verbo, no item "sem a utilização do eSocial", ainda no presente (e não no passado), por se tratar de uma fase ainda em transição, na qual existem empresas usando e empresas não usando o eSocial..
(7) O registro dos trabalhadores, nos termos do art. 41 da CLT, pode ser realizado por livros, fichas ou sistema eletrônico.
(8) A preparação da folha de pagamento é uma obrigação tributária acessória prevista no art. 32, I da Lei n. 8.212, de 1991.
(9) Perfil Profissiográfico Previdenciário, por determinação do art. 58, § 3º da Lei n. 8.213, de 1991.
(10) Relação Anual de Informações Sociais, por determinação do art. 1º do Decreto n. 76.900, de 1975.
(11) Cadastro Geral de Empregados e Desempregados, por determinação do art. 1º da Lei n. 4.923, de 1965.
(12) Comunicação de Acidente de Trabalho, por determinação do art. 22 da Lei n. 8.213, de 1991.
(13) Guia de Recolhimento do Fundo de Garantia do Tempo de Serviço e Informações à Previdência Social — GFIP, por determinação do art. 32, inciso IV, da Lei n. 8.212, de 1991.
(14) Declaração do Imposto de Renda Retido da Fonte, instituída com base no art. 16, da Lei n. 9.779, de 1999 pela IN RFB 1.775, de 2017, em relação ao ano-calendário de 2017 e 2018, compreendendo, além de outras informações, as retenções realizadas pela fonte pagadora (empregador) do imposto de renda da pessoa física devido sobre os valores pagos aos empregados como produto do trabalho.
(15) O prazo para a entrega da declaração da RAIS ano-base 2017 encontra-se previsto no art. 6º da Portaria MTb 31, de 2018.

fiscalizar o cumprimento das normas trabalhistas), à RFB (para fiscalizar o recolhimento das contribuições sociais previdenciárias pertinentes) e ao INSS (para conceder os benefícios previdenciários nos valores corretos, calculados a partir das bases de cálculo das contribuições previdenciárias dos segurados).

Com isso, a qualidade das informações laborais, armazenadas em vários bancos de dados não relacionados entre si, sempre foi muito reduzida, dada a falta de validação entre eles. Os empregadores, por sua vez, para atender às diversas demandas do Estado (obrigações trabalhistas, previdenciárias e tributárias), organizaram-se internamente em setores distintos (nominando-os, comumente, de "recursos humanos", "jurídico", "contabilidade", "saúde e segurança no trabalho", entre outros), muitas das vezes estanques e sem o necessário diálogo, para encaminhar as mesmas informações, mas com roupagens diferentes para destinatários públicos diversos. O retrabalho e a elevada burocracia administrativa sempre exigiram muito tempo de dedicação das empresas, o que elevava substancialmente o custo das empresas.

Segundo o relatório do Banco Mundial, chamado "*Doing Business*", desenvolvido em parceria com a *PricewaterhouseCoopers* (PwC), as empresas brasileiras gastam, em média, 2.600 horas no ano para apurar e recolher seus impostos e contribuições, o que coloca o Brasil na desonrosa 178ª posição em uma lista de 189 países. Todavia, se esse indicador for recalculado, considerando as inovações trazidas pelo SPED, sobretudo com a inclusão do eSocial, que também o integra, esse tempo, conforme estudo da RFB[16], será reduzido para 600 horas por ano.

Além disso, no campo tributário, o recolhimento das contribuições previdenciárias, incidentes sobre as remunerações pagas nas mais diversas relações de trabalho pactuadas, sempre foi independente da declaração realizada pelo contribuinte dos fatos geradores e das bases de cálculo das referidas contribuições. É dizer, o cumprimento da obrigação tributária acessória[17] — de elaborar e enviar a GFIP — sempre foi completamente independente do cumprimento da obrigação tributária principal[18] — de pagar as contribuições previdenciárias por meio da GPS.

Com isso, o contribuinte sempre pode declarar um fato (em GFIP) e recolher com base em outro, muito diverso (na GPS). Embora os sistemas internos da RFB estejam aptos a apurar a diferença entre os dois, partindo da premissa que a declaração feita em GFIP é a informação correta, nada impede, que a realidade concreta dos fatos, na verdade, seja a declarada na RAIS ao MTb.

Esse período, portanto, de não utilização do eSocial, pode ser caracterizado: (i) pela baixa qualidade das informações laborais, dada a ausência de validação das informações entre as bases de dados do Estado, (ii) pela desnecessidade de admissão (no âmbito empresarial) de colaboradores com conhecimento integrado da legislação trabalhista, previdenciária e tributária, (iii) pela existência de muitos bancos de dados nos diversos órgãos públicos com informações relacionadas a mesma relação jurídica de trabalho, (iv) pelo elevado custo empresarial ("custo da burocracia") para atender a diversas obrigações trabalhistas, previdenciárias e tributárias, (v) pela empresa ser a guardiã das informações laborais não encaminhadas pelos sistemas informatizados, dificultando a concessão de benefícios previdenciários caso o segurado, sem dispor de documentos comprobatórios, precisasse de retornar à empresa para obtê-los quando ela já não existisse mais e (vi) pelo recolhimento das contribuições previdenciárias não estar vinculado à relação de trabalho declarada ao MTb.

2.2. Com a Utilização do eSocial

Instituído formalmente pelo Decreto n. 8.373, de 2014, o eSocial emerge como o instrumento de escrituração digital que unifica a prestação de informações do empregador (e do tomador de serviços[19]) ao Estado,

---

(16) Encontrados na 11ª edição da revista Fato Gerador, do 1º semestre de 2016, disponível em: <http://idg.receita.fazenda.gov.br/publicacoes/revista-fato-gerador/revista-fato-gerador-11edicao.pdf/view>. Acesso em: 07.08.2018.
(17) O conceito de obrigação tributária acessória é o previsto no art. 113, § 2º da Lei n. 5.172, de 1966 (CTN) e consiste no dever instrumental, previsto na legislação tributária, do contribuinte que de realizar prestações positivas (de fazer) ou negativas (de não fazer), sempre no interesse da arrecadação ou da fiscalização dos tributos.
(18) O conceito de obrigação tributária principal é o previsto no art. 113, § 1º da Lei n. 5.172, de 1966 (CTN) e tem como objeto o pagamento de tributo ou de penalidade pecuniária, pois se trata de uma obrigação de dar.
(19) O eSocial não se esgota no registro das relações de emprego, nas quais se configura o vínculo empregatício. Inclui também o registro de todas as formas de contratação de trabalho prestado por pessoa humana, tanto na esfera privada (como no caso dos

referente à toda a dinâmica da relação laboral e dos seus efeitos nas áreas trabalhista, previdenciária e fiscal. Com isso, por meio dessa nova forma tecnológica de envio de dados, as obrigações laborais, previdenciárias e fiscais mencionadas no item anterior e criadas ao longo do tempo para reconstruir a relação de trabalho, em cada órgão e ente do Estado, na medida da sua competência, deixarão de existir.

Essas múltiplas obrigações dos empregadores, como dito, (i) redundantes em muitos aspectos, (ii) cujo cumprimento se dá em momento muito distante dos fatos geradores e (iii) sem qualquer forma de validação entre elas, sempre dificultaram a verificação do cumprimento das disposições legais e regulamentares no âmbito das relações de trabalho e comprometeram a formação de um banco fidedigno de dados laborais, sobretudo no âmbito do CNIS (utilizado pelo INSS para a concessão dos benefícios previdenciários[20]), afetando diretamente a proteção dos trabalhadores e o acesso destes a direitos trabalhistas (como o saque do FGTS e o recebimento do seguro-desemprego) e previdenciários, nos momentos da vida em que o trabalhador se encontra mais vulnerável e necessitado, como nos casos de idade avançada, doença, invalidez, maternidade e morte.

Com o advento do eSocial, um novo paradigma no registro das relações de trabalho está se formando. Não se trata de uma sistemática associada a um Governo de ocasião ou a um conceito ideológico de Estado específico, mas de um novo projeto de Estado, que busca, a todo momento, concretizar-se como um Estado Democrático de Direito, um ideal constitucional previsto no art. 1º da Constituição da República, que seguirá sempre em construção e se consolidará gradativamente, na medida que crescer o "empoderamento" informacional dos seus súditos.

Uma democracia não se estabelece com a divisão do poder apenas em três partes, mas sim, no caso do Brasil, com a divisão em mais de duzentas milhões, mas para isso o acesso à informação e à necessária segurança social são essenciais e tais aspectos recebem um grande incremento com a efetivação do eSocial, como será visto adiante.

Apesar de ter sido instituído em 2014, somente em 2018, após um trabalho contínuo e conjunto, sem prazo para terminar, de cinco órgãos e entes públicos — a RFB, o MTb, o INSS, a Caixa e a SPREV — em constante diálogo com a sociedade, em especial com representantes das diversas categorias econômicas do país, o eSocial está se tornando realidade.

A concepção da ideia e a construção da arquitetura do eSocial, apesar de ter se iniciado e estar sob a liderança do Estado, foi toda (re)construída pela constante e necessária interação com diversos empregadores e contribuintes dos mais diversos segmentos econômicos, ou seja, com aqueles que serão os obrigados a adotar essa nova ferramenta única de envio de informações laborais, que é o eSocial.

A participação na elaboração e aperfeiçoamento do projeto de empresas-pilotos em ambientes de produção restrita (em momento anterior à implementação real do projeto — ação pioneira dentre todos os projetos elaborados pelo Estado) permitiu aproximar toda a concepção criada pelo Estado, então à distância, da realidade dos fatos, muito mais plural e diversificada do que se imaginou, o que possibilitou a construção de uma sistemática mais adaptável às peculiaridades das empresas, sem modificar a sua premissa fundamental, qual seja, não alterar a legislação trabalhista, previdenciária ou tributária existentes, mas tornar-se, acima de tudo, o novo único instrumento de cumpri-las, exatamente nos termos em que se encontram positivadas.

O eSocial, portanto, não é uma obrigação empresarial a mais e não altera as já existentes. Ele é um novo meio concebido para cumprir todas as obrigações trabalhistas, previdenciárias e fiscais, referentes às relações de trabalho, já existentes, de uma só vez, atuando diretamente como instrumento de desburocratização e de simplificação do relacionamento entre o Estado e os empregadores e trabalhadores.

---

autônomos, eventuais e dos trabalhadores avulsos), quanto na esfera pública, que inclui o registro de todas as relações de trabalho regidas por estatuto próprio administrativo, bem como o dos militares.
(20) O art. 29-A da Lei n. 8.213, de 1991 inserido pela Lei Complementar n. 128, de 2008 esclarece esse aspecto ao registrar que o "INSS utilizará as informações constantes no Cadastro Nacional de Informações Sociais — CNIS sobre os vínculos e as remunerações dos segurados, para fins de cálculo do salário-de-benefício, comprovação de filiação ao Regime Geral de Previdência Social, tempo de contribuição e relação de emprego".

A relação de trabalho, todavia, a ser registrada pelo eSocial não se esgota nas relações existentes na iniciativa privada, ou seja, nas relações entre o contratante de uma pessoa física (empregador e tomador de serviços) e essa pessoa física, chamada genericamente de trabalhador, que pode ser qualquer espécie de segurado do RGPS (empregado, empregado doméstico, contribuinte individual, trabalhador avulso ou segurado especial)[21], mas contempla também todas as relações administrativas de trabalho, formadas entre órgãos e entes públicos (de todas as esferas de governo) e os seus diversos agentes públicos (como os servidores públicos de cargo efetivo), incluindo os militares das Forças Armadas.

Trata-se, portanto, de um projeto ambicioso que passará a registrar todo o trabalho humano remunerado[22], no seu sentido mais amplo, reunindo informações referentes à mais de 44 milhões de trabalhadores do setor público e privado do país[23], em um repositório de arquivos único e completo, armazenado em um ambiente nacional, sob a guarda do Estado, e acessível pelos órgãos consorciados (que construíram o eSocial), na parte pertinente ao exercício de cada competência, permitindo à RFB apurar as contribuições previdenciárias realmente devidas pelos contribuintes, à CEF apurar corretamente a contribuição para o FGTS, à SPREV fiscalizar os diversos RPPS do país, ao INSS conceder os benefícios previdenciários, inclusive os de natureza acidentária, com base em dados devidamente validados e ao MTb acompanhar *on time* o cumprimento da legislação trabalhista, atuando em um novo formato, mais à distância e preventivamente, ou seja, antes da ocorrência do dano ao trabalhador, como no campo da "segurança e saúde no trabalho".

Dado o elevado volume de informações e a grande quantidade de empregadores e contribuintes obrigados ao eSocial, optou-se por implementá-lo de forma progressiva[24]. O grupo de obrigados, com isso, foi dividido inicialmente em três subgrupos, sendo que o primeiro (que começou no eSocial em janeiro de 2018) foi formado pelas empresas (empregadores) que tiveram faturamento anual superior a 78 milhões de reais no ano de 2016, o que representou um total de 13.707 empresas e cerca de 15 milhões de trabalhadores[25], ou seja, um terço de toda a força de trabalho do país. Posteriormente, para atender às demandas dos demais empregadores e contribuintes por maior prazo, os obrigados foram redistribuídos em quatro subgrupos. Os segundo e terceiro grupos foram compostos pelas pessoas físicas, em especial, os segurados especiais e os produtores rurais pessoas físicas, as empresas tributas pelo lucro real, não integrantes do primeiro grupo, as empresas tributadas pelo lucro presumido, as microempresas (ME), as empresas de pequeno porte (EPP) e os microempreendedores individuais (MEI)[26] com empregado, os quais representam um total superior a 4 milhões de empresas.. Os órgãos públicos, integram o quarto e último grupo, que entrará no eSocial, nos termos da legislação em vigor, somente a partir de 2020.

Cada subgrupo, todavia, não enviaria todas as suas informações laborais referentes aos fatos ocorridos desde o início da obrigatoriedade. A entrada no eSocial se daria de forma progressiva, ou seja, seriam enviadas em quatro fases sucessivas e acumulativas. A primeira (começando no início da obrigatoriedade ao eSocial), com os dados cadastrais e de tabelas do empregador, a segunda, com as contratações ativas e as informações laborais não frequentes (eventos não periódicos e trabalhistas) que impactam nas relações de trabalho, a terceira, com as informações remuneratórias (eventos periódicos) de cada contrato ativo e a quarta, com os dados de saúde e segurança no trabalho (eventos de SST).

Assim, o registro das informações afetas às relações de trabalho passou a ser realizado na medida da ocorrência dos fatos, seguindo uma sequência lógica que permite a conferência da validade das informações.

---

(21) As espécies de segurados do Regime Geral da Previdência Social — RGPS encontram-se detalhadas no art. 12 da Lei n. 8.212, de 1991.
(22) Não são declarados no eSocial o trabalho realizado por quem não seja segurado obrigatório do RGPS, como o trabalho voluntário e aqueles que não se referem a uma relação de trabalho.
(23) Dados disponíveis em: <http://portal.esocial.gov.br/noticias/esocial-sera-implantado-em-cinco-fases-a-partir-de-janeiro-de-2018>. Acesso em: 09.08.2018.
(24) O ato que disciplina a progressividade dessa implementação é a Resolução CDeS n. 02, de 30 de agosto de 2016 e suas alterações posteriores.
(25) Dados extraídos do Portal do eSocial disponível em: <http://portal.esocial.gov.br/noticias/esocial-sera-implantado-em-cinco-fases-a-partir-de-janeiro-de-2018>. Acesso em: 31.08.2018.
(26) Embora a Resolução CD n. 4, de 2018 não tenha sido expressa nesse sentido, os conceitos de ME, EPP e de MEI são os previstos na Lei Complementar n. 123, de 2006.

No entanto, a toda contratação de um trabalhador precede a necessidade de verificação dos seus dados cadastrais perante a RFB, na base de dados do CPF, e ao INSS, na base de dados do CNIS, para somente em seguida, com as informações do trabalhador ou do agente público previamente validadas, começar a enviar os dados da dinâmica das relações de trabalho, ou seja, das admissões (contratos de trabalho ativos), das alterações contratuais mais diversas, dos eventuais afastamentos (férias, licenças, entre outros), dos monitoramentos da saúde do trabalhador, treinamentos, remunerações e término da relação contratual, para poder, somente após o envio dessa sequência, encerrar o envio de informações ("fechando a folha de pagamento") e permitir ao empregador e contribuinte acessar o sistema da RFB (chamado de DCTFWeb[27]) e calcular as contribuições previdenciárias a pagar, deduzindo os eventuais créditos de direito, a fim de apurar, em um DARF[28] único para toda a empresa, o valor final a recolher a título de contribuição previdenciária.

Como se percebe, diferentemente do período anterior à utilização do eSocial, a obrigação tributária principal de recolher a contribuição previdenciária passou a ser condicionada ao cumprimento da obrigação tributária acessória de enviar informações pelo eSocial, uma vez que não há como inserir informações novas referentes à relação de trabalho diretamente no sistema DCTFWeb, pois tais informações somente são recebidas do eSocial e da EFD-Reinf[29]. Essa dependência da obrigação previdenciária principal de custeio da Seguridade Social se encontra plenamente compatível com o art. 113, § 2º do CTN, uma vez que as obrigações acessórias previdenciárias, declaradas no eSocial[30], passarão a atender, num grau maior, ao interesse da arrecadação e da fiscalização previdenciárias.

Segundo Leandro Paulsen, prestar informações de interesse da arrecadação previdenciária, como as enviadas pelo eSocial, integra o dever de colaboração com o "fisco" do sujeito passivo, como um dever autônomo não decorrente do dever fundamental de pagar tributo. Esse dever instrumental, nos termos em que foi concebido, encontra-se dentro dos limites da capacidade de colaboração dos empregadores e contribuintes, dadas as diversas formas de acesso e de envio das informações disponibilizadas, criadas em respeito ao porte dos obrigados.

Na sistemática anterior, em que o recolhimento da contribuição previdenciária se dava pela GPS, não era possível à RFB saber, conclusivamente, quais contribuições previdenciárias o contribuinte estava recolhendo (contribuições dos segurados empregados ou dos contribuintes individuais ou ainda se se trata de uma contribuição patronal e se for, qual dentre as existentes), uma vez que o documento de arrecadação da época — a GPS — apenas possui dois campos distintos, o campo 6 — "VALOR DO INSS" (para recolher todas as contribuições previdenciárias somadas) e o campo 9 — "VALOR DE OUTRAS ENTIDADES" (para recolher todas as contribuições sociais devidas às outras entidades e fundos, conhecidos como "Terceiros").

Com o eSocial, o recolhimento das contribuições previdenciárias pelas empresas deixa de ser realizado pela GPS, que é substituída pelo DARF emitido pela DCTFWeb. No código de barras desse novo DARF estarão detalhadas todas as contribuições previdenciárias nele contidas. Com isso, a RFB saberá exatamente a contribuição previdenciária devida, a que será paga, por ter sido incluída no DARF e, por exclusão, a que permanecerá em aberto.

Nessa nova sistemática, o empregador ou contribuinte que deixar de enviar informações relacionadas à relação de trabalho pelo eSocial, quando, de fato, elas ocorrerem, não terá como recolher as contribuições

---

(27) A DCTFWeb é a Declaração de Débitos e Créditos Tributários Federais Previdenciários e de Outras Entidades e Fundos. Trata-se de uma obrigação tributária acessória por meio da qual o contribuinte confessa débitos de contribuições previdenciárias e de contribuições destinadas a Terceiros. Essa obrigação substitui a GFIP como instrumento de confissão de dívida e de constituição do crédito previdenciário e, nos termos do art. 13 da IN/RFB n. 1.787, de 2018, na redação dada pela IN/RFB n. 1.819, de 2018, tornar-se-á obrigatória a partir da competência agosto de 2018 para os obrigados do primeiro subgrupo.

(28) Documento de Arrecadação de Receitas Federais — DARF.

(29) A Escrituração Fiscal Digital de Retenções e Outras Informações Fiscais (EFD-Reinf), instituída pela IN/RFB n. 1.701, de 2017, é uma espécie de eSocial, todavia, não objetiva o registro de uma relação de trabalho, mas apenas das situações que dão ensejo ao dever de recolher as contribuições sociais previdenciárias substitutivas, cuja base de cálculo é diversa da folha de pagamento (como a receita bruta), da retenção previdenciária prevista no art. 31 da Lei n. 8.212, de 1991 e dos demais casos, não relacionados à folha de pagamento, que são informados na DIRF. Por isso, por não ser objeto do presente estudo e apenas interessar à RFB, essa escrituração somente será mencionada nessa oportunidade.

(30) As obrigações acessórias mencionadas são as previstas nos incisos I a IV, do § 1º-A do art. 47 da IN/RFB n. 971, de 2009, acrescentado pela IN/RFB n. 1.767, de 2017.

previdenciárias referentes a tais informações e, em função disso, além de ter que arcar com os encargos moratórios correspondentes, terá praticado, em tese, o crime tipificado no art. 337-A (crime de sonegação de contribuição previdenciária), do Decreto-Lei n. 2.848, de 1940 (Código Penal), incluído pela Lei n. 9.983, de 2000.

O eSocial, portanto, é o projeto de Estado pioneiro em que o documento de recolhimento é gerado a partir da escrituração. Uma tendência que deve ser estendida às demais escriturações dos tributos existentes e administrados pela RFB, que devem passar a ser encaminhadas para a DCTFWeb para a geração dos respectivos DARF.

Dessa forma, com a utilização do eSocial, as empresas e o Estado assumem novas características, quais sejam, (i) a qualidade das informações laborais se eleva substancialmente, (ii) cresce a busca por um novo perfil de colaborador para as empresas em geral, com conhecimento integrado de tecnologia e de legislação trabalhista, previdenciária e tributária, (iii) surge um único repositório nacional das informações laborais, (iv) reduz-se, ao longo do tempo, após a implementação plena do eSocial, o custo empresarial ("custo da burocracia") para atender as diversas obrigações trabalhistas, previdenciárias e tributárias exigidas pelo Estado, (v) o Estado passa a ser o guardião das informações laborais de todas as relações de trabalho (públicas e privadas) do país e (vi) as contribuições previdenciárias recolhidas passam a ser integralmente conhecidas pela RFB, além de ficarem vinculadas a mesma realidade laboral informada ao MTb.

3. Reflexões a Partir das Informações Enviadas pelo eSocial

Embora a presente análise se refira a nova forma de registro digital das relações de trabalho, é preciso frisar que o eSocial não buscou apenas "digitalizar a burocracia" reinante. É dizer, não se trata de praticar mais do mesmo, algo muito comum em uma sociedade acostumada a desconfiar do Estado, dada as constantes notícias de corrupção que assolam o país, sobretudo a partir de 2014, a partir das revelações da "operação Lava Jato".

Trata-se de algo realmente inovador no país, possibilitado pelo uso da tecnologia. Uma nova forma de envio das informações laborais, completamente distinta da anterior, concebida, como foi dito, para não informar nada de forma repetida ou depois dos fatos ocorridos. Se alguém é contratado, por exemplo, os dados cadastrais desse alguém são previamente verificados na RFB e no INSS e a informação da contratação é enviada. Se a pessoa contratada entra em gozo de férias ou de um benefício previdenciário, essa informação é enviada. Quando ela retorna ao trabalho pelo término das férias ou do benefício previdenciário, essa informação também é enviada. Quando há alguma alteração na jornada de trabalho ou na remuneração, essa informação é enviada. Quando recebe a remuneração, esse dado também é transmitido. Quando o contrato de trabalho é finalizado, esse dado também é encaminhado. Enfim, o dia a dia de todas as relações de trabalho é transmitido de forma contemporânea aos fatos e de forma individualizada, trabalhador a trabalhador.

Essa nova forma de documentar digitalmente a vida do trabalhador, completamente diversa da anterior, ilumina a dinâmica da prestação de serviços no país que, nem sempre se desenvolveu em conformidade com a legislação pertinente e nem sempre pode contar com a presença do Estado, com a presteza necessária, para assegurar o respeito aos direitos humanos do trabalhador e evitar danos, não raro, irreparáveis.

Nesse novo cenário ainda em construção, com a utilização do eSocial, duas breves reflexões podem ser feitas em relação aos atores das relações de trabalho, uma afeta, especificamente, ao trabalhador ou agente público e outra, referente ao Estado, na qualidade de Estado legislador e de Estado Fiscal.

Todavia, tais reflexões serão abordadas com o reforço teórico das considerações elaboradas por Adrian Vermeule, constitucionalista norte-americano que em sua obra "mecanismos de democracia" (*mechanisms of democracy*), resolveu examinar o "grau de democracia" nos desenhos de pequena escala[31], ou seja, nos

---

(31) Para Adrian Vermeule é comum se analisar desenhos de grande escala, nos atuais Estados democráticos, como as estruturas centrais do Poder, ou seja o sistema eleitoral, a separação dos poderes ou o federalismo, todavia, ressalta, que em uma Democracia, os processo de trabalho da instituições também devem ser democráticos.

processos (em geral) estáveis e inseridos nas instituições, como o trazido pelo eSocial, em função da nova sistemática de registro da dinâmica das relações de trabalho.

Segundo Vermeule, em um Estado Democrático, as instituições e os processos públicos devem possuir, em algum grau, certos valores tidos como democráticos, os quais legitimam a atuação estatal e a torna mais compatível com a Constituição do país. Sem adentrar no debate sobre os mais diversos conceitos e teorias sobre democracia, o autor propôs quatro valores democráticos, que para ele representam os quatro valores fundamentais do constitucionalismo democrático e que devem se fazer presentes em qualquer instituição que pretenda ser democrática, quais sejam, a imparcialidade, a *accountability*, a transparência e a deliberação, os quais serão analisados nos tópicos a seguir, com o objetivo de aferir a intensidade deles nessa nova forma de colaboração com o Estado.

3.1. O Trabalhador como Auditor da sua vida Previdenciária Presente e Futura

Segundo o psicólogo americano Abraham Maslow, as necessidades humanas podem ser agrupadas em cinco níveis hierárquicos, quais sejam as necessidades fisiológicas, as necessidades de segurança, as necessidades sociais, as necessidades de estima e as necessidades de realização pessoal. Portanto, satisfeitas as necessidades do corpo, o que o homem busca satisfazer em seguida são as necessidades relacionadas à segurança, do corpo, do emprego, de recursos, entre outras.

Uma das maiores preocupações do trabalhador, sobretudo quando ele percebe, às vezes tardiamente, que suas forças para o trabalho não são perenes, é a segurança trazida pela previdência social. O maior reflexo do trabalho formal é a segurança previdenciária que ele pode trazer. Enquanto as relações de trabalho existiam apenas no mundo dos fatos e, quando muito, em algum pedaço de papel não apresentado ao Estado, a segurança social do trabalhador era inexistente. Em um Estado que vive em "crise", o trabalhador padece de constante estado de necessidade e, dada a sua vulnerabilidade, submete-se as mais diversas propostas de trabalho, ainda que indignas, indecentes e sem qualquer tipo de registro formal.

Com o eSocial, o não registro formal do trabalhador pode continuar existindo, contudo, o risco por essa opção empresarial se tornou muito mais gravoso. Não enviar uma informação pelo eSocial, quando devida, agora, caso tal omissão seja descoberta, trará imediata sanção por todas as manifestações estatais envolvidas, em especial pela RFB e pelo MTb, sem deixar de mencionar a possível repressão penal, dado o caráter de crime contra a previdência social da conduta.

Com isso, quando os empregadores e contribuintes perceberem que a economia que pode trazer a não informação é muito inferior ao custo do risco da detecção da omissão pelos órgãos de fiscalização, que passarão a atuar conjuntamente e à distância, analisando todos os dados disponíveis no novo repositório nacional da vida dos trabalhadores, as omissões tenderão a diminuir cada vez mais, o que representará um incremento da proteção previdenciária do trabalhador, mesmo no novo perfil deste, menos subordinado e cada vez mais demandado, nessa nova condição, pela sociedade atual "pós-industrial" e crescentemente globalizada.

Como foi mencionado, antes da utilização do eSocial, as informações remuneratórias que alimentavam o CNIS eram as prestadas por meio da GFIP, que, caso padecesse de algum erro de preenchimento, geraria consequências danosas aos trabalhadores, no momento do requerimento de algum tipo de benefício previdenciário ao RGPS, como a não concessão do benefício ou a concessão em valor inferior ao devido.

Nesse período, a proteção previdenciária do trabalhador dependia completamente da informação prestada pelo empregador, sem que àquele fosse disponibilizado qualquer instrumento que o permitisse verificar se as suas informações laborais estavam sendo encaminhadas corretamente pela GFIP ao CNIS. No entanto, em maio de 2017, essa realidade começou a mudar quando foi criada a "Central de Serviços" chamada "Meu INSS", que pode ser acessada pelo computador ou por qualquer aparelho de telefone móvel.

Essa nova ferramenta digital passou a permitir ao trabalhador ter acesso ao seu "extrato previdenciário", ou seja, a todos os salários-de-contribuição[32] referentes ao período trabalhado para o empregador atual e

---

(32) Salário-de-contribuição é a base de cálculo das contribuições previdenciárias dos segurados, salvo do segurado especial, e que se encontra definido nos incisos do art. 28 da Lei n. 8.212, de 1991.

anteriores, os quais serão usados no cálculo da renda mensal dos eventuais benefícios previdenciários requeridos no futuro. Em outros termos, o trabalhador passou a poder acompanhar, mês a mês, as informações que estão sendo prestadas pelo seu empregador sobre ele.

Ocorre que com o eSocial, como a qualidade das informações é muito mais elevada, esse "extrato previdenciário" passa a ser muito mais confiável, não apenas para o trabalhador, mas sobretudo para o INSS. Esse novo patamar de confiabilidade dos valores da remuneração passa a permitir que essa "central de serviços" do INSS aprofunde a transparência das informações de proteção previdenciária, permitindo simulações de cálculo dos benefícios previdenciários futuros, como aposentadorias, mais adequadas às especificidades do trabalhador (como homem ou mulher, professor ou professora — não de ensino superior —, rural ou urbano, de natureza acidentária ou não) e identificando o melhor momento de requerer o benefício previdenciário para que o trabalhador possa auferir uma renda de maior valor (com ou sem a aplicação do fator 95/85 e do fator previdenciário, quando mais benéfico).

Com isso, por meio do eSocial, essa nova facilidade, já disponível ao trabalhador da iniciativa privada sujeito ao RGPS, que pode ser ampliada a todos os agentes públicos protegidos pelos diversos RPPS, possibilitará a toda pessoa humana que desempenha uma atividade remunerada a realização de um verdadeiro planejamento previdenciário pelo conhecimento prévio do benefício previdenciário mais vantajoso a quem tem direito e do melhor momento para requerê-lo.

Na verdade, a provocação desse "melhor momento" pode vir diretamente do INSS ou do RPPS, cabendo ao trabalhador aceitar ou não, com base nas informações mais detalhadas, que passará a dispor, seguindo a lógica do "paternalismo libertário", expressão muita usada por Cass Sunstein, conhecido autor constitucionalista norte-americano, que consiste na característica do Estado que busca disponibilizar as melhores escolhas (ou opções) para os integrantes da sua sociedade, sob a ótica destes (visão paternalista), sem, contudo, tirar a liberdade deles optarem por outras alternativas, ainda que piores (visão libertária).

Esse aumento da *transparência* das informações previdenciárias à disposição do trabalhador provoca um substancial incremento da responsabilização (*accountability*) do empregador ou do órgão público contratante pelo envio das informações laborais por meio do eSocial, que nesse novo cenário passam a ser fiscalizados não apenas pelo Estado (RFB ou MTb), mas pelo próprio trabalhador e por meio dos sindicatos da categoria profissional.

Além disso, todas as novas propostas de reforma constitucional da previdência social podem, durante a tramitação no Congresso Nacional das propostas de emenda constitucional, serem simuladas para cada trabalhador, respeitando-se as peculiaridades de cada um, e disponibilizadas na mesma "central de serviços" mencionada, com acesso por computador ou por aplicativo instalável em um telefone móvel — bem do qual a maioria dos trabalhadores já dispõe.

Com isso, o debate do processo legislativo se tornará muito mais plural, as razões públicas apresentadas serão ainda mais criticadas e as eventuais preferências não fundadas em dados objetivos serão fortemente rechaçadas. Em outros termos, esse processo se tornará ainda mais *deliberativo* e, por afrontar marcantemente os interesses pessoais ou de grupos específicos, tenderá a ser mais *imparcial*.

O trabalhador, portanto, passa a dispor de um desenho na prestação de informações laborais muito mais democrático e compatível com a Constituição da República, pois há um inequívoco incremento da transparência, da *accountability*, da deliberação e da imparcialidade. O trabalhador passa a ser provido de informações necessárias para que ele possa melhor conhecer a sua realidade previdenciária pessoal, bem como participar ativamente da construção das novas arquiteturas previdenciárias, que atingirão a ele e a todas as demais gerações de trabalhadores presentes e futuras.

3.2. Os Desafios do Estado Legislador Laboral e do Estado Fiscal Previdenciário

Uma das grandes premissas da construção do eSocial, como mencionado alhures, não foi modificar as legislações trabalhistas, previdenciárias e tributárias, mas criar meios de fazer cumprir essas legislações existentes.

No entanto, não se pode olvidar que a quantidade de leis, decretos e atos infralegais, como portarias e instruções normativas, que tratam dessas três áreas é extremamente elevada. Conhecer plenamente todas essas legislações seria algo apenas possível para uma figura mitológica como o "colaborador Hércules"[33]. Portanto, cumprir, sem qualquer equívoco, todas essas legislações não é uma tarefa simples e tem se mostrado inexequível, com base nas informações trazidas pelas diversas empresas que participam da construção do eSocial.

Na prática, antes do eSocial, alguns aspectos da legislação das três áreas citadas não eram observados pelos empregadores por não serem viáveis diante da dinâmica da atividade empresarial ou pela desnecessidade de armazenamento da informação e podem ser revogados ou modificados para reduzir a burocracia.

Esse é um dos desafios do Estado, que poderá ser bastante auxiliado pelas informações prestadas pelo eSocial, que consiste em rever toda a arquitetura das legislações envolvidas para aprimorá-la. Esse processo de alteração será subsidiado por critérios técnicos, pensados a partir da sistematização realizada para viabilizar a implementação do eSocial. Portanto, será um processo desinteressado e, com isso, mais *imparcial* e *transparente*, com relação às razões que justificarão os ajustes normativos.

Ademais, com base nas informações laborais e da tributação previdenciária armazenadas no repositório nacional formado pelas informações enviadas pelo eSocial a fiscalização previdenciária, que se dava predominantemente de modo presencial (forma direta) e, portanto, insuficiente para fazer cumprir todas as normas de custeio da Seguridade Social, passa, a partir desse novo momento, a ser predominantemente digital (forma indireta e à distância), atuando, a exemplo dos demais tributos administrados pela RFB, por meio de "malha fiscal previdenciária".

Com isso, as infrações à legislação previdenciária de custeio, repetidas e acomodadas em função da certeza da impossibilidade de uma atuação estatal onipresente, passam a ser iluminadas pela "tecnologia" (MOLINAROM, 2012, p, 19), o que ampliará a responsabilização dos empregadores e contribuintes (*accountability*) e implicará uma nova forma de gestão empresarial, mais responsável e atenta às demandas das novas legislações laborais, previdenciárias e tributárias do país.

4. Considerações Finais

A adoção da tecnologia no registro das relações de trabalho, por meio do eSocial, tem potencial para impactar diretamente a vida do trabalhador, ampliando o seu conhecimento sobre a própria proteção previdenciária e sobre a construção de qualquer novo modelo previdenciário que se pretenda implementar no país, incrementando, a um só tempo, todos os valores democráticos propostos por Adrian Vermeule, tornando a dinâmica da vida laboral e suas consequências previdenciárias e tributárias mais compatíveis com a Constituição da República, quais sejam, a ampliação da *transparência* das informações à disposição do trabalhador, a elevação da *accountability* dos empregadores, a ampliação da *deliberação* em todo processo legislativo de discussão previdenciária e da *imparcialidade* das discussões, que passam a evidenciar todos os equívocos das razões públicas apresentadas e os eventuais interesses de grupo, desprovidos de proveito público.

A partir da sistematização das informações constantes nas legislações envolvidas no eSocial, percebe-se que o cumprimento delas, em certas partes, pode não se demonstrar viável, o que evidencia a necessidade, em um segundo momento, de ajustar as legislações referidas a fim de torná-las mais exequíveis. Tarefa que deverá ser realizada pelo Poder Legislativo e pelo Poder Executivo, a depender da natureza do ato a ser reformulado.

Além disso, o perfil da fiscalização previdenciária de custeio será modificado, uma vez que, ao dispor de mais informações dos empregadores e contribuintes, o procedimento de auditoria tenderá a se tornar mais amplo (alcançando um grande número de contribuintes ao mesmo tempo), preciso (identificando melhor o ponto da legislação que está sendo descumprido), célere (a atuação estatal de correção se dará em momento muito mais próximo ao da ocorrência da infração) e não presencial.

---

[33] Objetiva-se aqui fazer uma alusão ao "juiz Hércules" do jusfilósofo Ronald Dworkin, que seria o jurista de capacidade, sabedoria, paciência e sagacidade sobre-humanas.

5. Referências Bibliográficas

FEENBERG, Andrew. Racionalização subversiva: tecnologia, poder e democracia. In: *Andrew Feenberg*: racionalização democrática, poder e tecnologia. Ciclo de conferências e Videoconferências da UNB. Org. Ricardo T. Neder. 2010.

MARLER, Janet H. and LIANG, Xiaoya, Information Technology Change, Work Complexity and Service Jobs: A Contingent Perspective (July 2012). *New Technology, Work and Employment*, v. 27, Issue 2, p. 133-146, 2012. Available at SSRN: <https://ssrn.com/abstract=2095997> or <http //dx.doi.org/10.1111/j.1468-005X.2012.00280>. Acesso em: 1º.08.2018.

MASLOW, Abraham H. *A theory of human motivation*. Psychological Review, 1943.

MOLINAROM, Carlos Alberto; SARLET, Ingo Wolfgang. Não existe o que panoramicamente vemos no céu ": O ponto--cego do direito (políticas públicas sobre regulação em ciência e tecnologia). In: SAAVEDRA, Giovani Agostini; LUPION, Ricardo (Orgs.). *Direitos Fundamentais*: direito privado e novação. Porto Alegre. EdiPUCRS, 2012.

PACHECO FILHO, José Gomes; KRUGER, Samuel. *eSocial. Modernidade na prestação de informações ao Governo Federal*. Rio de Janeiro: Atlas, 2015.

PAULSEN, Leandro. *Capacidade Colaborativa. Princípio de Direito Tributário para obrigações acessórias e de terceiros*. Porto Alegre: Livraria do Advogado, 2014.

SCHWAB, Klaus. *A Quarta Revolução Industrial*. Edipro, 2016.

THALER, Richard H; SUNSTEIN, Cass R. *Libertarian paternalism is not an oxymoron*. University of Chicago Law Review 70, 2003a.

_____. *Libertarian Paternalism*. American Economic Review 93, n. 2, 2003b.

_____. *Nudge*: improving decisions about health, wealth and happiness. New Haven & London: Yale University press, 2008.

VERMEULE, Adrian. *Mechanisms of Democracy*: Institutional Design Writ Small. Oxford: Oxford University Press, 2007.

YEARLEY, Steven. *Science, Technology, and Social Change*. London: Unwin Hyman, 1988.

A Reavaliação dos Procedimentos Internos de Gestão de Pessoas como Pressuposto para a Conformidade com o Modelo eSocial

Cesar Augusto Alves Neto[(*)]

1. Introdução

O eSocial é um sistema governamental sem precedentes: seu objeto é captar informações previdenciárias, trabalhistas (inclusive FGTS) e tributárias; sua abrangência atinge empregadores/contribuintes — empresas e pessoas físicas — que utilizem mão de obra onerosa; e sua principal solução técnica é receber a informação original diretamente dos sistemas informatizados dos empregadores via Web services[(1)]. O universo impactado é amplo: de grandes empresas a optantes pelo SIMPLES, incluindo o empregador doméstico, o MEI, o produtor rural pessoa física, o segurado especial e mesmo o profissional liberal equiparado a empresa, quando contrata trabalhadores para o seu escritório ou consultório.

O conceito inovador que perpassa todas as soluções contempladas no eSocial é a **integração**.

Integração entre os sistemas informatizados dos empregadores e o sistema governamental, objetivando o repasse da informação original ou primária.

Integração entre o eSocial e os cadastros nacionais administrados principalmente pela RFB e pelo INSS, implantando validações na recepção das informações.

Integração das informações trabalhistas, previdenciárias e tributárias — permitindo o controle do cumprimento das obrigações acessórias, da qualidade dos cadastros e da arrecadação, com a interação do MTb, do INSS, da RFB e da Caixa.

É justamente este conceito inovador de integração adotado pelo eSocial que traz como consequência a necessidade de reavaliação pela empresa dos seus fluxos e processos de Gestão de Pessoas. Neste modelo é fundamental a interação entre os diversos setores do empregador: contabilidade, financeiro, comercial, jurídico, medicina e segurança do trabalho, tributário, fiscal, tecnologia da informação e recursos humanos devem construir, juntos, a solução eSocial da empresa.

Assim, o objeto deste artigo é apontar, de forma prática, as principais mudanças conceituais e estruturais que a nova visão do eSocial acarretará para os fluxos e processos das empresas, bem como suas repercussões financeiras e tributárias.

1.1. Quebra do "Paradigma GFIP"

A GFIP é uma declaração que contém informações pertinentes a todos os órgãos governamentais partícipes do eSocial, podendo ser considerada como a principal obrigação que o eSocial vai substituir. Porém estas

---

(*) Engenheiro Civil pela Universidade Federal Fluminense — UFF; Analista de Sistemas pela Pontífice Universidade Católica — PUC-RJ; Bacharel em Direito pela Universidade Federal de Minas Gerais — UFMG. Auditor Fiscal da Receita Federal do Brasil desde 1987; Integrante da equipe técnica do eSocial, representando a RFB, desde 2013.

(1) Web services — são componentes que permitem às aplicações enviar e receber dados em formato XML. Nesta solução utilizada na integração de sistemas e na comunicação entre aplicações diferentes, cada aplicação pode ter a sua própria "linguagem", que é traduzida para uma linguagem universal, o formato XML

informações são encaminhadas utilizando um PGD, com poucas validações na recepção, agrupadas e enviadas em um único arquivo. É uma "fotografia mensal" dos trabalhadores da empresa, sem qualquer batimento, em tempo de recepção das informações, com o histórico da vida laboral dos trabalhadores nela informados. Portanto, a substituição da GFIP pelo eSocial é um exemplo perfeito do avanço proporcionado por este novo modelo, quebrando paradigmas no envio de informações pelos empregadores aos sistemas governamentais.

No eSocial as informações são enviadas em vários eventos, com identificadores individuais do trabalhador, e não em um arquivo único como a GFIP. Além disso há uma importante distinção: na GFIP, as informações são individualizadas e enviadas para cada estabelecimento da empresa; no eSocial, as informações declaradas se referem à empresa como um todo.

As informações cadastrais no eSocial devem ser previamente qualificadas para atender às validações com os cadastros da RFB e do INSS. Informações tributárias devem ser coerentes e compatíveis com suas respectivas origens trabalhistas e previdenciárias. Informações complementares com origem em setores distintos devem ser consolidadas.

Mas é na movimentação trabalhista e nas informações periódicas de remuneração que estão presentes as principais inovações.

As informações de admissão, afastamento e desligamento, dentre outras, serão enviadas — via *web services* — ao eSocial, no momento em que ocorrem e são registradas no sistema informatizado de recursos humanos da empresa. Sendo validadas, em tempo de recepção, com o histórico laboral do trabalhador.

Quanto à remuneração informada, validações no encerramento da folha de pagamento apontarão, por exemplo, empregado ativo no período para o qual não houve envio de remuneração ou remuneração enviada para empregado não cadastrado.

E o mais importante: não será mais possível a empresa recolher valor tributário sem vinculação com as informações declaradas no eSocial. Hoje é possível declarar uma informação na GFIP e recolher em GPS valor totalmente desvinculado, por vezes até maior que o declarado. No eSocial, com a substituição da GFIP, o recolhimento em DARF, a partir da DCTFweb[2], será estritamente vinculado ao declarado no eSocial. E os sistemas de arrecadação da Caixa atuarão de forma análoga para o depósito do FGTS.

A seguir esses novos conceitos serão detalhados, com as respectivas repercussões nos fluxos e processos das empresas. Este artigo, ressalte-se, tem especial foco no envio dos eventos ao eSocial dentro da rotina integrada de *web services* com os sistemas informatizados utilizados pelo empregador. Os módulos simplificados (Empregador Doméstico, MEI, e Segurado Especial) e, mesmo em certa medida, o envio de informações diretamente no portal WEB[3], têm um fluxo controlado por aplicativos customizados para guiar o usuário, não sendo objeto desta análise.

Os órgãos públicos, na condição de empregadores, também estão fora do escopo deste trabalho em razão das peculiaridades que envolvem a contratação de servidores públicos, dos regimes próprios de previdência adotados, e, principalmente, do estágio atual do leiaute do eSocial que ainda não contempla de forma completa este universo específico.

2. Cadastro

O modelo do eSocial impõe especial atenção ao cadastro — tanto da empresa quanto dos trabalhadores. O principal identificador da pessoa jurídica, como contribuinte declarante, é o CNPJ. Para o empregador pessoa física o identificador principal é o CPF, porém aqui o CAEPF[4] assume papel fundamental para a necessária

---

(2) DCTFweb — Declaração de Débitos e Créditos Tributários Federais Previdenciários e de Outras Entidades e Fundos, disciplinada pela IN RFB 1787, de 2018.
(3) Portal WEB, ou módulo WEB GERAL, é uma ferramenta auxiliar destinada à inserção e consulta de dados no eSocial. É uma funcionalidade WEB disponibilizada para permitir às empresas o cumprimento das obrigações legais em situações de contingência ou indisponibilidade do seu próprio *software*. Contudo, ele não pretende substituir os sistemas próprios das empresas e sua integração ao eSocial via *web services*.
(4) CAEPF — Cadastro das atividades econômicas exercidas pela pessoa física, vinculado ao CPF.

correlação com a atividade exercida e sua consequente forma de tributação. Por fim temos as obras, cujo identificador será o CNO[5] — num primeiro momento derivado diretamente da matrícula CEI.

Para os trabalhadores, o CPF é o identificador principal — tendo o NIS como complemento. Para os empregados a matrícula se junta ao CPF para identificar o vínculo, já para os TSVE[6] a categoria[7] completa o CPF como identificação.

Porém as validações do eSocial não se restringem aos identificadores principais, pois outros dados cadastrais são validados. A expressão "Qualificação Cadastral" foi difundida como o processo que, fundamentalmente, vincula corretamente CPF e NIS, além de promover o batimento dos dados do trabalhador com o cadastro CPF. Contudo, seu significado deveria ser bem mais amplo: qualificar todos os dados cadastrais do trabalhador e do empregador de forma que não sejam rejeitados, ou provoquem inconsistências, nas validações do eSocial.

2.1. Cadastro do Empregador

As principais informações do empregador aparentemente são contempladas no evento S-1000 — Informações do Empregador/Contribuinte/Órgão Público, mas esta percepção inicial é enganosa: os eventos S-1005 a S-1080, denominados Tabelas do Empregador, completam as informações do S-1000 e são indispensáveis tanto para o envio dos eventos não periódicos[8] (trabalhistas), quanto dos eventos periódicos[9] (remuneratórios). Na verdade, as validações do eSocial com o cadastro do empregador vão além das informações que constam no S-1000 e nas citadas tabelas: dados do cadastro CNPJ e CPF da RFB também são considerados nas validações.

Com relação ao CNPJ, é fundamental esclarecer que no eSocial o **CNPJ-raiz** é o identificador da empresa: **os oito primeiros dígitos do CNPJ identificam a pessoa jurídica de direito privado**, sem considerar os quatro dígitos posteriores que representam o estabelecimento (filial ou matriz). As informações do evento S-1000 do eSocial se referem à empresa como um todo, e não a cada estabelecimento seu identificado pelo CNPJ de 14 dígitos — como era o caso da GFIP. Os estabelecimentos da empresa estarão cadastrados no S-1005 — Tabela de Estabelecimentos, Obras ou Unidades de Órgãos Públicos, e são referenciados pelos eventos periódicos e não periódicos, mas o empregador, sujeito passivo das obrigações trabalhistas e tributárias, é a empresa, identificada pelo seu CNPJ-raiz. As integrações no cadastro CNPJ da RFB identificam a empresa, a sua matriz e demais estabelecimentos, e retornam as respectivas informações para as validações do eSocial. Existe exceção a esse conceito de CNPJ-raiz apenas quanto a órgãos públicos, que, como já citado, estão fora do escopo deste artigo.

O conceito de declaração por empresa, identificada pelo CNPJ-raiz, é fundamental e impactará a maioria dos fluxos e procedimentos dos empregadores na medida em que representa uma distinção básica entre as informações declaradas no modelo GFIP e o novo modelo que o eSocial adota.

O primeiro passo para uma correta qualificação cadastral, que permita o envio de eventos ao eSocial sem a intercorrência indesejada de rejeições nas validações, é a verificação sistemática de todas as informações contempladas nos eventos S-1000 e Tabelas (S-1005 a S-1080), bem como dos dados cadastrais da empresa no cadastro CNPJ da RFB.

Atenção especial deve ser dada ao período de vigência das informações: estes eventos possuem um atributo de vigência ou "Período de validade das informações" representado nos campos início e fim de va-

---

(5) CNO — Cadastro nacional de obras que armazenará os dados de obras de construção civil de pessoas físicas e de pessoas jurídicas.
(6) TSVE — Trabalhador sem vínculo de emprego.
(7) Categoria do Trabalhador — Tabela 01 do eSocial.
(8) Eventos não periódicos: são aqueles que não têm uma data pré-fixada para ocorrer, pois dependem de acontecimentos na relação entre o empregador e o trabalhador que influenciam no reconhecimento de direitos e no cumprimento de deveres trabalhistas, previdenciários e fiscais.
(9) Eventos periódicos: têm periodicidade previamente definida, e são compostos por informações de folha de pagamento, de apuração do FGTS, das contribuições previdenciárias, bem como do imposto sobre a renda retido na fonte sobre pagamentos realizados a pessoa física.

lidade. O sistema eSocial armazena um histórico destas informações, e os eventos posteriormente enviados, que referenciarem estas tabelas, serão objeto de validação entre a "data do evento" e o respectivo "período de validade" da tabela. A data de referência para a validação não necessariamente coincide com a data de envio do evento.

A data de referência para a validação é a data de ocorrência dos eventos não periódicos. Por exemplo, no envio do evento S-2299 (Desligamento) a data de ocorrência é a data do desligamento do empregado: a data do último dia trabalhado pelo empregado.

Já para os eventos periódicos, o período de apuração é que será a referência a ser validada com a vigência da tabela referenciada.

Ressalte-se que o evento S-1000 também se enquadra neste conceito de tabela com respectivo histórico de vigência. E a consequência mais impactante das validações de todos os eventos posteriormente enviados com o S-1000 é que suas datas de referência devem estar dentro do respectivo período de vigência das informações cadastrais do empregador.

Além disso, informações importantes, como o início de atividades da empresa ou mesmo qual estabelecimento foi referenciado como matriz — ambas constantes no cadastro CNPJ da RFB — serão indiretamente validadas.

Por exemplo, se a data de início de atividade da empresa é 10.10.2010, o eSocial em princípio não aceitará um vínculo de um empregado nesta empresa com admissão em 20.09.2010 — anterior ao seu início de atividades. Mas sabemos que tal situação pode ocorrer motivada por uma autuação do MTb, ou da RFB, ou mesmo em razão de decisão judicial. Neste caso, a solução mapeada no eSocial é validar a admissão com a "data de primeiro vínculo" — informação que também consta no cadastro CNPJ, porém apresenta como padrão a mesma data de início de atividade da empresa. A empresa nesta situação deve verificar no seu cadastro CNPJ da RFB qual informação consta como data de primeiro vínculo e, caso também seja posterior a data de admissão do empregado, providenciar a alteração. Se a funcionalidade "alteração da data de primeiro vínculo" ainda não estiver disponível para o Cadastro CNPJ, a alternativa é contatar o eSocial[10] anexando um dos seguintes documentos: Auto de Infração lavrado pela fiscalização do MTb ou da RFB; ou Ordem Judicial reconhecendo o vínculo em data anterior que a de início de atividades da empresa.

Outra observação importante é a verificação da compatibilidade das situações encontradas na empresa com as tabelas de compatibilidades tributárias do eSocial: Tabela 11 — Compatibilidade entre Categoria de Trabalhadores, Classificação Tributária e Tipos de Lotação; Tabela 12 — Compatibilidade entre Tipos de Lotação e Classificação Tributária; e Tabela 22 — Compatibilidade entre FPAS e Classificação Tributária. Analisando os critérios de validação de compatibilidade previstos nestas tabelas, a empresa conseguirá distribuir corretamente seus trabalhadores (Tabela 1 — Categorias de Trabalhadores) nas Lotações Tributárias (Tabela 10 — Tipos de Lotação Tributária) compatíveis e em conformidade com sua Classificação Tributária (Tabela 8 — Classificação Tributária) e com o respectivo FPAS (Tabela 4 — Códigos e Alíquotas de FPAS e Terceiros).

2.2. Cadastro do Trabalhador

As informações cadastrais do trabalhador merecem os mesmos cuidados que as supracitadas informações do empregador: devem ser qualificadas para suportar as validações do eSocial. Em especial o empregado, trabalhador cujo vínculo é identificado por CPF e matrícula, pode estar enquadrado em várias situações específicas contempladas pela legislação trabalhista e previdenciária. As informações destas situações do vínculo de emprego são prestadas ao eSocial de uma forma estruturada, com validações com o histórico do trabalhador, com grande distinção, na abrangência e na qualidade, em relação ao modelo anterior da GFIP. A identificação do trabalhador, e do vínculo, no eSocial, com base no tripé CPF x NIS x Matrícula, garante que a informação declarada tenha maior confiabilidade, mitigando erros de titularidade — quando, por exemplo, contribuições previdenciárias recolhidas para determinado trabalhador são vinculadas a outro.

---

(10) Disponível em: <https://portal.esocial.gov.br/servicos/primeiro-vinculo/primeiro-vinculo>. Acesso em: 23/09/2018.

Neste sentido cumpre realçar que a matrícula, no conceito do eSocial, deve ser um identificador único em toda a empresa: não serão aceitas, por exemplo, uma matrícula "001" no estabelecimento "0001" e outra matrícula "001" no estabelecimento "0002". Esta distinção, que é consequência da já citada identificação do empregador no evento S-1000 pelo CNPJ-raiz, também deve ser considerada na reavaliação dos fluxos e processos de gestão de pessoas aqui tratada.

O cadastro de trabalhadores no eSocial é efetuado basicamente pelos eventos: S-2200 — Cadastramento Inicial do Vínculo e Admissão/Ingresso de Trabalhador e S-2300 — Trabalhador Sem Vínculo de Emprego/Estatutário — Início. Se os identificadores do trabalhador no S-2200 são CPF e matrícula, para o S-2300 são CPF e Categoria.

Ressalte-se ainda o peculiar evento S-2190 — Admissão do Trabalhador — Registro Preliminar. Este evento, opcional, pode ser utilizado pelo empregador que admitir um empregado em situação em que não disponha de todas as informações necessárias ao envio do evento S-2200. Contudo o empregador deve atentar para a regra rígida de validação segundo a qual não é permitido o envio de qualquer evento para trabalhador (CPF), para o qual já exista evento de admissão preliminar sem o respectivo evento de admissão definitivo (S-2200).

Também podem ser considerados como cadastrais os eventos S-2205 — Alteração de Dados Cadastrais do Trabalhador e S-2206 — Alteração de Contrato de Trabalho. Ambos obedecem ao conceito de registrar as alterações de forma histórica, sem eliminar a informação original, mas adicionando a ela a data em que foi alterada e, a partir da qual, passa a valer a nova informação. Ressalte-se que o envio desses eventos altera o cadastro, ou o contrato, em relação a todas as informações contempladas nos respectivos leiautes — o que implica dizer que o empregador neles deve fazer constar tanto as informações objeto de alteração como também as inalteradas.

Na estrutura destes eventos deve ser apontado outro conceito inovador do eSocial: o evento S-2206 é utilizado especificamente para alterar dados contratuais de empregados originalmente cadastrados pelo S-2200; mas o evento S-2205 é utilizado para alterar dados cadastrais que podem ter sido enviados originalmente tanto pelo S-2200 (empregado) quanto pelo S-2300 (TSVE). A base desse conceito é de que os dados cadastrais do trabalhador estão vinculados ao seu CPF, de forma que uma alteração do vínculo empregatício (identificado pela matrícula) ou mesmo uma prestação de serviço sem vínculo (TSVE), não interferem nas informações constantes do cadastro pessoal do trabalhador. Este é outro diferencial do eSocial que pode interferir nos procedimentos da empresa.

Além disso, ao menos três situações têm importante influência no tratamento do cadastro do trabalhador pelo eSocial: o cadastramento inicial do vínculo; o trabalhador sem vínculo de emprego considerado como de cadastro obrigatório; e os dados cadastrais cuja informação é impactada por processos (judiciais ou administrativos).

O cadastramento inicial do vínculo ocorre quando o ingresso do trabalhador no empregador declarante, por admissão ou transferência, é anterior à data de início da obrigatoriedade de envio de seus eventos não periódicos ao eSocial. Esta situação é identificada pelo campo {cadIni} do evento S-2200 — Cadastramento Inicial do Vínculo e Admissão/Ingresso de Trabalhador. Os dados cadastrais do trabalhador, informado no eSocial na condição de cadastramento inicial, sofrem validações específicas e eventualmente requerem informações complementares. Situações especiais como a do trabalhador afastado com benefício previdenciário, ou mesmo a sucessão do vínculo trabalhista, são validadas de formas distintas se originadas num cadastramento inicial ou numa admissão.

Por outro lado, o trabalhador sem vínculo de emprego (TSVE) é considerado, regra geral, como aquele que presta serviços de natureza eventual. Não é comum o empregador manter um cadastro mais detalhado desses trabalhadores. Contudo o eSocial incluiu no conceito de TSVE algumas categorias de trabalhadores para as quais é necessário o cadastro com o evento S-2300. A relação completa dos chamados "TSVE obrigatórios" encontra-se no MOS. Nela constam, por exemplo, o estagiário, o diretor não empregado, e o médico residente. Considerando a extensa lista de informações necessárias ao cadastro do TSVE no citado evento S-2300, é fundamental que o empregador inclua a qualificação cadastral destas informações no seu processo de cadastramento destes trabalhadores.

A questão do controle de processos judiciais no eSocial merece um item à parte.

2.3. Cadastro de Processos Judiciais ou Administrativos

Os processos judiciais e administrativos do empregador, de entidade patronal com representação coletiva, de trabalhador contra um dos órgãos governamentais envolvidos no projeto do eSocial, que tenham influência no cálculo das contribuições, dos impostos ou do FGTS, ou mesmo quando influenciem na forma ou na informação prestada ao eSocial, devem ser cadastrados com o evento S-1070 — Tabela de Processos Administrativos/Judiciais. As informações desses processos são utilizadas para validação de outros eventos do eSocial. Não devem ser informados nesse evento os processos trabalhistas.

O cadastro prévio dos processos é necessário uma vez que o eSocial relaciona, e exige, os dados cadastrais dos processos referenciados em outros eventos para acatar diferenças de cálculos ou procedimentos específicos com fundamento nas respectivas decisões processuais. Neste contexto, eventos considerados cadastrais como os já citados S-2200 e S-1005, além das tabelas S-1010 — Tabela de Rubricas e S-1020 — Tabela de Lotações Tributárias, recebem informações que eventualmente podem ser impactadas por decisões processuais e, neste caso, a validação do eSocial buscará no S-1070 o processo relacionado.

É, portanto, fundamental que o empregador, antes de enviar as informações ao eSocial, verifique as decisões processuais que possam interferir tanto no cadastro da Empresa (eventos S-1000, S-1005, S-1010 e S1020) como no do Trabalhador (evento S-2200), cadastrando o respectivo processo no evento S-1070. Os eventos periódicos também exigem cadastramento prévio dos processos neles referenciados, mas este assunto será tratado posteriormente em item específico.

3. Movimentação Trabalhista

Entre o cadastro do trabalhador, seja pelo evento S-2200 (Admissão) ou pelo S-2300 (TSVE — Início), e o término do vínculo de emprego pelo evento S-2299 (desligamento) ou o término da prestação de serviço (S-2399 — Trabalhador sem Vínculo de Emprego — Término), podem ocorrer uma série de situações na vida laboral do trabalhador, denominadas "movimentações" no modelo de declaração da GFIP.

No modelo eSocial estas situações são informadas na medida em que ocorrem, de acordo com os prazos estipulados na legislação trabalhista e na regulamentação do FGTS, e vão compor um histórico da vida laboral do trabalhador denominado RET. Os eventos S-22xx abrangem a informação destas situações que afetam a vida laboral do trabalhador: além dos já citados S-2200 e S-2299, devem ser destacados os eventos S-2210 — Comunicação de Acidente de Trabalho, S-2230 — Afastamento Temporário, S-2250 — Aviso-Prévio, S-2260 — Convocação para Trabalho Intermitente, e S-2298 — Reintegração. Ressaltando que os eventos de Saúde e Segurança do Trabalho — SST serão abordados em outro artigo.

O evento S-2230 tem grande utilização na medida em que contempla uma extensa lista de afastamentos do trabalhador — ver Tabela 18 do eSocial — Motivos de Afastamento. O leiaute peculiar desse evento permite que as datas de início e fim do afastamento sejam informadas no mesmo envio ou que o S-2230 seja enviado apenas com a informação do início do afastamento — nesse caso posteriormente deverá ser enviado o mesmo evento informando a data de término. O capítulo III do MOS, no item referente ao S-2230, detalha bem em que circunstâncias o evento deve ser enviado com data de início e fim, ou com envio de cada informação em separado.

Como ressaltado pelo MOS: "Todos os arquivos de eventos não periódicos, ao serem transmitidos ao eSocial, são submetidos às regras de validação e somente são aceitos se estiverem consistentes com o RET". Esta pode ser considerada como outra grande inovação do eSocial, no que tange às validações em tempo de recepção dos eventos. O histórico do trabalhador no RET reflete um empilhamento cronológico de situações de forma que o não envio de uma informação impede o envio da informação correlata posterior — por exemplo: não há como enviar a informação de término de um afastamento se a informação do respectivo início não foi enviada; não há como afastar um empregado que ainda não foi admitido; etc. Da mesma forma, o envio de um evento extemporâneo será rejeitado se quebrar a cadeia lógica de informações do RET — a extemporaneidade no envio de eventos, por sinal, é um tema tão importante que será enfocado em detalhes por outro artigo.

Dentro do escopo de reavaliação de fluxos e processos, é importante salientar a profunda mudança no tratamento das chamadas "movimentações trabalhistas" do modelo GFIP, sem qualquer validação em tempo de recepção, e o correspondente procedimento no eSocial baseado em validações com o histórico do trabalhador — construído evento por evento trabalhista recebido, com suas informações incorporadas de forma cronológica no RET. Em especial, as empresas que concedem autonomia administrativa a seus estabelecimentos ou obras devem adotar protocolos de envio mais rígidos, para garantir que situações ocorridas com empregados distantes da sede sejam informadas dentro do prazo legal e conforme as regras de validação do eSocial.

3.1. Eventos Híbridos: Não Periódicos com Informação de Remuneração

Os eventos S-2299 e S-2399 podem ser considerados híbridos: possuem características de eventos trabalhistas não periódicos, porém possuem grupos de informação de remuneração — característica que define os eventos periódicos.

As informações de remuneração enviadas nestes eventos vão compor o movimento referente ao período de apuração relativo ao mês em que ocorreu o desligamento do empregado ou o término da prestação do TSVE.

O conceito de "movimento" pode ser encontrado no item 9.6.2 do MOS, porém a consequência maior destes eventos conterem informação de remuneração, e comporem o movimento dos periódicos, é que são abrangidos pelas regras de abertura, fechamento dos eventos periódicos (S-1299) e reabertura dos eventos periódicos (S-1298). Além de serem referenciados no evento S-1210 — Pagamento de Rendimentos do Trabalho, com suas respectivas regras. Significa dizer: são eventos com origem trabalhista, mas que em suas características remuneratórias serão tratados como eventos periódicos. O que implica em informações e validações típicas de folha de pagamento cujo impacto nos fluxos e processos de recursos humanos devem ser previstos.

4. Folha de Pagamento

A estrutura das informações da folha de pagamento no eSocial é outra importante inovação deste sistema. A premissa utilizada foi construir um modelo de forma a registrar a remuneração devida ao trabalhador, e o respectivo pagamento, em conformidade com a legislação Trabalhista, Previdenciária e Tributária, bem como com a regulamentação da CAIXA para o FGTS. Alguns conceitos devem ser introduzidos para auxiliar o entendimento da modelagem utilizada.

Em primeiro lugar, a expressão **"folha de pagamento" abrange todos os trabalhadores** a serviço da empresa, e não apenas os empregados.

Em segundo: os eventos básicos que representam a folha de pagamento no eSocial são o S-1200 (Remuneração de trabalhador vinculado ao RGPS) e o S-1210 (Pagamentos de rendimentos do trabalho), sendo ambos *individualizados por* **período de apuração**[11] e **CPF do trabalhador**. Isto significa que todas as remunerações devidas a um determinado trabalhador (CPF), para um determinado mês de referência (competência ou período de apuração), devem ser informadas em um único S-1200; bem como todos os pagamentos feitos a determinado trabalhador (CPF), em determinado período de apuração, devem ser informados em um único S-1210.

Além disso, podem ser enviadas remunerações nos eventos híbridos S-2299 (Desligamento) e S-2399 (TSVE-término), sendo que: no desligamento o identificador será CPF+Matrícula para o vínculo do trabalhador, e o respectivo período de apuração será considerado como o mês/ano registrados na data de desligamento; já no TSVE-término o identificador será CPF+Categoria para o trabalhador, e o período de apuração será con-

---

(11) Período de apuração: ano/mês (formato AAAA-MM) de referência das informações. No caso de "competência", mês de referência da informação das remunerações devidas na folha de pagamento, deve ser observado o Indicativo de período de referência: 1 — Folha de Pagamento Mensal, deve registrar AAAA-MM; 2 — Folha do Décimo Terceiro Salário, folha anual, deve registrar AAAA.

siderado como o mês/ano registrados na data do término do serviço prestado. Os pagamentos referentes às remunerações informadas nesses eventos serão registrados também no S-1210.

É importante registrar que os eventos que informam remuneração devida — S-1200, S-2299 e 2-2399 — obedecem ao conceito tributário denominado regime de competência[12]. Enquanto que o evento S-1210 obedece ao conceito de regime de caixa[13].

O conjunto dos eventos periódicos referente a determinado mês, ou período de apuração, corresponde a um **movimento**. Como já citado, a abertura do movimento relativo à folha de pagamento se dará com o envio do primeiro evento remuneratório (S-1200, S-2299 e S-2399), e seu encerramento se efetivará com o envio do S-1299. Para a retificação de qualquer evento periódico cujo movimento já esteja encerrado, o sistema exigirá o prévio envio do S-1298 (Reabertura), o que possibilitará a alteração dos eventos de remuneração ou pagamento e, após a retificação, o movimento deverá ser encerrado novamente com o reenvio do S-1299.

4.1. Considerações sobre a Remuneração do Trabalhador

Diante do modelo eSocial de folha de pagamento exposto no item 4, o primeiro ponto a registrar se prende ao fato de que **o evento S-1200 é único, por trabalhador e período de apuração** (mês ou competência). Como resultado, ainda que um mesmo trabalhador tenha mais de um vínculo na empresa, todas as remunerações vinculadas àquele CPF deverão ser informadas em um único evento S-1200. E mais, se um mesmo trabalhador estiver vinculado à empresa como empregado e prestar um serviço de natureza eventual à mesma empresa, tanto a remuneração referente ao vínculo de emprego quanto a remuneração referente ao serviço eventual deverão ser informadas no mesmo S-1200 da competência em que os serviços foram prestados.

Ressalte-se que o eSocial permite que os eventos S-1200 sejam enviados de forma descentralizada pelos estabelecimentos da empresa. Numa mesma empresa declarante, o estabelecimento "A" pode enviar os S-1200 de seus empregados, e o estabelecimento "B" o dos seus. Porém, considerando que o S-1200 deve ser único por trabalhador, um mesmo empregado não pode ser informado pelo estabelecimento "A" e também pelo estabelecimento "B" no mesmo período de apuração. Se o estabelecimento "A" enviar o S-1200 para o trabalhador "CPF1" para o mês 07/2018, e em seguida o estabelecimento "B" enviar um S-1200 também para o trabalhador "CPF1" para o mesmo mês de 07/2018, o evento enviado pelo estabelecimento "B" será rejeitado pelo eSocial. Mesmo que no estabelecimento "A" o trabalhador "CPF1" seja empregado, e no estabelecimento "B" o trabalhador "CPF1" tenha prestado um serviço eventual (TSVE), o S-1200 enviado pelo estabelecimento "B" será rejeitado. Ainda que, tanto em "A", quanto em "B", o trabalhador seja um TSVE, somente poderá ser enviado um S-1200 para aquele trabalhador.

No modelo eSocial, a empresa declarante deve informar toda a remuneração[14], de cada trabalhador, consolidada em um único S-1200 para determinado período de apuração.

Também o S-1210 deve ser enviado por trabalhador. E como o evento de pagamento obedece ao regime de caixa, é possível que as remunerações devidas para determinado trabalhador, informada em S-1200 distintos para mais de uma competência, sejam pagas todas no mesmo mês — período de apuração do S-1210. Por exemplo, para o trabalhador "CPF1" a remuneração de junho é paga em 05/Julho, e a remuneração de julho é paga em 30/julho: serão 2 eventos S-1200, um para junho outro para julho, que corresponderão ao mesmo S-1210 que contempla todos os pagamentos feitos no mês de julho para aquele trabalhador.

---

(12) Regime de Competência: utilizado na apuração das contribuições previdenciárias, e no FGTS, estabelece que o fato gerador ocorre no momento em que a remuneração é considerada como devida. O período de apuração (ano/mês) nos eventos S-1200, S-2299 e S2399 é tratado como "competência".
(13) Regime de Caixa: utilizado na apuração do Imposto de Renda Pessoa Física, estabelece que o fato gerador ocorre no momento do efetivo pagamento. O período de apuração (ano/mês) no evento S-1210 é tratado como mês do efetivo pagamento.
(14) Existe ainda a hipótese da remuneração total do trabalhador, para determinado período de apuração, ser informada em vários eventos: a remuneração mensal do (s) vínculo (s) ativo (s) deve ser informada em apenas um S-1200; mas pode ser complementada com a remuneração registrada em eventos de desligamento (S-2299), ou mesmo no término de TSVE (S-2399). O cálculo dos valores devidos, com base na remuneração total recebida pelo trabalhador, é tema abordado no item 4.4 deste artigo.

4.2. Serviços Prestados sem Vínculo de Emprego

É comum as empresas deslocarem o controle, e o pagamento, dos serviços prestados por trabalhadores sem vínculo de emprego do setor de recursos humanos para o financeiro. Este procedimento está em desconformidade com o modelo eSocial e com a legislação previdenciária e trabalhista, sendo necessária uma integração entre os setores para uma informação completa da folha de pagamento.

Há que se consolidar a premissa: a folha de pagamento no eSocial abrange todos os trabalhadores da empresa, com ou sem vínculo de emprego.

O cadastro dos TSVE já foi tratado no item 2.2 deste artigo, porém há uma peculiaridade no que concerne aos trabalhadores sem vínculo: no evento S-1200, os grupos de informações {infoComplCont} e {infoComplem} requerem os respectivos dados contratuais e cadastrais, ainda não informados para esses trabalhadores. Aqui deve ser apontada uma distinção básica: quando cadastrado no S-2300, as informações cadastrais e contratuais do TSVE passam a integrar o RET (histórico do trabalhador no eSocial) e não precisam mais ser registradas no S-1200. Assim sendo, pode ser do interesse do empregador informar no evento S-2300 os TSVE não obrigatórios que prestam serviços com certa frequência à empresa — caso típico de profissionais liberais como advogados e contadores. Tal procedimento evitaria o registro das informações desses profissionais a cada envio do S-1200.

Outro ponto interessante: se o trabalhador tem vínculo de emprego na empresa, mas prestou serviço eventual sem ser cadastrado também no S-2300, não será necessário informar no S-1200 o respectivo grupo {infoComplem} uma vez que suas informações cadastrais já estão ativas no sistema a partir do seu cadastro como empregado no S-2200. Contudo, as informações contratuais do grupo {infoComplCont}, referentes especificamente ao serviço eventual prestado, devem ser registradas.

4.3. Tabela de Rubricas

A Tabela de Rubricas do empregador, evento S-1010, é outra importante inovação do modelo eSocial. Nos modelos anteriores, a remuneração total (base de cálculo) era o foco da declaração de informações da folha de pagamento aos órgãos fiscalizadores. No eSocial as informações de remuneração são detalhadas rubrica por rubrica, vinculando as incidências e outras características das mesmas ao que foi informado previamente na tabela S-1010. A partir desta vinculação é que o eSocial apurará a base de cálculo dos respectivos valores devidos a título de contribuição previdenciária, imposto de renda e FGTS.

É fundamental, pois, a informação correta e prévia dos atributos de cada rubrica com o envio do S-1010. Merecem especial atenção o código de incidência tributária da rubrica para a Previdência Social e para o Imposto de Renda, bem como a incidência para o FGTS e para a Contribuição Sindical Laboral, além da correta vinculação com a Tabela de Natureza das Rubricas da Folha de Pagamento (Tabela 3 do eSocial).

A tabela de rubricas do empregador deve ser revisada previamente ao envio das informações de remuneração, pois se apresenta como o principal parâmetro de convergência, ou não, entre os cálculos para apuração dos valores devidos efetivados pelos sistemas internos da empresa e os apurados pelos eventos totalizadores do eSocial — que serão tradados no item 4.4 deste artigo.

Uma orientação importante é a de que **a empresa deve evitar alterar os atributos da tabela de rubricas após o início do envio dos eventos de remuneração**. Boa parte dos cálculos do eSocial são efetivados a cada evento de remuneração recebido. Quando num mesmo movimento da folha alguns eventos foram enviados, sendo seus cálculos efetivados conforme parâmetros vinculados a uma tabela de rubricas, se esta tabela foi então modificada e após essa alteração outros eventos foram enviados, isso pode redundar em divergência entre os cálculos da empresa e do eSocial. Aliás, **esta orientação pode ser estendida a todas as tabelas do empregador**, porém a potencial divergência nos cálculos fica mais evidente quando se trata da tabela de rubricas.

4.4. Totalizadores e Fechamento do Movimento

Ao enviar o evento S-1200 (remuneração), em conformidade com o modelo de folha de pagamento do eSocial, o empregador receberá como retorno os eventos de cálculos: S-5001 — Informações das contribuições sociais por trabalhador, com a base de cálculo previdenciária e o valor da contribuição devida pelo segurado ao RGPS; havendo ainda a previsão para um evento S-5003 com a apuração do valor a ser depositado ao FGTS. Os eventos híbridos S-2299 e S-2399 também retornam os mesmos eventos de cálculos que o supracitado S-1200. Já para o evento S-1210 (pagamento), recebido em conformidade, o eSocial retorna o S-5002 — Imposto de Renda Retido na Fonte.

Como já foi visto no item 4.1, o evento S-1200 é único, por trabalhador e período de apuração (mês ou competência). Note-se que os eventos S-500X também são retornados por trabalhador (CPF) e por período de apuração. Contudo, em determinadas situações a remuneração de um mesmo trabalhador pode ser informada em mais de um evento remuneratório, para o mesmo período de apuração. É o caso, por exemplo, de um trabalhador com dois vínculos de emprego na mesma empresa, sendo que no mês de julho/2018 é informado tanto seu desligamento (S-2299), em um dos vínculos, como a sua remuneração mensal (S-1200) para o outro vínculo ainda ativo. Se o S-2299 foi o primeiro evento recebido, será retornado para ele um S-5001 com a apuração relativa às informações de remuneração nele contidas; já para o S-1200, enviado em segundo lugar, será retornado um S-5001 cuja apuração será sobre o total da remuneração informada — considerando os dois eventos já recebidos, o S-2299 e o S-1200. Em resumo: a apuração do último S-5001 retornado se baseia na remuneração total do trabalhador, recebida até o momento, para o mês em questão.

O fechamento do movimento de folha de pagamento, para determinado período de apuração, é efetivado com o envio do S-1299. É no recebimento desse evento que serão processados os cálculos que consolidarão as bases enviadas por trabalhador e os valores apurados em cada evento remuneratório. Nos eventos S-5011 (Informações das contribuições sociais consolidadas por contribuinte) e S-5012 (Informações do IRRF consolidadas por contribuinte), com previsão ainda do S-5013 para o FGTS, são retornados os cálculos consolidados do eSocial, referentes à todas as informações declaradas pela empresa.

A característica já citada do eSocial de integração das informações trabalhistas, previdenciárias e tributárias, aliadas à construção de um histórico laboral do trabalhador e a um sistema de validação que abrange todos estes dados, pode levar à uma situação onde a empresa não consegue fazer o fechamento dos eventos periódicos por desconformidade no envio completo das informações requeridas pelo sistema. Neste caso, como é necessária uma consolidação dos cálculos para posterior pagamento dos tributos devidos, a alternativa é o envio do evento S-1295 (Solicitação de Totalização para Pagamento em Contingência). Recomenda-se consulta ao MOS, para maiores detalhes sobre a utilização deste evento. Lembrando que o envio do evento S-1295 não cumpre a obrigação acessória de efetuar o fechamento dos eventos periódicos — o que só ocorre com o envio com sucesso do evento S-1299.

O detalhamento dos cálculos no eSocial fogem ao escopo desta análise, sendo tema de outro artigo.

4.5. Processos que Interferem na Apuração dos Valores Devidos

Os eventos periódicos exigem cadastramento prévio no S-1070 dos processos neles referenciados, como já citado no item 2.3 deste artigo. Neste contexto, os cálculos efetivados nos eventos S-50XX são uma questão à parte: sua complexidade inter-relaciona várias tabelas com os eventos remuneratórios.

As alíquotas e os parâmetros referenciados nos cálculos são informados nos eventos S-1000 (Informações do Empregador), S-1005 (Tabela de Estabelecimentos, Obras ou Unidades de Órgãos Públicos), S-1010 (Tabela de Rubricas), S-1020 (Tabela de Lotações Tributárias) e S-1080 (Tabela de Operadores Portuários). Também os eventos que informam remuneração (S-1200, S-2299, e S2399) contemplam situações em que processos judiciais ou administrativos são referenciados.

Em todos estes casos é necessário o envio prévio dos dados cadastrais dos processos no evento S-1070. Relembrando: o eSocial vincula e exige os dados cadastrais dos processos referenciados em outros eventos para acatar diferenças de cálculos ou procedimentos específicos com fundamento nas respectivas decisões processuais.

5. Conclusão

O eSocial apresenta, de fato, uma inovação no modelo de prestação de informações previdenciárias, trabalhistas (inclusive FGTS) e tributárias. A inovação não está tanto no conteúdo, mas na forma — a grande maioria destas informações já é prestada, em múltiplas declarações, aos órgãos partícipes do projeto.

A modelagem estruturada, integrada, com validações com cadastros externos e com o próprio histórico do trabalhador no eSocial, impõe aos empregadores uma necessária avaliação dos seus procedimentos na área de recursos humanos.

O eSocial já começa inovando no cadastro: o identificador principal para as pessoas jurídicas é o CNPJ-raiz; para as pessoas físicas é o CPF; as informações e parâmetros cadastrais são enviados em vários eventos inter-relacionados — as tabelas do empregador; e as informações dos trabalhadores são internalizadas em um histórico (RET), que é base para validações integradas.

Enquanto sistema, o eSocial evolui para um controle entre a movimentação trabalhista e suas repercussões financeiras na folha de pagamento; e termina por detalhar tanto as parcelas devidas ao trabalhador (rubricas) como a apuração dos valores devidos pelo empregador nos eventos de retorno S-50XX.

Ressaltando que, neste novo modelo, o recolhimento dos valores devidos está estritamente vinculado ao que foi informado, e validado, no eSocial. Cumpre ainda realçar que o controle e a arrecadação destes valores devidos serão feitos em sistemas próprios da RFB (DCTFweb) e da Caixa (FGTS).

Embora a fundamentação legal que regula o conteúdo das informações prestadas permaneça a mesma, o modelo eSocial atinge um novo patamar no controle da conformidade das empresas com a legislação pertinente, acarretando importantes mudanças na preparação, envio e controle dos eventos não periódicos (trabalhistas) e periódicos (folha de pagamento), bem como dos eventos de tabelas.

Para atingir a regularidade na prestação de informações, em conformidade com este novo modelo, é necessário que os empregadores reavaliem seus fluxos e processos de gestão de pessoas, adequando-os à estrutura, às validações e às integrações previstas no eSocial.

6. Referências Bibliográficas

BRASIL. *Leiautes do eSocial* versão 2.4.02. Disponível em: <https://portal.esocial.gov.br/institucional/documentacao-tecnica>. Acesso em: 10 jul. 2018.

BRASIL. *Manual de Orientação do eSocial*, versão 2.4.02. Disponível em: <https://portal.esocial.gov.br/institucional/documentacao-tecnica>. Acesso em: 10 jul. 2018.

NASCIMENTO, Amauri Mascaro. *Curso de direito do trabalho*. 24. ed. São Paulo: Saraiva, 2009.

PACHECO FILHO, José Gomes; KRUGER, Samuel. *eSocial*: modernidade na prestação de informações ao governo federal. São Paulo: Atlas, 2015.

SUSSEKIND, Arnaldo. *Direito constitucional do trabalho*. Rio de Janeiro: Renovar, 1999.

THEODORO JR., Humberto. *Curso de direito processual civil*. 51. ed. Rio de Janeiro: Forense, 2010. v. 1.

O Contrato de Trabalho, seus Sujeitos e Evocações Normativas — Uma Análise à Luz do eSocial

Luiz Antonio Medeiros de Araujo[*]

1. Introdução

O mundo das relações trabalhistas está passando por uma grande revolução: a implantação de uma nova forma de registro de eventos trabalhistas, previdenciários e tributários, que se constitui no eSocial, um sistema desenvolvido e construído por diversos órgãos e instituições e que visa atingir vários objetivos, como a simplificação do cumprimento das obrigações, a garantia de direitos trabalhistas e previdenciários e a melhoria das informações disponíveis aos órgãos públicos.

O eSocial é fruto do trabalho articulado do MTb, da RFB, do INSS, da SPrev e da Caixa, esta representando o Conselho Curador do FGTS.

O objetivo deste artigo é tratar das informações relativas aos sujeitos do contrato de trabalho, bem como das condições contratuais que passarão a ser prestadas ao eSocial em relação à existência de relação de emprego, cuidando dos aspectos importantes que envolvem essas informações. Para tanto, irá delas tratar a luz do que diz a legislação, os leiautes e MOS. As questões relativas à existência de relação de trabalho, mais abrangentes do que as relações de emprego, são tratadas no artigo "A dinâmica dos trabalhadores sem vínculo empregatício e o eSocial" deste livro.

2. Do Contrato de Trabalho

Conforme dispõe o art. 442, da CLT, o contrato individual de trabalho é o acordo tácito ou expresso, correspondente à relação de emprego. Do início da relação empregatícia, decorrem vários direitos e obrigações mútuas. Esse contrato pode ser inclusive verbal.

No contrato de trabalho, estão presentes duas partes: de um lado o empregador e de outro o empregado. O objeto de estudo deste artigo são as informações cadastrais, de empregador e empregado, e as contratuais.

Existindo a relação de emprego, surgem basicamente duas obrigações para o empregador no campo da regularização do contrato de trabalho: a anotação na CTPS do empregado, prevista no art. 29, da CLT e o registro do empregado em livro, ficha ou sistema eletrônico, prevista no art. 41, da CLT.

Conforme vem sendo anunciado, o eSocial possibilitará a substituição da obrigação do registro de empregados, dependendo da vontade do empregador e da obrigação de anotação da CTPS, dependendo se o empregado optou pela modalidade eletrônica de CTPS.

---

[*] Bacharel em direito e em ciências contábeis; pós-graduado em direito e processo do trabalho; auditor-fiscal do trabalho; integrante do grupo técnico do eSocial desde 2013; perito contábil trabalhista; autor do artigo "Compliance trabalhista: a preocupação continua após a reforma trabalhista", integrante do livro "Compliance tributário: prática, riscos e atualidades, em maio de 2018, publicado pela Realejo edições; co-autor do livro: "Tudo sobre o novo empregado doméstico e o eSocial" editado pela Editora Legistrab, em março de 2017 e do livro "Empregado Doméstico O Guia Prático e Acessível do Empregador", 2ª edição editada pela Editora Método, em junho de 2008; professor de MBA; autor de artigos publicados em revistas e jornais especializados em direito do trabalho; conteudista e mantenedor do site <www.legistrab.com.br>.

O eSocial irá propiciar várias utilizações, dentre elas as de possibilitar que os órgãos, utilizando as informações recebidas do eSocial, façam o devido tratamento e prestem serviços tanto aos empregados quanto aos empregadores. Assim, será possível, por exemplo, que os empregados possam ter acesso mais fácil a elementos de prova relativa às condições contratuais pactuadas, já que não mais estarão apenas em poder do empregador.

3. Qualificação e Saneamento Cadastral

O eSocial implantará uma nova sistemática no recebimento de informações. Diferentemente do hoje adotado na recepção de informações na RAIS, no CAGED, na GFIP e na DIRF, quando não são aplicadas validações no sentido de ser verificada a consistência das informações prestadas, o eSocial irá aplicar, no ato do recebimento das informações, validações que visam a garantia de que as informações prestadas sejam consistentes.

Por exemplo, se no eSocial as informações de um trabalhador relativas ao seu nome, sua data de nascimento, seu CPF estiverem divergentes do que consta no cadastro do CPF da RFB e se o seu NIS e a data de nascimento estiverem divergentes do que consta no CNIS, da Previdência Social, a informação desse empregado será rejeitada[1]. Em razão disso, o CG do eSocial disponibilizou desde alguns anos uma ferramenta eletrônica para que o empregador possa realizar uma pesquisa no sentido de verificar se essas quatro informações dos empregados estão consistentes nos dois cadastros já referidos. Essa ferramenta é acessível no portal do eSocial: <https://portal.esocial.gov.br/> e a consulta pode ser feita de duas formas: a) consulta online, na qual o empregador pode digitar as informações de até 10 trabalhadores de cada vez e b) consulta em lote, em que o empregador pode enviar um arquivo contendo os dados de todos os seus trabalhadores. Feitas as consultas, a ferramenta devolve a informação de quais trabalhadores estão com seus dados consistentes e quais estão com divergências e, se for o caso, quais são elas.

Além dessa qualificação cadastral, é importante que os empregadores revejam todas as demais informações cadastrais, suas e de seus trabalhadores, visando possibilitar a correta informação ao eSocial, fazendo um verdadeiro saneamento cadastral, verificando se ele já reúne todas as informações necessárias ao envio dos eventos ao eSocial ou se, mesmo já tendo as informações se elas estão no formato exigido pelo eSocial.

É importante ser lembrado que essa qualificação cadastral não é relativa apenas aos empregados e sim a todos os segurados, os atuais e os novos, por exemplo, os trabalhadores autônomos, eventuais etc.

4. Das Informações Cadastrais

Como já dito, os sujeitos do contrato de trabalho são o empregador e o empregado. Iremos tratar inicialmente da forma como esses sujeitos serão identificados no eSocial.

4.1. Da Identificação do Empregador

No eSocial, o empregador será identificado pelo seu CNPJ ou CPF, caso seja pessoa jurídica ou física, respectivamente.

A RFB implantou o CAEPF, regulamentado pela IN 1828, de 2018. As pessoas físicas que atualmente utilizam matrícula CEI irão passar a utilizar o CAPEF associado ao seu CPF. O CAPEF será uma extensão do CPF, nos mesmos moldes do CNPJ, sendo que além do CNPJ raiz contempla três dígitos destinados a identificar o estabelecimento.

Dessa forma, o CAEPF deverá ser constituído do CPF da pessoa física, acrescido de três dígitos para indicar o estabelecimento da pessoa física e mais os dois dígitos para controle.

---

(1) A regra relativa ao CNIS está temporariamente suspensa. Caso o empregado esteja com alguma inconsistência no CNIS, o eSocial apresenta apenas um aviso, mas não rejeita a informação relativa a esse empregado.

Além do CAEPF, a Receita anunciou a criação, embora ainda não regulamentada, do CNO, tanto para as obras de pessoas jurídicas quanto de pessoas físicas.

Sendo assim, por exemplo, se uma pessoa física exerce a profissão de advogado e mantém seu escritório em nome de sua pessoa física e há contratação de dois empregados, ele terá o seu CAEPF assim definido: XXX.XXX.XXX/001-XX. Se esse advogado possui uma fazenda onde cria cavalos, ele terá outro CAEPF: XXX.XXX.XXX/002-XX. E se ele está construindo uma residência na cidade e outra numa praia, ele possuirá dois números no CNO.

Ao enviar seu evento S-1005, ele irá indicar a existência de quatro estabelecimentos e no momento em que for enviar os eventos S-2200 de seus empregados irá indicar em qual desses quatro estabelecimentos cada um dos empregados trabalha.

4.2. Da Identificação do Empregado

Os empregados, por sua vez, serão identificados pelo número do CPF e a ele vinculado por seu número do NIS, que é constituído pelo número de inscrição no PIS, PASEP, NIT, em cadastro nos programas sociais do governo federal ou no SUS.

Sendo assim, a partir da utilização do eSocial, os empregados que já possuem qualquer uma dessas cinco inscrições não é para ser cadastrado em uma das outras, pois qualquer uma delas valem como NIS.

4.3. Do Envio das Informações ao eSocial

O empregador irá enviar as informações cadastrais e contratuais relativas aos seus empregados, tanto dos que já mantem com ele relação de emprego no dia do início da obrigatoriedade de envio das informações ao eSocial quanto dos que forem admitidos a partir dessa data. Essas informações serão encaminhadas por meio do envio do evento S-2200 — Cadastramento Inicial do Vínculo e Admissão/Ingresso de Trabalhado.

Em relação aos empregados que mantém relação de emprego no dia do início da obrigatoriedade de envio dos eventos periódicos ao eSocial, o evento S-2200 será enviado com a indicação de que se trata de um cadastramento inicial. Já em relação aos empregados admitidos do dia do início da obrigatoriedade de envio dos eventos periódicos em diante, o evento será enviado com a indicação de que se trata de uma admissão. O prazo para envio do evento relativo a cadastramento inicial é até o último dia do segundo mês de obrigatoriedade de envio dos eventos não periódicos, salvo se for necessário o envio de qualquer outra informação relativa ao empregado. Nesse caso, o envio do evento S-2200 deve ser antecipado para antes do envio dessa outra informação. Já em relação ao envio do evento relativo à admissão, o prazo é dia anterior ao do início da prestação dos serviços, exceto quando o empregador tiver enviado, nesse mesmo prazo, o evento S-2190 — Admissão de Trabalhador — Registro Preliminar. Nesse caso, o prazo é até o dia sete do mês seguinte ao da admissão, salvo se for necessário o envio de qualquer outra informação relativa ao empregado.

Uma exceção à regra geral do envio do evento S-2200 é em caso de admissão por transferência. Nesse caso, o prazo de envio do evento é o dia sete do mês seguinte ao da transferência.

Após o envio do evento, havendo alteração cadastral ou contratual, o empregador deve enviar o evento S-2205 — Alteração de Dados Cadastrais do Trabalhador ou S-2206 — Alteração de Contrato de Trabalhador, respectivamente, cujo prazo de envio é o dia sete do mês seguinte ao da alteração.

Embora o evento S-2200 sirva para a prestação de informações relativas a empregados e a servidores estatutários, o foco desse artigo, a exemplo do livro, são os empregados.

O eSocial irá construir o RET, a partir do recebimento do evento S-2200 de cada empregado e a partir daí, no momento do recebimento de outras informações referentes a esse empregado, o RET será consultado para que seja verificada a consistência da informação a ser recebida. Essa nova informação será lançada no RET e assim sucessivamente. A cada fechamento de folha, o RET será consultado para ser verificado se todos os empregados que constam no RET tem informação de remuneração no mês referente ao fechamento de folha. Havendo ausência de informação, o eSocial irá impedir a recepção do fechamento da folha, exceto quanto aos empregados intermitentes (Categoria 111) e em algumas espécies de afastamentos temporários (os afastamentos em decorrência de doença ou acidente relacionados ao trabalho e licença-maternidade não se enquadram nessa exceção).

4.4. Das Informações Cadastrais

No evento S-2200 são prestadas informações cadastrais dos empregados. Adiante serão analisadas, uma a uma, todas essas informações, destacando-se os pontos de maior interesse.

Nome: O nome do empregado deve corresponder ao seu nome civil e que consta no cadastro do CPF da RFB. Conforme já mencionado no item 3 deste artigo, o eSocial irá verificar no ato do recebimento das informações se o CPF, nome, data de nascimento e NIS conferem com o que consta no cadastro do CPF da RFB e no CNIS da Previdência Social. Portanto, caso o nome não esteja em consonância com o que consta na RFB deve ser verificado qual o nome correto e ser providenciada a correção ou na RFB ou no cadastro na empresa, conforme o caso.

Nome social: A utilização do nome social está prevista no Decreto n. 8.727, de 2016, que o define como "designação pela qual a pessoa travesti ou transexual se identifica e é socialmente reconhecida". Esse nome não é submetido à qualificação cadastral, mas não pode ser utilizado no campo destinado ao nome civil.

CPF: Deve ser informado o número da inscrição do empregado no CPF e conforme já mencionado no item 3 deste artigo, o eSocial irá confrontar o número informado com o que consta nesse cadastro.

Igualmente ao já referido no item 4.2 deste artigo, o CPF é o que servirá de principal identificação do empregado, aliado ao número do NIS.

NIS: Adicionalmente ao número do CPF, o empregado será identificado também pelo número do NIS, que pode ser o número de inscrição no PIS, PASEP, NIT, em cadastro nos programas sociais do governo federal ou no SUS.

Estado civil: Deve ser informado o estado civil do empregado. As opções que o eSocial apresenta são: solteiro, casado, divorciado, separado ou viúvo. Portanto, em caso de o empregado manter união estável, não há como ser informada essa condição ao eSocial e, portanto, deve ser indicado o estado civil, independentemente da união estável. Esse campo não é de preenchimento obrigatório.

Raça ou cor: O empregador irá indicar a raça e cor do empregado. O eSocial disponibiliza as seguintes opções: branca, preta, parda, amarela ou indígena. Em caso de o empregado não querer declarar sua raça ou cor, o empregador tem a opção de indicar a condição de "não informado" ao eSocial.

Alguns empregadores adotam o procedimento de colher do próprio empregado, no formulário de pedido de emprego, a sua auto-declaração de sua raça ou cor e com base nessa declaração é que prestam a informação aos órgãos governamentais. O próprio IBGE adota o procedimento de, em seus sensos, colher a auto-declaração das pessoas quanto à sua raça e cor.

Data e local de nascimento: O empregador irá informar a data e o local de nascimento do empregado. Quanto à data de nascimento, o eSocial irá fazer o batimento dessa data com a que consta no cadastro do CPF e do CNIS, rejeitando a informação caso haja alguma divergência[2].

Em relação ao local de nascimento, nos casos de empregado nascido no Brasil, o empregador irá informar o município de nascimento do empregado com base na tabela de municípios do IBGE. Uma dificuldade que alguns empregadores enfrentam é quando o nome do município de nascimento do empregado sofreu alteração ao longo dos anos e, no momento da informação ao eSocial, esse nome não mais existe na tabela do IBGE. Isso acontece nos casos em que o nome do município sofre mudança ou quando acontece des-

---

(2) A regra relativa ao CNIS está temporariamente suspensa. Caso o empregado esteja com alguma inconsistência no CNIS, o eSocial apresenta apenas um aviso, mas não rejeita a informação relativa a esse empregado.

membramento, por exemplo. Nesses casos, o empregador deve buscar informação quanto ao nome atual do município que representa o local de nascimento do empregado.

Serão informados, ainda, o país de nascimento e o de nacionalidade do empregado, conforme a tabela 6 do eSocial.

Nome da mãe e do pai: Devem ser informados, quando existentes, os nomes do pai e da mãe do empregado. Dizemos "quando existentes" pois há casos em que o documento do empregado não indica um ou os dois nomes. Por essa razão, o campo no leiaute do eSocial não é obrigatório, mas se o documento contiver a filiação do empregado, ela deve ser informada nos campos próprios.

É interessante ser registrado que a atual versão do leiaute indica a possibilidade de ser informado apenas um nome de mãe ou de pai, mas certamente ele terá de ser alterado para possibilitar a informação de mais de um nome de mãe ou de pai, pois atualmente há possibilidade de adoção de criança por casais homoafetivos.

Endereço do domicílio: O empregador deve informar o endereço do domicílio do empregado. Apesar de o leiaute não indicar isso claramente, o MOS esclarece que o endereço a ser informado é o do domicílio do empregado.

Em razão disso, se o empregado é transferido temporariamente para outro local de trabalho mas se isso não representa mudança do seu domicílio, não há necessidade de ser enviado o evento S-2206 indicando o seu novo endereço, já que ele permanece o mesmo. Nesse caso, o que mudou foi a sua residência e não seu domicílio.

Estrangeiro: Com relação aos estrangeiros, devem ser informados: a data da chegada do estrangeiro ao Brasil; a sua classificação da condição de ingresso do trabalhador estrangeiro no Brasil; se ele é casado com brasileiro e se tem filhos brasileiros.

A antiga Resolução Normativa n. 74, de 2007, do CNIg, determinava que o contrato de trabalho do estrangeiro teria início na mesma data do seu ingresso do Brasil. Por outro lado, a Resolução Normativa n. 104, de 2013, do mesmo conselho, revogou aquela resolução e estabelece, nos modelos de contrato a ela anexos, que o contrato de trabalho deve ter início, no máximo, 30 dias após o ingresso do estrangeiro no Brasil.

PCD: Em caso de empregado ser caracterizado como pessoa com deficiência, deve ser informado no evento S-2200 qual o tipo de deficiência que essa pessoa possui: física, visual, auditiva, mental, intelectual e, ainda, se ela é reabilitada e se está sendo computada na cota de PCD. O formato adotado pelo eSocial permite a informação de mais de uma condição.

A obrigatoriedade de cumprimento de cota de pessoas com deficiência está prevista no art. 93 da Lei n. 8.213, de 1991 e sua fiscalização está regulamentada na IN/SIT n. 98, de 2012.

Dependentes: O empregador deve informar os dependentes dos empregados, indicando o nome; o tipo de dependente, de acordo com a Tabela 7 do eSocial; a data de nascimento; se estão sendo assim considerados para efeitos do salário família e para o imposto de renda; se tem incapacidade física ou mental para o trabalho; e, nos casos em que é considerado para efeitos do imposto de renda, o CPF, se tem mais de 12 anos de idade.

Registre-se que para que uma pessoa seja considerada dependente para efeito de salário-família, devem ser seguidos os trâmites previstos nos arts. 359 e 361 da IN/INSS n. 77, de 2015.

Filiação sindical: Nos casos em que o empregado é filiado a algum sindicato, deve ser informado no campo "cnpjSindTrab" o CNPJ do sindicato, sendo permitida a informação de filiação a até duas entidades sindicais.

É importante ser registrado que essa informação não se confunde com a informação do sindicato representativo da categoria laboral. Tal informação é prestada nesse mesmo evento, no campo "cnpjSindCategProf". Aqui, a informação indica qual o sindicato que representa a categoria preponderante dos trabalhadores, ao passo que a do outro campo indica se o empregado é filiado ao sindicato. Conforme diz o MOS, quando não houver entidade sindical representativa da categoria preponderante, o campo "cnpjSindCategProf" deve ser preenchido com o CNPJ relativo ao órgão responsável pela administração da Conta Especial Emprego e Salário.

Sexo: Deve ser informado o sexo do empregado, se masculino ou feminino. Nos casos em que tenha havido mudança de sexo do empregado, essa condição só deve ser informada se tiver havido alteração em seu registro civil.

Grau de instrução: O empregador deve informar o grau de instrução do empregado, conforme as opções disponíveis no leiaute do eSocial.

Deve ser dada atenção especial para os casos em que o exercício de uma determinada profissão exige requisitos relativos à escolaridade. Apesar de o exercício de uma profissão por um empregado que não tem a escolaridade exigida necessariamente não representar uma irregularidade trabalhista, isso pode configurar uma irregularidade perante os órgãos que fiscalizam o exercício de algumas profissões, como é o caso do CREA, CRC, OAB etc.

Indicação de primeiro emprego: No envio de evento S-2200 referente à admissão, deve ser informado se ela representa o primeiro emprego. Essa informação é importante para fins estatísticos. Se o evento S-2200 é referente a um cadastramento inicial, essa informação não precisa ser prestada.

Contato: Apesar de não obrigatório, o empregador deve informar, caso os tenha, os dados de contato do empregado: número de telefone fixo, celular e email.

Tais informações podem ser úteis para os órgãos e a Caixa entrarem em contato com o empregado, como por exemplo, a Caixa enviar uma mensagem mensalmente informando que seu empregador realizou o depósito do FGTS em sua conta vinculada.

Aposentadoria: O empregador pode informar se o empregado já é aposentado por tempo de contribuição ou por idade.

Documentos: O empregador deve informar os dados relativos aos documentos pessoais do empregado, conforme adiante descrito.

CTPS: Deve ser informado o número da CTPS do empregado, além do número de série e da UF onde ela foi emitida.

Conforme dispõe a CLT, em seu art. 13, a CTPS é para o exercício de qualquer emprego, inclusive de natureza rural, ainda que em caráter temporário.

Pelo leiaute, a informação desse campo não é obrigatória e isso decorre de dois fatores: o primeiro é porque nos casos de utilização para informação referente a servidor estatutário, a CTPS não é obrigatória, já que o artigo acima mencionado ter feito referência apenas a relação de emprego e não de trabalho.

O segundo fator é em razão de a CLT, em seu art. 13, § 3º, estabelecer que nas localidades onde não for emitida a CTPS o empregado pode ser admitido, até 30 (trinta) dias, sem que a possua, ficando o empregador obrigado a permitir o comparecimento do empregado ao posto de emissão mais próximo. Sendo assim, é possível que chegue na data limite de envio do evento S-2200 e o empregado, legalmente, ainda não dispor de sua CTPS. Nesse caso, conforme dispõe o MOS, o empregador deve enviar o evento S-2205, até o dia sete do mês seguinte ao da emissão da CPTS, para informar o número desse documento.

RG: O empregador, embora não obrigado, pode informar o número do RG do empregado.

RIC: Embora o nome do campo no leiaute seja "ric", ele é destinado à informação do número do DNI, instituído pelo Decreto n. 9.278, de 2018, mas ainda em fase piloto de implantação. Talvez por isso que o campo ainda não seja de preenchimento obrigatório.

RNE: O empregador deve informar, no caso de empregado estrangeiro, o número do seu RNE. A ausência dessa informação não impede a recepção do evento S-2200 de um estrangeiro, pois há casos em que, legalmente, o estrangeiro não dispõe desse documento no prazo máximo do envio do evento.

Nesses casos, igualmente ao que ocorre em relação à CTPS, o empregador deve enviar o evento S-2205, até o dia sete do mês seguinte ao da emissão do RNE, para informar o número desse documento.

OC: O empregador deve informar, quando for o caso, o número do registro do empregado eu seu órgão de classe. Por exemplo, OAB, CREA, CRC etc.

Embora existam casos em que o exercício de determinadas profissões exige o registro nos correspondentes órgãos, o eSocial não vai rejeitar a recepção de um evento S-2200 de um empregado em que essa informação não é prestada. Registre-se, entretanto, que embora possível o envio do evento nessa situação, isso não significa que ela é legal, mas havendo ilegalidade ela está no âmbito da fiscalização dos órgãos de classe, a quem compete fiscalizar o exercício irregular de profissão. Saliente-se, ainda, que não é impossível que exista um convênio, por exemplo, entre o MTb e um desses órgãos de classe com o intuito de fornecimento de informações relativas a empregados que exercem profissões que estão sob a fiscalização desses órgãos de classe. Na verdade, a possibilidade da troca de informações já existe mesmo antes do início da utilização do eSocial, com os dados constantes no CAGED, RAIS etc.

CNH: O empregador pode informar o número da CNH do empregado, sua validade e categoria. O grupo relativo a CNH não é de preenchimento obrigatório, mas para ele ser enviado tem de constar as informações acima referidas. Opcionalmente, pode ser informado, ainda, a data de expedição e a data da primeira habilitação.

A ausência da informação do grupo referente à CNH não impede o envio do evento S-2200, mesmo nos casos em que o cargo exercido exige a posse de CNH. Não há validação em relação a isso, certamente, por se considerar que é possível que um empregado seja contratado para o exercício de um cargo que não seja necessariamente o de motorista, mas que envolva, rotineiramente ou eventualmente, a direção de veículo automotor.

Igualmente ao que dissemos em relação ao registro no órgão de classe, a ausência do requisito relativo à posse da CNH pode não se configurar uma infração trabalhista, mas pode vir a se configurar uma infração de trânsito ou relativa a saúde e segurança no trabalho. O mesmo pode ocorrer em contratação para ouros cargos de empregado que não detém a habilitação necessária e que, em razão disso, pode expor sua integridade física ou de outrem a risco.

Certificado de reservista: A informação referente a esse certificado não consta nos leiautes do eSocial. Além disso, o art. 210 do Decreto n. 57.654, de 1966, que regulamenta a Lei do serviço militar assim dispõe:

Art. 210. Nenhum brasileiro, entre 1º de janeiro do ano em que completar 19 (dezenove) e 31 de dezembro do ano em que completar 45 (quarenta e cinco) anos de idade, poderá, sem fazer prova de que está em dia com as suas obrigações militares:

1) obter passaporte ou prorrogação de sua validade;

2) Ingressar como funcionário, empregado ou associado em — instituição, emprêsa ou associação oficial, oficializada ou subvencionada ou cuja existência ou funcionamento dependa de autorização ou reconhecimento do Govêrno Federal, Estadual, dos Territórios ou Municipal;

Sendo assim, verifica-se que a obrigação de exigir a apresentação do certificado de reservista não é aplicável a todos os empregadores e sim apenas aqueles que o decreto especifica: empresas públicas ou que necessitam de autorização ou reconhecimento do governo federal, estadual ou municipal.

Por fim, registre-se que mesmo nos casos em que o certificado tem de ser apresentado, a informação a ele correspondente não é prestada ao eSocial.

Título de eleitor: Igualmente ao certificado de reservista, essa informação também não consta nos leiautes do eSocial. Quanto à obrigatoriedade de o empregado apresentar o título de eleitor ao seu empregador, vejamos o que diz o § 1º do art. 7º do Codigo Eleitoral, instituído pela Lei n. 4.737, de 1965:

Art. 7º (...)

§ 1º Sem a prova de que votou na última eleição, pagou a respectiva multa ou de que se justificou devidamente, não poderá o eleitor:

I — inscrever-se em concurso ou prova para cargo ou função pública, investir-se ou empossar-se neles;

II — receber vencimentos, remuneração, salário ou proventos de função ou emprego público, autárquico ou para estatal, bem como fundações governamentais, empresas, institutos e sociedades de qualquer natureza, mantidas ou subvencionadas pelo governo ou que exerçam serviço público delegado, correspondentes ao segundo mês subsequente ao da eleição;

Sendo assim, verifica-se que o fato de o empregado não estar em dia com as obrigações perante a Justiça Eleitoral só causa reflexos para o exercício de cargos ou empregos públicos. Registre-se, ainda, que a inadimplência do empregado perante a Justiça Eleitoral por causar impactos na regularidade do seu CPF na RFB, implicando inconsistência na Consulta Qualificação Cadastral.

4.5. Das Informações Contratuais

A exemplo das informações cadastrais, analisaremos, agora as informações contratuais que serão prestadas ao eSocial.

Matrícula: O empregado, além de seu CPF e de seu NIS, será identificado pela sua matrícula, correspondente a cada um dos seus vínculos perante seu empregador. É possível que o empregado mantenha mais de um vínculo com seu empregador, simultâneo ou não. Para cada um desses vínculos, será atribuída uma matrícula, que se constitui em um código alfanumérico, com até 30 posições. Dizemos que é possível a existência de mais de um vínculo com o mesmo empregador, mas deixamos registrado que conforme dispõe uma Nota Técnica da SIT, vislumbra-se existência de irregularidade nessa duplicidade de vínculos.

As únicas regras referentes à matrícula são que não podem existir duas matrículas iguais no CNPJ raiz; que ela não contenha a expressão eSocial nas sete primeiras posições e que ela não seja reutilizada. Não há qualquer outra regra quanto à matrícula, ou seja, ela não precisa ser sequencial, não precisa ser numérica etc.

No caso de um empregado ser informado ao eSocial com uma matrícula e depois ser informado seu desligamento, mesmo assim a matrícula desse empregado não pode reutilizada. Diferente é a situação do empregado que após ser informada sua admissão ao eSocial não iniciou a prestação de serviço. Nesse caso, o evento S-2200 deve ser excluído e, assim, a matrícula pode ser utilizada em outro evento S-2200. Também no caso de reintegração, em que o vínculo volta a ser ativo, a matrícula do empregado continua a ser utilizada.

Uma dificuldade que talvez algumas empresas terão na implantação do eSocial é quando elas tem mais de um estabelecimento e atualmente adotam uma numeração de matrícula para um desses estabelecimentos. No cadastramento inicial dos empregados, é possível que mais de um empregado tenha a mesma matrícula. Por exemplo, é possível que um empregado da matriz tenha a matrícula 125 e que outro empregado da filial tenha essa mesma matricula. Uma das soluções possíveis é agregar um código a esse número: 001.125, 002.125 ou 125.001, 125.002. Outra solução é a mudança das matrículas de alguns empregados, de forma a que não existam mais de uma matrícula iguais no mesmo CNPJ raiz.

Tipo de regime trabalhista e previdenciário: No caso de empregado celetista, será informado o código "1" nos campos "tpRegTrab" e "tpRegPrev", salvo em caso de empregado estrangeiro, quando pode haver casos em que o tupo de regime previdenciário seja o correspondente ao código "3".

Data de admissão: A data de admissão deve corresponder a do início do vínculo, seja em caso de cadastramento inicial ou de admissão. Em caso de transferência de empregado de outro CNPJ raiz, a data de admissão informada deve ser a data original do início do vínculo com o empregador sucedido e não a data da transferência.

Natureza da atividade: será informada a natureza da atividade desenvolvida pelo empregado, se urbano ou rural.

Data base: deve ser informada, caso existente, a data base dos empregado.

Categoria do trabalhador: vários desdobramentos decorrem do enquadramento da categoria do empregado. A Tabela 01 descreve todas as categorias de trabalhadores.

Para o objeto do estudo nesse artigo, interessam as categorias:

101. Empregado: nessa categoria devem ser enquadrados todos os empregados regidos pela CLT e que não se enquadram nas demais categorias.

102. Empregado — Trabalhador Rural por Pequeno Prazo da Lei n. 11.718/2008: nessa categoria devem ser enquadrados os trabalhadores contratados na forma da Lei n. 11.718, de 2008.

103. Empregado — Aprendiz: nessa categoria devem ser enquadrados os empregados aprendizes. É importante se ressaltar que é desse enquadramento que a Caixa, ao receber a informação de remuneração de um empregado dessa categoria saberá que deve fazer a incidência da alíquota de 2% de FGTS. Caso não ocorra o devido enquadramento, a Caixa irá lançar os 8% de FGTS. Outro efeito é que se o aprendiz não for enquadrado nessa categoria, os órgãos de fiscalização não irá contar esse empregado na cota de aprendiz.

105. Empregado — contrato a termo firmado nos termos da Lei n. 9.601/98: esse é um tipo de contrato praticamente em desuso. Ele foi criado em 1998 e trazia à época algumas vantagens para o empregador, como por exemplo, a incidência de apenas 2% do FGTS, mas atualmente essa diminuição de alíquota não é mais aplicável. A adoção desse contrato só é possível se autorizado por instrumento coletivo de trabalho.

106. Trabalhador Temporário — contrato nos termos da Lei n. 6.019/74: nessa categoria devem ser enquadrados os trabalhadores contratados pelas empresas de trabalho temporários.

111. Empregado — contrato de trabalho intermitente: os empregados contratados na condição de intermitentes devem ser enquadrados nessa categoria e é com esse enquadramento que o eSocial, no ato do recebimento do evento de fechamento de folha não irá recusar o fechamento em razão de esse empregado não ter informação de folha de pagamento em um determinado mês.

Cargo e função: o empregador deve informar o cargo para o qual o empregado foi contratado. Essa informação é obrigatória. E deve ainda, se for o caso, ser informada a função exercida pelo empregado.

Antes da implantação do eSocial, os empregadores misturavam os conceitos de cargo e de função. A própria CLT utiliza essas expressões como se fossem sinônimas, quando na verdade não são.

O eSocial utiliza o critério de definir que o empregado é contratado para exercer um cargo e pode, também, exercer uma função. Por isso que o campo "cargo" é de informação obrigatória e o "função" não é.

Para tanto, os empregadores devem construir sua tabela de cargos, enviando essas informações no evento S-1030 — Tabela de Cargos/Empregos Públicos. Nessa tabela, o empregador indica um código por ele atribuído ao cargo, o nome do cargo e o código da CBO.

Esse código tem sido objeto de muita preocupação dos empregadores e pessoas ligadas ao setor de pessoal, mas na verdade, não é o eSocial quem inaugura a utilização desse código na prestação de informações trabalhistas. Ele já é utilizado há bastante tempo nas declarações CAGED, RAIS, GFIP etc. Ou seja, se apenas agora os empregadores estão preocupados com a correta informação do código é sinal de que ao longo do tempo eles vinham prestando informações desconexas da realidade.

Para cada código da CBO, a classificação aponta as atividades geralmente desenvolvidas e quais os requisitos esperados para o exercício dos correspondentes cargos.

A questão da escolaridade mínima exigida ou esperada tem também trazido muita preocupação para as pessoas quando possuem empregados que exercem determinados cargos e, eventualmente, não detém o nível de escolaridade descrito na CBO.

Para esclarecer esse ponto, transcrevemos trechos da apresentação da CBO, constante no Livro 1: "A CBO é o documento normalizador do reconhecimento (no sentido classificatório), da nomeação e da codificação dos títulos e conteúdos das ocupações do mercado de trabalho brasileiro." e "A CBO tem uma dimensão estratégica importante, na medida em que, com a padronização de códigos e descrições, pode ser utilizada pelos mais diversos atores sociais do mercado de trabalho. Tem relevância também para a integração das políticas públicas do Ministério do Trabalho e Emprego, sobretudo no que concerne aos programas de qualificação profissional e intermediação da mão de obra, bem como no controle de sua implementação."

Além disso, o art. 4º da Portaria n. 397, de 2002, do então Ministério do Trabalho e Emprego, assim dispõe: "Os efeitos de uniformização pretendida pela Classificação Brasileira de Ocupações (CBO) são de ordem administrativa e não se estendem às relações de emprego, não havendo obrigações decorrentes da mudança da nomenclatura do cargo exercido pelo empregado".

Pelo exposto acima, embora reconheçamos a importância da CBO, não entendemos que ela seja determinante para definir a existência de irregularidade trabalhista quando, por exemplo, um pessoa é contratada como empregada para exercer um cargo sem que tenha o nível de escolaridade descrito no título "Formação e experiência" de cada cargo, salvo quando a ausência da escolaridade ou dos requisitos forem capaz de expor o próprio empregado ou outrem a risco ou quando se constituir irregularidade perante os órgãos de classe, que fiscalizam o exercício profissional, como por exemplo, CRC, OAB, CREA etc. Outro ponto que deve ser ressaltado em relação ao CBO é quando a incorreta classificação impactar a definição a cota de aprendizagem.

Em reforço do que dissemos, registre-se que a Constituição Federal estabelece em seu artigo 5º, inciso XIII que "é livre o exercício de qualquer trabalho, ofício ou profissão, atendidas as qualificações profissionais que a lei estabelecer". Sendo assim, entendemos que de acordo com a nossa carta magna, somente a lei pode estabelecer requisitos para o exercício de profissão. O site legistrab (<www.legistrab.com.br>) lista as profissões regulamentadas, servindo como uma boa fonte para se identificar quais delas requer o cumprimento de algum requisito legal para seu exercício. A lista está disponível no item "Pesquisa por assunto – Profissões regulamentadas".

Remuneração: O empregador deve informar o valor do salário acertado com o empregado, além da unidade de pagamento. Em caso de salário variável, há um campo texto para o empregador fazer a devida descrição.

No caso de envio de evento S-2200 referente a cadastramento inicial, o valor do salário informado deve ser o devido na data do início da obrigatoriedade de envio dos eventos não periódicos ao eSocial.

Tipo de contrato: prazo determinado/indeterminado: deverá ser informado ao eSocial a duração do contrato pactuada: se por prazo indeterminado ou ser por prazo determinado.

Em caso de contrato por prazo determinado, deverá ser informada a data prevista para o término do contrato e se ele contém cláusula assecuratória do direito recíproco de rescisão antes do término do contrato. Considerando que o campo em que deve ser informada a data prevista para o término do contrato é de preenchimento obrigatório em caso de contrato por prazo determinado, o empregador deve informar a data prevista para o término de contrato, mesmo que ele não tenha sido celebrado fixando uma quantidade de dias e sim o acontecimento de um determinado fato, por exemplo, o término de uma obra ou de uma colheita. Nesse caso, o empregador deve informar a data prevista para a ocorrência desse fato e se ele não ocorrer, deve ser enviado um evento de retificação do evento S-2200, para que passe a constar a nova data prevista para o término do contrato.

Em caso de transformação de contrato por prazo determinado em prazo indeterminado, não há necessidade de envio de alteração do contrato. Mas, se houver ajuste para prorrogação de prazo, deve ser enviado o evento S-2206 com a alteração da data.

Local de trabalho: o eSocial adota o conceito de que o empregador é a pessoa física ou jurídica, portadora do cadastro no CPF ou CNPJ. Podemos dizer, então, que o empregador é representado pelo número raiz do CPF ou do CNPJ. Não é considerado, para o eSocial, uma transferência de empregador quando o empregado deixa de trabalhar em um estabelecimento e passa a trabalhar em outro. O que ocorre nesse caso é uma mudança de local de trabalho.

Sendo assim, a contratação de um empregado é informada no CPF ou CNPJ raiz e no campo referente ao local de trabalho será indicado em qual dos estabelecimentos do seu empregador, relacionados no evento S-1005 — Tabela de Estabelecimentos, Obras ou Unidades de Órgãos Públicos, o empregado irá prestar seus serviços.

Horário de trabalho: Será informado ao eSocial a jornada semanal do empregado e seu horário contratual, mas há casos em que o empregado não está sujeito a horário de trabalho, como por exemplo, as hipóteses previstas no art. 62 da CLT. Nesses casos, basta o empregador informar os códigos 2, 3 ou 4 no campo "tpRegJor". Com essa informação, não é necessário o preenchimento do grupo "horContratual".

Sendo o caso de ser informado o horário contratual, será indicado um dos tipos de horários previamente informados no evento S-1050 — Tabela de Horários Contratuais e cada dia da semana em que o horário é trabalhado. Há, porém, os casos em que o horário contratual do empregado não é uniforme e, nesse caso, o empregador informa o código 9 no campo "tpRegJor", não informa os horários contratuais e preenche o campo "dscTpJorn" com uma descrição da jornada em texto, com 100 caracteres. O MOS traz vários exemplos de tipos de horários no evento S-1050 e de suas aplicações, no evento S-2200.

Não é demais lembrar que os horários contratuais pactuados devem estar conforme os ditames constitucionais e legais, devendo ser observados os limites de oito horas diários e de 44 semanais e das disposições do trabalho noturno, além da concessão dos intervalos, descansos semanais etc.

Contrato em tempo parcial: em caso de contrato em tempo parcial, o empregador deve informar qual o tipo de contrato, se de jornada máxima de 26 horas semanais ou de 30 horas semanais.

Sucessão trabalhista: em caso de sucessão trabalhista, o empregador que estiver recebendo o empregado irá enviar o evento S-2200, informando a data de admissão original no empregador sucedido e indicando nos campos do grupo "sucessaoVinc" o CNPJ e a matrícula do empregador anterior, a data da transferência para o novo empregador e, caso deseje, informar no campo "observação", com 255 caracteres algo que julgue pertinente.

O prazo para envio desse evento, neste caso, difere do normal. O empregador tem até o dia sete do mês seguinte ao da transferência.

Trabalhador afastado: em caso de no momento do início da obrigatoriedade do envio dos eventos não periódicos o empregado estiver afastado, deve ser informado no evento S-2200 a data e o motivo do afastamento. Havendo o retorno, deve ser feita a devida informação.

Empregado desligado: em regra, apenas os empregados com contrato em vigor no dia do início da obrigatoriedade de envio dos eventos não periódicos, ainda que suspensos, são informados ao eSocial. Todavia, há casos em que os empregados desligados antes dessa data tem de ser informados ao eSocial. Isso ocorre quando, após o início da obrigatoriedade de envio dos eventos periódicos, há necessidade de esses empregados serem incluídos no RET, a fim de que possam ser enviados eventos S-1200 relativos a esses mesmos empregados. Por exemplo, um empregador precisa informar na folha de pagamento do mês de agosto de 2018 valores referentes às diferenças salariais retroativas ao mês de fevereiro de 2018 devidas a um empregado dispensado no dia 23 de fevereiro de 2018. Quando esse empregador enviou o cadastramento inicial, não incluiu esse empregado, pois ele não estava com contrato em vigor no dia 1º de março de 2018. Mas, para que seja possível o envio do evento S-1200 desse empregado na competência agosto de 2018 é necessário que ele esteja no RET. Necessário se faz, portanto, que seja enviado o evento S-2200 relativamente a esse empregado.

Observação: o leiaute do eSocial destina um campo para o empregador lançar alguma observação que considere importante em relação ao contrato de trabalho.

Mas o próprio MOS já define que os empregadores devem informar nesse campo os dados referentes aos exames toxicológicos feitos quando da admissão de motorista. Essa informação deverá provisoriamente ser feita nesse campo, mas já há a previsão de que a partir do início da obrigatoriedade de envio dos eventos de saúde e segurança, os exames toxicológicos sejam informados em evento próprio.

5. Considerações Finais

Conforme já mencionado, o eSocial inaugura uma nova fase no mundo das relações trabalhistas, simplificando o cumprimento das obrigações dos empregadores, mas ao mesmo tempo melhorando consideravelmente a qualidade das informações prestadas aos órgãos governamentais, e propiciando uma potencialização na garantia dos direitos trabalhistas e previdenciários.

Daí a importância para que as informações sejam prestadas de forma e no prazo corretos.

É inegável que essas informações poderão servir de base para um melhor mapeamento do nível de cumprimento da legislação trabalhista, previdenciária e tributária e, com isso, potencializar a ação do estado no sentido de maximizar as condições para a garantia dos direitos sociais pátrios.

6. Referências Bibliográficas

BRASIL. Leiautes do eSocial versão 2.4.02. Disponível em: <https://portal.esocial.gov.br/institucional/documentacao-tecnica>. Acesso em: 19 jul. 2018

BRASIL. Manual de Orientação do eSocial, versão 2.4.02. Disponível em: <https://portal.esocial.gov.br/institucional/documentacao-tecnica>. Acesso em: 19 jul. 2018

Classificação Brasileira de Ocupações: CBO — 2010 — 3. ed. Brasília: MTE, SPPE, 2010.

Entendendo como Informar a Contratação de Aprendizes, Pessoas com Deficiência e Expatriados no eSocial

Fernando de Oliveira Lisboa[*]

1. Introdução

Toda novidade traz inquietude e até mesmo resistência. A implantação do eSocial certamente não é diferente. Diversos empresários, contadores e profissionais da área de Recursos Humanos e Tecnologia da Informação estão transmitindo — ou se preparando para transmitir — eventos relativos a empregadores, trabalhadores e folhas de pagamento com uma certa insegurança.

O objetivo deste artigo é apresentar as particularidades que devem ser informadas referentes à contratação de aprendizes, PCDs e expatriados, notadamente no evento S-2200 — Cadastramento Inicial do Vínculo e Admissão/Ingresso de Trabalhador, a fim de que as dúvidas sejam minoradas e, por conseguinte, que o receio se converta em confiança.

Para cada item, primeiramente será exibido o conteúdo normativo relativo a cada tema que tenha relevância para o eSocial. Em seguida, será exposto como prestar as informações nos eventos — o conteúdo propriamente dito de campos específicos, conforme leiautes do eSocial e MOS.

Observe-se que este artigo abordará tão-somente as especificidades existentes no que concerne à contratação de aprendizes, PCDs e expatriados. Informações detalhadas referentes a dados cadastrais e contratuais dos empregados são tratadas no artigo "O contrato de trabalho, seus sujeitos e evocações normativas — uma análise à luz do eSocial" deste livro.

2. Contratação de Aprendiz

As disposições relativas ao contrato de aprendizagem estão elencadas principalmente nos arts. 428 a 433 da CLT, cuja regulamentação se deu por meio do Decreto n. 5.598, de 2005.

De acordo com a parte inicial do art. 428, *caput*, da CLT, contrato de aprendizagem é um contrato de trabalho especial, ajustado por escrito e por prazo determinado.

O empregado — doravante denominado aprendiz — deve estar matriculado em um programa de aprendizagem, caracterizado por atividades teóricas e práticas. Enquanto as atividades teóricas são realizadas em entidade qualificada em formação técnico-profissional, as atividades práticas geralmente são desempenhadas nas instalações da empresa.

São entidades qualificadas em formação técnico-profissional os Serviços Nacionais de Aprendizagem[1]; as escolas técnicas de educação, inclusive as agrotécnicas; as entidades sem fins lucrativos, que tenham por

---

(*) Engenheiro da Computação pelo Instituto Militar de Engenharia e Bacharel em Direito pela Pontifícia Universidade Católica de Minas Gerais. Auditor-Fiscal do Trabalho desde 02/2005. Integrante da equipe técnica responsável pelo desenvolvimento e implantação do eSocial desde 06/2015, representando o Ministério do Trabalho.
(1) Conforme o art. 8º, inciso I, do Decreto n. 5.598/2005, os Serviços Nacionais de Aprendizagem compreendem o Serviço Nacional de Aprendizagem Industrial — SENAI, o Serviço Nacional de Aprendizagem Comercial — SENAC, o Serviço Nacional de Aprendizagem Rural — SENAR, o Serviço Nacional de Aprendizagem do Transporte — SENAT e o Serviço Nacional de Aprendizagem do Cooperativismo — SESCOOP.

objetivo a assistência ao adolescente e à educação profissional; e as entidades de prática desportiva filiadas ao Sistema Nacional do Desporto e aos Sistemas de Desporto dos Estados, do Distrito Federal e dos Municípios.

As empresas devem admitir como aprendizes jovens de 14 (catorze) a 24 (vinte e quatro) anos incompletos, e os contratos não podem exceder 2 (dois) anos. Não há limitação de idade máxima ou de duração do contrato para o aprendiz com deficiência. A cota de aprendizes a ser observada varia de 5% (cinco por cento) a 15% (quinze por cento) dos empregados de cada estabelecimento cujas funções demandem formação profissional. Essa exigência é dispensada para microempresas e empresas de pequeno porte, independente de opção pelo Simples Nacional (art. 51, inciso III, da Lei Complementar n. 123, de 2006 e art. 3º, inciso I, da IN/SIT n. 146, de 2018) e para entidades sem fins lucrativos, que tenham por objetivo a educação profissional na modalidade aprendizagem, inscritas no Cadastro Nacional de Aprendizagem com curso validado (art. 429, § 1º-A, da CLT e art. 3º, inciso II, da IN 146, de 2018, retromencionada).

A contratação dos aprendizes deve ser preferencialmente direta, ou seja, pela empresa obrigada ao cumprimento da cota de aprendizagem. Em caráter suplementar, é permitida a contratação indireta — por meio de entidade educativa sem fins lucrativos ou de prática desportiva; nesse caso, a própria entidade é a empregadora.

Independentemente da forma de contratação, o aprendiz possui um código de categoria específico no eSocial: o código 103. O principal motivo dessa peculiaridade é que os aprendizes têm direito ao FGTS sob alíquota reduzida de 2% (dois por cento), nos termos do art. 15, § 7º, da Lei n. 8.036, de 1990.

A duração do trabalho do aprendiz deve compreender tanto as atividades teóricas quanto as práticas. Por conseguinte, o(s) horário(s) contratual(is) a ser(em) informado(s) no eSocial deve(m) refletir essa situação.

2.1. Contratação de Aprendiz pela Empresa

No caso de contratação direta de aprendiz, o empregador deve informar no evento S-1000 — Informações do Empregador/Contribuinte/Órgão Público o que segue:

- Campo **indEntEd**: campo que identifica se o declarante é uma entidade educativa sem fins lucrativos ou entidade de prática desportiva. Como não é o caso, deve ser preenchido com "N".

Se o empregador possuir processo judicial que dispense, ainda que parcialmente, a contratação de aprendizes, deve transmitir o evento S-1070 — Tabela de Processos Administrativos/Judiciais com as seguintes informações:

- Campo **tpProc**: responsável pela identificação do tipo de processo. Por se tratar de processo judicial, deve ser preenchido com "2";

- Campo **nrProc**: informar o número do processo judicial, com 20 (vinte) algarismos; e

- Campo **indMatProc**: campo que identifica a matéria do processo ou alvará judicial. Deve ser preenchido com "4".

Em seguida, o empregador deve informar o evento S-1005 — Tabela de Estabelecimentos, Obras ou Unidades de Órgãos Públicos com os seguintes dados:

- Campo **contApr**: identifica se o estabelecimento está legalmente dispensado de contratar aprendizes; se está dispensado em virtude de processo judicial, mesmo que parcialmente; ou se está obrigado a contratar. Deve ser preenchido com "0", "1" ou "2", respectivamente;

- Campo **nrProcJud**: caso o campo **contApr** tenha sido informado com "1", deve ser preenchido o número do processo judicial. Esse número de processo deve ter sido previamente informado no evento S-1070, conforme acima exposto; e

- Campo **contEntEd**: responsável por identificar se o estabelecimento possui aprendiz contratado por intermédio de entidade educativa sem fins lucrativos ou por entidade de prática desportiva. Caso o estabelecimento somente possua aprendizes contratados diretamente, deve ser preenchido com "N".

Por fim, no evento S-2200 deve ser informado o seguinte:

• Campo **codCateg**: campo relativo ao código da categoria do trabalhador. Informar "103";

• Campo **tpContr**: campo referente ao tipo de duração do contrato de trabalho. Como a aprendizagem é um contrato por prazo determinado, deve ser preenchido com "2";

• Campo **dtTerm**: informar a data de término do contrato de aprendizagem;

• Campo **tpInsc** do grupo **localTrabGeral**: identifica o tipo de inscrição do estabelecimento a que o aprendiz está vinculado. Informar "1" para CNPJ, "3" para CAEPF ou "4" para CNO; e

• Campo **nrInsc** do grupo **localTrabGeral**: informar o número de inscrição do estabelecimento para o qual está se computando o cumprimento da cota. No caso de CNPJ, deve ser preenchido o número completo, com 14 (catorze) posições. O estabelecimento informado deve estar previamente cadastrado no evento S-1005.

Caso o aprendiz seja efetivado, ou seja, haja continuidade do vínculo empregatício após o término do contrato de aprendizagem, é necessária a transmissão do evento S-2206 — Alteração de Contrato de Trabalho, contendo o novo código de categoria e demais modificações, como código do cargo, remuneração, tipo de duração do contrato e horário contratual.

Também é imperativo o envio do evento S-2206 se, na data de término do contrato, o aprendiz possuir direito à estabilidade provisória, seja por gravidez, seja por acidente de trabalho com afastamento superior a 15 (quinze) dias, consoante Súmula n. 244, inciso III, e Súmula n. 378, inciso III, ambas do TST. Nesse evento, o campo **dtTerm** deve conter o último dia do período de estabilidade, mesmo que implique o atingimento da idade limite de 24 (vinte e quatro) anos ou duração do contrato superior a 2 (dois) anos.

2.2. Contratação de Aprendiz por Entidade Educativa sem Fins Lucrativos ou por Entidade de Prática Desportiva

No caso de contratação indireta de aprendiz, haverá informações prestadas pela entidade — que, repise-se, é a empregadora; e pela tomadora dos serviços — que é a empresa (ou equiparada) obrigada a cumprir a cota de aprendizagem.

2.2.1. Informações a serem Prestadas pela Entidade

A entidade educativa sem fins lucrativos ou de prática desportiva primeiramente deve enviar o evento S-1000 com o campo **indEntEd** preenchido com "S" e o evento S-1005 com o campo **contApr** preenchido com "0".

Em seguida, deve transmitir o evento S-2200 com os campos **codCateg** = "103", **tpContr** = "2" e **dtTerm** com a data de término do contrato. Também deve ser informado o seguinte:

• Campo **tpInsc** do grupo **aprend**: campo que identifica o tipo de inscrição da tomadora dos serviços. Informar "1" para CNPJ ou "2" para CPF;

• Campo **nrInsc** do grupo **aprend**: informar o número de inscrição da tomadora dos serviços. Essa informação é imprescindível para prévia averiguação do cumprimento da cota de aprendizes por parte do MTb, ente responsável pela fiscalização. No caso de CNPJ, deve ser preenchido o número completo, com 14 (catorze) posições; e

• Campos **tpInsc** e **nrInsc** do grupo **localTrabGeral**: deve ser informado o tipo e o número de inscrição do estabelecimento da entidade ao qual o aprendiz está vinculado, ainda que exerça as atividades práticas nas instalações da tomadora dos serviços. No caso de CNPJ, deve ser preenchido o número completo, com 14 (catorze) posições. O estabelecimento informado deve estar previamente cadastrado no evento S-1005.

Caso, na data de término do contrato, o aprendiz possua direito à estabilidade provisória, deve ser transmitido o evento S-2206, conforme apresentado no item 2.1.

2.2.2. Informações a serem Prestadas pela Tomadora

A tomadora dos serviços deve enviar os eventos S-1000 e S-1070 (se necessário) da maneira apresentada no item 2.1.

Com relação ao evento S-1005, deve ser informado o seguinte:

- Campo **contApr** e **nrProcJud**: conforme item 2.1;

- Campo **contEntEd**: como o estabelecimento possui aprendizes contratados indiretamente, deve ser preenchido com "S"; e

- Campo **nrInsc** do grupo **infoEntEduc**: informar o número de inscrição da(s) entidade(s) educativa(s) sem fins lucrativos e/ou entidade(s) de prática desportiva contratada(s). Esse dado é necessário para que o MTb possa identificar os aprendizes contratados pela(s) entidade(s) que cumprem cota para o tomador declarante.

Neste cenário a tomadora não deve informar o evento S-2200, porquanto o vínculo de emprego do aprendiz não é com ela estabelecido.

3. Contratação de PCD

O art. 93, *caput*, da Lei n. 8.213, de 1991 prevê a obrigatoriedade de contratação de pessoas com deficiência ou beneficiários reabilitados da Previdência Social — por simplificação, ambos serão doravante denominados PCDs — sob cota que varia de 2% (dois por cento) a 5% (cinco por cento) dos empregados de toda a empresa, na seguinte proporção:

- De 100 (cem) a 200 (duzentos) empregados: 2% (dois por cento);

- De 201 (duzentos e um) até 500 (quinhentos) empregados: 3% (três por cento);

- De 501 (quinhentos e um) até 1000 (mil) empregados: 4% (quatro por cento); e

- Acima de 1000 (mil) empregados: 5% (cinco por cento).

Dessarte, observa-se que a cota de PCDs deve ser estabelecida considerando toda a empresa, ao contrário da cota de aprendizes, que deve ser calculada por estabelecimento.

A dispensa de PCD sem justa causa pelo empregador ou por término de contrato por prazo determinado com duração superior a 90 (noventa) dias somente poderá ocorrer após a admissão de outro trabalhador com deficiência ou beneficiário reabilitado, nos termos do art. 93, § 1º, da Lei n. 8.213, de 1991.

Apesar de as normas relativas à contratação de PCD estarem dispostas em lei previdenciária, a competência para fiscalização do cumprimento da respectiva cota é do MTb (art. 93, § 2º, da Lei n. 8.213, de 1991[2] e art. 36, § 5º, do Decreto n. 3.298, de 1999).

No eSocial, o empregador deve enviar informações sobre a contratação de PCD por meio do evento S-1005. Esses dados devem ser prestados apenas no evento referente ao estabelecimento matriz, uma vez que a cota se refere à toda a empresa:

- Campo **contPCD**: identifica se a empresa está legalmente dispensada de contratar PCD; se está dispensada em virtude de processo judicial, mesmo que parcialmente; se está com exigibilidade suspensa

---

(2) Art. 93. (...)
§ 2º Ao Ministério do Trabalho e Emprego incumbe estabelecer a sistemática de fiscalização, bem como gerar dados e estatísticas sobre o total de empregados e as vagas preenchidas por pessoas com deficiência e por beneficiários reabilitados da Previdência Social, fornecendo-os, quando solicitados, aos sindicatos, às entidades representativas dos empregados ou aos cidadãos interessados.

em virtude de Termo de Compromisso firmado com o MTb, ainda que parcialmente; ou se está obrigada a contratar. Deve ser preenchido com "0", "1", "2" ou "9", respectivamente. Faz-se mister ressaltar que o Termo de Compromisso supracitado não deve ser confundido com Termo de Ajustamento de Conduta, o qual é assinado junto ao Ministério Público do Trabalho. Caso a empresa somente possua Termo de Ajustamento de Conduta firmado referente à cota de PCD (isto é, não possua processo judicial ou Termo de Compromisso), deve informar "9"; e

• Campo **nrProcJud**: caso o campo **contPCD** tenha sido informado com "1", deve ser preenchido o número do processo judicial. Esse número de processo deve ter sido previamente informado no evento S-1070, com o campo **indMatProc** preenchido com "3" (dispensa, ainda que parcial, de contratação de PCD).

No evento S-2200 há o grupo **infoDeficiencia**, dedicado às informações de empregado com deficiência:

• Campos **defFisica**, **defVisual**, **defAuditiva**, **defMental** e **defIntelectual**: campos do tipo "Sim/Não" ("S" ou "N"), relativos ao tipo de deficiência do empregado. Nos casos de deficiência múltipla, mais de um campo será informado com "S";

• Campo **reabReadap**: indica se o empregado é beneficiário reabilitado da Previdência Social. Deve ser preenchido com "S" ou "N"; e

• Campo **infoCota**: indica se o empregado preenche cota de PCD. Como este item aborda justamente a contratação para fins de cumprimento de cota, deve-se informar com "S". A existência desse campo se justifica pelo fato de o empregado com deficiência não necessariamente compor cota de PCD.

4. Contratação de Expatriado

De acordo com Rosa, Seabra e Santos (2003), expatriado é o "estrangeiro-profissional que sai do seu país para viver em outro país" (*apud* RAMPI, 2009, p. 20). Portanto, quando se fala em expatriado, duas situações vêm à tona: brasileiro transferido para trabalhar no exterior (chamaremos de expatriado brasileiro) e estrangeiro contratado ou transferido para trabalhar no Brasil (chamaremos de expatriado estrangeiro).

4.1. Informações Relativas a Expatriado Brasileiro

A Lei n. 7.064, de 1982 dispõe sobre empregados transferidos para prestar serviços no exterior por período superior a 90 (noventa) dias. Conforme art. 3º, *caput*, o empregador deve assegurar os direitos previstos nessa lei e a aplicação da legislação brasileira, quando for mais favorável do que a legislação territorial, no conjunto de normas e em relação a cada matéria.

A legislação brasileira também deve ser aplicada sobre Previdência Social, FGTS e PIS (art. 3º, parágrafo único). Lado outro, durante a prestação de serviços no exterior não são devidas as contribuições relativas a terceiros[3] (art. 11).

O art. 5º, *caput*, expõe que o salário base do contrato deve ser estipulado obrigatoriamente em moeda nacional. No entanto, a remuneração devida pode ser parcial ou integralmente paga no exterior, em moeda estrangeira.

A Lei n. 7.064, de 1982 também trata da contratação de empregados por empresa estrangeira para trabalhar no exterior. Todavia, devido a não aplicação da legislação brasileira para esses vínculos, os contratos de trabalho em tela não são informados no eSocial.

Como o expatriado brasileiro é um empregado transferido, já foi transmitido o evento S-2200 referente à sua admissão (a não ser que se trate do início da obrigatoriedade do eSocial para o empregador, situação em que deve ser enviado o cadastramento inicial desse expatriado por meio do evento S-2200).

---

(3) Salário-educação, Serviço Social da Indústria — SESI, Serviço Social do Comércio — SESC, Serviço Nacional de Aprendizagem Comercial — SENAC, Serviço Nacional de Aprendizagem Industrial — SENAI e Instituto Nacional de Colonização e de Reforma Agrária — INCRA.

Para que o eSocial não efetue o cálculo de contribuições a terceiros, o empregador deve criar uma lotação tributária por meio do evento S-1020 — Tabela de Lotações Tributárias, com os seguintes dados:

• Campo **tpLotacao**: identifica o tipo de lotação. Deve ser informado "90", código referente a atividades desenvolvidas no exterior por trabalhador vinculado ao RGPS;

• Campo **fpas**: refere-se ao FPAS, código que identifica a atividade econômica exercida. Informar "0590"; e

• Campo **codTercs**: código de identificação de terceiros para contribuição. Como não há esse recolhimento, preencher com "0000".

Caso exista remuneração paga no exterior, é necessário informá-la no eSocial, visto que a base de cálculo do FGTS compreende todas as parcelas de natureza salarial, conforme Orientação Jurisprudencial n. 232 da Subseção I Especializada em Dissídios Individuais do TST. Com relação à CP e ao IRRF, as incidências dependem de acordos internacionais entre o Brasil e o país do local dos serviços. Dessa sorte, o empregador deve transmitir o evento S-1010 — Tabela de Rubricas com os seguintes dados:

• Campo **natRubr**: código relativo à natureza da rubrica. Deve-se informar "9906", que corresponde à remuneração recebida no exterior por trabalhador expatriado sobre a qual incida CP e/ou IRRF e/ou FGTS;

• Campo **tpRubr**: refere-se ao tipo de rubrica. Por ser valor não pago no Brasil, mas que compõe a base de cálculo do FGTS (e, possivelmente, dos tributos), trata-se de rubrica informativa. Assim, deve ser informado "3";

• Campo **codIncCP**: código de incidência da rubrica para a CP. O código a ser preenchido depende da existência e do conteúdo de acordo internacional de previdência social;

• Campo **codIncIRRF**: código de incidência da rubrica para o IRRF. O código a ser preenchido depende da existência e do conteúdo de acordo internacional de bitributação; e

• Campo **codIncFGTS**: código de incidência da rubrica para o FGTS. Preencher com "11" se a rubrica se referir a remuneração mensal ou com "12" se se referir a 13º salário.

No evento S-1200 — Remuneração de trabalhador vinculado ao Regime Geral de Previdência Social, em todos os demonstrativos deve ser indicada a lotação criada no evento S-1020 acima mencionada. Além disso:

• Se a remuneração é integralmente paga no exterior, o valor deve ser convertido em reais e constar em rubrica(s) informativa(s), criada(s) por meio do evento S-1010 conforme acima exposto;

• Se a remuneração é parcialmente paga no exterior, o valor recebido fora do país deve ser convertido em reais e constar em rubrica(s) informativa(s), e o valor recebido no Brasil deve ser informado da mesma maneira que é declarado para os empregados que trabalham no país; ou

• Se a remuneração é integralmente paga no Brasil, o valor deve ser informado da mesma maneira que é declarado para os empregados que trabalham no país.

Referente aos eventos de SST, no evento S-1060 — Tabela de Ambientes de Trabalho devem ser informados os ambientes de trabalho existentes fora do país e seus respectivos fatores de risco. Em cada descrição, é necessário informar que o ambiente está localizado no exterior.

Quando da transferência do empregado, deve-se enviar o evento S-2240 — Condições Ambientais do Trabalho — Fatores de Risco. A data de início das condições deve corresponder à data de início da prestação de serviços no exterior. Ademais, as informações relativas ao responsável pelos registros ambientais devem ser prestadas com os dados do responsável pelo PPRA no Brasil.

Caso algum exame ocupacional seja realizado no exterior, é necessário transmitir o evento S-2220 — Monitoramento da Saúde do Trabalhador. As informações referentes aos médicos devem ser prestadas com os dados do profissional responsável pelo PCMSO no Brasil.

No caso de acidente de trabalho no exterior, é preciso enviar o evento S-2210 — Comunicação de Acidente de Trabalho. O código da unidade de atendimento médico no CNES (campo **codCNES**) pode ser preenchido com o código do CNES correspondente ao SESMT da matriz do empregador no Brasil. Já os dados do emitente do atestado devem ser prestados com as informações do médico responsável pelo PCMSO no Brasil.

4.2. Informações Relativas a Expatriado Estrangeiro

A Lei de Migração (Lei n. 13.445, de 2017) e sua regulamentação (Decreto n. 9.199, de 2017) contêm algumas disposições sobre o trabalho do estrangeiro no Brasil, principalmente sobre concessão de visto e emissão do RNM, o que assegura ao imigrante o pleno exercício dos atos da vida civil. É importante mencionar que o empregado estrangeiro que vem trabalhar no Brasil possui os mesmos direitos trabalhistas do empregado brasileiro, como descanso semanal remunerado, 13º salário, férias anuais com acréscimo salarial de pelo menos um terço, FGTS, etc.

O eSocial utiliza o CPF como identificador de todos os eventos relacionados ao trabalhador. Em outras palavras, o expatriado estrangeiro precisa obter a inscrição no CPF para poder ser informado no eSocial. Como muitos contratos têm início na data de ingresso do empregado no Brasil, é necessário que o CPF seja obtido ainda no exterior. Para isso, deve-se preencher formulário disponível no Portal da RFB, imprimi-lo e entregá-lo em uma repartição consular brasileira junto com cópia de documentos pessoais. Em seguida, há o processamento da solicitação por parte da repartição consular e a geração do número de inscrição no CPF.

Caso o empregador não possua todos os dados do expatriado estrangeiro no dia anterior ao início da prestação de serviços no Brasil — prazo para o transmissão do evento de admissão, deve ser enviado o evento S-2190 — Admissão de Trabalhador — Registro Preliminar. Esse evento somente requer CPF, data de nascimento e data de admissão do empregado.

Referente ao evento S-2200, o empregador deve prestar as seguintes informações:

• Campos **nrCtps**, **serieCtps** e **ufCtps**: trata-se do número, número de série e UF de expedição da CTPS, respectivamente;

• Campos **nrRne**, **orgaoEmissor** e **dtExped**: correspondem, respectivamente, ao número, órgão e UF de emissão, e data de expedição do RNE (atualmente denominado RNM);

• Campo **dtChegada**: informar a data de chegada do expatriado no Brasil;

• Campo **classTrabEstrang**: refere-se à condição de ingresso do empregado, como visto permanente, visto temporário, asilado, refugiado, etc. Deve-se preencher com um valor entre "1" e "12";

• Campos **casadoBr** e **filhosBr**: campos do tipo "Sim/Não" ("S" ou "N"), os quais questionam se o(a) trabalhador(a) é casado(a) com brasileiro(a) e se possui filhos brasileiros; e

• Campo **tpRegPrev**: relativo ao tipo de regime previdenciário. Caso o expatriado estrangeiro esteja vinculado a regime de Previdência Social do país de origem, conforme acordo internacional de previdência social com o Brasil, preencher com "3". Caso contrário, informar "1" (RGPS).

É possível o envio do evento S-2200 mesmo sem o trabalhador estrangeiro possuir CTPS e RNE/RNM. Nesse caso, o empregador deve transmitir o evento S-2205 — Alteração de Dados Cadastrais do Trabalhador até o dia 7 (sete) do mês seguinte da emissão desse(s) documento(s).

Se o expatriado estrangeiro estiver vinculado a Previdência Social no exterior, o empregador deve enviar o evento S-1020 para criar uma lotação tributária com o campo **tpLotacao** = "91" (atividades desenvolvidas por trabalhador estrangeiro vinculado a Regime de Previdência Social estrangeiro). Essa solução foi criada para evitar que o empregador precise "duplicar" sua tabela de rubricas — uma rubrica para empregados vinculados ao RGPS e outra rubrica para empregados vinculados a Previdência Social no exterior. Nessa lotação criada também deve ser informado "0590" no campo **fpas** e "0000" no campo **codTercs**, a fim de que sejam calculadas contribuições a terceiros.

No evento S-1200 deve ser indicada a lotação criada acima citada em todos os demonstrativos do expatriado estrangeiro, enquanto for mantido o recolhimento da CP no país de origem. Nesse cenário, as remunerações devidas não irão compor a base de cálculo da CP patronal, nem do segurado.

Se houver remuneração paga no exterior, devem ser adotados os procedimentos descritos no item 4.1 para os eventos S-1010 e S-1200, ressalvada a indicação de lotação específica quando se tratar de regime de Previdência Social no exterior, conforme apresentado acima.

5. Considerações Finais

À primeira vista, a prestação de informações de contratação de aprendizes, PCDs e expatriados no eSocial parece complexa. Entretanto, trata-se apenas do "efeito novidade": não havia nenhum sistema governamental que englobasse obrigações trabalhistas, previdenciárias e tributárias com relação mútua entre os eventos e encadeamento lógico dos dados.

É certo que, com o passar do tempo, a insegurança dará lugar à rotina e tudo fluirá naturalmente.

Convém lembrar que, assim como a sociedade evolui diariamente, a legislação também segue o mesmo caminho. Consequentemente, sempre haverá ajustes nos leiautes do eSocial. Não obstante, passado esse estágio inicial de implantação, as alterações vindouras terão impacto mínimo no dia a dia das empresas, haja vista a aquisição de maior conhecimento sobre os eventos, seus conteúdos e relações.

Ainda com relação a ajustes, atualmente já existem sugestões para futura alteração nos leiautes, como a inclusão de indicativo de exigibilidade suspensa de contratação de aprendizes em virtude de Termo de Compromisso firmado com o MTb e a informação do CPF do empregado substituto, no caso de dispensa de PCD sem justa causa pelo empregador ou por término de contrato por prazo determinado com duração superior a 90 (noventa) dias. Isso evidencia que os leiautes estão em constante evolução.

Espera-se que o conteúdo aqui apresentado seja útil para que empresários, contadores e demais profissionais prestem com exatidão as informações necessárias e, não menos importante, para que a hesitação se transforme em convicção e sabedoria.

6. Referências Bibliográficas

BRASIL. Leiautes do eSocial versão 2.4.02. Disponível em: <https://portal.esocial.gov.br/institucional/documentacao-tecnica>. Acesso em: 21 jul. 2018.

BRASIL. Manual de Orientação do eSocial, versão 2.4.02. Disponível em: <https://portal.esocial.gov.br/institucional/documentacao-tecnica>. Acesso em: 21 jul. 2018.

RAMPI, Nádia de Menezes. *Fatores individuais e institucionais no processo de adaptação de profissionais estrangeiros*: um estudo na Fundação Dom Cabral. 2009. 117f. Dissertação (Mestrado em Administração). Universidade FUMEC, Faculdade de Ciências Empresariais, Belo Horizonte, 2009.

A Dinâmica dos Trabalhadores Sem Vínculo — TSV — no eSocial

Eduardo Tanaka[*]

1. Introdução

O tema trabalhador sem vínculo — TSV — suscita discussões e, por vezes, dúvidas por parte do usuário do eSocial. Mesmo porque, não há como classifica-lo segundo as regras do Direito Previdenciário e também, dificilmente seria possível um conceito curto e objetivo que padronizasse e abarcasse todos os tipos de trabalhadores sem vínculo.

O que existe é apenas um tabela presente no MOS que traz, como rol exaustivo, os tipos de trabalhadores sem vínculo que devem ser compulsoriamente declarados no evento denominado "S-2300 — Trabalhador Sem Vínculo de Emprego/Estatutário — Início".

De modo que, o objetivo desse artigo é aprofundar a discussão a respeito desses trabalhadores, que podem possuir, com a exceção de relação empregatícia, diversos tipos de relação de trabalho.

2. O que é o Trabalhador Sem Vínculo — TSV

O trabalhador sem vínculo não está conceituado explicitamente na ordenação jurídica. Entretanto, podem ser encontradas algumas citações ao trabalho sem vínculo na legislação tributária, conforme a seguir:

Decreto n. 3.000/1999 (Regulamento do Imposto de Renda):

Art. 45. São tributáveis os rendimentos do trabalho não-assalariado, tais como:

(...) III — remuneração dos agentes, representantes e outras pessoas sem vínculo empregatício que, tomando parte em atos de comércio, não os pratiquem por conta própria;(...)

Instrução Normativa RFB n. 1.500, de 2014:

Art. 22. Estão sujeitos à incidência do IRRF, (..) os demais rendimentos pagos por pessoa jurídica a pessoa física, tais como:

I — rendimentos de trabalho sem vínculo empregatício, proventos de aposentadoria, de reserva e de reforma e pensões civis e militares;

Dessa forma, podemos depreender que o trabalhador sem vínculo merece atenção por parte dos órgãos de controle tributário e trabalhista.

Além do mais, pela própria denominação dada pelos desenvolvedores do eSocial, percebe-se, logo de início, que o que esses trabalhadores têm em comum é o fato de não haver vínculo empregatício, regido pela CLT. Esse fato também é um ponto importante para a fiscalização previdenciária e trabalhista no sentido de observar-se a correta classificação previdenciária do segurado e coibir o trabalho informal e a figura do considerado, pelo empregador, como trabalhador sem vínculo empregatício, mas quando de fato há esse vínculo.

---

[*] Auditor-Fiscal da Receita Federal do Brasil, Líder do Projeto Escrituração Fiscal Digital de Retenções e Outras Informações Fiscais — EFD-REINF, representante do eSocial para Órgãos Públicos pela Secretaria da Receita Federal do Brasil e integrante do Grupo de Trabalho de Manuais. YouTuber e professor de Direito Previdenciário e Direito Administrativo para concursos públicos. Autor de diversas obras sobre Direito Previdenciário. É formado em Direito pela USP e UFMS e é especialista em Direito Constitucional.

Assim, classificando-os por exclusão, daqueles que não possuem vínculo empregatício, chegaremos aos seguintes segurados: contribuinte individual, trabalhador avulso, segurado especial e o segurado facultativo. Desses, excluímos o segurado especial, que não presta serviço a terceiros, assim como o segurado facultativo, à exceção do estagiário.

Visto isso, estamos frente à 3 categorias de trabalhadores, quais sejam: contribuinte individual, trabalhador avulso e o estagiário. Essas são categorias bem distintas e com peculiaridades específicas, mas que, quando prestam serviço para empresa[1] detêm as seguintes características:

— não possuem vínculo de emprego com a empresa;

— o vínculo com a empresa é estabelecido por meio de contrato não regido pela CLT;

— a fiscalização previdenciária e trabalhista têm interesse neste vínculo de trabalho.

De modo que, para evitar o não pagamento de tributos e realizar o efetivo controle das relações de trabalho, faz-se necessário que alguns trabalhadores sem vínculo empregatício estejam obrigatoriamente registrados no eSocial. Ao fazer isso, a empresa está a incluir o trabalhador no que é chamado de Registro de Eventos Trabalhistas — RET.

O RET alimenta a base de dados no Ambiente Nacional do eSocial. De modo que, diversos eventos periódicos e não periódicos somente serão aceitos se o trabalhador estiver cadastrado nessa base de dados denominada "RET". E assim, por consequência, a empresa, ao incluir o trabalhador sem vínculo no RET, terá uma maior facilidade para informar suas remunerações e pagamentos sem a necessidade de digitar os mesmos dados todos os meses.

Cumpre, ainda, registrar uma impropriedade do termo "Trabalhador Sem Vínculo de Emprego/Estatutário", conforme consta no MOS. A denominação "Emprego/Estatutário" foi dada com a intenção de explicitar que não há relação de emprego e nem vínculo estatutário entre o contratante e o contratado.

Porém, sob o ponto de vista do Direito Administrativo, há uma impropriedade flagrante e que pode causar dúvidas ao usuário do sistema. Isso porque, no caso de cessão de servidor público em que o cedente e cessionário fazem parte da Administração Pública, ocorre que o trabalhador cedido mantem seu vínculo estatutário originário e, ainda, adquire outro vínculo estatutário, com deveres e obrigações, em face ao cessionário.

Sendo assim, há um duplo vínculo estatutário e esse servidor cedido não poderia ser considerado "Trabalhador Sem Vínculo Estatutário". De modo que, neste artigo, utilizar-se-á apenas o termo original: "Trabalhador Sem Vínculo — TSV".

3. Quem são os Trabalhadores Sem Vínculo — TSV

Os trabalhadores sem vínculo — TSV — podem ser classificados em: compulsório e optativo, como veremos a seguir.

3.1. Trabalhador Sem Vínculo — Compulsório

Os TSV — compulsórios estão elencados taxativamente no MOS, conforme a seguir:

Código	Descrição
201	Trabalhador Avulso Portuário
202	Trabalhador Avulso Não Portuário
401	Dirigente Sindical — informação prestada pelo Sindicato
410	Trabalhador cedido — informação prestada pelo Cessionário
721	Contribuinte individual — Diretor não empregado, com FGTS

---

(1) O conceito de empresa para o Direito Previdenciário é amplo, conforme o Decreto n. 3.048/99, art. 12, parágrafo único.

Código	Descrição
722	Contribuinte individual — Diretor não empregado, sem FGTS
723	Contribuinte individual — empresários, sócios e membro de conselho de administração ou fiscal
731	Contribuinte individual — Cooperado que presta serviços por intermédio de Cooperativa de Trabalho
734	Contribuinte individual — Transportador Cooperado que presta serviços por intermédio de cooperativa de trabalho
738	Contribuinte individual — Cooperado filiado a Cooperativa de Produção
761	Contribuinte individual — Associado eleito para direção de Cooperativa, associação ou entidade de classe de qualquer natureza ou finalidade, bem como o síndico ou administrador eleito para exercer atividade de direção condominial, desde que recebam remuneração
771	Contribuinte individual — Membro de conselho tutelar, nos termos da Lei n. 8.069, de 13 de julho de 1990
901	Estagiário
902	Médico Residente

Percebe-se que o que esses trabalhadores elencados nessa tabela têm em comum, em regra, é que todos mantêm um caráter de permanência e, de certa forma, não eventualidade, que é uma das características comum também aos empregados. Porém, esses trabalhadores não são considerados empregados

Assim, ao realizar a devida classificação, devem ser enquadrados como TSV compulsórios:

a) Trabalhadores Avulsos: portuários e não portuários.

b) Contribuintes Individuais:

Dirigente Sindical — informação prestada pelo Sindicato

Contribuinte individual — Diretor não empregado, com FGTS

Contribuinte individual — Diretor não empregado, sem FGTS

Contribuinte individual — Empresários, sócios e membro de conselho de administração ou fiscal

Contribuinte individual — Cooperado que presta serviços por intermédio de Cooperativa de Trabalho

Contribuinte individual — Transportador Cooperado que presta serviços por intermédio de cooperativa de trabalho

Contribuinte individual — Cooperado filiado a Cooperativa de Produção

Contribuinte individual — Associado eleito para direção de Cooperativa, associação ou entidade de classe de qualquer natureza ou finalidade, bem como o síndico ou administrador eleito para exercer atividade de direção condominial, desde que recebam remuneração

Contribuinte individual — Membro de conselho tutelar, nos termos da Lei n. 8.069, de 13 de julho de 1990

Médico Residente

c) O estagiário.

d) Trabalhador cedido — informação prestada pelo Cessionário.

Cada uma dessas categorias será comentada, conforme a seguir.

3.1.1. O Trabalhador Avulso

O conceito de trabalhador avulso, conforme o Decreto n. 3.048, de 1999, em seu inciso VI, do art. 9º, é:

"Aquele que, sindicalizado ou não, presta serviço de natureza urbana ou rural, a diversas empresas, sem vínculo empregatício, com a intermediação obrigatória do órgão gestor de mão de obra, nos termos da Lei n. 8.630, de 25 de fevereiro de 1993, ou do sindicato da categoria."

Segundo Tanaka[2]: "É importante destacar que o trabalhador avulso nada tem a ver com o autônomo nem com o eventual ou com o temporário nem com o empregado. Isso ocorre por causa da peculiaridade apresentada, que é a intermediação da mão de obra por OGMO ou Sindicato da Categoria. E, somado a isso, a característica de não haver vínculo empregatício. Sendo assim, não há subordinação desse trabalhador nem ao sindicato nem ao OGMO nem às empresas para as quais presta serviço".

Dessa forma, a IN/RFB n. 971, de 2009, alterada pela IN/RFB n. 1.767, de 2017, em seu art. 47, I, combinado com § 1º-A do mesmo artigo, aduz:

"Art. 47. A empresa e o equiparado, sem prejuízo do cumprimento de outras obrigações acessórias previstas na legislação previdenciária, estão obrigados a:

I — inscrever, no RGPS, os segurados empregados e os trabalhadores avulsos a seu serviço, observado o disposto no § 1º;(...)

§ 1º-A Durante a implementação progressiva do Sistema de Escrituração Digital das Obrigações Fiscais, Previdenciárias e Trabalhistas (eSocial) e da Escrituração Fiscal Digital de Retenções e Outras Informações Fiscais (EFD-Reinf), conforme calendário fixado por Resolução do Comitê Diretivo do eSocial e por Instrução Normativa da RFB:

I — a inscrição no RGPS dos segurados previstos nos incisos I e II do caput dar-se-á na forma prevista nos citados incisos e mediante o envio, com sucesso, dos eventos S-2200 e S-2300 ao eSocial; (...)"

Esse ato normativo, como se viu, disciplina a obrigatoriedade da inscrição do trabalhador avulso, tanto o portuário como o não portuário, pela inclusão deste no RET do eSocial, através do evento S-2300.

3.1.2. O Contribuinte Individual

Segundo Tanaka[3]:

"Quando se fala de contribuinte individual, lembra-se logo de profissionais autônomos — como o médico, o advogado, o dentista —, o que está certo. Porém, existe uma grande lista dos que são considerados contribuintes individuais. São pessoas, basicamente, de três categorias diferentes: empresário, autônomo e equiparado a autônomo. A Lei n. 9.876/1999 transformou essas três categorias em apenas uma: contribuinte individual."

É importante esclarecer que somente o trabalhador será considerado contribuinte individual, e por consequência deverá constar no eSocial, se receber remuneração pelo trabalho.

A obrigatoriedade de se prestar informação deste trabalhador no eSocial, evento S-2300, encontra-se normatizada na IN/RFB n. 971, de 2009, art. 47, I e § 1º-A.

De modo que passaremos a explanar cada contribuinte individual considerado TSV — compulsório:

"Contribuinte individual — Diretor não empregado, com FGTS;

Contribuinte individual — Diretor não empregado, sem FGTS."

Comentário: O diretor não empregado é considerado contribuinte individual independentemente da percepção ou não do FGTS.

"Contribuinte individual — empresários, sócios e membro de conselho de administração ou fiscal."

Comentário: Todo sócio que receba remuneração decorrente de seu trabalho na empresa é considerado segurado obrigatório. Assim será enquadrado como TSV compulsório.

O membro de conselho administrativo ou fiscal também será considerado TSV compulsório, se receber remuneração.

"Contribuinte individual — Cooperado que presta serviços por intermédio de Cooperativa de Trabalho;

---

(2) Direito Previdenciário, p. 49.
(3) Direito Previdenciário, p. 60.

"Contribuinte individual — Transportador Cooperado que presta serviços por intermédio de cooperativa de trabalho;

Contribuinte individual — Cooperado filiado a Cooperativa de Produção."

Comentário: Todo cooperado de cooperativa de trabalho e produção quando recebe remuneração por seu trabalho deve ser enquadrado como TSV compulsórios.

"Contribuinte individual — Associado eleito para direção de Cooperativa, associação ou entidade de classe de qualquer natureza ou finalidade, bem como o síndico ou administrador eleito para exercer atividade de direção condominial, desde que recebam remuneração."

Comentário: Trabalhadores como: síndico de condomínio, presidente de associação, diretor de cooperativa, quando receberem remuneração, são enquadrados como TSV — compulsório.

"Contribuinte individual — Membro de conselho tutelar, nos termos da Lei n. 8.069, de 13 de julho de 1990"

"Ministro de confissão religiosa ou membro de vida consagrada, de congregação ou de ordem religiosa"

Comentário: O ministro de confissão religiosa ou membro de vida consagrada, de congregação ou de ordem religiosa é considerado contribuinte individual. Sua base de cálculo é o valor por ele declarado.

"Médico Residente"

Comentário: O médico residente, apesar de estar enquadrado na tabela 1 do anexo I do eSocial como "bolsista", é o único desse rol considerado contribuinte individual. Seus recolhimentos previdenciário deverão ser feitos como contribuinte individual e será enquadrado como TSV — compulsório.

"Dirigente Sindical — informação prestada pelo Sindicato."

Comentário: O Dirigente Sindical encontra-se previsto de forma repetida na tabela 1, do anexo I do leiaute do eSocial. Isso porque, quando se fala em "associado eleito para direção de entidade de classe de qualquer natureza ou finalidade", conforme previsto no código 761 da tabela 1, do anexo I, do leiaute do eSocial, está a falar do dirigente sindical.

Conforme o observado neste item, percebe-se que o que todos os contribuintes individuais desse rol têm em comum é que há a não eventualidade e continuidade do trabalho. E, dessa forma, deverão ser obrigatoriamente declarados no evento S-2300.

3.1.3. O Estagiário

O Estagiário é o único segurado não obrigatório do RGPS que deverá constar compulsoriamente no evento S-2300.

Como o estagiário em regra frequenta todos os dias a empresa, é interesse da fiscalização previdenciária e trabalhista a verificação da correta aplicação da lei que dispõe sobre o estágio de estudantes[4].

Isso porque, o estagiário que presta serviços a empresa, em desacordo com a Lei n. 11.788, de 2008, é considerado empregado, conforme o Decreto n. 3.048, de 1999, art. 9º, inciso I. E não é raro a fiscalização detectar a prestação de serviços de estagiários em desacordo com a legislação e caracterizá-la como relação de trabalhista.

Para a formalização do contrato de estágio é necessário a celebração de termo de compromisso, que possui apenas 3 partes:

1 — o educando,

2 — a parte concedente do estágio e

3 — a instituição de ensino.

---

(4) Lei n. 11.788, de 25 de setembro de 2008.

3.1.3.1. O Agente de Integração

O agente de integração, como por exemplo o CIEE, não constitui parte do contrato de estágio. É uma faculdade para as instituições de ensino e as partes cedentes de estágio recorrerem a serviços de agentes de integração. Suas competências estão muito bem delimitadas na Lei n. 11.788, de 2008, conforme seu art. 5º, § 1º:

"§ 1º Cabe aos agentes de integração, como auxiliares no processo de aperfeiçoamento do instituto do estágio:

I — identificar oportunidades de estágio;

II — ajustar suas condições de realização;

III — fazer o acompanhamento administrativo;

IV — encaminhar negociação de seguros contra acidentes pessoais;

V — cadastrar os estudantes."

Dessa forma, o agente de integração:

— é apenas um facilitador, um auxiliar no processo de aperfeiçoamento do instituto do estágio;

— não é parte do contrato de estágio (termo de compromisso);

— não possui vínculo jurídico com o estagiário;

— não possui competência para prestar informações tributárias, previdenciárias e trabalhistas sem procuração da parte concedente do estágio;

— não expõe o estagiário a qualquer risco de "saúde e segurança do trabalhador" — SST — responsabilidade da parte concedente.

Percebe-se, pelas competências citadas, que não existe qualquer vínculo jurídico entre o agente integrador e o estagiário. Por consequência, o agente de integração possui um papel meramente de facilitador das relações de estágio.

3.1.3.2. Quem deve Declarar o Estagiário no eSocial?

Para responder essa pergunta, faz-se necessário analisar e interpretar corretamente a legislação em vigor.

Primeiramente, podem ser considerados partes concedentes do estágio: as pessoas jurídicas de direito privado e os órgãos da administração pública direta, autárquica e fundacional de qualquer dos Poderes da União, dos Estados, do Distrito Federal e dos Municípios, bem como profissionais liberais de nível superior devidamente registrados em seus respectivos conselhos de fiscalização profissional.

A relação jurídica do contrato de estágio se estabelece exclusivamente entre a parte concedente do estágio, o educando e a instituição de ensino.

A parte concedente do estágio, conforme art. 9º da Lei n. 11.788, de 2008, deverá:

"I — celebrar termo de compromisso com a instituição de ensino e o educando, zelando por seu cumprimento;

II — ofertar instalações que tenham condições de proporcionar ao educando atividades de aprendizagem social, profissional e cultural;

III — indicar funcionário de seu quadro de pessoal, com formação ou experiência profissional na área de conhecimento desenvolvida no curso do estagiário, para orientar e supervisionar até 10 (dez) estagiários simultaneamente;

IV — contratar em favor do estagiário seguro contra acidentes pessoais, cuja apólice seja compatível com valores de mercado, conforme fique estabelecido no termo de compromisso;

V — por ocasião do desligamento do estagiário, entregar termo de realização do estágio com indicação resumida das atividades desenvolvidas, dos períodos e da avaliação de desempenho;

VI — manter à disposição da fiscalização documentos que comprovem a relação de estágio;

VII — enviar à instituição de ensino, com periodicidade mínima de 6 (seis) meses, relatório de atividades, com vista obrigatória ao estagiário."

Nota-se que é responsabilidade da parte concedente celebrar termo de compromisso com a instituição de ensino e o educando, manter à disposição da fiscalização documentos que comprovem a relação de estágio, bem como por ocasião do desligamento do estagiário, entregar termo de realização do estágio com indicação resumida das atividades desenvolvidas, dos períodos e da avaliação de desempenho.

E, ainda, o art. 14 da referida lei diz: "Aplica-se ao estagiário a legislação relacionada à saúde e segurança no trabalho, sendo sua implementação de responsabilidade da parte concedente do estágio."

Esse dispositivo confirma a responsabilidade da parte concedente do estágio na prestação de informações de saúde e segurança no trabalho. Essa informação é evento previsto no eSocial e somente a parte concedente do estágio é conhecedora da exposição do estagiário a seus ambientes de trabalho.

É notório que a prestação de informações ao eSocial vai além das informações referentes a valores pagos. Inclui-se aí, prestação de informações que só dizem respeito à relação da atividade exercida no ambiente de trabalho com seus riscos e peculiaridades, os quais somente a empresa concedente possui a capacidade legal e de fato de declarar.

Caso o agente integrador preste as informações no eSocial dos estagiários de parte concedente em seu nome, estaria a infringir a Lei n. 11.788, de 2008 e, por consequência, estaria desconfigurada a relação de estágio. Nesse caso, a relação jurídica estabelecida aproximar-se-ia da figura da cessão de mão de obra e os eventuais estagiários que participam dessa relação devem ser enquadrados como trabalhadores empregados.

Sendo assim, quem deve declarar o estagiário no eSocial é a parte concedente, que possui vínculo jurídico com aquele. Isso não impede que, **somente e somente só por procuração**, o estagiário seja declarado pelo agente integrador, mas em nome da parte concedente, como ocorre, por exemplo, em uma prestação de serviço contábil. E ainda mais, numa eventual omissão de informações sobre a relação de estágio, caso essas sejam prestadas pelo agente integrador nessas circunstâncias, quem responderá pela omissão será a parte concedente.

3.1.4. Trabalhador Cedido

A figura da cessão de trabalhador não está explicitamente tratada na legislação trabalhista, haja vista que o tema tem suas origens no serviço público.

Primeiramente, não deve ser confundida a figura do trabalhador cedido com a da cessão de mão de obra, feita por empresas de trabalho terceirizado.

Aqui, trata-se da cessão do trabalhador da administração pública direta e indireta, quando este é colocado à disposição de outra empresa ou órgão, por determinado período. Na administração pública indireta podem ser encontradas: pessoa jurídica de direito público (autarquia, fundação pública de direito público) e pessoa jurídica de direito privado (empresa pública, sociedade de economia mista e fundação pública de direito privado).

Quando ocorre a cessão de um trabalhador, por exemplo, de um órgão da União, para o órgão de um estado teremos a seguinte situação:

— O órgão da União (cedente) registra o afastamento no evento S-2230;

— o órgão do estado (cessionário) deverá cadastrar o servidor cedido no evento S-2300.

E quando houver o retorno do trabalhador cedido ao órgão/empresa de origem, o órgão cessionário deverá informar esse término no evento S-2399.

3.2. TSV — Optativo

Além dos trabalhadores sem vínculo que devem ser declarados compulsoriamente, a empresa tem a faculdade de declarar qualquer outro contribuinte individual.

Esta opção é dada à empresa para facilitar a declaração dos contribuintes individuais, pois cada pagamento do contribuinte individual, que não seja TSV — compulsório, deverá ser informado diversos dados, tais como: CPF, NIS, nome, data de nascimento, CBO e se o trabalho é urbano ou rural.

Assim, se este contribuinte individual já se encontra cadastrado no eSocial, no RET[5], para empresa será mais rápido e prático apenas informar o CPF, NIS e valor da remuneração, sem ter que prestar novamente diversas informações cadastrais.

4. Como são Declarados no eSocial

Os TSV — compulsórios deverão ser cadastrados no eSocial no evento S-2300. Quando houver alguma alteração contratual, deve ser informado o evento S-2306. E após o vínculo se encerrar, deve ser informado o evento S-2399.

Já os TSV — optativos — os demais contribuintes individuais — poderão ou não estarem cadastrados no eSocial no evento S-2300

Caso o contribuinte individual não esteja cadastrado no eSocial no evento S-2300, estes deverão ser informados diretamente no evento S-1200, quando da prestação de serviço à empresa ou equiparada a empresa.

5. Considerações Finais

As regras tributárias não são alteradas pelo eSocial, porém, assim como qualquer sistema em evolução, tornam-se necessárias a prestação de informações que são relevantes para que a legislação seja aplicada da forma mais correta.

O TSV compulsório não é a criação de mais uma categoria de trabalhador, mas sim, um método para controlar as relações de trabalho e, por sua vez, minimizar a ocorrência de eventuais ilegalidades por parte do empregador.

De modo que, partindo do princípio de que as ações da Administração Pública têm por finalidade sempre o atendimento do interesse público, fica claro que o que se pretende é aperfeiçoar constantemente os instrumentos de controle fazendo com que o empregador preencha corretamente suas escriturações e proteja a parte mais fraca que são os trabalhadores.

6. Referências Bibliográficas

KRUGER, Samuel; PACHECO FILHO, José Gomes. *eSocial Modernidade na Prestação de Informações ao Governo Federal*. São Paulo: Atlas, 2015.

TANAKA, Eduardo. *Direito Previdenciário Série Provas e concursos*. São Paulo: GEN/Método, 2016.

---

(5) Já consta do Registro de Eventos Trabalhistas — RET.

A Terceirização, o Trabalho Temporário e suas Informações ao eSocial

Fernando César Gonçalves de Castro[*]

1. Introdução

O trabalho temporário e o trabalho terceirizado, na contramão do tradicional vínculo trabalhista firmado diretamente com o tomador, são formas de repassar a terceiros os recursos humanos da empresa, sob o argumento da especialização e da necessidade de agilidade na distribuição no tempo e no espaço, de maneira a permitir uma rápida mobilização da mão de obra nas empresas.

Ambas formas de contratação se mostram como um fenômeno recente no mundo do trabalho. Tradicionalmente, as empresas se organizam de maneira a assalariar e dirigir o trabalho das pessoas que lhes prestam serviço diretamente. Desta forma de organização é que o Direito do Trabalho cuidou e vem cuidando ao longo da sua existência, inclusive rechaçando o que se chama de *marchandage*,

> "...expressão francesa cunhada no século XIX para nominar situações em que um trabalhador era contratado por intermédio de um mercador de força de trabalho, cujo negócio consistia em lucrar com o trabalho de terceiros que locava. Essa prática foi abolida pela Declaração de Filadélfia, ratificada pelo Brasil, em seu artigo 1º, que reafirmou o princípio de que o trabalho não é uma mercadoria." (TRIBUNAL REGIONAL DO TRABALHO, 2014).

Todavia, havia a pressão do mercado pela necessidade de arregimentar de forma ágil trabalhadores para repor uma baixa no seu quadro próprio decorrente de afastamentos, gozo de férias ou licenças, bem como fazer frente a cargas extras de trabalho. Coube à Associação Comercial do Rio de Janeiro o envio de proposta de projeto de lei ao Ministério do Trabalho, Indústria e Comércio, no início da década de 1970 (ASSERTTEM, 2016). Surgia, assim, a Lei n. 6.019, de 1974, que passou a regular o trabalho temporário.

Com isso, empresas de trabalho temporário passaram a fornecer licitamente força de trabalho àqueles que a demandavam. A lei legitimou a locação da mão de obra.

Aliado a isso, começou na ciência da Administração o movimento que pregava a necessidade de a empresa focar prioritariamente em sua atividade central, nuclear, delegando tudo aquilo que não lhe dizia respeito a outras empresas, por sua vez especializadas naquelas atividades. Era a terceirização, que alardeava a redução de despesas, a racionalização de processos, a redução de custos de mão de obra, além de ganhos de especialidade, qualidade, eficiência, produtividade e competitividade para a empresa.

Ao contrário do trabalho temporário, em que o trabalhador era fornecido pessoalmente ao tomador da sua força de trabalho, na terceirização a relação se dava entre empresas. Na prática, entretanto, tal relação implicava a cessão de trabalhadores para o tomador.

A jurisprudência trabalhista do país, alinhando-se a outras experiências regulatórias no mundo, num primeiro momento entendeu ilegal a contratação de trabalhadores por empresa interposta (Enunciado n. 256,

---

(*) Auditor-Fiscal do Trabalho desde 2004, lotado na Superintendência Regional do Trabalho em Minas Gerais — SRTb/MG. Bacharel em Direito pela Universidade Federal de Minas Gerais — UFMG. Integrante da equipe de representantes do Ministério do Trabalho no eSocial desde 2016.

do TST, de 1986), e depois reviu este posicionamento, em 1993 e finalmente em 2000, com a edição da Súmula 331, do TST, a qual passou a permitir a terceirização nas atividades distintas da "atividade-fim" da empresa:

> "... à época um retrocesso em relação ao Enunciado 256 por legitimar a terceirização em certas atividades e adotar a responsabilidade subsidiária da tomadora, contraditada por significativa jurisprudência que ora reconhecia a condição de empregadora da tomadora, ora sua responsabilidade solidária e, em menor densidade, a subsidiária que a Súmula n. 331 incorporou. Mesmo assim, certas forças sociais ainda a consideram obstáculo a ser eliminado." (BIAVASCHI; DROPPA, 2011)

No entanto, o discurso inicial que justificava a ideia da terceirização, qual seja, o foco na atividade nuclear da empresa, foi prontamente substituído pelo apelo pela flexibilização irrestrita das relações de trabalho, clamando o mercado pela possibilidade de terceirizar inclusive, ou principalmente, a sua atividade-fim. Vale dizer, restou desvelado o intuito de redução de custos trabalhistas com a transferência a outrem dos encargos e responsabilidades com os contratos de trabalho.

Neste contexto, após duros embates do mercado com as representações sindicais e de proteção ao trabalhador, venceu o mercado: foi promulgada a Lei n. 13.429, de 2017, que alterou a antiga lei do trabalho temporário, passando a regular também o trabalho terceirizado.

O advento do eSocial trouxe um fator extra a essa relação. O sistema de escrituração digital das obrigações trabalhistas teve que prever e se adaptar a esse quadro, estando apto a receber as informações decorrentes da contratação de trabalho temporário e a utilização de mão de obra terceirizada, suas implicações financeiras, trabalhistas, tributárias e previdenciárias, e, até mesmo, o que se refere às questões de segurança e saúde do trabalhador e o ambiente de trabalho.

É o que vamos abordar neste estudo.

2. O Contrato de Trabalho Temporário

Para situar o contrato de trabalho temporário no eSocial, é necessário traçar — em linhas gerais — suas características, as quais serão refletidas nos eventos do sistema de escrituração. O contrato de trabalho temporário é um contrato especial, usado apenas quando obedecidas as hipóteses legais de contratação, de acordo com a indicação do motivo justificador dessa contratação. É considerado a única forma legal de locação de mão de obra no Direito do Trabalho pátrio e, portanto, está sujeito ao cumprimento estrito dos requisitos formais e materiais para que seja considerado lícito.

O primeiro e mais importante aspecto que diferencia o contrato de trabalho temporário de qualquer outro é a necessidade inafastável da presença de uma Empresa de Trabalho Temporário — ETT a intermediar a contratação. Tal empresa deve ser registrada no MTb e é responsável por colocar os trabalhadores à disposição da empresa tomadora de serviços. É considerada irregular a contratação direta de trabalhadores temporários pelo tomador, sem a intermediação da ETT.

Temos, então, uma relação que envolve três atores: 1) a empresa de trabalho temporário; 2) a tomadora de serviços; e 3) o trabalhador. As relações entre a ETT e a tomadora, entre a ETT e o trabalhador e entre a tomadora e o trabalhador terão reflexos no eSocial.

Pelo art. 2º, da Lei n. 6.019, de 1974, alterada pela Lei n. 13.429, de 2017, as hipóteses de contratação de trabalho temporário são: a) substituição transitória de pessoal permanente ou b) demanda complementar de serviços.

Além disso, há dispositivo expresso que limita a celebração de contrato pelo prazo máximo de 180 dias (três meses, na redação original da lei), conforme prescrito no art. 10, do citado instrumento legal.

Assim sendo, ambas as hipóteses são nitidamente de contrato a prazo com termo certo e determinado, não sujeito a qualquer condição resolutiva. No caso de substituição transitória de pessoal permanente, estaríamos diante da substituição de um empregado em gozo de férias, ou uma empregada afastada por licença-maternidade, ou mesmo um afastamento por auxílio-doença, por exemplo. Tais afastamentos possuem dia para começar e terminar, inclusive determinados por lei.

E, no caso da demanda complementar de serviços, a própria lei define:

"Art. 2º (...)

§ 2º Considera-se complementar a demanda de serviços que seja oriunda de fatores imprevisíveis ou, quando decorrente de fatores previsíveis, tenha natureza intermitente, periódica ou sazonal."

Ou seja, poderá haver a contratação de mão de obra temporária quando o tomador estiver diante de um "fator" (previsível ou imprevisível) que acarreta a necessidade de demanda complementar de serviços. Em qualquer hipótese, a contratação deverá ser motivada (motivo justificador), sendo a identificação explícita desse motivo um dos requisitos materiais e formais do contrato (art. 9º, II).

Aqui cabe ressaltar que o tomador não poderia legitimamente se valer de trabalhadores temporários indiscriminadamente, substituindo seu quadro de empregados por temporários. Isto porque o caráter de "demanda complementar" será verificado em contraponto ao "risco do empreendimento". Ou seja, as demandas que ensejam a contratação de mão de obra temporária são aquelas que escapam ao funcionamento normal da empresa e ao dimensionamento de seu quadro regular. Flutuações normais de demanda, que estão dentro do risco do empreendimento e que são razoavelmente absorvidas pela rotina da empresa não ensejam a caracterização de demanda complementar de serviços.

Quanto ao prazo, por óbvio, se o motivo justificador da contratação é — suponhamos — o aumento de vendas decorrente do período natalino, tal contrato não poderia se estender até maio do ano seguinte. Ao menos, não de forma lícita. Há de haver a compatibilidade entre o prazo do contrato e o motivo justificador indicado, sob pena de irregularidade na contratação, passível de verificação pela Auditoria-Fiscal do Trabalho.

É o que se depreende do texto legal:

"Art. 9º O contrato celebrado pela empresa de trabalho temporário e a tomadora de serviços será por escrito, **ficará à disposição da autoridade fiscalizadora** no estabelecimento da tomadora de serviços e conterá: (...)

II — **motivo justificador** da demanda de trabalho temporário;

III — **prazo da prestação de serviços**;" (grifos nossos)

A lei prevê a limitação do prazo de contratação e a possibilidade de prorrogação desse contrato. O contratante poderá escolher o prazo do contrato de acordo com o motivo justificador alegado (art. 9º, II). Mas terá de indicar algum (art. 9º, III).

Não paira qualquer dúvida sobre a natureza de contrato por prazo determinado dos contratos de trabalho temporário. É que seria impensável a prorrogação de um contrato por prazo indeterminado. De fato, se o contrato não possuísse data de término, a lei não falaria em sua prorrogação, porquanto incompatível:

"Art. 10. Qualquer que seja o ramo da empresa tomadora de serviços, não existe vínculo de emprego entre ela e os trabalhadores contratados pelas empresas de trabalho temporário.

§ 1º O contrato de trabalho temporário, com relação ao mesmo empregador, não poderá exceder ao prazo de cento e oitenta dias, consecutivos ou não.

§ 2º **O contrato poderá ser prorrogado por até noventa dias**, consecutivos ou não, além do prazo estabelecido no § 1º deste artigo, quando comprovada a manutenção das condições que o ensejaram." (grifamos)

A necessidade da indicação da data de início e término no contrato escrito (o que atrai a possibilidade de rescisão antecipada de contrato a termo — art. 479, da CLT), bem como seu registro no SIRETT já eram previstos inclusive em normativos do MTb desde a vigência da lei na redação original. Nos termos da IN/SIT n. 114, de 2014:

"Art. 7º O AFT deverá verificar o estrito atendimento aos seguintes requisitos:

I — formais: (...)

f) existência de contrato firmado entre a empresa de trabalho temporário e cada um dos trabalhadores, nele constando as datas de início e término do contrato, além de elencar os direitos conferidos pela lei."

3. O Trabalho Temporário no eSocial

A obrigação de informar os contratos de trabalho temporário no eSocial advém dos dispositivos da própria CLT (art. 630, §§ 3º e 4º c/c art. 41 e art. 29) bem como do art. 8º, da Lei n. 6.019, de 1974[1], que prevê a prestação de informações para o "estudo do mercado de trabalho":

---

(1) A Lei n. 6.019, de 1974 foi regulamentada pelo Decreto n. 73.841, de 1974, pela IN SRT n. 17, de 2014 e pela IN SIT n. 114, de 2014.

"Art. 8º A empresa de trabalho temporário é obrigada a fornecer ao Departamento Nacional de Mão-de-Obra, quando solicitada, os elementos de informação julgados necessários ao estudo do mercado de trabalho."[2]

Originalmente prestadas por meio do SIRETT, as informações passam agora a compor os eventos do eSocial.

Em linhas gerais, a empresa de trabalho temporário deverá informar ao eSocial, quando houver o fornecimento de mão de obra temporária: 1) sua condição de empresa de trabalho temporário; 2) os dados do trabalhador e de seu contrato de trabalho temporário; 3) o tomador da mão de obra, ou seja, onde o trabalhador foi alocado; 4) o prazo do contrato — datas de início e término; 5) a hipótese legal para a contratação do trabalho temporário; 6) o motivo justificador da contratação; 7) eventual afastamento do trabalhador; 8) a prorrogação do contrato, se houver; 9) a justificativa para essa prorrogação; 10) o término do contrato.

Além disso, deverá informar ao eSocial: 1) a remuneração devida ao trabalhador; 2) os pagamentos efetuados ao trabalhador.

Vamos analisar cada caso.

3.1. Eventos de Tabela e não Periódicos

No **evento S-1000 — Informações do Empregador/Contribuinte/Órgão Público**, a ETT deverá informar no campo {indEtt} sua condição de empresa de trabalho temporário, bem como o número de seu registro no campo {nrRegEtt}.

Deverão ser cadastrados os estabelecimentos dos tomadores no evento **S-1020 — Tabela de Lotações Tributárias**. Esta referência será utilizada quando do lançamento da remuneração dos trabalhadores no evento **S-1200 — Remuneração de trabalhador vinculado ao Regime Geral de Previdência Social**. Além disso, ela é referenciada no evento **S-1060 — Tabela de Ambientes de Trabalho** no grupo [dadosAmbiente]. Assim, ao ser descrito o ambiente de trabalho, será necessário indicar que se trata de ambiente de terceiros, com a indicação do respectivo número de inscrição.

Ao realizar a contratação do trabalhador temporário, a ETT deverá, além de firmar contrato escrito com o trabalhador e anotar sua condição de temporário nas páginas de anotações gerais da CTPS, transmitir o **evento S-2200 — Cadastramento Inicial do Vínculo e Admissão/Ingresso de Trabalhador**, prestando as seguintes informações típicas do trabalho temporário nos campos respectivos:

a) Nas informações do contrato de trabalho do grupo [infoContrato], deverá a ETT informar o código da categoria {codCateg} = [106] — Trabalhador Temporário — contrato nos termos da Lei n. 6.019, de 1974;

b) O grupo [trabTemporario] deverá ser preenchido, destacando-se:

i) Hipótese Legal {hipLeg} — Deve ser indicada uma das duas hipóteses legais de contratação previstas no art. 2º, da Lei n. 6.019, de 1974: Necessidade de substituição transitória de pessoal permanente; ou Demanda complementar de serviços.

ii) Justificativa da Contratação {justContr} — É neste campo que deverá ser descrito o **motivo justificador da contratação**, previsto no art. 9º, II, da lei, com a ressalva de que não se deve fazer menção meramente a uma das hipóteses legais (substituição de pessoal permanente ou demanda complementar de serviços), mas sim apontar o fato concreto que justifica a contratação informada no evento S-2200. Se a contratação se dá, por exemplo, para atender à produção de ovos de páscoa em uma fábrica de chocolates, no período que antecede a data comemorativa, tal fato deverá ser claramente apontado neste campo. Não há necessidade de entrar em detalhes e minúcias, mas é preciso ter precisão, objetividade e clareza tais que permitam à fiscalização identificar o fato alegado e sua compatibilidade com o prazo do contrato. No mesmo exemplo, não seria lícita a contratação

---

(2) Hoje, a competência é da Secretaria de Relações do Trabalho — SRT, do Ministério do Trabalho.

iniciada em março e que perdurasse até junho, uma vez que a páscoa não ocorre naquele mês (apesar de o contrato ter formalmente duração dentro do limite legal de 180 dias).

iii) Campo Tipo de Inclusão de Contrato {tpInclContr} — Este campo está intimamente ligado ao leiaute do SIRETT, do MTb. Ele se presta a permitir que as informações antes prestadas naquele sistema o sejam no eSocial. Assim, após a edição da Lei n. 13.429, de 2017, não há a necessidade de autorização prévia do MTb para contratações por prazo superior a três meses. Todavia, o campo deverá ser informado com os dados solicitados, até que o SIRETT sofra uma atualização refletida no eSocial.

c) O grupo [ideTomadorServ] demanda as informações acerca do **tomador** do trabalho temporário. A ETT poderá firmar um contrato diretamente com a matriz da tomadora, apesar de os trabalhadores serem alocados nas diversas unidades da empresa. Se pensarmos numa rede nacional de lojas de departamentos com várias filiais espalhadas pelo país, ela poderá contratar a ETT por meio de sua matriz. Contudo, os trabalhadores prestarão serviços nas suas lojas, suas filiais, não na matriz. Além disso, os trabalhadores, embora vinculados a uma filial, poderão exercer suas atividades em clientes da tomadora, ou mesmo em trabalho externo, em vias públicas (poderiam, por exemplo, oferecer o cartão de crédito da loja a potenciais clientes que passam na rua). No grupo [ideTomadorServ], então, deverá ser apontado o CNPJ que firmou o contrato de trabalho temporário com a ETT (no nosso exemplo, a matriz da rede de lojas de departamento). Os campos {tpInsc} e {nrInsc} trariam a indicação do CNPJ da contratante.

d) No grupo [ideEstabVinc], a ETT deverá informar o estabelecimento da contratante ao qual o trabalhador está vinculado. No exemplo citado, deveria ser apontado nos campos {tpInsc} e {nrInsc} o CNPJ da filial da tomadora que detém poder diretivo sobre o trabalhador (ainda que exerça serviço externo em um cliente da tomadora ou mesmo em via pública).

e) Completando os dados do local de trabalho, temos o grupo [localTrabDom], que deve ser preenchido com os endereço do local de efetiva prestação de serviços do trabalhador. Poderá, a depender da situação, ser preenchido com o endereço do estabelecimento do tomador, o endereço do cliente do tomador (caso o serviço seja prestado diretamente no cliente), ou ainda, no caso de serviço externo, a identificação da via pública em que o trabalhador prestará os serviços (distribuindo folhetos, oferecendo cartão de crédito, ou outra atividade do gênero). Caso o trabalhador em serviço externo cumpra rota, ou quando não houver como determinar um local único de prestação de serviços, deverá ser indicado o endereço do estabelecimento ao qual o trabalhador está vinculado (no exemplo, o endereço da loja). O grupo prevê o preenchimento do endereço completo, com logradouro, número, bairro, CEP, município e UF.

f) Os casos de substituição de pessoal permanente costumam gerar menos dúvidas ou problemas com a fiscalização do trabalho, uma vez que usualmente estamos diante de um trabalhador afastado em virtude de férias, licença-maternidade ou auxílio-doença, que será temporariamente substituído em sua ausência. Tais fatos são, em regra, de fácil comprovação. Para esta hipótese, o eSocial exige o preenchimento do campo {cpfTrabSubst}, com o CPF do empregado substituído. Se mais de um trabalhador for substituído em sequência (p.ex.: dois empregados do mesmo setor saem de férias, um após o retorno do outro, ambos substituídos pelo mesmo trabalhador temporário), deverão ser informados os CPF dos empregados substituídos (o grupo permite a inclusão de até nove empregados).

g) Além dos itens típicos do trabalho temporário, devem também ser prestadas no S-2200 as demais informações do contrato, com especial atenção ao grupo [duracao] que exige do usuário a indicação da data do término do contrato {dtTerm}, quando este for por prazo determinado {tpContr} = 2, que é o caso do trabalho temporário. Tal informação é imprescindível para que o órgão fiscalizador possa, em seus cruzamentos de malha fiscal, verificar a obediência aos comandos legais que disciplinam o prazo de contratação e a coerência com a hipótese legal e motivo justificador alegados. De se ressaltar que o prazo do contrato deve ser determinado no tempo (possuir data de início e data de término) e não ser sujeito a condição resolutiva[3], ou seja, seu término não pode ser condicionado à ocorrência de um fato futuro e incerto (p.ex.: o término ocorrerá quando a loja conseguir vender 1.000 itens; quando o

---

(3) De acordo com o art. 127, do Código Civil: "Art. 127 Se for resolutiva a condição, enquanto esta se não realizar, vigorará o negócio jurídico, podendo exercer-se desde a conclusão deste o direito por ele estabelecido".

aumento da produção chegar a 12,5%; quando a meta de controle de qualidade for alcançada; etc.). Quando a lei estipula que o contrato deve ser de até 180 dias, não quer dizer que pode ser interrompido a qualquer momento naquele prazo, mas que deve ter uma duração fixa, entre 1 e 180 dias. Qualquer alteração nesse prazo é possível, mas deverá observar regras próprias, em especial quanto ao término antecipado, como veremos adiante.

h) O campo Cláusula assecuratória do direito recíproco de rescisão antes da data de seu término {clauAssec} deve ser sempre preenchido com N, já que não é aplicável ao trabalho temporário.

Já no evento **S-2206 — Alteração de Contrato de Trabalho**, a ETT deverá indicar as circunstâncias que alteram o contrato original. Não se trata, neste caso, de retificação dos dados lançados no S-2200 (por erro na prestação da informação), mas de uma mudança posterior ao seu início. Os dados do contrato eram e permanecem válidos até o momento da sua alteração.

a) O evento traz a possibilidade de alteração das condições contratadas, permitindo, por exemplo, a inserção de reajuste salarial da categoria, mudança do local de trabalho, alteração da jornada. Note-se que nem todas as informações prestadas no S-2200 podem ser alteradas. Não é possível, por exemplo, alterar a hipótese legal de contratação, ou o motivo justificador ao longo do contrato. Se tais informações foram prestadas de maneira incorreta, o S-2200 deverá ser retificado.

b) Também não é possível alterar o tomador (empresa contratante) ou o estabelecimento ao qual o trabalhador está vinculado. No primeiro caso, estaríamos diante de um novo contrato, pela alteração do motivo justificador da contratação. No segundo, caso o trabalhador passe a prestar serviço a outro estabelecimento, o que haverá é a alteração do {localTrabDom} no evento S-2206, com a respectiva informação da remuneração no evento S-1200 identificando o código de lotação {codLotacao} no grupo [ideEstabLot], conforme explicado adiante.

c) Caso o contrato sofra alteração na sua data de término, tal informação deverá constar do campo {dtTerm}, do grupo [duracao]. Neste caso, cabe à ETT observar se a mudança se trata de prorrogação de contrato prevista no art. 10, § 2º, da Lei n. 6.019, de 1974, vale dizer, a que é permitida "quando comprovada a manutenção das condições que o ensejaram".

d) O campo {justProrr}, por sua vez, exigirá a demonstração da justificativa para o caso de prorrogação. Neste caso, as condições que justificaram a contratação descritas no "motivo justificador" do contrato permanecem válidas mesmo após o decurso do prazo contratual e compete à ETT demonstrar que isto, de fato, ocorreu. Não basta alegar que houve a manutenção das condições. A lei exige que isto seja comprovado.

Se houver o afastamento do trabalhador, por doença ou licença-maternidade, por exemplo, o evento correspondente é o **S-2230 — Afastamento Temporário**. Aqui, não há especificidade em relação ao trabalhador temporário. Devem ser informados data e motivo do afastamento, de acordo com as validações do evento.

Quando do desligamento, seja pelo término do contrato, ou por sua antecipação, deverá ser enviado o evento **S-2299 — Desligamento**. Quando o motivo de desligamento for 06 — Rescisão por término do contrato a termo, a data do desligamento coincidirá com a data de término {dtTerm} indicada no evento de admissão S-2200. Se a data de desligamento for anterior à data de término prevista, estaremos diante de uma rescisão pelo motivo 03 — Rescisão antecipada do contrato a termo por iniciativa do empregador, a qual acarreta o pagamento das verbas rescisórias decorrentes da antecipação do término do contrato.

Não há validação no eSocial quanto ao término antecipado do contrato. Esta é uma questão de Direito material. Assim, se a ETT lançar um contrato com data de término em 30/06 (S-2200), e um desligamento com data de 15/06 com motivo 06 — Rescisão por término do contrato a termo (S-2299), não haverá crítica no sistema. Todavia, é um evento que facilmente poderia ser capturado em malhas fiscais, sujeitando a ETT às penalidades legais (inclusive pelo não pagamento da integralidade das verbas rescisórias do trabalhador temporário).

3.2. Eventos Periódicos

Os eventos periódicos a serem informados pela ETT são a remuneração do trabalhador e seu efetivo pagamento.

No evento **S-1200 — Remuneração de trabalhador vinculado ao Regime Geral de Previdência Social**, a ETT informará todas as rubricas de pagamento ao trabalhador temporário (que deverão ser previamente incluídas por meio do evento **S-1010 — Tabela de Rubricas**), incluindo salário, horas extras, adicional noturno, gratificações, etc. A ETT observará a **Tabela 03 — Natureza das Rubricas da Folha de Pagamento** ao cadastrar suas rubricas.

No evento de remuneração, a **identificação do tomador da mão de obra** se dá no grupo [ideEstabLot]. Para isso, será indicado o estabelecimento da ETT que efetuará o pagamento ao trabalhador (campos {tpInsc} e {nrInsc}) e o código de lotação tributária do tomador da mão de obra {codLotacao}, que fora previamente cadastrado no evento S-1020.

Para cada trabalhador deverá ser transmitido um único evento S-1200 por período de apuração, nele constando os valores de remuneração. Caso o trabalhador preste serviço para mais de um tomador (diferentes empresas contratantes) ou mais de um estabelecimento da mesma contratante na mesma competência, a ETT lançará um Demonstrativo de Valores [dmDev] para cada lotação, preenchendo o grupo [ideEstabLot] respectivamente.

O evento **S-1210 — Pagamentos de Rendimentos do Trabalho** indica o efetivo pagamento ao trabalhador. Será informado apenas um evento por trabalhador, por período de apuração. Neste evento, será indicado se houve o pagamento integral das verbas descritas no S-1200. Se parcial, a ETT deverá discriminar o que foi pago, indicando as rubricas e valores correspondentes.

4. O Trabalho Terceirizado

A terceirização, como visto, passou a ser regida pela Lei n. 13.429, de 2017, que alterou a Lei n. 6.019, de 1974. Além do trabalho temporário, a lei passou a regular também o trabalho terceirizado. Foi criado o marco legal por que tanto clamava a representação empresarial.

A principal característica da terceirização é a relação entre **empresas**. Uma tomadora contrata os serviços de uma prestadora:

> "Art. 4º-A. Considera-se prestação de serviços a terceiros a transferência feita pela contratante da execução de quaisquer de suas atividades, inclusive sua atividade principal, à **pessoa jurídica de direito privado prestadora de serviços** que possua capacidade econômica compatível com a sua execução.
>
> § 1º A **empresa prestadora de serviços contrata, remunera e dirige** o trabalho realizado por seus trabalhadores, ou subcontrata outras empresas para realização desses serviços.
>
> § 2º Não se configura vínculo empregatício entre os trabalhadores, ou sócios das empresas prestadoras de serviços, qualquer que seja o seu ramo, e a empresa contratante." (grifamos)

A prestadora executa os serviços diretamente ou por meio de subcontratação de outras. Os seus trabalhadores poderão prestar os serviços nas dependências da contratante. O contrato entre as empresas não é objeto do eSocial, contudo, as relações trabalhistas dele decorrente, sim.

O trabalho terceirizado traz consequências para ambos, contratante e contratado, com a responsabilidade sobre o vínculo trabalhista decorrente. Com a reforma trazida pela Lei n. 13.429, de 2017, passou-se a admitir a terceirização em qualquer atividade da contratante, inclusive em sua "atividade principal". Ocorre que, aliada a essa suposta liberalidade estão atrelados diversos critérios que deverão ser observados para se determinar a licitude, ou não, da terceirização.

O primeiro ponto é que o que é terceirizado é a *prestação de um serviço* e não o *fornecimento de mão de obra*. O trabalho temporário permanece como a única forma válida de intermediação de mão de obra no Direito brasileiro, em consonância com o valor social do trabalho (art. 1º, IV, da Constituição Federal). Desta forma, em se verificando que a empresa prestadora simplesmente fornece seus trabalhadores, sem uma efetiva prestação de serviço, estaremos diante de fraude trabalhista e a contratação será entendida como nula de pleno direito (art. 9º, da CLT), o que acarretará o vínculo direto dos trabalhadores com a tomadora. A lei também procurou mitigar a migração de trabalhadores próprios para empresas terceirizadas, na forma da chamada "pejotização", condicionando a contratação de empresa em que figure como sócio um ex-empregado a uma espécie de "carência" de 18 meses.

Isso é corroborado pelos artigos 4º-A, 5º-A e 5º-B, da CLT, que exigem que o contrato preveja claramente o serviço contratado e impede o desvio do trabalhador para outras atividades:

Art. 4º-A. Considera-se prestação de serviços a terceiros a **transferência feita pela contratante da execução de quaisquer de suas atividades**, inclusive sua atividade principal, à pessoa jurídica de direito privado prestadora de serviços que possua capacidade econômica compatível com a sua execução.

Art. 5º-A. (...)

§ 1º É vedada à contratante a utilização dos trabalhadores em **atividades distintas daquelas que foram objeto do contrato** com a empresa prestadora de serviços.

§ 2º Os serviços contratados poderão ser executados nas instalações físicas da empresa contratante ou em outro local, de comum acordo entre as partes.

Art. 5º-B. O contrato de prestação de serviços conterá: (...)

II — **especificação do serviço a ser prestado**; (grifamos)

De forma a tentar garantir que não haja mera intermediação de mão de obra, bem como a garantia da quitação dos direitos trabalhistas, advém a exigência de capacidade econômica da prestadora (art. 4º-A, *caput*), inclusive com capital social compatível com o número de empregados (art. 4º-B, III).

É a prestadora quem contrata, remunera e dirige o trabalho realizado pelos seus empregados, sendo vedada a interferência da contratante em sua arregimentação, recrutamento ou seleção. Cabe à prestadora a realização direta do pagamento dos empregados, a direção dos trabalhos realizados por seus empregados, entendida como o preparo, organização, comando e execução de toda a cadeia de trabalho necessária ao cumprimento do objeto contratual, bem como o exercício do poder disciplinar.

A lei estabeleceu critérios facultativos de equiparação de determinadas condições de trabalho e salário entre empregados próprios da tomadora e terceirizada. Todavia, coube à lei estabelecer que:

Art. 5º-A. (...)

§ 3º **É responsabilidade da contratante garantir as condições de segurança, higiene e salubridade dos trabalhadores**, quando o trabalho for realizado em suas dependências ou local previamente convencionado em contrato (grifamos)

Vale dizer, a tomadora poderá também ser responsabilizada caso a prestadora deixe de cumprir as normas de segurança e saúde no trabalho, já que cabe a ela **garantir** tal cumprimento.

Percebe-se, portanto, que, ao contrário do que pode parecer em uma análise superficial, não houve uma liberação geral e irrestrita ao uso de mão de obra terceirizada. Pelo contrário, as regras impostas pela legislação trazidas com a "reforma trabalhista" podem ser entendidas até como mais rígidas que o entendimento tradicional do TST espelhado pela Súmula n. 331.

5. O Trabalho Terceirizado no eSocial

No eSocial, não serão informadas as relações entre empresas. Neste caso, haverá prestação de informações à EFD-Reinf, quando houver: retenções na fonte (IR, CSLL, COFINS, PIS/PASEP) incidentes sobre os pagamentos diversos efetuados a pessoas físicas e jurídicas; contribuições previdenciárias das empresas que se sujeitam à CPRB (Lei n. 12.546, de 2011); comercialização da produção substituída pelas agroindústrias e demais produtores rurais pessoa jurídica; serviços tomados/prestados mediante cessão de mão de obra ou empreitada; recursos recebidos ou repassados para associação desportiva que mantenha equipe de futebol profissional; receitas de espetáculos desportivos (federações e confederações).

Contudo, deverão ser informados no eSocial os pagamentos feitos pela prestadora de serviço aos seus trabalhadores, com as informações concernentes ao tomador da mão de obra.

5.1. Eventos de Tabela e não Periódicos

A empresa prestadora de serviços deve iniciar suas informações por meio do envio do evento **S-1000 — Informações do Empregador/Contribuinte/Órgão Público**. Entretanto, ao contrário das Empresas de Trabalho Temporário, não há nenhum indicativo específico, salvo no caso de cooperativas de trabalho, que devem apontar sua condição no campo Indicativo de Cooperativa {indCoop}.

Quando a prestação de serviço se der no estabelecimento do contratante, ele deverá ser cadastrado no evento **S-1020 — Tabela de Lotações Tributárias**:

1) Esta referência será utilizada quando do lançamento da remuneração aos trabalhadores no evento **S-1200 — Remuneração de trabalhador vinculado ao Regime Geral de Previdência Social**. Serão utilizados os códigos 03 a 07 a depender do tipo de tomador (o item 04 — Pessoa Jurídica Tomadora de Serviços prestados mediante cessão de mão de obra, exceto contratante de cooperativa, nos termos da Lei n. 8.212, de 1991 será o mais comum), indicando o CNPJ (ou CPF) do contratante.

2) Caso haja a subcontratação do serviço, nos termos do art. 4º-A, § 1º, da Lei n. 6.019, de 1974, caberá à subcontratada a indicação da sua contratante imediata no evento **S-1020**.

As admissões deverão ser informadas normalmente no **evento S-2200 — Cadastramento Inicial do Vínculo e Admissão/Ingresso de Trabalhador**, com os dados dos trabalhadores. É exigida a indicação do local de trabalho no grupo [localTrabGeral]. Mesmo no caso de a prestação de serviços se dar em instalações de terceiros (estabelecimento, frente de trabalho, etc.) ou externo (cumprindo rota ou em via pública), *não deverá ser informado o estabelecimento do contratante*. Neste grupo, na verdade, será informado apenas o estabelecimento do *próprio empregador* ao qual o trabalhador está vinculado, já previamente cadastrado no **evento S-1005 — Tabela de Estabelecimentos, Obras ou Unidades de Órgãos Públicos.**

A indicação do efetivo local de trabalho — dado seu caráter dinâmico — ocorrerá apenas no evento de remuneração **S-1200**, como explicitado a seguir. Não há informação de mudança de tomador ou local de trabalho — quando este for fora do estabelecimento do empregador — por meio de evento de alteração contratual (**S-2206**).

É, também, de responsabilidade do empregador prestar todas as informações acerca de afastamentos temporários, inclusive férias (**S-2230**), alterações contratuais (**S-2206**), alterações cadastrais (**S-2205**) e desligamento do trabalhador (**S-2250 — Aviso Prévio** e **S-2299 — Desligamento**), bem como eventual reintegração (**S-2298 — Reintegração**). Vale dizer, é a empresa terceirizada quem tem a obrigação, como responsável pelo vínculo, pela prestação das informações ao eSocial.

Ressalva feita às questões de segurança e saúde no trabalho. Embora a prestadora de serviço seja quem efetivamente presta as informações ao eSocial, a tomadora é responsável por "garantir as condições de segurança, higiene e salubridade dos trabalhadores" (art. 5º-A, § 3º, da Lei n. 6.019, de 1974). Se houver uma falha por parte da contratada, a contratante poderá ser responsabilizada, caso haja prejuízo aos trabalhadores, inclusive sendo passível de autuação pela Auditoria-Fiscal do Trabalho.

Desta forma, é fundamental que a tomadora se precavenha de todas as formas de maneira a verificar, na prática, se os trabalhadores nela alocados gozam de todos direitos e estão amparados pelo efetivo controle das condições de segurança e saúde por parte da terceirizada. Do contrário, estará sujeita à responsabilização por *culpa in eligendo* ou *culpa in vigilando*.

5.2. Eventos Periódicos

Cabe ao empregador prestar as informações de remuneração do trabalhador e seu efetivo pagamento. Inexiste a figura do pagamento direto ao terceirizado pela contratante. Caso ocorresse, estaríamos diante de fraude (art. 4º-A, § 1º, da Lei n. 6.019, de 1974: "A empresa prestadora de serviços contrata, *remunera* e dirige o trabalho realizado por seus trabalhadores, ou subcontrata outras empresas para realização desses serviços"). De se ressaltar que o eSocial não faria tal crítica. Ele aceitaria os eventos de remuneração para os terceiros, mas estaria aberta a franca possibilidade de malha fiscal.

Cabe à terceirizada informar, no evento **S-1200 — Remuneração de trabalhador vinculado ao Regime Geral de Previdência Social**, a remuneração dos trabalhadores por meio das rubricas previamente cadastradas no evento **S-1010 — Tabela de Rubricas**.

É também no evento de remuneração que é feita a **identificação do tomador da mão de obra** no grupo [ideEstabLot], de forma semelhante ao trabalho temporário. Nesse grupo, será indicado o estabelecimento da terceirizada que efetuará o pagamento ao trabalhador (campos {tpInsc} e {nrInsc}) e o código de lotação tributária do tomador da mão de obra {codLotacao}, que fora previamente cadastrado no evento **S-1020**.

Como a lei permite que o serviço seja prestado diretamente pela terceirizada ou por meio de outra empresa contratada por ela (o que se chama de "quarteirização"[4]), há que se esclarecer como tal situação será informada no eSocial. Suponhamos que estivéssemos diante do seguinte quadro:

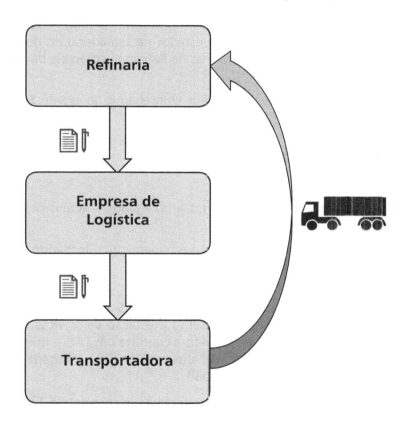

Figura 1 — Fluxo de terceirização

A refinaria contrata uma empresa de logística para gerenciar o transporte dos derivados de petróleo, que, por sua vez, contrata uma transportadora (a qual efetivamente possui caminhões e motoristas) para realizar a tarefa. Note-se que a Transportadora não possui qualquer contrato com a Refinaria, embora seus empregados prestem serviços lá (é provável que haverá diversas formas de controle de entrada e saída de motoristas e caminhões na Refinaria, mas não há contrato direto entre ela e a Transportadora).

---

(4) É claro que, se houver subordinação direta entre os empregados de qualquer das prestadoras e suas contratantes, ou se ocorrer na prática mero fornecimento de mão de obra, estaríamos diante de fraude, afastável pelos órgãos de fiscalização ou pelo Judiciário pela aplicação do art. 9º, da CLT ("Serão nulos de pleno direito os atos praticados com o objetivo de desvirtuar, impedir ou fraudar a aplicação dos preceitos contidos na presente Consolidação").

No eSocial, tal situação deverá ser lançada da seguinte forma:

a) Quarteirizada (Transportadora)

i) Cadastrará a Empresa de Logística no evento **S-1020 — Tabela de Lotações Tributárias**, informando-a como tomadora dos seus serviços.

ii) Cadastrará a Refinaria como ambiente de trabalho dos seus empregados no evento **S-1060 — Tabela de Ambientes de Trabalho**, uma vez que os serviços são prestados lá, e não na sua contratante direta (a Empresa de Logística).

iii) Informará os vínculos dos motoristas no evento **S-2200**, além de todos os eventos não periódicos.

iv) Prestará as informações de remuneração e pagamento dos trabalhadores nos eventos **S-1200** e **S-1210**, indicando no S-1200 o [ideEstabLot] conforme S-1020 e fechará sua folha (**S-1299**).

b) Terceirizada (Empresa de Logística)

i) Cadastrará a Refinaria no evento **S-1020 — Tabela de Lotações Tributárias**, informando-a como tomadora dos seus serviços.

ii) Cadastrará seus próprios ambientes de trabalho no evento **S-1060 — Tabela de Ambientes de Trabalho**, uma vez que os serviços não são prestados na tomadora, no nosso exemplo. Se houver trabalhadores da terceirizada que realizam tarefas na Refinaria, então ela deverá ser informada como ambiente de trabalho na Tabela **S-1060**.

iii) Informará apenas os vínculos dos seus próprios empregados no evento **S-2200**, além de informar todos os eventos não periódicos.

iv) Prestará as informações de remuneração e pagamento dos seus trabalhadores nos eventos **S-1200** e **S-1210**, e fechará sua folha (**S-1299**).

c) Tomadora (Refinaria)

i) Prestará informações acerca dos seus próprios empregados — admissões e demais eventos não periódicos.

ii) Informará os eventos periódicos (remuneração e pagamentos) fechando a folha apenas dos seus empregados próprios.

Caso haja mais empresas contratadas na linha de prestação de serviços ("quinteirização"), a lógica da informação no eSocial permanece: o prestador informa no evento **S-1020** o seu respectivo contratante na Tabela de Lotações Tributárias e cadastra o local de efetiva prestação de serviços no evento **S-1060** como Ambiente de Trabalho. No nosso exemplo, a Transportadora contrata um TAC — que, por sua vez, possui um empregado. O TAC informará a Transportadora na sua Tabela de Lotações Tributárias — **S-1020**, e cadastrará a Refinaria como Ambiente de Trabalho no evento **S-1060**.

Para cada trabalhador terceirizado deverá ser transmitido um único evento **S-1200** por período de apuração, nele constando os valores de remuneração. Caso o trabalhador preste serviço para mais de um tomador (diferentes empresas contratantes) ou mais de um estabelecimento da mesma contratante na mesma competência, a empresa terceirizada lançará um demonstrativo de valores [dmDev] para cada lotação, preenchendo o respectivo grupo [ideEstabLot].

O evento **S-1210 — Pagamentos de Rendimentos do Trabalho** indica o efetivo pagamento ao trabalhador. Será informado apenas um evento por trabalhador por período de apuração. Neste evento, será indicado se houve o pagamento integral das verbas descritas no S-1200. Se parcial, a prestadora terceirizada deverá discriminar o que foi pago.

6. Considerações Finais

O eSocial foi pensado para substituir diversas obrigações acessórias dos empregadores, dentre elas as relativas à contratação de trabalho temporário até então prestadas no SIRETT. Além disso, vai trazer mais transparência nas relações trabalhistas, reduzir tempo e custos das empresas com a gestão das obrigações trabalhistas, previdenciárias e tributárias, além de permitir aos órgãos fiscalizadores aprimorarem seus mecanismos de inspeção. Ou seja, todos os atores ganham.

Contudo, o eSocial não faz validações acerca de questões de Direito material. Não é um sistema voltado para a fiscalização. Desta forma, cabe às empresas adequarem seus processos internos e reverem questões trabalhistas que poderiam formar um passivo trabalhista.

Em especial, as mudanças trazidas pela reforma trabalhista e temas tradicionalmente polêmicos, como a terceirização demandam o preparo das empresas. Os eventos, como se sabe, são assinados digitalmente com certificação digital e têm caráter declaratório. Obrigam, pois, o declarante.

Muito embora o eSocial tenha como princípio e ideologia a simplificação das obrigações trabalhistas, previdenciárias e fiscais, ele traz muitos elementos que permitem uma eficiente malha fiscal trabalhista. Desta forma, as empresas devem se precaver e se antecipar, revendo suas rotinas (às vezes de décadas), para se ajustar a uma legislação que, por vezes, foi relegada ao segundo plano, pela baixa sensação de risco: quer pela fiscalização do trabalho desaparelhada, quer pela possibilidade de acordos benéficos aos empregadores no Judiciário Trabalhista.

Depois do eSocial, tudo muda.

7. Referências Bibliográficas

ASSERTTEM. 40 anos da Asserttem, 2016. Disponível em: <http://www.asserttem.org.br/painel/arquivos/1640Livro_%20Asserttem_40_anos.pdf>. Acesso em: 8 maio 2018.

BIAVASCHI, Magda Barros; DROPPA, Alisson. A história da Súmula n. 331 do tribunal superior do trabalho: a alteração na forma de compreender a terceirização, 2011. Disponível em: <http://www.femargs.com.br/uploads/artigos/a-historia-da-sumula-331/a-historia-da-sumula-331.pdf>. Acesso em: 3 maio 2018.

BRASIL. Manual de Orientação do eSocial, versão 2.4.02. Disponível em: <https://portal.esocial.gov.br/institucional/documentacao-tecnica>. Acesso em: 28 maio 2018.

TRIBUNAL REGIONAL DO TRABALHO 3ª REGIÃO. JT julga caso de prática ilícita de marchandage, 2014. Disponível em: <https://trt-3.jusbrasil.com.br/noticias/112509813/jt-julga-caso-de-pratica-ilicita-de-marchandage>. Acesso em: 8 maio 2018.

Remuneração de Trabalhadores e Incidências da Folha de Pagamento no eSocial

Daniel Belmiro Fontes[*]

1. Introdução

O que estava na gaveta passa à mão da fiscalização, o que estava em papel vira digital, o que estava guardado passa a ser entregue. É esse o novo movimento que passa a acontecer com as obrigações fiscais decorrentes das relações de trabalho, e que não será diferente com a folha de pagamento.

A partir do eSocial a sistemática de comunicação entre contribuinte-fisco inverte-se radicalmente. O eSocial passa a ter uma lupa fiscalizadora e transparente sobre os fatos jurídicos e econômicos do mundo de trabalho, e não mais arrecadadora e estatística como as declarações atuais que serão substituídas. O detalhamento das verbas que não vinha sendo informado e ficava apenas no âmbito interno das empresas passa a ser enviado diretamente ao ambiente nacional do eSocial para consumo dos órgãos de fiscalização.

O que era passivo vira ativo, o contribuinte que mantinha sua documentação fiscal em seu ambiente, aguardando a chegada de uma eventual fiscalização, agora passa a ter uma postura ativa, de reportar todos os fatos ocorridos na gestão de seus trabalhadores dentro dos prazos estipulados, mais ajustados, próximos da ocorrência dos fatos, de forma consistente entre si, diretamente para as bases de dados do MTb, da RFB, do INSS e da Caixa, além dos estudos para as políticas de previdência social e estatísticas, como o FAP e o NTEP.

Como em um passe de mágica, iniciam-se questionamentos assombrosos sobre as regras aplicáveis a este importante livro fiscal, parecendo que uma nova legislação tivesse exurgido e então passa a ser necessário conhecê-la e a internalizá-la nos empregadores.

Mas vejamos, recordemo-nos, o eSocial não modificou nenhuma lei para sua criação, também não mexeu em nenhuma regulamentação já existente. Então, após essa percepção inicial, deve-se reconhecer que a legislação que trata de folha de pagamento tem mais de 20 anos em vigor sem alterações, e que o MOS apenas detalha os procedimentos já regulamentados.

Portanto, este artigo tem o objetivo de trazer os esclarecimentos necessários aos estudantes e profissionais que estão atuando ou que desejam atuar nos procedimentos exigidos para cumprimento das obrigações fiscais decorrentes das relações do trabalho de acordo com as regras definidas no eSocial, mas precisamente na parte relacionada à remuneração dos trabalhadores.

Este artigo denominado "Remuneração de trabalhadores e incidências da folha de pagamento no eSocial" traz informações detalhadas dos eventos periódicos, em especial o detalhamento dos eventos do eSocial

---

[*] Formado em Relações Econômicas Internacionais, especialista em Direito Tributário e Professor de Pós-Graduação em Direito Previdenciário, Auditor-Fiscal da Receita Federal do Brasil, Auditor-Fiscal da Previdência Social de 2004 a 2007, Conselheiro do Conselho Nacional de Previdência de 2013 a 2017, Coordenador de Sistema da Atividade Fiscal de 2009 a 2014, Coordenador-Geral de Gestão de Cadastros de 2014 a 2017, gerente do projeto eSocial de 2009 a 2014 e primeiro representante da RFB no Comitê-Gestor até 2014.

de Remuneração S-1200 e 1-202 e Pagamento S-1210, regidos por regimes diferentes, competência e caixa, e fundamentais para a apuração dos tributos e encargos sociais incidentes sobre os rendimentos do trabalho.

Após o encerramento do envio dos eventos periódicos, acrescidos das retenções sobre a comercialização da produção rural das pessoas físicas e os diferenciais de alíquotas de incidência para pessoas jurídicas substituídas pela receita bruta, nos casos em que houver, aplica-se o fechamento total do período de apuração, ou parcial caso haja alguma contingência, e a habilitação da DCTFWeb, permitindo a finalização do procedimento de apuração mensal dos tributos com a confissão de dívida e o recolhimento com a emissão do DARF.

O fechamento da folha de pagamento (evento S-1299 — Fechamento dos eventos periódicos) atestando o envio das remunerações de todos os trabalhadores ativos no RET passa a ser condição *sine qua non* para quitação dos tributos decorrentes da folha de pagamento sem inconformidades, ou seja, utilizando uma linguagem mais popular, não fechou a folha, não recolhe a totalidade dos tributos apurados e devidos sobre ela.

Posicionando este artigo no tempo, nos encontramos no início do segundo semestre de 2018, começando o período de faseamento do grupo dois e terminando o faseamento do primeiro grupo, o que nos permitiu aprender com as tentativas, acertos e erros nos grandes empregadores. Verificou-se usualmente que as tabelas enviadas na fase inicial tiveram que ser corrigidas quando começou a terceira fase, a dos eventos periódicos. Isso porque as tabelas foram enviadas sem o exercício de consistência que o eSocial exige, principalmente a tabela de rubricas.

O eSocial exige precisão das classificações feitas pelo empregador, não seria diferente com os códigos de incidência, sob pena de se desconsiderar a informação prestada ou de não a entender. Precisão essa que passa a uma distância quilométrica da realidade aplicada nas empresas nos dias que antecedem o eSocial. E percebe-se com clareza que boa parte das equipes de departamento pessoal das empresas e escritórios de contabilidade que integram o segundo grupo de obrigados se jogam ladeira abaixo pelo mesmo caminho, migrando para o eSocial do jeito que dá, sem planejamento, sem saneamento de tabelas e processos.

2. Remuneração e Rendimentos

Atualmente, as informações de remuneração de acordo com cada finalidade são prestadas em diferentes declarações, geridas por órgãos distintos e com padrões diferentes que não se comunicam.

A partir do eSocial, as diversas composições de remuneração existentes no direito tributário, previdenciário e trabalhista e que atualmente são declaradas em obrigações fiscais diferentes, como a GFIP, a RAIS e a DIRF, passam a compor uma única escrituração, a folha de pagamento entregue ao eSocial, representada pela conjunção dos eventos S-1200 Remuneração de trabalhador vinculado ao Regime Geral de Previdência Social (RGPS), S-1202 — Remuneração de trabalhador vinculado a Regime Próprio de Previdência Social (RPPS) e S-1210 — Pagamento de Rendimentos do Trabalho, referentes a um mesmo mês de apuração.

Na legislação do trabalho, previdenciária e do imposto de renda, encontramos conceitos diferentes de remuneração para cada finalidade.

2.1. Remuneração — Conceito Trabalhista

A CLT apresenta o conceito de remuneração como o conjunto de verbas salariais devidas ao trabalhador:

"Art. 457. Compreendem-se na remuneração do empregado, para todos os efeitos legais, além do salário devido e pago diretamente pelo empregador, como contraprestação do serviço, as gorjetas que receber."

Admite a existência de verbas salariais em forma de utilidades, como prevê o art. 458 da CLT:

"Art. 458. Além do pagamento em dinheiro, compreende-se no salário, para todos os efeitos legais, a alimentação, habitação, vestuário ou outras prestações *in natura* que a empresa, por força do contrato ou do costume, fornecer habitualmente ao empregado."

Com objetivo de orientar a aplicação deste dispositivo junto aos empregadores, demonstrando parâmetros de razoabilidade para sua utilização e não desvirtuar sua oferta, o § 1º assim dispõe:

"§ 1º Os valores atribuídos às prestações *in natura* deverão ser justos e razoáveis, não podendo exceder, em cada caso, os dos percentuais das parcelas componentes do salário-mínimo (...)"

Cita mais especificamente as parcelas referentes à moradia e à alimentação que não podem exceder à 25% e 20% do salário contratual, respectivamente, de modo a evitar o desvio de finalidade no pagamento destas parcelas.

As leis trabalhistas identificam em diversos trechos a composição remuneratória do empregado, devendo compor esse conceito os períodos de descanso e adicionais devidos ao trabalhador, como as horas extras, o descanso semanal remunerado, o adicional de férias, exceto o abono pecuniário, o adicional noturno, os adicionais por atividades exercidas em condições especiais, entre outros.

2.1.1. Parcelas não Integrantes da Remuneração

O referido diploma também estabelece multas de natureza indenizatória que não integram a remuneração, na maioria delas em situações que o empregador descumpriu algum direito contratual ou legal do empregado, como direito a intervalo intrajornada, ausência do gozo das férias no período estabelecido, não quitação das verbas rescisórias no prazo legal. Estas multas que arca o empregador não integram a remuneração, já que servem para compensar o trabalhador pela perda de um direito ou da expectativa de um direito, essa última podendo ser exemplificada pela multa por demissão sem justa causa de 40% sobre o saldo do FGTS e pelas férias indenizadas.

Também não integram a remuneração algumas utilidades recebidas para o exercício da modalidade de teletrabalho, introduzida formalmente pela reforma trabalhista de 2017.

O art. 457 da CLT, § 2º, também nos apresenta verbas de natureza social que não integram a remuneração dos empregados, inclusive para fins de incidência de encargos trabalhistas e previdenciários, tendo sua redação alterada na última reforma:

"§ 2º As importâncias, ainda que habituais, pagas a título de ajuda de custo, auxílio-alimentação, vedado seu pagamento em dinheiro, diárias para viagem, prêmios e abonos não integram a remuneração do empregado, não se incorporam ao contrato de trabalho e não constituem base de incidência de qualquer encargo trabalhista e previdenciário."

O § 2º do art. 458 descreve detalhadamente as parcelas de utilidades concedidas pelo empregador que não serão consideradas como salário, como vestuários e equipamentos para prestação de serviço no local de trabalho, educação, transporte para o trabalho, assistência médica, hospitalar e odontológica, seguro de vida e de acidentes pessoais, previdência privada e vale-cultura.

Mais adiante, no § 5º do mesmo artigo, detalha-se um pouco mais as parcelas de assistência médica, cuidando inclusive de seus efeitos na repercussão previdenciária:

"§ 5º O valor relativo à assistência prestada por serviço médico ou odontológico, próprio ou não, inclusive o reembolso de despesas com medicamentos, óculos, aparelhos ortopédicos, próteses, órteses, despesas médico-hospitalares e outras similares, mesmo quando concedido em diferentes modalidades de planos e coberturas, não integram o salário do empregado para qualquer efeito nem o salário de contribuição, para efeitos do previsto na alínea q do § 9º do art. 28 da Lei n. 8.212, de 24 de julho de 1991."

2.2. Conceito Previdenciário e para o FGTS

O conceito previdenciário voltado à incidência das contribuições previdenciárias e também do FGTS traz um outro conceito, um pouco mais abrangente, que se encontra no inc. I do art. 28 da Lei n. 8.212, de 1991:

"I — para o empregado e trabalhador avulso: a remuneração auferida em uma ou mais empresas, assim entendida a totalidade dos rendimentos pagos, devidos ou creditados a qualquer título, durante o mês, destinados a retribuir o trabalho, qualquer que seja a sua forma, inclusive as gorjetas, os ganhos habituais sob a forma de utilidades e os adiantamentos decorrentes de reajuste salarial, quer pelos serviços efetivamente prestados, quer pelo tempo à disposição do empregador ou tomador de serviços nos termos da lei ou do contrato ou, ainda, de convenção ou acordo coletivo de trabalho ou sentença normativa;"

Retribuir o trabalho restringe o conceito de remuneração para fins previdenciários e estabelece a regra matriz de incidência das contribuições patronais e do empregado. A natureza remuneratória é fator determinante para a incidência, porque tem o intuito de vinculá-la à contraprestação do serviço, a compensação financeira pelo esforço do trabalho. Não incide contribuição previdenciária sobre verbas comprovadamente:

1. De natureza indenizatória;

2. De natureza ressarcitórias (reembolso), desde que devidamente comprovadas; e

3. de natureza social, como benefícios sociais para melhorar a qualidade de vida de seus trabalhadores, desde que concedidos sob às condições previstas em lei.

Normalmente deve-se fazer a seguinte pergunta para classificar uma verba como incidente ou não de contribuição previdenciária: Essa verba está sendo paga pelo trabalho? Se a resposta for não, é provável que não seja incidente, porém, é necessário que ela se enquadre nas condicionantes da isenção.

Para os segurados empregados e trabalhadores avulsos da previdência social, o fato gerador da contribuição ocorre quando se tornam devidas as verbas que compõem a sua remuneração. Para os segurados contribuintes individuais, trabalhadores sem vínculo de emprego, o fato gerador ocorre quando do pagamento ou crédito da remuneração (para a administração pública considera-se o momento da liquidação como o crédito da remuneração).

Para a incidência do FGTS, é pacífico o entendimento no STJ segundo o qual incabível a equiparação da sistemática de incidência da contribuição ao FGTS com a sistemática utilizada para efeito de incidência das contribuições previdenciárias e do imposto sobre a renda, porquanto irrelevante a natureza da verba trabalhista, se remuneratória ou indenizatória. Com efeito, de acordo com o disposto no art. 15, *caput*, e § 6º, da Lei n. 8.036, de 1990, apenas as parcelas taxativamente arrolados no art. 28, § 9º, da Lei n. 8.212, de 1991 estão excluídas da base de cálculo da contribuição para o FGTS.

"O FGTS trata de um direito autônomo dos trabalhadores urbanos e rurais de índole social e trabalhista, não possuindo caráter de imposto e nem de contribuição previdenciária. Assim, não é possível a sua equiparação com a sistemática utilizada para fins de incidência de contribuição previdenciária e imposto de renda, de modo que é irrelevante a natureza da verba trabalhista (remuneratória ou indenizatória/compensatória) para fins de incidência do FGTS".

Fonte: Superior Tribunal de Justiça — Resp 16436690 /RS — Recurso Especial — 2016/0322903-0 <http://www.stj.jus.br/SCON/jurisprudencia/doc.jsp?livre=fgts+direito+autonomo+&b=ACOR&p=true&l=10&i=4>.

2.2.1. Regime de Competência

Para determinação da remuneração devida, deve ser utilizado o conceito do art. 22 da Lei n. 8.212, de 1991 que define a contribuição da empresa sobre o total devido durante o mês, combinado com o § 1º do art. 469 da CLT, que estabelece que o salário devido no mês deve ser pago até o 5º dia útil do mês seguinte.

"Art. 22. A contribuição a cargo da empresa, destinada à Seguridade Social, além do disposto no art. 23, é de:

I — vinte por cento sobre **o total das remunerações pagas, devidas ou creditadas a qualquer título, durante o mês**, aos segurados empregados e trabalhadores avulsos que lhe prestem serviços, destinadas a retribuir o trabalho, qualquer que seja a sua forma, inclusive as gorjetas, os ganhos habituais sob a forma de utilidades e os adiantamentos decorrentes de reajuste salarial, quer pelos serviços efetivamente prestados, quer pelo tempo à disposição do empregador ou tomador de serviços, nos termos da lei ou do contrato ou, ainda, de convenção ou acordo coletivo de trabalho ou sentença normativa". **(grifei)**

Essa definição normativa implica que valores devidos no mês que são apropriados como devidos no mês seguinte estão em desconformidade com as normas. Este assunto é bastante polêmico, porque por um lado, está associado à prática empresarial de fechamento da folha de pagamento e do controle de ponto antecipadamente, antes do final do mês, para que os empregadores efetuem o pagamento aos trabalhadores dentro do próprio mês de referência das remunerações, conforme é previsto em muitas convenções e acordos coletivos, portanto, beneficiando os trabalhadores.

Por outro lado, o empregador deixa de pagar parcela da remuneração devida do mês, normalmente horas extras ou estorno de descontos indevidos de faltas justificadas, cometendo algumas infrações e correndo o risco de ser autuado com multa administrativa por desrespeitar o comando do § 1º do art. 459 da CLT, pagando o salário do trabalhador após o quinto dia útil do mês seguinte ao que lhe é devido a remuneração (R$ 170,26 por empregado prejudicado), e ainda ter que corrigir monetariamente o valor do pagamento que deixou de ser efetuado, ou até pelo cometimento de infração tributária de postergar o recolhimento das contribuições previdenciárias sobre a diferença das remunerações devidas que tiveram sua competência alterada para o mês seguinte, deixando à critério da fiscalização a aplicação dos princípios da bagatela e da insignificância, como conduta incapaz de lesar o bem jurídico, além de incorrer também em infração sujeita à multa isolada por elaborar a folha de pagamento em desconformidade com as normas estabelecidas pela RFB (R$ 2.331,32 por verificação).

2.2.2. Parcelas não Integrantes da Remuneração

As parcelas não integrantes da remuneração encontram-se descritas de forma taxativa, exaustiva, no § 9º, do art. 28 da Lei n. 8.212, de 1991, apesar da jurisprudência dos tribunais federais e do STJ aplicarem interpretações mais expansivas da lista, principalmente sobre o aspecto remuneratório ou não de determinada parcela.

Apesar dos dispositivos da CLT elencarem diversas parcelas em utilidades que não são consideras para fins trabalhistas como integrantes do salário, pelo princípio da especialidade das leis, que a lei específica prevalece sobre a lei geral, e da autonomia do direito tributário como ramo jurídico, a fazenda nacional determina o seu posicionamento em respeito ao disposto no art. 111 do CTN, invocando o mandamento de interpretação literal para a norma que outorga isenção. Com base nessa interpretação, a isenção praticada ou a retirada de determinada verba do campo de incidência da contribuição previdenciária deve respeitar a lei específica e não o comando das leis trabalhistas para esta finalidade.

A utilização do direito trabalhista para fins de definição do conceito de remuneração para fins previdenciários ocorre em sede subsidiária, pela utilização da analogia, dos princípios gerais de direito privado e como pesquisa da definição, do conteúdo e do alcance de seus institutos, conceitos e formas, sem que sirva para definição dos efeitos tributários originariamente.

Exemplificando a questão, é possível identificar de maneira mais clara a impossibilidade da Convenção Coletiva ou Acordo coletivo tratar de matéria tributária, incluindo neste conceito a legislação previdenciária de custeio, criando pseudorregras de isenção pela vontade das partes sobre o campo de incidência das contribuições e encargos trabalhistas para determinadas verbas pactuadas. O art. 611-B da CLT introduzido pela reforma trabalhista positivou este conceito para dar clareza neste entendimento já praticado historicamente pela atividade de fiscalização e julgamento:

> "Art. 611-B. Constituem objeto ilícito de convenção coletiva ou de acordo coletivo de trabalho, exclusivamente, a supressão ou a redução dos seguintes direitos:
>
> (...)
>
> XXIX — tributos e outros créditos de terceiros; (...)"

Era, ou ainda é, prática comum dos instrumentos coletivos definirem pagamentos em pecúnia de alimentação e de educação fora dos limites previstos em lei, e legislarem que tais verbas têm natureza indenizatória e que não integram a remuneração para fins previdenciários e trabalhistas. Quando a fiscalização analisa os instrumentos em suas verificações, tais disposições são consideradas não escritas, ou seja, não produzem nenhum efeito no entendimento da fiscalização nos lançamentos de ofício dos autos de infração. A partir da Reforma, a CLT tratou como objeto ilícito ao Acordo ou Convenção.

2.3. Conceito do Imposto sobre a Renda (IR)

Para a legislação do Imposto de Renda, mas precisamente o Decreto n. 3.000, de 1999, conhecido como Regulamento do Imposto de Renda (RIR), traz um conceito próprio de rendimento bruto para fins de incidência do IR, mais abrangente que os conceitos previdenciários e trabalhistas que refletem a regra matriz de incidência do imposto sobre a renda que é o acréscimo patrimonial:

> "Art. 37. Constituem rendimento bruto todo o produto do capital, do trabalho ou da combinação de ambos, os alimentos e pensões percebidos em dinheiro, os proventos de qualquer natureza, assim também entendidos os acréscimos patrimoniais não correspondentes aos rendimentos declarados

Art. 38. A tributação independe da denominação dos rendimentos, títulos ou direitos, da localização, condição jurídica ou nacionalidade da fonte, da origem dos bens produtores da renda e da forma de percepção das rendas ou proventos, bastando, para a incidência do imposto, o benefício do contribuinte por qualquer forma e a qualquer título."

Para classificação de incidência do imposto de renda a pergunta que deve ser feita é outra, houve acréscimo patrimonial com a verba paga? O descontrole sobre finalidade de um rendimento pode torná-lo tributável. Um auxílio-alimentação normalmente não é considerado um rendimento tributável, pois consta da lista de rendimentos não tributáveis do art. 39 do RIR, mas quando é pago em dinheiro perde o controle de finalidade e passa a ingressar na esfera de incidência do imposto.

3. A Folha de Pagamento

A folha de pagamento é obrigação fiscal do empregador instituída pelo art. 32, inciso I da Lei n. 8.212, de 1991, regulamentada pelo art. 225, § 9º do Decreto n. 3.048, 1999 e art. 47, inc. III da IN/RFB 971, de 2009, deve conter todos os segurados que receberam salário-de-contribuição pela empresa. A folha de pagamento deverá ser elaborada mensalmente, de forma coletiva por estabelecimento da empresa, por obra de construção civil e por tomador de serviços, com a correspondente totalização, e deverá ainda:

Discriminar o nome dos segurados, indicando cargo, função ou serviço prestado;

a) Agrupar os segurados por categoria, assim entendidos: segurado empregado, trabalhador avulso, contribuinte individual;

b) Destacar o nome das seguradas em gozo de salário-maternidade;

c) Destacar as **parcelas integrantes e não integrantes** da remuneração e os descontos legais; (grifei)

d) Indicar o número de quotas de salário-família atribuídas a cada segurado empregado ou trabalhador avulso; e

e) Discriminar os segurados sujeitos à atividade que enseje aposentadoria especial de 15, 20 ou 25 anos.

Portanto, verifica-se que a legislação de folha de pagamento obriga que todas as verbas (parcelas) individualizadas e destinadas ao trabalhador precisam ser informadas em folha de pagamento, independente de terem ou não incidência de tributos e encargos sociais.

Este entendimento é corroborado pelo CARF do Ministério da Fazenda, que firma a posição em seus julgados que independente da incidência ou não da tributação em determinada parcela destinada ao trabalhador, seja em dinheiro ou *in natura*, na forma de bens ou serviços, esta parcela deve constar da folha de pagamento do empregador, por estabelecimento, obra ou tomador de serviços. Colaciona-se trechos de ementas e de decisões de julgamentos que ocorreram no CARF entre os anos de 2015 e 2017 tratando deste tema:

Acórdão 2402-005.795 — 4ª Câmara / 2ª Turma Ordinária — Bolsas de Estudos empregados:

CONFECÇÃO DE FOLHAS DE PAGAMENTO EM DESCONFORMIDADE COM OS PADRÕES NORMATIVOS. INFRAÇÃO.

A elaboração de folhas de pagamento em desconformidade com os padrões estabelecidos pela Administração Tributária caracteriza infração, por descumprimento de obrigação acessória.

Auto de Infração — Imposição de multa pelo fato do contribuinte haver deixado de incluir em folha de pagamento os valores repassados aos seus empregados a título de educação.

Acórdão 2202-003.549–2ªCâmara/2ªTurma Ordinária — Omissão de Trabalhadores Autônomos — CI

OBRIGAÇÃO ACESSÓRIA. OMISSÃO DE SEGURADOS CONTRIBUINTES INDIVIDUAIS NA FOLHA DE PAGAMENTO. CORRETORES DE IMÓVEIS. CFL 30. Constitui infração à legislação previdenciária, passível de aplicação de penalidade, a elaboração da folha de pagamento, pelo contribuinte, com omissão, no todo ou em parte, dos segurados contribuintes individuais a seu serviço, considerados estes como corretores de imóveis pessoas físicas. (Art. 32, I, da Lei n. 8.212/91).

Acórdão 9202-004.008 — 2ªTurma — Bolsas de Estudos Dependentes

CONTRIBUIÇÕES PREVIDENCIÁRIAS — AUTO DE INFRAÇÃO — OBRIGAÇÃO ACESSÓRIA — ARTIGO 32, I DA LEI N. 8.212/91 C/C ART. 225, I DO REGULAMENTO DA PREVIDÊNCIA SOCIAL, APROVADO PELO DECRETO N. 3.048/99 — NÃO ELABORAÇÃO DE FOLHA DE PAGAMENTOS DE ACORDO COM OS PADRÕES.

A inobservância da obrigação tributária acessória é fato gerador do auto-de-infração, o qual se constitui, principalmente, em forma de exigir que a obrigação seja cumprida; obrigação que tem por finalidade auxiliar a fiscalização na administração previdenciária. Inobservância do art. 32, I da Lei n. 8.212/91 c/c art. 225, I do RPS, aprovado pelo Decreto n. 3.048/99.

A empresa é obrigada a preparar folha de pagamento da remuneração paga, devida ou creditada a todos os segurados a seu serviço, devendo destacar as parcelas integrantes e não integrantes da remuneração e os descontos legais.

Assim, era obrigação da recorrente o preparo das folhas de pagamentos seja para os segurados empregados e contribuintes individuais, seja em relação as parcelas integrantes e não integrantes da remuneração. Assim, mesmo que entendesse indevida a inclusão de determinadas verbas no conceito de remuneração deveria a empresa, incluí-las em folha de pagamento, conforme preceitua a lei. Conforme comprovado nos autos, tal elaboração não foi realizada na forma estabelecida.

Acórdão 2403-002.398 — 4ª Câmara/3ª Turma Ordinária — Todas as verbas discriminadas na rescisão contratual

Assunto: Contribuições Sociais Previdenciárias Período de apuração: 1º.1.2005 a 31.12.2005 FOLHA DE PAGAMENTO. ELABORAÇÃO. INFRAÇÃO. Constitui infração, punível na forma da Lei, deixar de preparar folha(s) de pagamento(s), das remunerações pagas ou creditadas a todos os segurados a seu serviço, de acordo com os padrões e normas estabelecidos, conforme disposto no art. 32, I, da Lei n. 8.212/1991, c

A empresa omitiu da folha de pagamento verbas discriminadas de rescisões de contrato de trabalho relativa aos segurados empregados vinculados ao Regime Geral de Previdência Social — RGPS, no período de 01/2005 a 12/2005, que as verbas correspondentes às rescisões de trabalho não são lançadas nas Folhas de Pagamentos Mensais de forma discriminada (cada rubrica), isto é, os lançamentos são feitos globalizados nas Folhas, sendo considerado como totalizador das parcelas sujeitas à incidência da contribuição previdenciária a verba 4026 — INCID INSS RESCISÃO.

Acórdão 2301-004.287 — 3ª Câmara / 1ª Turma Ordinária — Folha por Tomador de Serviço

AUTO DE INFRAÇÃO. DESCUMPRIMENTO DE OBRIGAÇÃO ACESSÓRIA. FOLHA DE PAGAMENTO. ELABORAÇÃO EM DESACORDO COM AS NORMAS PREVISTAS.

A empresa está obrigada a preparar folha de pagamento das remunerações pagas ou creditadas a todos os segurados a seu serviço, de acordo com os padrões e normas estabelecidos pelo órgão competente da Seguridade Social.

Trecho da Impugnação da empresa autuada: Sustenta que em virtude da modalidade ou rotatividade na mão de obra técnica especializada, torna-se impraticável elaborar folha de salário e GFIP por tomador de serviços. Além disso, há demandas específicas que ficam a critério de cada tomador, quanto a volume e prazo de execução, período de faturamento, fator que exige grande mobilidade de mão-de-obra.

Trecho do Voto Relator: Não obstante as alegações da recorrente de que não violou os dispositivos supramencionados, entendo que razão não lhe assiste. Narra, claramente, a peça introdutória, que a infração foi caracterizada, portanto, quando se constatou que a recorrente não elaborou a folha de pagamento por estabelecimento e por tomador.

Acórdão 2401-003.922 — 4ª Câmara/1ª Turma Ordinária — Prêmios

CONFECÇÃO DE FOLHAS DE PAGAMENTO EM DESCONFORMIDADE COM OS PADRÕES NORMATIVOS. INFRAÇÃO. A elaboração de folhas de pagamento em desconformidade com os padrões estabelecidos pela Administração Tributária caracteriza infração, por descumprimento de obrigação acessória.

Acrescenta que, mediante a análise das folhas de pagamento, arquivos de contabilidade e relação nominal de empregados contemplados pelo recebimento de prêmios, constatou-se que os valores pagos com habitualidade a título de premiação aos segurados empregados e contribuintes individuais não constam das folhas de pagamento elaboradas pela empresa.

De acordo com o Relatório Fiscal, fls. 13/16, a autuada deixou de registrar em folha de pagamento os valores dos prêmios e bonificações pagos aos segurados empregados e contribuintes individuais, através de cartão eletrônico administrado pela empresa prestadora de serviços.

Acórdão 2401-003.828 — 4ª Câmara/1ª Turma Ordinária — Prêmios

CUSTEIO — AUTO DE INFRAÇÃO — ARTIGO 32, I DA LEI N. 8.212/91 C/C ART. 225, I DO REGULAMENTO DA PREVIDÊNCIA SOCIAL, APROVADO PELO DECRETO N. 3.048/99 — NÃO ELABORAÇÃO DE FOLHA DE PAGAMENTOS DE ACORDO COM OS PADRÕES.

A inobservância da obrigação tributária acessória é fato gerador do auto-de-infração, o qual se constitui, principalmente, em forma de exigir que a obrigação seja cumprida; obrigação que tem por finalidade auxiliar a SRP na administração previdenciária. Inobservância do art. 32, I da Lei n. 8.212/91 c/c art. 225, I do RPS, aprovado pelo Decreto n. 3.048/99.

A empresa é obrigada a preparar folha de pagamento da remuneração paga, devida ou creditada a todos os segurados a seu serviço, devendo destacar as parcelas integrantes e não integrantes da remuneração e os descontos legais.

Assim, era obrigação da recorrente o preparo das folhas de pagamentos seja para os segurados empregados e contribuintes individuais, seja em relação as parcelas integrantes e não integrantes da remuneração. Assim, mesmo que entendesse indevida a inclusão de determinadas verbas no conceito de remuneração deveria a empresa, incluí-las em folha de pagamento, conforme preceitua a lei.

Desse modo, a recorrente praticou a infração, pois a não indicação nas FOPAG dos referidos prêmios, constitui infração a legislação previdenciária, independente do entendimento do recorrente de que os valores não constituiriam salário de contribuição. Recurso Voluntário Negado

Acórdão — 2803004.026 — 3ª Turma Especial

PREVIDENCIÁRIO. CUSTEIO. AUTO DE INFRAÇÃO. FOLHA DE PAGAMENTOS. ELABORAÇÃO DE ACORDO COM AS NORMAS PREVISTAS. OBRIGAÇÃO.

Constitui infração punível na forma da lei deixar de preparar folhas de pagamentos das remunerações pagas ou creditadas a todos os segurados a seu serviço, de acordo com os padrões e normas estabelecidos, conforme disposto no art. 225, I e § 9º, do Regulamento da Previdência Social — RPS, aprovado pelo Decreto n. 3.048/99.

É obrigatória a inclusão em folhas de todos os pagamentos a segurados, independente da natureza salarial. Compete à autoridade fiscal identificar as parcelas integrantes ou não da base de cálculo das contribuições previdenciárias.

Trecho da Impugnação da empresa autuada: As rubricas não incluídas como salários ou honorários e assim entendidas pela fiscalização, de fato não o são, pelo que improcedente é o auto de infração em discussão. O que, de fato, ocorreu é que verificando outros elementos da contabilidade a fiscalização entendeu que alguns pagamentos feitos a título de ressarcimento de despesas poderiam corresponder a pagamentos por serviços prestados e, assim, através de uma interpretação subjetiva dos fatos presumir o fato gerador.

Trecho da decisão: É, pois, obrigatória a inclusão em folhas de pagamento de todos os pagamentos a segurados, independente da natureza salarial. Compete à autoridade fiscal identificar as parcelas integrantes ou não da base de cálculo das contribuições previdenciárias.

Para a administração pública, o MOS, que consolida esta legislação e orienta quanto aos procedimentos para preenchimento da escrituração, também possui efeito normativo vinculante aos obrigados pelo § 1º do art. 2º do Decreto n. 8.373, de 2014, já que pelo art. 32-B da Lei n. 8.212, de 1991, a administração pública deve apresentar a folha de pagamento na forma estabelecida pela RFB:

"Art. 32-B. Os órgãos da administração direta, as autarquias, as fundações e as empresas públicas da União, dos Estados, do Distrito Federal e dos Municípios, cujas Normas Gerais de Direito Financeiro para elaboração e controle dos orçamentos estão definidas pela Lei n. 4.320, de 17 de março de 1964, e pela Lei Complementar n. 101, de 4 de maio de 2000, ficam obrigados, na forma estabelecida pela Secretaria da Receita Federal do Brasil do Ministério da Fazenda, a apresentar:

(...)

II — a folha de pagamento."

Despesas que não são individualizadas por trabalhador ou não são a ele destinadas não necessitam transitar pela folha de pagamento. Tem-se como exemplo as despesas realizadas no cartão corporativo em nome da empresa, necessárias à atividade da empresa e à manutenção da respectiva fonte produtora, não devem transitar pela Folha de Pagamento. Não houve neste caso destinação de parcela ao trabalhador, a empresa paga à administradora de cartão de crédito suas despesas realizadas por um preposto em seu nome.

Também não necessitam ser informadas em folha as despesas com trabalhadores de ordem coletiva, como transporte coletivo de passageiros, restaurante coletivo nas dependências da empresa, seguro de vida em grupo sem prêmio individualizado, desde que estas verbas não sejam quantificadas e pagas de forma individualizada e identificada por trabalhador.

Para que as declarações atuais sejam substituídas pelo eSocial, é necessário que os órgãos que as instituíram, de acordo com a competência legal a eles atribuída, publiquem os atos normativos que deixem claro o significado jurídico do eSocial no cumprimento de cada obrigação legal, que atualmente é prestada por meio de outro formulário.

Vejamos a recente alteração feita pela Receita Federal no art. 47 da IN RFB 971, de 2009, que trata sobre o cumprimento das normas relacionadas às contribuições previdenciárias, incluindo os §§ 1-A e 1-B (Incluído pela IN RFB 1767, de 14 de 2017)

II — a obrigação acessória prevista no inciso III do caput será cumprida na forma prevista no citado inciso e mediante o envio, com sucesso, dos eventos S-1200, S-1202 e S-1210 ao eSocial;

Portanto, conclui-se pela literalidade do dispositivo, já que o inciso III é elaborar a folha de pagamento, que estes eventos periódicos citados passam a ser a folha de pagamento dos empregadores no momento em que RFB virar a chave, ou melhor, dizer em novo ato o termo a quo de quando haverá esta substituição.

§ 1º-B Após a implementação do eSocial e da EFD-Reinf, em conformidade com o disposto no § 1º do art. 2º do Decreto n. 8.373, de 11 de dezembro de 2014, **será emitido ato normativo da RFB fixando o termo a quo**, a partir do qual as obrigações acessórias previstas nos incisos I, II, III, VIII, XI e XIII do caput passarão a ser cumpridas integralmente mediante o envio dos eventos pertinentes ao eSocial e à EFD-Reinf. (grifei)

No momento em que RFB publicar o ato normativo atribuindo ao eSocial o caráter de ser a folha de pagamento dos empregadores, o descumprimento das normas estabelecidas pela RFB sujeitarão o empregador às multas previstas na legislação previdenciária, atualizadas a cada ano, sendo que em 2018 as multas constavam na Portaria do Ministério da Fazenda n. 15, de 2018, pelo valor de R$ 23.313,00 por não apresentar a folha de pagamento e R$ 2.331,32 por apresentar a folha de pagamento com incorreções ou omissões.

3.1. Tipos de Rubricas de Folha

As rubricas, também conhecidas do Departamento Pessoal como eventos de folha, podem ser classificadas em quatro tipos: vencimento, provento ou pensão (1); desconto (2); informativa (3) ou informativa dedutora (4).

As rubricas que normalmente constam no processamento da folha de pagamento para geração dos valores a pagar para o trabalhador normalmente são classificadas como provento ou desconto.

O valor líquido (VL) para pagamento ao trabalhador pela folha costumeiramente é calculado pela resultante do total de proventos (Pt) menos o total de descontos (Dt). Então tem-se que VL = Pt — Dt. Este valor líquido precisa ser informado no momento do pagamento no evento, S-1210, mais especificamente no campo 27 desse evento.

Como foi visto, em diversos casos, a folha de pagamento precisa trazer algumas verbas informativas. Normalmente esta classificação é usada para as situações em que elas não são pagas diretamente pela empresa ao trabalhador, mas sim por um terceiro como o INSS quando paga o auxílio-acidente, as Forças Armadas quando paga o soldo do serviço militar obrigatório ou no caso de um expatriado quando tem a remuneração paga pela empresa matriz ou subsidiária no exterior. Em todos esses casos, por força de legislação, precisam ser tributados ou terem encargo trabalhista.

Porém, comumente as empresas não observam o padrão estabelecido para elaboração da folha de pagamentos, que exige que todas as parcelas destinadas ao trabalhador devem nelas ser informadas, mesmo que não tenham incidência de tributos ou encargos e mesmo que seja outro setor da empresa o responsável pelo pagamento ao trabalhador.

Assim, a utilização das rubricas classificadas como informativas permite que a folha de pagamento da empresa seja elaborada em conformidade com as normas e que não seja necessário centralizar todos os pagamentos ao trabalhador pela folha, como diárias, reembolsos, alimentação, assistência médica, moradia, entre outros, fazendo apenas que a informação que deve ser prestada ao fisco venha centralizada pela folha, ocupando sua função de livro fiscal.

Valendo a reflexão sobre a melhoria das práticas de gestão, uma mudança para centralização do processamento e pagamento destas verbas pela folha de pagamento não é de todo mal, pelo contrário, permitirá uma melhor consolidação dos relatórios de custo de pessoal em todas as áreas do RH e também uma melhor comparação de performance de custo e passivos fiscais e trabalhistas.

Este conceito de vencimento e desconto, informativa e informativa dedutora é de suma importância para que o eSocial monte a base de cálculo das contribuições previdenciárias, do imposto de renda e do FGTS. Quando a rubrica é de vencimento (1) ou informativa (3) e possui código de incidência de integração à base de cálculo o sistema vai somar as rubricas para formar a base, quando a rubrica é de desconto (2) ou informativa dedutora (4) e possui código de incidência de base de cálculo, dedução ou isenção ela vai diminuir do montante da apuração. Portanto, para as rubricas que foram classificadas como remuneração ou rendimento tributável (para IR também dedução e isenção), tem-se:

Base de Cálculo = (Vencimento + Informativa) — (Desconto + Informativa Dedutora)

3.2. Validação da Folha de Pagamento

As informações de folha de pagamento serão validadas pelo RET e pela estrutura empresarial (Cadastro e Tabelas do empregador).

É como se no modelo anterior ao eSocial, o Livro ou Ficha de Registro de Empregado, famoso livro preto, validasse a folha de pagamento, um consistindo o outro.

O envio de um evento de remuneração será aceito no ambiente nacional do eSocial apenas se o empregador e o estabelecimento estiverem cadastrados nas tabelas S-1000 (cadastro do empregador) e S-1005 (tabela de estabelecimentos), respectivamente, a folha do período de apuração estiver aberta, as informações de rubricas, lotações e processos estiverem consistentes com as tabelas cadastradas, os dados cadastrais e contratuais básicos (CPF, NIS, Matrícula) estejam consistentes com a admissão ou o TSVE constante no RET, de acordo com as movimentações trabalhistas, e, por fim, os dados de conteúdo e de cálculo estejam consistentes.

Somente após este conjunto consistido é que será recepcionada a remuneração de um trabalhador pelo ambiente nacional do eSocial e emitido o recibo de entrega do evento, comprovante do cumprimento da obrigação pelo empregador.

Esta validação é tão estruturante nesta nova plataforma que a todo o momento a consistência entre o RET e a folha de pagamento, além da remuneração devida e o seu pagamento devem ser observadas, inclusive quando do envio de eventos extemporâneos. Caso seja incluído um trabalhador no RET em um período, seja por retificação de uma admissão, seja pela exclusão de um desligamento, seja por um retorno retroativo de um afastamento, o eSocial vai realizar a validação do fechamento de eventos periódicos antes de recepcionar o evento. Caso haja impacto nas folhas fechadas, o ambiente nacional vai exigir a abertura das folhas de pagamentos dos períodos afetados pelo evento extemporâneo.

Em caso de retificação de um evento S-1200, S-1202, S-1207, S-2299 ou S-2399, que altere o valor líquido pago ao trabalhador ou beneficiário, o eSocial exige que se exclua o evento de S-1210 onde consta o valor pago, para que se retifique a remuneração devida no período e depois permitirá o envio do novo evento de pagamento com o valor líquido correto. Não é o caso de processamento de tipo de folha complementar, que gera um pagamento novo por alguma diferença. Neste caso há apenas um novo demonstrativo que exige a retificação do evento S-1200, contendo uma nova data de pagamento e um novo valor residual a ser pago, que deverá também gerar uma retificação no evento S-1210 para sua inclusão, porém, sem a necessidade de excluí-lo previamente.

3.3. Tabela de Rubricas ou Tabela de Incidência da Folha de Pagamento

Podemos considerar a tabela de rubricas S-1010 como uma das tabelas mestras do eSocial, podendo também ser chamada de tabela de incidência da folha de pagamento.

É a única tabela que é admitida mais de uma por empregador (S-1000). Essa condição foi admitida no eSocial devido a situações de empresas com mais de um sistema de folha de pagamento, seja por incorporações e sistemas legados, seja por possuir mais de um escritório contábil nos casos de estabelecimentos em localidades distintas. Para fins gerenciais da atividade de departamento pessoal, esta situação na empresa é bastante inadequada.

3.3.1. Tabela de Natureza de Rubricas

Esta tabela do eSocial (tabela 3) é utilizada para correlacionar os códigos e descrições da tabela de rubricas das empresas com a natureza da verba que está sendo registrada segundo referência da legislação previdenciária e trabalhista, permitindo uma padronização na leitura do significado fático e jurídicos das rubricas e a comparação entre os milhões de empregadores.

A tabela 3 possui uma indexação que atribui significado às verbas de acordo com os dois primeiros números do seu código. As verbas que começam com:

1 – são verbas relacionadas aos proventos dos empregados, são as verbas salariais clássicas;

2 — são verbas menos comuns, como prêmios, empréstimos, vestuários e equipamentos, reembolso e insuficiência de saldo;

3 — são verbas relacionadas aos contribuintes individuais, como prestadores de serviço, pró-labore, honorários de diretores, conselheiros e cooperados;

4 — são verbas que se referem à complementação de auxílio-doença e salário-maternidade;

5 — são verbas relacionadas ao 13º salário;

6 — são verbas rescisórias, saldo de salários na rescisão contratual, verbas indenizatórias e multas;

7 — são proventos de aposentadoria, reserva, reforma, pensão pagos por previdência pública; e

8 — são verbas relacionadas aos descontos, às bases totalizadoras, verbas informativas e banco de horas.

Exemplificando as naturezas que compõem o código 1, tem-se que a classificação que se inicia por 10... contém verbas salariais, com 12... adicionais, 13... PLR e bolsas de estudo, 14... abonos, auxílios e previdência privada, 16... são verbas de reembolso ou ressarcimento, 18... auxílios e utilidades considerados como benefícios sociais.

A tabela de natureza de rubricas funciona para a folha de pagamento como o plano de contas fiscal funciona para a Contabilidade em relação à ECF. Ela padroniza a linguagem utilizada pelas empresas e permite a comparação entre elas com relação às regras adotadas, facilitando inclusive o fluxo contábil para segregação das contas, nos termo do Pronunciamento Técnico n. 33 (R1) do Comitê de Pronunciamento Contábeis (CPC), que trata dos benefícios a empregados e exige a distinção de registro entre benefícios de curto prazo, longo prazo e pós-emprego, e dentro do princípio da essência sobre a forma, que se registre os benefícios formais e os informais:

"(a) por planos ou acordos formais entre a entidade e os empregados individuais, grupos de empregados ou seus representantes;

(b) por disposições legais, ou por meio de acordos setoriais, pelos quais se exige que as entidades contribuam para planos nacionais, estatais, setoriais ou outros; ou

(c) por práticas informais que deem origem a uma obrigação construtiva (ou obrigação não formalizada, conforme Pronunciamento Técnico CPC 25 — Provisões, Passivos Contingentes e Ativos Contingentes). Práticas informais dão origem a uma obrigação construtiva quando a entidade não tiver alternativa senão pagar os benefícios. Pode-se citar, como exemplo de obrigação construtiva, a situação em que uma alteração nas práticas informais da entidade cause dano inaceitável no seu relacionamento com os empregados."

3.3.2. Regras de Incidência das Rubricas

A rubrica de folha tem toda a regra de incidência para formação das bases de cálculo do FGTS, CP, IRRF e Contribuição sindical. A partir da classificação da empresa o eSocial vai calcular as bases de cálculo das contribuições e do IR, o valor líquido devido ao trabalhador, o desconto efetuado da contribuição e do IRRF, as deduções de salário maternidade, pagamento de salário família, deduções do IRRF.

Esta classificação em conjunto com a natureza também define se a rubrica pode compor o evento de remuneração devida (S-1200 ou S-1202) ou se deve constar apenas no evento de pagamento (S-1210).

Observa-se aqui as regras das situações de rubricas mais relevantes

Apesar de ser uma rubrica de folha, o desconto de pensão alimentícia sobre a remuneração mensal, sobre o 13º salário, sobre as férias, sobre a PLR e sobre os rendimentos recebidos acumuladamente deve ter o seu valor informado diretamente em um campo específico do evento de pagamento S-1210 e não transita pelo evento de remuneração S-1200.

A verba de desconto do imposto de renda deve ser classificada com o código de incidência de retenção do IRRF, especificada de acordo com o tipo de pagamento que está sendo feito: 31 — Remuneração mensal; 32 — 13º Salário; 33 — Férias; 34 — PLR; 35 — RRA. Para a incidência da contribuição para a previdência e do FGTS, deve ser classificado com o código 00: Não é base de cálculo.

O desconto do IRRF tem a mesma condição do desconto de pensão alimentícia, se informada no evento S-1200, S-1202, S-1207, S-2299, S-2399 com os códigos de incidência de 31 a 35 o evento será rejeitado por não admitir esta rubrica na remuneração, por ser regime de competência. Esta rubrica só será aceita na informação do pagamento, regime de caixa aplicado no aspecto temporal do fato gerador do imposto de renda da pessoa física.

PLR: Deve ser classificada como rendimento tributável para base de cálculo do IRRF, porém, como tributação exclusiva em sua tabela progressiva. Código: 14. Para a previdência e FGTS deve ser classificada como código: 00 — Não é base de cálculo

O salário maternidade deve ser classificado para incidência previdenciária, com o código 21, referente ao salário mensal, e com o código 22, quando se refere à parcela do 13º salário paga pelo empregador para que possa ser utilizada nas deduções das contribuições previdenciárias do mês de apuração. Caso não seja classificada nestes códigos, o eSocial não levará os valores informados nestas rubricas para utilização na DCTFWeb como dedução do saldo a pagar. Para o IRRF e FGTS deve ser classificada como código 11. A mesma coisa ocorre para o salário família com o código de incidência previdenciária 51.

A rubrica Salário Maternidade deve corresponder ao total da remuneração percebida pela segurada gestante antes da concessão do benefício, incluídos os adicionais a que faz jus, como o adicional por atividade insalubre, limitada ao teto salarial dos Ministros do STF.

O desconto de assistência médica do empregado classificado na natureza 9219 deve ser classificada como código "00", pois não é base de cálculo para as incidências previdenciárias e para o FGTS e "09" para o IR, como outros valores não tributáveis. Sua presença no evento de remuneração é marcante, pois a verba classificada nesta natureza de rubrica exige o preenchimento do grupo de informações de saúde coletiva que conterá as informações do plano de saúde e dos dependentes, fundamental para o abatimento das despesas médicas dos trabalhadores em suas declarações de ajuste anual do imposto de renda.

As rubricas que são do tipo desconto e tem seu código de incidência classificado dentre as repercussões da base de cálculo diminuem esta base para o cálculo da previdência, do IRRF, do FGTS e da Contribuição Sindical, de acordo com a informações prestadas nos campos 22 a 25. Elas têm o efeito de reduzir a base de cálculo se a classificação de incidência for feita corretamente.

Vejamos o desconto da contribuição previdenciária do empregado. Este valor é classificado nos códigos 31 — Mensal ou 32 — 13º salário. Na classificação do IRRF ela deve ser feita como dedução da base de cálculo nos códigos: "41 — Previdência Social Oficial (PSO) — Remuneração mensal" ou "42 — PSO — 13º salário". Caso o desconto da contribuição previdenciária não seja classificado desta forma, o eSocial entenderá que não houve desconto da contribuição e poderá ficar caracterizada a infração de não descontar e repassar à previdência social a contribuição do segurado empregado, trabalhador avulso ou contribuinte individual.

O pagamento antecipado de férias pode ser classificado de forma diferente da rubrica de férias gozadas, ou não. Depende da prática adotada pelo sistema de folha, se for usada uma mesma rubrica para os dois eventos será necessário rigoroso controle para determinar em que momento a rubrica vai para o evento de pagamento (S-1210) e em que momento ele deve figurar apenas no evento de remuneração. Dessa forma, a rubrica teria incidência 11 para previdência, 13 para IR e 11 para FGTS, porém, se for enviada duas vezes ao evento de remuneração irá duplicar as bases de cálculo que serão devolvidas nos eventos totalizadores.

O pagamento adiantado de férias tem incidência do IRRF, mas não tem incidência de previdência e FGTS, que somente vão incidir na rubrica que representa o gozo das férias. Com isso, a rubrica que representa o regime de caixa das férias somente pode constar no evento de pagamento S-1210, tipo de pagamento 7 (férias), acompanhado das suas deduções específicas.

Orienta-se que os sistemas de folha utilizem as rubricas separadas para o pagamento antecipado de férias e o reconhecimento das férias devidas no mês de gozo. A rubrica de pagamento antecipado de férias deve ser classificada com o código 13 para incidência de IR e 00 para a previdência e FGTS. Já a rubrica de férias gozadas, teria a incidência 11 para previdência, 13 para IR e 11 para FGTS, mas somente seria informada no evento de remuneração, quando do reconhecimento do período em que as férias são devidas, juntamente com o desconto de férias, que deve ser classificada como 13, base para o IR, e 00 para os demais, assim o valor da base de cálculo do IR no mês de apropriação das férias gozadas fica correto.

Por meio da NDE 02, de 2018, que entra em vigor a partir de janeiro de 2019, o Comitê-Gestor do eSocial inseriu na tabela de rubricas a codificação de incidência específica para rubricas que compõem ou deixam de compor a base do salário-de-contribuição de cada RPPS. No leiaute vigente, a codificação estava incompleta e misturada junto à parte de previdência do RGPS.

Assim, foram criados 37 novos códigos de incidência que indicam se a verba compõe a remuneração, a isenção, se está fora do campo de incidência ou se refere à contribuição descontada do servidor público.

A integração com a tabela de processos administrativos e judiciais (S-1070) é bastante importante para definição das verbas que estão com suspensão da tributação ou extinção da tributação por decisão transitada em julgado, sendo exigido que o processo conste na referida tabela para que o eSocial acolha as classificações de incidência dos códigos 91 a 95, dependendo da abrangência da decisão.

Costumeiramente ressalto a mudança que está ocorrendo, de modo a provocar o pensamento dos gestores empresariais das áreas fiscais e de recursos humanos sobre o novo modelo de risco que o eSocial, aumentando significativamente o grau de exposição e transparência das práticas de folha de pagamento adotadas internamente até então, especificamente analisada neste artigo.

Enquanto que nas obrigações atuais como GFIP, DIRF e RAIS a empresa ou equiparado apresenta apenas a massa salarial consolidada, contendo somente o que compõe a base de cálculo, sem identificar nenhuma parcela da remuneração, a partir do eSocial passará a apresentar mensalmente a sua folha de pagamento, de acordo com a tabela de incidência também enviada, contendo cada rubrica/verba devida e paga aos trabalhadores, integrantes e não integrantes da base de cálculo dos tributos e encargos, com a regra de incidência que está sendo adotada pela empresa! Assombroso como tal mudança não tenha despertado nas empresas imediatos procedimentos de saneamento e *compliance* em busca da conformidade para este novo ambiente.

Costumo comparar esta conduta passiva, sem querer generalizar, ao contribuinte que ingressou no ambiente da nota fiscal eletrônica no final da década passada e não tomou providência prévia para sanear seu cadastro de produtos e revisitar os seus processos de emissão do documento fiscal, simplesmente migrou. Como resultado tem-se inúmeras autuações e a avaliação por recente notícia da revista eletrônica da Veja em 11 de setembro de 2011:

"**Brasil tem tecnologia como aliada no combate à sonegação**

Receita Federal e secretarias estaduais de Fazenda usam Notas Fiscais Eletrônicas e inteligência para apertar o cerco contra os sonegadores."

Fonte: Revista Veja. Disponível em: <https://veja.abril.com.br/economia/brasil-tem-tecnologia-como-aliada-no-combate-a-sonegacao/> — Beatriz Ferrari. Consulta em: 10.8.2018

3.3.3. Principais Incidências

Muito se debate no âmbito do poder judiciário sobre as incidências das verbas da folha de salários, seja para a incidência da contribuição previdenciária, seja para a incidência do imposto de renda. O assunto tem demandado muitas horas da nossa justiça e também no âmbito do julgamento administrativo do Ministério da Fazenda.

Em relação ao FGTS, a discussão tem menor vulto, já que o STJ pacificou o entendimento que se trata de direito autônomo dos trabalhadores urbanos e rurais de índole social e trabalhista, não possuindo caráter de imposto e nem de contribuição previdenciária, pouco importando o debate sobre a natureza remuneratória ou indenizatória de determinadas verbas, mas apenas a literalidade do rol previsto no § 9º, art. 28 da Lei n. 8.212, de 1991.

A esteira deste conteúdo nos exige discorrer sobre as principais questões que estiveram em discussão em período recente ou ainda estão em debate na atualidade, para as quais cito uma a uma sistematicamente abaixo:

Auxílio-Transporte pago em vale, ticket ou dinheiro:

Súmula CARF n. 89: A contribuição social previdenciária não incide sobre valores pagos a título de vale-transporte, mesmo que em pecúnia.

Cumpre observar que a empresa que custeia algum valor de auxílio-transporte quando o desconto efetuado não atinge o percentual de 6% do salário do empregado está em desconformidade com a norma que regulamenta o instituto e sujeita à incidência dos tributos e FGTS.

Auxílio-Combustível sem comprovação

A verba paga sob a rubrica auxílio-combustível", quando paga indistintamente a servidores que realizem ou não suas atividades fora da repartição e, ainda, não tendo sido comprovada, pelo contribuinte, nos autos, como utilizada em gastos efetivos de locomoção quando da realização de atividades externas, tem natureza remuneratória, devendo, assim, sofrer a incidência do Imposto sobre a Renda. (incidência de IR e Contribuição Previdenciária)

Diárias

Para a não incidência do IR, da Contribuição Previdenciária e FGTS, faz-se necessário que, a qualquer momento, possam ser comprovadas mediante apresentação do bilhete de passagem ou nota fiscal de serviço e o recibo do estabelecimento hoteleiro, no qual constem o nome do empregado, o efetivo deslocamento deste, bem como os valores

Auxílio-Alimentação pago em cartão, ticket ou vale

"O auxílio-alimentação in natura não sofre a incidência da contribuição previdenciária, por não possuir natureza salarial, esteja o empregador inscrito ou não no PAT. Entretanto, quando pago habitualmente e em pecúnia (assim também considerados os pagamentos via cartões ou tickets) sofre a incidência da contribuição previdenciária."

Esta decisão merece uma explicação mais detalhada, em função da tese que vem sendo defendida pela PGFN em diversas autuações. Destaco relevante trecho em que consta o posicionamento da fazenda nacional:

"Os valores fornecidos em forma de vale-refeição, ticket e outras modalidades previstas de custos aos empregados a título de auxílio-alimentação integram o salário-de-contribuição, já que não se enquadram como prestação in natura;

(...), para a não incidência da Contribuição Previdenciária é imprescindível que o pagamento seja feito "in natura", o que não abrange tickets, vales e outras modalidades;

O Programa de Alimentação do Trabalhador não admite o fornecimento do auxílio-alimentação em pecúnia, (...)

Verifica-se, portanto, que a alimentação em pecúnia não constitui qualquer das modalidades de fornecimento estabelecidas no PAT;"

Fonte: CARF — Acórdão 9202-006-283. Disponível em: <https://carf.fazenda.gov.br/sincon/public/pages/ConsultarJurisprudencia/listaJurisprudenciaCarf.jsf>

Em função do evolução tecnológica do sistema financeiro e dos meios de pagamento nos estabelecimentos comerciais, os cartões eletrônicos passaram a substituir os vales refeições, previsto como modalidade do PAT, e está gerando uma interpretação de que esta facilidade na utilização da verba, inclusive na aquisição de outros bens e serviços, descaracteriza a finalidade precípua indicada na norma isentiva.

Para o imposto de renda, deve ser entendido que o pagamento em ticket alimentação está compreendido na isenção descrita no art. 39 do RIR. Tal entendimento foi esclarecido pela Solução de Divergência Cosit/RFB n. 3, de 2015, que em resumo decide:

"ASSUNTO: IMPOSTO SOBRE A RENDA DE PESSOA FÍSICA — IRPF. EMENTA: RENDIMENTOS ISENTOS. ALIMENTOS FORNECIDOS GRATUITAMENTE. AUXÍLIO-ALIMENTAÇÃO EM PECÚNIA.

Constitui rendimento isento a alimentação fornecida gratuitamente pelo empregador a seus empregados. Estão também abrangidos pelo benefício a alimentação in natura e os tíquetes-alimentação."

Em relação às parcelas devidas referentes à importância paga nos quinze dias que antecedem o auxílio-doença e ao terço constitucional de férias, o STJ já decidiu que não incidem contribuições previdenciárias em sede de recurso repetitivo, aguardando apenas a publicação do Acórdão para vincular a jurisprudência administrativa do CARF, ou seja, somente quando do trânsito em julgado nos termos do regimento do órgão, com as seguintes argumentações:

Importância paga nos quinze dias que antecedem o auxílio-doença

Não obstante nesse período haja o pagamento efetuado pelo empregador, a importância paga não é destinada a retribuir o trabalho, sobretudo porque no intervalo dos quinze dias consecutivos ocorre a interrupção do contrato de trabalho, ou seja, nenhum serviço é prestado pelo empregado.

Terço constitucional de férias

O adicional de 1/3 constitucional de férias também não deve servidor de base de cálculo para as contribuições previdenciárias por constituir verba que detém natureza indenizatória.

É por essa razão que em recente decisão no Acórdão 2301-005.168, o CARF entendeu que a vinculação do Conselheiro ao quanto decidido na sistemática dos recursos repetitivos somente ocorre quando as decisões definitivas transitarem em julgado, manteve sua convicção sobre a incidência das contribuições sobre estas verbas.

Cabe deixar claro que o imposto de renda incide naturalmente sobre tais verbas, que o STJ já pacificou o entendimento da incidência do IR no terço constitucional de férias, já que seu conceito é mais amplo, vinculado a rendimento de qualquer natureza, mesmo quando o empregado não está à disposição do empregador.

Recomenda-se cautela ao contribuinte ao adotar tal jurisprudência na sua tabela de incidência. Melhor alternativa é sempre buscar a tutela jurisdicional que o autoriza a retirar estas verbas do campo de incidência. Mais cautela ainda requer qualquer iniciativa de compensação administrativa, que exige autorização judicial e retificação das GFIP anteriores para liberação do pagamento, caso contrário, a aplicação da multa isolada por compensação não-homologada certamente será aplicada, muitas vezes inviabilizando a vantagem econômica do procedimento.

Sobre o décimo terceiro salário proporcional referente ao aviso prévio indenizado, há entendimentos jurisprudenciais divergentes, o TRF da 3ª Região decidiu em mandado de segurança neste ano de 2018 que é devida a contribuição previdenciária sobre o 13º salário proporcional ao aviso-prévio indenizado, o entendimento da jurisprudência do Tribunal concluindo pela natureza salarial dessa verba, seguindo o jurisprudência firmada no STJ, que reconhece o seu caráter remuneratório.

Em contrapartida, em decisão recente no Acórdão 2301-005.005, o CARF entendeu diferente da jurisprudência do STJ, retirando a incidência da contribuição previdenciária sobre a verba:

PREVIDENCIÁRIO. DÉCIMO-TERCEIRO SALÁRIO INDENIZADO. NÃO-INCIDÊNCIA.

Não incide contribuição previdenciária sobre a parte relativa ao décimo-terceiro salário calculado sobre o aviso prévio indenizado, em virtude da sua natureza não-remuneratória.

Portanto, provável é que a jurisprudência administrativa se alinhe com o entendimento do tribunal superior, por mera questão de tempo.

Sobre o auxílio-moradia pago aos servidores, evidencia-se a regra de incidência para contribuições previdenciárias e para o imposto de renda que tem como fundamento a comprovação de finalidade da verba:

Auxílio-Moradia

CP — Não incide na Jurisprudência do STJ em sede de recurso repetitivo, vinculando o julgamento do CARF. A RFB ainda considera incidente.

IRRF — Não incide — Jurisprudência pacífica do STJ — desde que comprovadas.

ASSUNTO: IMPOSTO SOBRE A RENDA DE PESSOA FÍSICA — IRPF. Auxílio-moradia. Natureza Tributária. Desde que o beneficiário comprove à pessoa jurídica de direito público o valor das despesas, mediante apresentação do contrato de locação, quando for o caso, ou recibo comprovando os pagamentos realizados, não integra a remuneração o valor recebido a título de auxílio-moradia, em substituição ao direito de uso de imóvel funcional, não se sujeitando à incidência do imposto de renda, na fonte ou na declaração de ajuste.

Sobre a ajuda de custo paga mensalmente, o tema se reveste de polêmica ao longo do tempo. A norma que retira o adicional do salário-de-contribuição está prevista na alínea "g" do § 9º do art. 28 da Lei n. 8.212, de 1991:

> "g) a ajuda de custo, em parcela única, recebida exclusivamente em decorrência de mudança de local de trabalho do empregado, na forma do art. 470 da CLT;"

A jurisprudência pacífica do STJ, mesmo que ainda sem recurso repetitivo define a característica remuneratória da ajuda de custo paga em mais de uma parcela, como prevê o dispositivo da norma previdenciária:

> "As verbas pagas ao empregado para auxiliar nas despesas de aluguel, ainda que tenham denominação de auxílio ou de ajuda de custo, não possuem natureza indenizatória, mas salarial, pois são concedidas de forma habitual aos trabalhadores da empresa e, por essa razão, estão inseridas no conceito de remuneração, compondo a base de cálculo da contribuição. Precedente no STJ, EDRESP 440916/SC, DJ de 28.4.2003, p. 177."

Portanto, o Superior Tribunal de Justiça tem reconhecido a natureza remuneratória dos valores pagos pelo empregador ao trabalhador para custear despesas de aluguel, conforme o seguinte julgado:

> "Os aluguéis e D'TU do imóvel onde reside o empregado transferido, pagos com habitualidade, por tempo indeterminado, não se configuram ajuda de custo, uma vez que esta é concedida em parcela única. Embargos de declaração parcialmente acolhidos, tão-somente para sanar omissão quanto incidência da contribuição previdenciária sobre as despesas com aluguéis e IPTU (EDRESP — EMBARGOS DE DECLARAÇÃO NO RECURSO ESPECIAL — 4409165 — Primeira Turma, Relator Ministro Luiz Fux, publicação no DJ do dia 28.4.2003, p. 177)"

Porém, a MP 808, de 2017, a segunda reforma, trouxe um redação mais específica ao art. 457 do que a lei previdenciária, estendendo expressamente os efeitos para que não constitua a base de incidência de "encargo previdenciário", nomenclatura pouco técnica

> § 2º As importâncias, ainda que habituais, pagas a título de ajuda de custo, **limitadas a cinquenta por cento da remuneração mensal**, o auxílio-alimentação, vedado o seu pagamento em dinheiro, as diárias para viagem e os prêmios não integram a remuneração do empregado, não se incorporam ao contrato de trabalho e não constituem base de incidência de encargo trabalhista e previdenciário. *(Redação dada pela Medida Provisória n. 808, de 2017)* **(grifei)**

Este novo dispositivo trouxe a limitação do valor da ajuda de custo à 50% da remuneração e a periodicidade mensal expressa, tanto que a RFB reconheceu a isenção concedida e incluiu as naturezas de rubrica 1603 e 1604 na tabela de natureza de rubricas do eSocial (tabela 3), sendo uma rubrica para ajuda de custo até 50% da remuneração mensal e outra para ajuda de custo superior à 50% da remuneração mensal.

Porém, com a queda da MP 808, de 2017, retorna a redação que foi atribuída ao dispositivo pela primeira reforma, que não trazia tamanha especificidade como condicionante à isenção, mas introduziu no § 2º do art. 457 o conceito de permissão ao pagamento habitual da ajuda de custo, cerne da discussão no âmbito da jurisprudência:

> § 2º As importâncias, **ainda que habituais**, pagas a título de ajuda de custo, auxílio-alimentação, vedado seu pagamento em dinheiro, diárias para viagem, prêmios e abonos não integram a remuneração do empregado, não se incorporam ao contrato de trabalho e não constituem base de incidência de qualquer encargo trabalhista e previdenciário. *(Redação dada pela Lei n. 13.467, de 2017)* **(grifei)**

Certo é que a Fazenda Nacional defenderá a utilização da regra específica do § 9º do art. 28 da Lei n. 8.212, por tratar de interpretação literal de isenção atribuída por lei específica em função de tratamento mais genérico na norma trabalhista e seus institutos não produzem efeitos tributários, como ramo de direito público autônomo. Resta saber como será entendido tal dispositivo no CARF e no Judiciário, se estará apto à reverter a jurisprudência contrária à não incidência previdenciária baseada na permissão de habitualidade do pagamento ou se o termo introduzido pode ser considerado um tanto quanto genérico e incapaz de alterar a hipótese de incidência do fato gerador da contribuição que tem seu regramento literal em lei específica.

Em relação ao FGTS, a IN/SIT n. 144, de 2018, com alteração feita pela IN/SIT n. 145, de 2018, manteve após a perda da vigência da MP n. 808 o entendimento de que a parcela não sofre a incidência do FGTS, como prescreve o inciso XIV do art. 10:

> "XIV — ajuda de custo, quando paga mensalmente, recebida como verba indenizatória para ressarcir despesa relacionada à prestação de serviços ou à transferência do empregado, nos termos do art. 470 da CLT;"

Para o tema ajuda de custo, é possível concluir que ainda restarão alguns debates para que se identifique com clareza a interpretação que prevalecerá para incidência previdenciária, e até do próprio FGTS.

Para a assistência médica, dois debates acompanham a incidência da contribuição previdenciária e do FGTS sobre esta verba. O primeiro diz respeito a existência de planos diferenciados para diretores e empregados e a necessidade de extensão a todos na empresa. A Lei n. 13.467, de 2017, deu nova redação à alínea "q" do § 9º do art. 28 da Lei n. 8.212, de 1991, e retirou a previsão de necessidade de extensão a todos deste benefício. Em relação aos planos diferenciados, o § 5º do art. 458 da CLT deixou claro esta possibilidade, quando diz que à assistência prestada por serviço médico ou odontológico, mesmo quando concedido em diferentes modalidades de planos e coberturas, não integram o salário do empregado para qualquer efeito e nem o salário de contribuição. Apesar do novo dispositivo, este já era o entendimento do CARF em seus julgados:

> PLANO DE SAÚDE. ABRANGÊNCIA A TODOS OS EMPREGADOS E DIRIGENTES DA EMPRESA. DESNECESSIDADE DE PREVISÃO DE COBERTURA IGUAL PARA TODOS OS EMPREGADOS E DIRIGENTES.
>
> O valor pago por assistência médica prestada por plano de saúde, desde que a cobertura abranja a totalidade dos empregados e dirigentes da empresa, não integra o salário-de-contribuição, ainda que os riscos acobertados e as comodidades do plano sejam diferenciados por grupos de trabalhadores.

Ainda em relação à assistência médica de empregados, existe outro ponto em discussão: assistência médica aos dependentes. Em autuações recentes a Receita Federal tem considerada incidente de contribuição previdenciária a parte custeada pelo empregador que não tenha sido descontada do empregado sobre o valor da assistência médica de seus dependentes, por entender que não existe extensão a eles na interpretação literal do dispositivo que concede a isenção. Esse posicionamento foi mantido em julgamento do CARF:

> ASSISTÊNCIA À SAÚDE DOS DEPENDENTES DOS SEGURADOS. INCIDÊNCIA DE CONTRIBUIÇÕES.
>
> Não há autorização legal para que se exclua do salário-de-contribuição às despesas com assistência médica fornecidas pelo empregador para os dependentes dos segurados.

O STJ não possui ainda jurisprudência formada em relação a este tema, tendo havido uma decisão monocrática que desonerou a contribuinte da autuação, por dar interpretação extensiva ao alcance da norma isentiva, construindo argumentação utilizando os preceitos constitucionais de proteção à família, o estatuto do idoso e da criança e do adolescente, argumentação que será sem dúvida atacada pela Fazenda Nacional, por ferir a previsão de interpretação literal da isenção previsto no CTN, norma geral de Direito Tributário, mesmo que esta literalidade possa ser interpretada buscando o verdadeiro sentido da lei.

Os benefícios indiretos a diretores e gerentes também devem ter atenção especial, conhecidos como *fringe benefits*, são considerados salários indiretos por abrangerem as despesas particulares dos administradores, diretores, gerentes e seus assessores, nelas incluídas despesas de supermercados e cartões de crédito, pagamento de anuidades de colégios, clubes, associações, e se adicionados às remunerações dos beneficiários, os salários indiretos serão tratados como despesas operacionais dedutíveis, observadas as condições previstas na legislação tributária, é o que diz o Parecer Normativo Cosit n. 11, de 1992.

Especificamente em relação à concessão de veículos para diretores, administradores, gerentes, o referido ato administrativo prevê que as despesas pagas ou incorridas com os veículos utilizados no transporte de administradores, diretores, gerentes e seus assessores ou de terceiros, em quaisquer atividades extra-operacionais da pessoa jurídica, integram a remuneração do beneficiário como salário indireto.

Dentre estas despesas, sobressaem-se as relativas à manutenção do veículo, conservação, consumo de combustíveis, encargos de depreciação e respectiva correção monetária, valor do aluguel ou do arrendamento etc. Caso o veículo utilizado tenha características de automóvel particular, resta claro que todo o custo incorrido deverá ser incorporado à remuneração do beneficiário.

Na hipótese de o veículo caracterizar-se como de utilização mista, isto é, servir na atividade operacional da pessoa jurídica e, ademais, no uso particular do administrador, diretor, gerente ou assessor, as despesas a ele relativas, obviamente, não poderão ser consideradas operacionais e dedutíveis em sua totalidade, devendo a parcela correspondente à utilização extra operacional do mencionado veículo ser incorporada à remuneração do beneficiário.

Na impossibilidade de se quantificar o tempo efetivamente gasto pela utilização extra-operacional do veículo pelo beneficiário, é admissível que a pessoa jurídica adote o critério de proporcionalidade e ratear os custos e encargos em foco, em função dos dias úteis e, não úteis cobertos pela utilização do veículo.

Por fim, relevante é esclarecer o entendimento acerca da incidência das contribuições previdenciárias sobre o pagamento de prêmios.

A Reforma Trabalhista inseriu o conceito de prêmios no § 4º do art. 457 da CLT, indicando a não incidência de contribuição previdenciária e FGTS para o pagamento de prêmios, porém, em condições restritas, a qual segue:

> "§ 4º Consideram-se prêmios as **liberalidades** concedidas pelo empregador em forma de bens, serviços ou valor em dinheiro a empregado ou a grupo de empregados, **em razão de desempenho superior ao ordinariamente esperado** no exercício de suas atividades." **(grifei)**

Em razão dessa alteração promovida pela Reforma Trabalhista, os valores pagos pelo empregador, por mera liberalidade, de forma espontânea e inesperada, "em razão de desempenho superior ao ordinariamente esperado", não integrariam a remuneração para fins trabalhistas e previdenciários.

A interpretação que vem norteando a atuação do Fisco pelo histórico de julgados no CARF é a de que a liberalidade seria tudo o que é concedido pela empresa, mas não é exigido pela legislação aplicável e também não tenha sido contratualmente acordado, sem caráter habitual. Desta forma, o conceito de prêmio teria a sua abrangência limitada apenas aos pagamentos feitos a empregados a exclusivo critério da empresa, de forma espontânea e inesperada. Sendo assim, o prêmio pago por mera liberalidade não poderia ser equiparado ao prêmio ajustado contratualmente, por exemplo, pelo cumprimento de metas, pois esse é o desempenho esperado e pactuado com o empregado. Ou seja, a imprevisibilidade do pagamento constituiria um elemento a ser avaliado para enquadrar o prêmio na incidência.

A queda da MP 808, de 2017, retirou do texto a previsão objetiva de não habitualidade que previa pagamento em suas parcelas anuais, retornando ao conceito subjetivo do caráter eventual. Também se foi a redação que trazia a possibilidade da premiação não ter incidência quando paga a trabalhadores terceirizados.

Mesmo paga nos termos previsto na CLT, a premiação mantém-se como rendimento tributável para incidência do imposto de renda.

A empresa deve tomar muito cuidado com o plano de bonificações que pretende adotar. Em 2005, 2006 e 2007, a RFB e o MPF fizeram uma grande operação em cartões de incentivo a funcionários:

Receita investiga cartões de premiação (2005 — Reportagem Valor Econômico)

A estratégia parecia perfeita: um eficiente plano de marketing, motivação aos funcionários e um vantajoso planejamento tributário. A opção, porém, pode se transformar em grande dor de cabeça. Mais de 1,4 mil empresas que pagam ou já pagaram bônus e remunerações a seus trabalhadores por meio de um cartão de premiação são alvos de investigação da Receita Federal e do Ministério da Previdência por suspeitas de sonegação de impostos e contribuições previdenciárias.

Desde o ano passado e, de forma mais intensa a partir de agosto deste ano, esses dois órgãos e mais o Ministério Público Federal estão fiscalizando empresas que utilizam esse tipo de serviço, em uma operação denominada "Premium Card". Este é o nome do cartão de premiação oferecido pela maior empresa de marketing de incentivo da América Latina, a Incentive House, do Grupo Accor.

No entendimento da Receita e da Previdência não importa se a empresa está pagando parte do salário de seus funcionários por meio desse cartão ou se está fornecendo apenas um bônus ou incentivo a alguns deles. Para esses órgãos, esse valor precisa ser contabilizado na folha de pagamento e está sujeito à tributação.

A reportagem do Valor conversou com duas pessoas, contratadas com carteira assinada, que recebem 50% dos seus salários mensais por meio desse cartão do BB — a outra metade é depositada em conta corrente. Uma delas é funcionária de uma empresa de recrutamento e seleção de pessoas e a outra trabalha em um laboratório de análises clínicas. A diferença entre elas é que uma recebe 13º salário e férias sobre o valor cheio do salário, enquanto a outra recebe somente sobre o valor que consta no contracheque.

Fonte: Valor online — 16.10.2006

Receita fiscaliza uso de cartões de incentivo em São Paulo — Jornal Estado de São Paulo — 2007

A Receita Federal deflagrou nesta terça-feira, 27, a Operação Camaleão, cujo objetivo é fiscalizar o uso de cartões de incentivo ou de premiação que empresas costumam oferecer a seus funcionários e executivos com a intenção de sonegar impostos. De acordo com a delegada da Receita Federal de Fiscalização em São Paulo, Roseli Abe, cerca de 150 fiscais foram encarregados de lavrar autos de início de ação fiscal em 350 empresas da capital paulista em que há indícios de irregularidades.

Em todo o Estado de São Paulo, 700 empresas serão alvo de fiscalização. Investigações realizadas pela Receita revelam que entre 2002 e 2005 as empresas movimentaram R$ 300 milhões através desses cartões. Somente uma empresa movimentou R$ 14 milhões. A delegada explicou que o uso de cartões de incentivo não é ilegal desde que os gastos do cartão correspondam a rendimentos isentos de Imposto de Renda.

No entanto, a Receita descobriu que há empresas que utilizam o cartão para pagar parte dos salários de funcionários e despesas pessoais de executivos, sobre os quais incide pagamento de IR. "Temos notícias de casos em que os beneficiários chegam a receber 50% dos seus salários mensais por meio desse tipo de cartão", citou. As prestadoras de serviço estariam convencendo os empresários a adquirir os cartões de incentivo justamente para facilitar a sonegação, porque deste modo as empresas poderiam declarar em seus balanços que o uso de cartões era na verdade despejo de marketing, portanto isento de Imposto de Renda e encargos trabalhistas.

Cerca de 4 a 5% do valor dos cartões eram cobrados como taxa de administração pela prestadora. Os cartões podem ser nominais ou ao portador e são aceitos em diversos estabelecimentos comerciais, tendo ainda o usuário a possibilidade de efetuar saques de dinheiro. Segundo Roseli, a suspeita de que 700 empresas no Estado estejam fazendo uso irregular do cartão surgiu a partir de uma troca de informações entre a Secretaria da Receita Federal, a Secretaria da Receita Previdenciária e o Ministério Público Federal. "A troca de informações foi muito importante e facilitou as investigações. Caminhamos para realizar operações deste tipo com ainda mais eficiência agora com a criação da Super Receita", prevê.

Com a operação desta terça, a Receita estima atingir de 70 a 80% dos R$ 300 milhões movimentados entre 2002 e 2005. Todas as empresas são clientes de uma única prestadora de serviços em que a Receita verificou indícios de irregularidades pela primeira vez em 2001, confirmando-os em 2005. Nas próximas etapas da operação, clientes de outras três prestadoras de serviço também serão investigados.

Fonte: <http://economia.estadao.com.br/noticias/geral,receita-fiscaliza-uso-de-cartoes-de-incentivo-em-sao-paulo,20070227p20043>.

A classificação de incidência que o empregador pratica em sua folha de pagamento representa não só o que está oferecendo à tributação para cumprimento das suas obrigações, mas uma conduta, um comportamento, uma intenção, que pode ensejar entendimentos que a classificariam em tipicidades penais de crimes contra a ordem tributária e sonegação previdenciária.

4. Eventos Periódicos

São aqueles cuja ocorrência tem periodicidade previamente definida, compostos por informações da folha de pagamento e da apuração de outros fatos geradores de contribuições previdenciárias como, por exemplo, os incidentes sobre os pagamentos efetuados às pessoas físicas quando da aquisição da sua produção rural, e do desconto do imposto sobre a renda retido na fonte no momento dos pagamentos às pessoas físicas:

- S-1200 — Remuneração de Trabalhador Vinculado do RGPS.
- S-1202 — Remuneração de Trabalhador Vinculado do RPPS.
- S-1207 — Benefícios Previdenciários
- S-1210 — Pagamento de Rendimentos do Trabalho
- S-1250 — Aquisição de Produção Rural
- S-1260 — Comercialização da Produção Rural Pessoa Física
- S-1270 — Contratação de Trabalhadores Avulsos Não-portuários

- S-1280 — Informações Complementares — Eventos Periódicos
- S-1295 — Solicitação de Totalização para Pagamento em Contingência
- S-1298 — Reabertura de Folha de Pagamento
- S-1299 — Fechamento de Folha de Pagamento

Saliente-se que é o eSocial que calcula e monta a apuração da escrituração digital do empregador, recepcionando e registrando as rubricas de folha com seus montantes, suas classificações e demais dados de pagamento, pela transmissão dos eventos periódicos S-1200 ou S-1202, que se utiliza do regime de competência, próprio para discriminação das verbas devidas no período, com apuração dos fatos geradores e valores devidos de contribuições previdenciárias, de contribuições para as outras entidades e fundos e de FGTS, enquanto que o evento periódico S-1210 se submete ao regime de caixa, próprio para identificação da ocorrência do fato gerador do imposto de renda dos trabalhadores pessoas físicas para retenção na fonte.

Os eventos periódicos devem ser transmitidos até o dia 07 do mês seguinte, antecipando-se o vencimento para o dia útil imediatamente anterior no caso de não haver expediente bancário.

4.1. Evento S-1200 — Remuneração do Trabalhador Vinculado do RGPS

Neste evento devem ser informadas todas as parcelas devidas ao trabalhador, integrantes e não integrantes da remuneração do trabalhador, de acordo com o regime de competência. Este evento tem como finalidade informar ao fisco os valores devidos de acordo com a verbas classificadas pelo empregador, informando ao eSocial os cálculos de contribuição de previdenciária e de FGTS que devem ser feitos no período de apuração informado.

Estão sujeitos a este evento os trabalhadores com regime de contratação pela CLT, trabalhadores sem vínculo empregatício como diretores, cooperados, autônomos, entre outros, e os servidores estatutários vinculados ao RGPS, como os servidores ocupantes exclusivamente de cargos em comissão de livre nomeação e exoneração.

O S-1200 deve consolidar em um único evento para cada trabalhador em cada período de apuração (um evento por CPF/NIS), todos os vínculos nos Demonstrativos de Valores Devidos (DMV), que tem significado similar aos tipos de folha processados pelos sistemas das empresas. A cada nova data de pagamento ou mudança de categoria de trabalhador é necessário alterar o código do DMV, mas um mesmo demonstrativo admite remunerações de vários vínculos do mesmo trabalhador até 8 matrículas diferentes.

Este evento contém informações importantes para o cálculo das contribuições previdenciárias devidas e identificação dos rendimentos, como múltiplos vínculos, Informações cadastrais complementares, os códigos de rubricas, saúde coletiva, agente nocivo, informações relativas a diferenças salariais de períodos anteriores.

Mesmo com o eSocial calculando o valor da contribuição devida pelo empregado, trabalhador avulso e contribuinte individual, é obrigatório que o empregador informe a rubrica de desconto da contribuição previdenciária de sua tabela 1010 e o valor da competência, para que tenha *status* de declaração em relação ao valor que efetivamente descontou do trabalhador no cumprimento da legislação previdenciária na qualidade de responsável tributário.

A informação do valor descontado levará à verificação do efetivo recolhimento, sob pena de enquadramento na conduta de apropriação indébita previdenciária, conceituada como crime no Código Penal.

4.1.1. Múltiplos Vínculos

De acordo com a opção informada, o eSocial vai praticar um determinado tipo de cálculo para contribuição devida do segurado da previdência social. Somente deve ser informado a existência de múltiplos vínculos quando o trabalhador informar a existência de outras remunerações recebidas no mesmo mês por outro empregador (S-1000). Dentro do mesmo empregador a existência de mais de um vínculo é tratada nas matrículas, mas não impacta no cálculo das contribuições.

Indicador de desconto da contribuição previdenciária do trabalhador, de acordo com as seguintes opções:

1 — Contribuição descontada pelo primeiro empregador;

2 — Contribuição descontada por outra(s) empresa(s) sobre valor inferior ao limite máximo do salário de contribuição; e

3 — Contribuição sobre o limite máximo de salário de contribuição já descontada em outra(s) empresa(s).

Se for informada a opção 1, o eSocial vai calcular a contribuição devida pelo segurado trabalhador considerando o valor da remuneração informada no evento S-1200, até o limite máximo do salário-de-contribuição, porém, enquadrando na alíquota de acordo com o total da remuneração recebida em todos os vínculos informados.

Se for informada a opção 2, o eSocial vai calcular a calcular a contribuição sobre a diferença de remuneração em relação á remuneração informada do primeiro empregador, até o limite máximo do salário-de-contribuição, enquadrando na alíquota de acordo com o total da remuneração recebida em todos os vínculos informados.

Se for informada a opção 3, o eSocial não vai calcular a contribuição devida pelo segurado na competência, pois foi informado que esta foi recolhida pelo limite máximo do salário-de-contribuição nos demais empregadores.

Como verifica-se na normativa da RFB, é obrigação do empregado comunicar a ocorrência de múltiplos vínculos:

"§ 2º do art. 77 da Instrução Normativa RFB n. 971, de 2009:

A apuração da contribuição descontada do segurado empregado, trabalhador avulso ou contribuinte individual que presta serviços remunerados a mais de uma empresa será efetuada da seguinte forma:

I — tratando-se apenas de serviços prestados como segurado empregado, empregado doméstico e trabalhador avulso:

a) quando a remuneração global for igual ou inferior ao limite máximo do salário-de-contribuição, a contribuição incidirá sobre o total da remuneração recebida em cada fonte pagadora, sendo a alíquota determinada de acordo com a faixa salarial correspondente ao somatório de todas as remunerações recebidas no mês;

b) quando a remuneração global for superior ao limite máximo do salário-de-contribuição, o segurado poderá eleger qual a fonte pagadora que primeiro efetuará o desconto, cabendo às que se sucederem efetuar o desconto sobre a parcela do salário-de-contribuição complementar até o limite máximo do salário-de-contribuição, observada a alíquota determinada de acordo com a faixa salarial correspondente à soma de todas as remunerações recebidas no mês;

II — tratando-se de serviços prestados exclusivamente na condição de contribuinte individual:

a) caso a soma das remunerações recebidas não ultrapasse o limite máximo do salário-de-contribuição, cada empresa aplicará, isoladamente, a alíquota de contribuição definida nas alíneas "a" ou "b" do inciso II do art. 65, conforme o caso;

b) se ultrapassado o limite máximo do salário-de-contribuição, a empresa, onde esse fato ocorrer, efetuará o desconto da contribuição prevista nas alíneas "a" ou "b" do inciso II do art. 65, conforme o caso, sobre o valor correspondente à diferença entre o limite e o total das remunerações sobre as quais já foram efetuados os descontos;

III — tratando-se de atividades concomitantes nas condições de segurado contribuinte individual e segurado empregado, empregado doméstico, ou trabalhador avulso:

a) à soma das remunerações como segurado empregado, empregado doméstico e trabalhador avulso, aplica-se o disposto no inciso I deste parágrafo;

b) às demais remunerações decorrentes da atividade de contribuinte individual, aplicam-se os procedimentos definidos no inciso II deste parágrafo, até o valor correspondente à diferença entre o limite máximo do salário-de-contribuição e o valor obtido na alínea "a" deste inciso, observado o disposto no § 5º."

Nas três modalidades de descontos referentes a trabalhadores que possuem múltiplos vínculos com outros empregados (lembrando, apenas com outro S-1000) devem ser informados o CNPJ ou CPF do(s) outro(s) empregador(es), a categoria do trabalhador no vínculo anterior e o valor da remuneração. Se for informado o tipo 3, o valor da remuneração pode ser informado igual a zero, isso porque o eSocial não precisará fazer o cálculo da contribuição previdenciária para este empregador já que o limite máximo do salário-de-contribuição já foi alcançado nos empregadores anteriores.

4.1.2. Outras Informações Adicionais/Complementares

O registro de informações complementares é exigido para as categorias de trabalhadores que não estão obrigadas aos eventos S-2200 e S-2300, e quando o evento S-2300 não foi enviado em caráter opcional. Assim, nestes casos em que o empregador optou por não enviar o evento S-2300 para os trabalhadores autônomos ou transportadores autônomos por exemplo, será exigida informação do nome e data de nascimento do trabalhador, adicional ao CPF e PIS que já são informados para todas as categorias, além da CBO e a natureza da atividade, se urbana ou rural.

Caso o trabalhador tenha um processo judicial que modifique a incidência sobre a o total da sua remuneração, este processo deve ser informado no evento S-1200 e não nas rubricas específicas da tabela S-1010, tendo que constar obrigatoriamente da tabela S-1070. Como exemplo podemos citar um caso de um contribuinte do imposto de renda que teve o direito à isenção do IR por moléstia grave reconhecido judicialmente.

Casos por exemplo em que o trabalhador ganha uma ação para não recolher imposto de renda sobre sua remuneração como um todo por possuir ou ter possuído moléstia grave que não foi reconhecida administrativamente pela RFB. São casos em que a não incidência ocorre em função do trabalhador e não em função da especialidade da verba recebida.

Para o trabalhador intermitente, categoria 111, é necessário informar em seu evento S-1200 a quantidade de dias trabalhados no período de apuração.

4.1.3. Demonstrativo de Valores Devidos (DMV)

Para cada Demonstrativo de Valores Devidos devem ser informadas as rubricas que fizeram parte de um pagamento processado pela folha de pagamento. O identificador de cada DMV é atribuído pelo empregador, podendo utilizar-se de um código padrão para todos os trabalhadores, apenas havendo necessidade de códigos diferentes nos casos de mais de um pagamento ao mesmo trabalhador em um mesmo período de apuração.

Em cada DMV pode haver apenas uma categoria de trabalhador. Caso o trabalhador tenha um vínculo como empregado e outro como prestador de serviço autônomo devem ser criados demonstrativos de valores devidos diferentes. Ocorre também nos casos de cooperados que também são diretores de cooperativas, dentre outras situações.

Para cada DMV podem ser informados até 500 estabelecimentos em que o trabalhador atuou durante o mês, esta obrigatoriedade decorre da elaboração da folha de pagamento por estabelecimento, por obra de construção civil e por tomador de serviço.

"Inciso III e VIII do art. 47 da IN RFB 971, de 2009:

III — elaborar folha de pagamento mensal da remuneração paga, devida ou creditada a todos os segurados a seu serviço, de forma coletiva por estabelecimento, por obra de construção civil e por tomador de serviços, com a correspondente totalização e resumo geral, nela constando (...)

VIII — informar mensalmente, à RFB e ao Conselho Curador do FGTS, em GFIP emitida por estabelecimento da empresa, com informações distintas por tomador de serviço e por obra de construção civil, os dados cadastrais, os fatos geradores, a base de cálculo e os valores devidos das contribuições sociais e outras informações de interesse da RFB e do INSS ou do Conselho Curador do FGTS, (...)"

A exceção ocorre em relação ao prestador de serviço que realizar tarefa ou prestar serviços, quando, comprovadamente, utilizar os mesmos segurados para atender a várias empresas contratantes, alternadamente, no mesmo período, inviabilizando a individualização da remuneração desses segurados por tarefa ou por serviço contratado, é o que dispõe o art. 135 da IN/RFB 971, de 2009:

Art. 135. A empresa contratada fica dispensada de elaborar folha de pagamento e GFIP com informações distintas por estabelecimento ou obra de construção civil em que realizar tarefa ou prestar serviços, quando, comprovadamente, utilizar os mesmos segurados para atender a várias empresas contratantes, alternadamente, no mesmo período, inviabilizando a individualização da remuneração desses segurados por tarefa ou por serviço contratado.

Parágrafo único. São considerados serviços prestados alternadamente, aqueles em que a tarefa ou o serviço contratado seja executado por trabalhador ou equipe de trabalho em vários estabelecimentos ou várias obras de uma mesma contratante ou de vários contratantes, por etapas, numa mesma competência, e que envolvam os serviços que não compõem o Custo Unitário Básico (CUB), relacionados no Anexo VIII.

Em cada informação de estabelecimento deve ser informada apenas uma lotação. Se por acaso, o trabalhador atuou em mais de uma lotação no mesmo estabelecimento durante o mês, este estabelecimento deve vir registrado duas vezes no eSocial, em cada registro com a lotação diferente.

A partir da informação do estabelecimento, identifica-se o vínculo do trabalhador empregado a matrícula e a partir daí discrimina-se os itens de remuneração pela relação das rubricas de folha (eventos de folha) com valores durante o mês. O 1200 possui campos para informar os códigos de rubrica, a tabela, a fator, a quantidade e valor unitário e total da rubrica.

O somatório dos vencimentos deve ser maior ou igual ao somatórios dos descontos, não se admitindo um evento S-1200 que tenha como remuneração do trabalhador um valor negativo. Neste caso as verbas com função de cobrir insuficiência de saldo devem ser informadas. As verbas/rubricas classificadas como informativas (tipo 3) e informativas dedutoras (tipo 4) não são computadas neste cálculo.

Caso conste entre as rubricas informadas no evento de remuneração S-1200 o desconto de assistência médica do empregado e de seus dependentes, classificada na natureza de rubrica da tabela 3 do eSocial com o código 9219, faz-se necessário preencher o grupo de informações de saúde coletiva, informando o identificador CNPJ e o registro na ANS da operadora do plano de saúde, contendo também o tipo de dependente de acordo com a tabela 7 do eSocial, o CPF, o nome e data de nascimento do dependente, bem como o valor pago do plano de saúde em relação a cada dependente.

Na sequência, deve ser informado se este trabalhador está ou não sujeito a agente nocivo que enseja aposentadoria especial por 15, 20 ou 25 anos de acordo com a tabela 2 do eSocial. Com base nesta informação, o eSocial vai calcular a contribuição adicional de 6%, 9% ou 12% sobre a remuneração deste trabalhador, exceto para os casos em que a atividade esteja com a contribuição previdenciária sobre a folha de pagamentos substituída pela receita bruta (produtor rural pessoa jurídica, simples nacional e atividade com desoneração da folha de pagamento).

Ao final do período de apuração, deve ser preenchido o código de convocação do trabalhador intermitente a qual se refere a remuneração informada nos casos de vínculo com trabalhador por contrato de trabalho intermitente.

4.1.4. Remuneração Referente a Períodos Anteriores

Mudando a sistemática existente atualmente na Gfip/Sefip 650, a informação de pagamentos de remunerações devidas em períodos anteriores passa a ser feita sem a necessidade de retificar ou reabrir as folhas passadas, mas apenas incluindo as informações de cada mês de referência e cada verba devida no mesmo evento S-1200 do período de apuração em que se tornaram devidas, de acordo com os seguintes motivos:

A — Acordo Coletivo de Trabalho;

B — Legislação federal, estadual, municipal ou distrital;

C — Convenção Coletiva de Trabalho;

D — Sentença Normativa — Dissídio;

E — Conversão de Licença Saúde em Acidente de Trabalho;

F — Verbas de natureza salarial ou não salarial devidas após o desligamento.

Para todos os motivos, com exceção do "F", é preciso informar a data de assinatura do instrumento ou da decisão de que alterou o motivo de afastamento.

Também deve ser informada a competência em que se tornaram devidos os efeitos remuneratórios, devendo ser igual ou posterior a competência do período de apuração informado no evento S-1200.

Além disso, é importante informar a data dos efeitos do instrumento ou decisão que alterou o motivo de afastamento, sendo normalmente à data-base da categoria ou o início do afastamento por doença ou acidente. Assim, tem-se de forma clara os períodos anteriores em que as remunerações que constarão neste grupo de informações irão retroagir, podendo ser em até 180 meses.

Para cada mês anterior que será referenciado, devem ser detalhadas as verbas devidas de proventos, descontos e informativas referentes às diferenças salariais, tal qual o detalhamento das verbas do período de apuração atual, sem a necessidade de reabrir as folhas já fechadas dos períodos anteriores.

Para os trabalhadores que não foram informados no evento S-2300, é necessário informar ao final do evento S-1200 dois dados contratuais básicos: CBO e natureza urbana ou rural da atividade.

O evento S-1200 não deve ser informado no mês em que ocorreu o desligamento. Todas as verbas devidas devem ser informadas no evento S-2299, inclusive os adiantamentos salariais. Somente pode ocorrer a concomitância do evento S-1200 e S-2299 no mesmo mês de apuração quando o motivo de desligamento não encerrar o vínculo, ou que o S-1200 apenas refira-se a períodos anteriores ao do desligamento.

4.2. S-1202 — Remuneração de Servidor Público Vinculado a Regime Próprio de Previdência Social

O evento S-1202 tem a função similar ao do evento S-1200, apurar as remunerações devidas ao trabalhador, porém, voltado especificamente para os servidores públicos vinculados a regime próprio de previdência social.

Nesta situação, o eSocial não vai calcular os valores devidos de contribuição previdenciária, acatando a informação que foi prestada pela administração pública empregadora. Isto porque as regras de composição de base de cálculo e alíquotas da contribuição previdenciária diferem em cada ente de federação de acordo com a lei de criação de cada regime.

Estão sujeitos a este evento os trabalhadores das categorias 301, 303 (sub judice no STF para parlamentares estaduais), 305 (desde que seja servidor público efetivo oriundo de ente que possua RPPS) e 307 (Militar).

Em função desta similaridade, vamos descrever apenas as peculiaridades neste tópico do evento S-1202 em relação ao evento S-1200.

Além do CPF e NIS do servidor, é necessário preencher os dependentes do servidor para o RPPS. Apenas os dependentes para o RPPS neste evento, os dependentes do IR serão informados no evento S-1210. De acordo com a IN/RFB 1.760, de 2017, a partir da Declaração de Imposto de Renda de 2019, AC 2018, a informação do CPF do dependente é sempre obrigatória independentemente da idade.

Assim como no evento S-1200, devem fazer parte da composição dos demonstrativos de valores devidos ao servidor público a totalidade dos rendimentos, considerando os tributáveis, isentos e não-tributáveis.

Em relação à informação de períodos anteriores no evento S-1202, somente está sendo permitida retroagir as parcelas devidas nos casos que configurem na legislação do imposto de renda os "Rendimentos Recebidos Acumuladamente", identificando até 200 meses em que os pagamentos podem ser distribuídos.

Apesar de não integrarem o salário-de-contribuição na maioria dos regimes próprios, as parcelas referentes às diárias, ajudas de custo, indenização de transporte, auxílio-alimentação, salário-família, adicional de férias, gratificação por condição especial de trabalho, gratificação de função de confiança, abono de permanência, entre outras, devem compor o evento S-1202 dos servidores que as recebem.

4.3. S-2299 — Desligamento e S-2399 — Término de TSVE

É nesse evento que o empregador informa o encerramento do vínculo contratual ou estatutário. Além das informações de encerramento do vínculo de trabalho, neste evento são também trazidas as informações de quitação das verbas devidas no mês em que ocorre o desligamento, contendo as verbas salariais devidas no mês e as verbas rescisórias de acordo com cada caso.

Portanto, este é um evento híbrido, apesar de ser classificado como evento não-periódico, nele constam as informações que são próprias dos eventos periódicos de remuneração S-1200. Com o envio do S-2299 com os valores devidos no mês de desligamento, não deve ser enviado o evento S-1200 para o mesmo período.

Com isso, o evento S-1210 que informará a data de pagamento das verbas devidas no desligamento, bem como o valor líquido entregue ao trabalhador, as deduções e o desconto do IRRF, vai se referenciar ao demonstrativo de valores devidos informado no evento S-2299. A exceção é quando o desligamento não implicar rescisão do contrato de trabalho com motivo de desligamento {mtvDeslig} = [11, 12, 13, 25, 28, 29, 30]), que são casos de sucessão do vínculo de emprego ou de trabalho, nestes casos o evento S-2299 é enviado sem as verbas rescisórias e a remuneração devida no mês vai informada no S-1200.

O desligamento do empregado encerra o vínculo contratual existente com aquele empregador e antecipa todas as parcelas salariais devidas e já conhecidas, tais como comissões pendentes e percentagens, que devem ser liquidadas e informadas neste evento. O pagamento de parcelas salariais, de natureza rescisória, apuradas depois do envio do evento "Desligamento", como horas extras e ajustes de faltas, requer a retificação deste evento e não devem ser consideradas como rescisão complementar, exceto aquelas decorrentes de fatos jurídicos posteriores ao desligamento, como por exemplo um bônus de resultado em que o valor somente foi apurado (conhecido) quando do atingimento da meta institucional ou resultado coletivo da empresa, em data posterior ao encerramento do vínculo com o trabalhador.

Portanto, temos situações de pagamento de remuneração que podem ocorrer após o desligamento de um vínculo, situação em que a remuneração deve ser informada no evento S-1200 e o pagamento no evento S-1210. São elas:

a) S-1200 referente a qualquer das situações que ocasionam remuneração relativa a períodos anteriores, desde que o período de referência esteja compreendido na vigência do contrato de trabalho;

b) S-1200 quando decorrente de período de quarentena; quando decorrente de PLR; quando se tratar de pagamento de Stock Option; quando se tratar de folha anual ou quando se tratar de quarentena informada no evento de desligamento — S-2299;

c) quando o desligamento não implicar rescisão do contrato de trabalho (motivos 11, 12, 13, 25, 28, 29 e 30 da tabela 19), desde que informado no mesmo período de apuração do desligamento;

d) S-1202 referente a qualquer das situações ensejadoras da remuneração relativa a períodos anteriores previstas no campo, desde que o período de referência seja anterior ao desligamento;

e) S-1210, quando decorrentes de remuneração informada nos eventos S-1200, S-1202, S-1207, S-2299 e S-2399 ocorridos dentro do período de vigência do contrato de trabalho ou nos casos elencados nas alíneas "a" e "b" deste item

O evento de término do trabalho sem vínculo de emprego ou estatutário S-2399 — TSVE tem a mesma finalidade do evento de desligamento S-2299. São informados dados do fim do contrato de prestação de serviços e da remuneração devida na rescisão contratual no mesmo formato do desligamento.

Também são detalhadas as rubricas de folha de pagamento, plano de saúde empresarial nos casos específicos em que houver, múltiplos vínculos, quarentena e agentes nocivos (trabalhadores avulsos e cooperados);

4.4. Consistência entre Remuneração e Pagamento.

É comum o processamento da folha de pagamento gerar também uma rubrica de líquido a pagar ou valor líquido junto com as demais verbas. Porém, esta informação, em conjunto com a data do efetivo pagamento feito ao trabalhador é informado em outro evento, o S-1210.

Além da data e do valor líquido pago, acompanham as rubricas que representam as retenções dos descontos de IRRF, bem como da dedução da base pensão alimentícia, que seguem o regime de caixa.

Para cada trabalhador deverá ser enviado um único evento "S-1200", "S-1202", "S-1207", "S-2299" ou "S-2399" no mesmo período de apuração. Se o trabalhador tem dois ou mais vínculos trabalhistas celetistas ou sem vínculo de emprego, todas as remunerações devidas são informadas no mesmo evento, exceto se houver um vínculo de servidor do RPPS com outro vínculo celetista ou estatutário do RGPS, neste caso seria necessário enviar um eventos S-1202 para o vínculo com RPPS e S-1200 com a remuneração do vínculo de RGPS, devendo levar em consideração que trata-se de hipótese remota e que exigiria dois eventos distintos S-2200 ou um S-2200 e um S-2300.

A empresa ou órgão público deverá registrar um código de demonstrativo de valores devidos toda vez que mudar a data do pagamento realizado ou o trabalhador mudar de categoria. Para cada demonstrativo deve ser atribuído um identificador único nos casos em que haja mais de um demonstrativo no mesmo trabalhador, por mês de referência, inclusive nos casos valores devidos em períodos anteriores lançados no grupo de informações específico.

Como já dito, o DMV é o elo entre a remuneração devida de determinado processamento de folha (tipo de folha) e cada valor pago ao trabalhador. É o demonstrativo que vai se relacionar nos eventos que são regidos pelo regime de competência (S-1200/S-1202/S-2299/S-1207/S-2399) e o evento regido pelo regime de caixa de acordo com a data de pagamento (S-1210).

Nestes casos, o valor líquido informado no evento S-1210 deve ser igual à resultante do somatório das rubricas de provento (tipo 1) subtraído do somatório das rubricas de descontos (tipo 2), apesar do eSocial destravar esta validação e permitir que o valor informado seja diferente desta resultante.

As rubricas dos tipos informativas e informativas dedutoras (tipos 3 e 4) constantes do evento de remuneração não são computadas no cálculo do valor líquido do evento de pagamento.

Portanto, tem-se a seguinte fórmula:

S-1200 (Total de Proventos) — (Total de descontos) = S-1210 (Valor Líquido + desconto do IRRF + Desconto de PA)

Pede-se atenção especial para a rubrica de desconto de IR (códigos de incidência de 31 a 35), que apesar de compor os descontos legais da remuneração, deve sempre ser informada no evento S-1210, assim como o valor da pensão alimentícia, que é tratado nos sistemas como um evento de folha e no eSocia é tratado como um campo específico, com informações cadastrais do alimentando, do beneficiário da pensão. Essas rubricas não devem compor o evento da remuneração devida, apenas o evento de pagamento regido pelo regime de caixa.

4.5. Fechamento da Folha de Pagamento

Para que se conclua na totalidade o envio da folha de pagamento no mês, precisa que o evento de fechamento dos eventos periódicos seja recepcionado.

A aceitação do fechamento dos eventos periódicos pelo eSocial somente se processará após processadas as devidas validações, incluindo a verificação se todos os empregados e agentes públicos que estão ativos no RET foram informados no respectivo período de apuração. São considerados inativos aqueles que estão afastados sem fazerem jus à remuneração e os que foram desligados em meses anteriores.

Os empregados com a categoria 111, empregado contratado para trabalho intermitente, e as categorias que se sujeitam ao evento de trabalhador sem vínculo de emprego ou estatutário (S-2300) não são validados no fechamento da folha, isso se deve ao fato que estas categorias em particular não recebem remuneração mensal de forma obrigatória, a depender do tipo de contrato e serviço prestado, a remuneração pode ser paga em periodicidade diferente da duração de um mês como determina a CLT para os vínculos de emprego. Por essa razão, o eSocial aceita o fechamento mesmo se alguns trabalhadores ativos no RET pelo evento S-2300 não tiverem seu evento de remuneração S-1200 enviado.

Pode-se dizer que no eSocial o fechamento é o Nirvana, é o alívio, é o atingimento da felicidade do operador da folha de pagamento, é a sensação de dever cumprido, porque somente após o fechamento ser recepcionado com sucesso é que é possível concluir a totalização das bases de cálculo relativas à remuneração dos trabalhadores e possibilita a integração com a respectiva DCTFWeb e somente aí, neste glorioso momento, o contribuinte pode gerar as guias de recolhimento.

No recibo de cada evento de remuneração o eSocial devolve um totalizador (S-5001) contendo um resumo individual por trabalhador, com as bases de cálculo e valores de contribuição, cuja conferência é mandatória pelo empregador, para detectar diferenças e corrigi-las sem acúmulo. No recibo do fechamento (S-1299), os eventos totalizadores trazem as informações da apuração por empresa e por estabelecimento, não mais por trabalhador, o que chamo de resumo da folha. Detalham os valores de base de cálculo por tipo de código de incidência e os débitos calculados por código de receita de contribuição, além das bases de cálculo do IR e do imposto retido informado e totalizado. Resgatam também as informações de tabelas que foram utilizadas, como o RAT, FAP e RAT ajustado, FPAS e Código de terceiros, entre outros.

Estas informações detalhadas foram criadas para trazer segurança ao contribuinte empregador no final da apuração e poder conferir os dados antes da confissão de dívida, razão pela qual o sistema interno precisa demonstrar com linguagem apropriada para o usuário do departamento pessoal um lindo relatório, contendo o resumo de folha do eSocial, capaz de permitir uma verificação com segurança dos totais e da apuração final do período.

5. Conclusão ou Considerações Finais

Fica evidente que o funcionamento dos eventos periódicos do eSocial na parte de remuneração devidas e pagas aos trabalhadores utiliza a lógica de um sistema de folha de pagamento, porém, com o rigor da consistência lógica dos fatos trabalhistas que todo sistema deveria ter.

Também se evidencia a necessidade de transparência e precisão no processo de classificação de rubricas e identificação das parcelas destinadas ao trabalhador, que passa a vincular o pagamento das contribuições e na sequência do IRRF. O que não estiver no eSocial, não está na folha de pagamento.

Afinal, quem não tem alma de sonegador, não vai querer ser acusado de ter folha dois por desconhecimento ou erro, pois as verbas que não forem informadas nos eventos de remuneração não comporão a folha de pagamento da empresa. A preparação é a chave para uma boa implantação, com estudo, dedicação e criatividade.

6. Referências Bibliográficas

BRASIL. Comitê-Gestor do eSocial — Leiautes do eSocial — Brasília, 2018. v.2.4.02 — Disponível em: <https://portal.esocial.gov.br/institucional/documentacao-tecnica>. Acesso em: 23 abr. 2018.

BRASIL. Comitê-Gestor do eSocial — Manual de Orientação do eSocial — versão 2.4.2 2018. Disponível em: <https://portal.esocial.gov.br/institucional/documentacao-tecnica>. Acesso em: 10 ago. 2018.

BRASIL. Comitê-Gestor do eSocial — NDE 02/2018. Disponível em: <https://portal.esocial.gov.br/institucional/documentacao-tecnica>. Acesso em: 10 ago. 2018.

RFB — Secretaria da Receita Federal do Brasil — Soluções de Consulta. Disponível em: <http://normas.receita.fazenda.gov.br/sijut2consulta/consulta.action>. Acesso em: 26 abr. 2018.

RFB — Secretaria da Receita Federal do Brasil — Parecer Normativo Cosit n. 11, de 30 de Setembro de 1992. Disponível em: <http://normas.receita.fazenda.gov.br/sijut2consulta/link.action?visao=anotado&idAto=30917>.

RFB — Secretaria da Receita Federal do Brasil — Manual da GFIP/SEFIP para usuários do SEFIP 8.4. 2008. Disponível em: <http://idg.receita.fazenda.gov.br/orientacao/tributaria/declaracoes-e-demonstrativos/gfip-sefip-guia-do-fgts-e-informacoes-a-previdencia-social-1/orientacoes-gerais/manualgfipsefip-kit-sefip_versao_84.pdf>. Acesso em: jan. 2018.

RFB — Secretaria da Receita Federal do Brasil — Manual do Imposto sobre a Renda Retido na Fonte — 2016. 2017. Disponível em: <http://idg.receita.fazenda.gov.br/orientacao/tributaria/declaracoes-e-demonstrativos/dirf-declaracao-do-imposto-de-renda-retido-na-fonte/arquivos-mafon/mafon-2016.pdf>.

STJ — Superior Tribunal de Justiça. Pesquisa de Jurisprudência. Acórdãos REsp 1230957/RS — RECURSO ESPECIAL 2011/0009683-6. Disponível em: <http://www.stj.jus.br/SCON/jurisprudencia/doc.jsp?livre=AUXILIO+DOENCA+INCIDENCIA&repetitivos=REPETITIVOS&b=ACOR&p=true&l=10&i=1>. Acesso em: 26 abr. 2018.

STJ — Superior Tribunal de Justiça — REsp 1192556 / PE RECURSO ESPECIAL 2010/0079732-9. Disponível em: <http://www.stj.jus.br/SCON/jurisprudencia/toc.jsp?livre=ABONO+DE+PERMANENCIA+IMPOSTO&repetitivos=REPETITIVOS&&tipo_visualizacao=RESUMO&b=ACOR>. Acesso em: 26 abr. 2018.

STJ — Fonte: Superior Tribunal de Justiça — Resp 16436690 /RS — Recurso Especial — 2016/0322903-0. Disponível em: <http://www.stj.jus.br/SCON/jurisprudencia/doc.jsp?livre=fgts+direito+autonomo+&b=ACOR&p=true&l=10&i=4>. Acesso em: 26 abr. 2018.

CARF/MF — Conselho Administrativo de Recursos Fiscais do Ministério da Fazenda — Súmulas. Disponível em: <http://idg.carf.fazenda.gov.br/jurisprudencia/sumulas-carf/sumulas-por-materia/contribuicoes-previdenciarias>. Acesso em: 26 abr. 2018.

CARF/MF — Conselho Administrativo de Recursos Fiscais do Ministério da Fazenda. Acórdão n. 9202-0C4.008 — 2ª Turma. Disponível em: <https://carf.fazenda.gov.br/sincon/public/pages/ConsultarJurisprudencia/consultarJurisprudenciaCarf.jsf>. Acesso em: 26 abr. 2018.

CARF/MF — Conselho Administrativo de Recursos Fiscais do Ministério da Fazenda — Acórdão 1301001.646 — Disponível em: <https://carf.fazenda.gov.br/sincon/public/pages/ConsultarJurisprudencia/consultarJurisprudenciaCarf.jsf>. Acesso em: 26 abr. 2018.

PGFN/MF — Procuradoria-Geral da Fazenda Nacional — Atos Declaratórios. Disponível em: <http://www.pgfn.fazenda.gov.br/assuntos/legislacao-e-normas/temas-com-dispensa-de-contestar-e-recorrer/temas-com-dispensa-de-contestar-e-recorrer>. Acesso em: 26 abr. 2018.

Jornal Estado de São Paulo — 27.2.2007. Disponível em: <http://economia.estadao.com.br/noticias/geral,receita-fiscaliza-uso-de-cartoes-de-incentivo-em-sao-paulo,20070227p20043>. Acesso em: 26 abr. 2018.

Jornal Valor Econômico — Valor online — 16/10/2006. Disponível em: <http://informelex.com.br/noticias-tributarias/ver/1222/receita-investiga-cart%C3%B5es-de-premia%C3%A7%C3%A3o>. Acesso em: 10 abr. 2018.

A Dinâmica das Informações Relativas ao Pagamento de Rendimentos do Trabalho no eSocial

Samuel Kruger(*)

1. Introdução

O evento "S-1210 — Pagamento de Rendimentos" tem por objeto a prestação de informações relativas a pagamento de remuneração a trabalhadores e de benefícios previdenciários a segurados de RGPS, objetivando principalmente as questões tributárias relacionadas ao Imposto de Renda.

Em função de seu viés tributário, este evento possui uma peculiaridade que vale a pena ser comentada, que diz respeito às terminologias e conceitos aplicados, que são bem diferentes em relação aos demais eventos do eSocial, os quais são trazidos das legislações que versam sobre os temas abordados pelo eSocial. Há diferenças inclusive entre as legislações trabalhista e previdenciária. Enquanto que na legislação trabalhista são utilizados alguns termos próprios como "trabalhador, empregado e remuneração", na legislação previdenciária são utilizados outros, como por exemplo, "segurado, salário de contribuição e contribuição previdenciária" e na legislação tributária, "contribuinte, beneficiário, rendimentos, entre outros".

O eSocial, portanto, é um projeto desafiador, que integra numa única escrituração fiscal, informações previstas em três legislações diferentes, cada uma contendo conceitos e termos próprios, mas cuja matéria ou assunto é comum em diversos aspectos. Assim, uma mesma informação, em algumas situações, serve tanto para atender a legislação previdenciária, quanto a trabalhista e também a tributária.

Por exemplo, o trabalhador, assim definido na legislação trabalhista, é denominado pela legislação previdenciária como segurado e na legislação tributária, o trabalhador é denominado como contribuinte ou então, como beneficiário do rendimento. Da mesma forma, o valor recebido pelo trabalhador, na legislação previdenciária tem o nome de salário de contribuição, enquanto que na trabalhista, é chamado de remuneração e, na tributária, rendimentos do trabalho. Essa introdução é necessária para se fazer uma ligação entre conceitos e termos utilizados no presente artigo e os apresentados no restante desta obra e serve também para um melhor entendimento do próprio eSocial.

Assim, ao contrário dos demais eventos do eSocial, no evento S-1210 são utilizados termos mais apropriados à legislação do Imposto de Renda. O próprio nome do evento já utiliza termos empregados nessa legislação.

As informações trazidas neste capítulo não têm a intenção de substituir qualquer manual oficial, dado o volume de informações que seriam necessárias para tanto. Serve apenas a mostrar ao leitor, o funcionamento do eSocial no tocante ao Imposto de Renda Retido na Fonte.

1.1. Regime de Competência x Regime de Caixa

Um dos grandes desafios do eSocial foi equalizar o regime de competência com o regime de caixa, sem que houvesse redundância de informações, considerando que há no eSocial, tributos apurados por um e por

---

(*) Samuel Kruger, Contador, Auditor-Fiscal da Receita Federal do Brasil, membro da equipe técnica de desenvolvimento dos projetos eSocial e EFD-Reinf.

outro. Conceitualmente, regime de competência significa que o registro do evento é feito na data em que o evento ocorre de fato, independente da data efetiva da liquidação financeira (pagamento ou recebimento). Já no regime de caixa, o evento ocorre no momento do pagamento ou do recebimento.

Estes dois métodos são utilizados na apuração de tributos e FGTS que integram o eSocial. Enquanto que os fatos geradores da contribuição previdenciária e do FGTS ocorrem pelo regime de competência, o fato gerador do Imposto de Renda ocorre pelo regime de caixa. Por exemplo, uma remuneração relativa ao mês de janeiro em que o efetivo pagamento só ocorre no mês seguinte, ou seja, em fevereiro, tem como consequência, a contribuição previdenciária e o FGTS apurados e devidos no mês de janeiro, enquanto que o Imposto de Renda só é apurado e devido no mês base de fevereiro.

Juntar os dois regimes de apuração de tributos numa mesma escrituração fiscal sem necessidade de repetição de informações constitui-se num grande protagonismo do eSocial, em atendimento a uma de suas premissas e também do Sped, de não redundância de informações.

Para operacionalizar essa junção, criou-se no eSocial uma estrutura em que, por um lado, têm-se as informações de valores devidos aos trabalhadores ou segurados de previdência social e, por outro lado, as informações dos efetivos pagamentos. As informações acerca dos valores devidos estão configuradas nos eventos remuneratórios e as informações dos valores pagos estão no evento de pagamentos.

Importante ressaltar que o IRRF que é tratado no eSocial refere-se apenas àquele incidente sobre os rendimentos do trabalho e dos benefícios previdenciários pagos por RPPS, portanto, é apenas uma pequena parte do conjunto de situações que ensejam retenções do Imposto de Renda, sendo as demais situações tratadas na EFD-Reinf, e que não são tratadas na presente obra.

2. Os Eventos Remuneratórios

Os eventos remuneratórios são aqueles que contêm informações de remuneração devida a trabalhadores. Não se constituem, portanto em efetivo pagamento, mas apenas em informações de valores devidos a serem pagos. Estes eventos são utilizados para apuração de FGTS e de contribuição previdenciária, observando o regime de competência. Portanto, os empregadores e contribuintes devem prestar as informações de remuneração na competência em que efetivamente ocorrem, independente de haver o efetivo pagamento.

Os eventos remuneratórios no eSocial são:

a) S-1200 — Remuneração de trabalhador vinculado ao Regime Geral de Previdência Social e também a Regime de Previdência no Exterior;

b) S-1202 — Remuneração de servidor público vinculado a Regime Próprio de Previdência Social;

c) S-2299 — Desligamento;

d) S-2399 — Trabalhador Sem Vínculo de Emprego/Estatutário — Término;

e) S-1207 — Benefícios previdenciários — Regimes Próprios de Previdência Social.

2.1. Demonstrativos de Valores Devidos

Os eventos remuneratórios se integram com o evento de pagamentos por meio dos "Demonstrativos de Valores Devidos" que neles estão inseridos e que foram criados justamente para possibilitar esse relacionamento.

Devem ser criados tantos Demonstrativos de Valores Devidos quantas forem as parcelas a serem pagas ao trabalhador. Por exemplo: se a empresa paga seus trabalhadores em duas parcelas, sendo uma relativa a um adiantamento de salário e outra para pagamento do restante, deve criar dois demonstrativos de pagamentos no evento remuneratório, detalhando em cada demonstrativo, cada verba que compõe a remuneração, conforme exemplo de contracheques a seguir:

Evento S-1200 — Remuneração de Trabalhador

Identificação do Demonstrativo		Adt001
Período de Apuração		Janeiro/20X1
Rubrica	**Tipo**	**Valor**
Adiantamento de salário	Vencimento	3.000,00

Evento S-1200 — Remuneração de Trabalhador

Identificação do Demonstrativo		Folha001
Período de Apuração		Janeiro/20X1
Rubrica	**Tipo**	**Valor**
Salário	Vencimento	7.000,00
Desconto do Adiantamento de salário	Desconto	3.000,00
Desconto de contribuição previdenciária	Desconto	600,00

Importante destacar que a retenção do Imposto de Renda não deve ser informada nos eventos remuneratórios, mas apenas no evento de pagamento, pois a retenção é feita no momento da liquidação financeira, quando o fato gerador deste tributo acontece de fato. O mesmo ocorre com as informações de pensão alimentícia e previdência complementar.

3. O Efetivo Pagamento de Remunerações

A sistemática adotada pelo eSocial para prestação de informação de pagamento de remunerações consiste em um fluxo lógico no qual a informação de remuneração deve ser prestada antes da informação do respectivo pagamento. A remuneração deve ser informada de forma detalhada, verba por verba, utilizando-se das rubricas de folha de pagamento. Já as informações de pagamento complementam as informações remuneratórias com demais informações relativas ao Imposto de Renda e com as retenções relacionadas a este tributo.

Para melhor entendimento, abaixo são demonstrados exemplos de evento de pagamento, em continuação aos exemplos mencionados no item 2.1 — Demonstrativo de Valores Devidos, acima. Para tanto, considere que o adiantamento de salário foi pago no dia 20 do próprio mês de janeiro e o restante do salário foi pago no dia 05 de fevereiro.

Evento S-1210 — Pagamentos de Rendimentos

Identificação do Demonstrativo		Adt001
Período de Apuração		Janeiro/20X1
Data do Pagamento		20/01/20X1
Mês de Referência (ao qual se refere o evento remuneratório)		Janeiro/20X1
Rubrica	**Tipo**	**Valor**
Imposto de Renda Retido na Fonte	Desconto	300,00

Evento S-1210 — Pagamentos de Rendimentos

Identificação do Demonstrativo		Folha001
Período de Apuração		Fevereiro/20X1
Data do Pagamento		05/02/20X1
Mês de Referência (ao qual se refere o evento remuneratório)		Janeiro/20X1
Rubrica	**Tipo**	**Valor**
Imposto de Renda Retido na Fonte	Desconto	1.000,00

Pelos exemplos dados, abstrai-se que o contracheque do empregado é o conjunto das informações prestadas por meio dos eventos remuneratórios com as informações prestadas pelo evento de pagamento.

As informações das verbas que compõem os eventos de remuneração e de pagamento devem ser prestadas utilizando-se das rubricas de folha de pagamento que devem ser informadas previamente à sua utilização nesses eventos, por meio do evento S-1010 — Tabela de Rubricas. Podem ser utilizadas rubricas de vencimentos e descontos, que são as mais comuns, mas também podem ser utilizadas rubricas informativas e informativas dedutoras, essas duas últimas para informações de valores que não impactam no valor líquido a ser recebido pelo trabalhador.

O exposto neste tópico refere-se apenas a situações em que há pagamento total da remuneração informada em um Demonstrativo de Valores Devidos, em um evento remuneratório. Não se aplica, portanto, a pagamentos de valores inferiores ao inicialmente previsto num Demonstrativo. Caso o empregador faça um pagamento parcial, deverá observar o próximo tópico, que é específico a este tema.

Importante ressaltar que os valores da contribuição previdenciária e do FGTS a serem recolhidos, são calculados pela RFB e pela Caixa, respectivamente. Já o valor do IRRF é calculado pelo próprio contribuinte.

4. Pagamentos Parciais

Nos tópicos anteriores, foram abordados os pagamentos de valores devidos previstos nos eventos remuneratórios de forma integral, ou seja, exatamente como foram programados. Essa não é a única forma de se prestar informações de pagamento no eSocial, já que estão previstos pagamentos parciais, ou seja, pagamentos em valores inferiores ao previsto inicialmente nos eventos remuneratórios.

Se o contribuinte optar por prestar informações de pagamentos parciais, deverá informar cada verba que compõe o pagamento, tanto os vencimentos como os descontos que compõem o valor líquido pago ao trabalhador, além das rubricas informativas, se for o caso. Deverá para tanto, utilizar a tabela de rubricas de folha de pagamento, previamente transmitida por meio do evento próprio. O valor total pago, considerando todos os pagamentos parciais, não poderá ser superior ao valor do respectivo demonstrativo de valores devidos que lhe deu origem.

Para melhor ilustrar, considere como exemplo, um empregador que, em sua folha de pagamento apura R$ 10.000,00 a serem pagos a um trabalhador pelos serviços prestados em janeiro/20X1 e que, por problemas em seu fluxo de caixa, decide pagar apenas a metade em fevereiro/20X1, deixando o restante para o mês seguinte. Considerando as informações a serem prestadas em janeiro, o evento remuneratório teria a seguinte composição:

Informações do evento remuneratório:

a) Tipo de evento: S-1200 — Remuneração de Trabalhador

b) Período de apuração: janeiro/20X1;

c) Identificação do Demonstrativo de Valores Devidos: 001

Rubrica de folha	Tipo	Valor
Salário	Venc	10.000,00
Horas Extras	Desc	1.200,00
Faltas e/ou atrasos	Desc	700,00
Desconto de Contribuição Previdenciária	Desc	500,00
Líquido		10.000,00

No exemplo, acima, os valores são aleatórios, não considerando, portanto, alíquotas vigentes. Também não está sendo informada a rubrica do IRRF que, pelas regras do eSocial, esta deve fazer parte do evento de pagamento, já que este desconto deve ser feito no ato do pagamento.

Informações do evento de pagamento:

a) Tipo de evento: S-1210 — Pagamentos de Rendimentos;

b) Período de apuração: fevereiro/20X1;

c) Identificação do Demonstrativo de Valores Devidos: 001.

Rubrica de folha	Tipo	Valor
Salário	Venc	5.000,00
Hora Extras	Venc	600,00
Faltas e Atrasos	Desc	350,00
Desconto da contribuição previdenciária	Desc	250,00
Imposto de Renda Retido na Fonte — IRRF	Desc	1.000,00

Pode-se perceber a dificuldade em se compor um pagamento parcial. O exemplo dado, é apenas uma forma, dentre outras, que poderia ser utilizada para demonstrar o pagamento efetuado, ou seja, cada rubrica foi informada no valor exato da metade do valor devido. Outra forma poderia ser informando-se simplesmente o pagamento da rubrica salário no valor de R$ 5.000,00 de salário mais o respectivo IRRF, deixando-se as demais rubricas para um segundo pagamento. Outras formas poderiam ser utilizadas para se chegar no valor líquido a ser pago ao empregado.

Considerando a complexidade na composição de um pagamento parcial por meio do detalhamento de cada verba no evento de pagamentos, creio que uma melhor prática seria uma reorganização dos eventos remuneratórios em tantos demonstrativos de pagamento quantos forem o número de parcelas a serem pagas. Porém, esse procedimento esbarra, muitas vezes na dificuldade da empresa que tem problemas em seu fluxo de caixa, estabelecer uma cronograma de pagamentos que possa cumprir sem necessidade de novas alterações, o que pode gerar a necessidade de se fazer retificações do respectivo evento remuneratório. Portanto, deve-se avaliar o melhor procedimento a ser adotado. Mesmo com todos os contras, ainda há grandes vantagens em se fazer o cronograma de pagamentos no próprio evento remuneratório.

5. Pagamento de Férias

Os pagamentos de férias, normalmente, são realizados pelo empregador fora da folha de pagamento, por meio de um Recibo de Férias, isto porque as férias devem ser pagas com antecedência de pelo menos dois dias seu início. No evento de pagamentos do eSocial foi previsto o pagamento de férias com a recomposição do Recibo de Férias, utilizando-se da mesma tabela de rubricas de folha informada pela empresa através do evento S-1010 — Tabela de rubricas.

Importante ressaltar que as verbas e valores do recibo de férias devem passar, obrigatoriamente, pela folha de pagamento e, portanto devem ser informadas mediante evento remuneratório, considerando as verbas de férias pelo regime de competência de forma que a contribuição previdenciária e o FGTS possam ser corretamente recolhidos de acordo com o regime de competência. Assim, se as férias se referem a mais de um mês, os respectivos valores devem ser informados no evento remuneratório relativo à cada mês a que se refere, pois só assim haverá a correta apuração da contribuição previdenciária e do FGTS.

6. Pagamentos de Períodos Anteriores ao eSocial

Em situação normal, os pagamentos informados por meio do eSocial são relativos à remunerações devidamente informadas através dos eventos remuneratórios. Nestes casos, a informação de pagamento apenas os complementa com as informações relativas ao Imposto de Renda. Portanto, a partir da leitura do evento remuneratório em conjunto com o evento de pagamento é possível compor os rendimentos tributáveis e não tributáveis, as deduções, isenções e demais valores que refletem na apuração do Imposto de Renda.

No entanto, podem ocorrer situações em que seja necessário prestar informação de pagamentos relativos a valores devidos em competências anteriores ao início de vigência do eSocial, o que significa que não haverá para estes casos, os respectivos eventos remuneratórios, impossibilitando assim, a apuração dos valores relacionados ao Imposto de Renda só com a informação do pagamento. Sendo assim, é necessário que o contribuinte informe no grupo específico de pagamentos relativos a períodos anteriores ao eSocial, a composição completa dos valores pagos, incluindo os rendimentos tributáveis e não tributáveis, deduções, isenções além de valores sob efeito de decisões judiciais.

É necessário, portanto, que o contribuinte informe os rendimentos tributáveis e não tributáveis, as retenções do IRRF, as deduções da base de cálculo do IRRF, tais como contribuição previdenciária, pensão alimentícia, entre outras, as isenções do IRRF, tais como diárias de viagem, ajudas de custo e informações relacionadas a processos judiciais como depósito judicial e compensação judicial.

7. Pagamentos a Beneficiários Residentes no Exterior

O conhecimento da definição de residente ou domiciliado no exterior dada pela legislação do Imposto de Renda é importante para entender os assuntos relacionados ao tema.

Residência ou domicílio fiscal compreende o país no qual a Pessoa Física é contribuinte para fins de tributação sobre a renda. Não se confunde com o endereço físico de uma pessoa que pode ser diferente de seu domicílio fiscal. Essa situação ocorre nos casos em que estrangeiros passam a trabalhar no Brasil temporariamente e também nos casos em que brasileiros vão trabalhar no exterior.

É a legislação do Imposto de Renda que conceitua residente e não residente no Brasil. A seguir são elencadas algumas dessas definições para que o leitor possa ter uma compreensão em linhas gerais dos conceitos envolvidos.

Considera-se residente no Brasil, entre outras hipóteses, a pessoa física:

a) que resida no Brasil em caráter permanente ou que ingresse no Brasil com visto permanente;

b) que ingresse no Brasil com visto temporário para trabalhar com vínculo empregatício ou atuar como médico bolsista no âmbito do Programa Mais Médicos ou ainda, na data em que complete 184 dias, consecutivos ou não, de permanência no Brasil, dentro de um período de até doze meses ou na data da obtenção de visto permanente ou de vínculo empregatício, se ocorrida antes de completar 184 dias, consecutivos ou não, de permanência no Brasil, dentro de um período de até doze meses;

c) que se ausente para prestar serviços como assalariada a autarquias ou repartições do Governo brasileiro situadas no exterior.

Considera-se não residente no Brasil, entre outras hipóteses previstas na legislação, a pessoa física:

a) que não resida no Brasil em caráter permanente;

b) que se retire em caráter permanente do território nacional, mediante entrega de Declaração de Saída Definitiva do País;

c) que, na condição de não residente, ingresse no Brasil para prestar serviços como funcionário de órgão de governo estrangeiro situado no País;

d) que ingresse no Brasil com visto temporário e permaneça até 183 dias, consecutivos ou não, em um período de até doze meses ou até o dia anterior ao da obtenção de visto permanente ou de vínculo empregatício, se ocorrida antes de completar 184 dias, consecutivos ou não, de permanência no Brasil, dentro de um período de até doze meses.

Nota-se que o conceito de residente ou não residente prescinde do conceito de nacionalidade e até mesmo do endereço físico da pessoa física. Em algumas situações, um estrangeiro que trabalha e possui residência física no Brasil pode não ser residente fiscal no Brasil. Assim também é possível a um brasileiro, com residência física no Brasil não ser residente fiscal no Brasil. Essas disparidades tendem a ocorrer em situações de transição e de forma temporária.

7.1. Acordos Internacionais

Considerando que o imposto de renda, em geral, é utilizado pelos países para tributação da pessoa física, trabalhadores que exerçam suas atividades profissionais fora do país no qual tenha domicílio fiscal podem ser penalizados com a bitributação, que consiste na tributação de um mesmo fato jurídico duas vezes, sendo uma no país onde o cidadão está domiciliado fiscalmente e outra no país no qual receba seus rendimentos oriundos da prestação de seus serviços.

Buscando maior justiça fiscal e o incentivo às relações econômicas internacionais, o Brasil firmou acordos com diversos países de forma a reduzir os efeitos nocivos da bitributação em empresas e em pessoas físicas. Tais acordos, no geral, consistem na redução de alíquotas impostas ao contribuinte que possua rendimentos tributáveis no Brasil e que possua também, rendimentos tributáveis em outros países.

No eSocial, sempre que o empregador pagar rendimentos a trabalhador, deverá informar o país de residência fiscal do mesmo. Em sendo um país estrangeiro, deverá informar o país de residência e demais informações relacionadas ao pagamento, bem como os valores de imposto retido. Importante mencionar que a responsabilidade pelo cálculo do valor do IRRF é do empregador, portanto, é necessário o conhecimento da existência ou não de acordos internacionais afim de não vitimar o trabalhador com a bitributação.

8. Informações de Dependentes

A legislação do Imposto de Renda permite ao contribuinte deduzir da base de cálculo do Imposto de Renda, uma valor fixo para cada um de seus dependentes, reduzindo assim, o valor do Imposto de Renda devido. Para tanto, o trabalhador deve informar ao seu empregador, os seus dependentes, cada um com seu número de CPF, para que este (empregador) possa incluí-los como dedução do valor tributável, de acordo com a legislação vigente.

Ao empregador, cabe calcular corretamente o valor das deduções do rendimento tributável por conta dos dependentes do trabalhador, considerando a tabela do IRRF em vigor e prestar essa informação no evento de pagamento, lembrando que as informações prestadas neste evento servirão para substituição da DIRF e, portanto, devem ser informadas corretamente para evitar que o trabalhador seja inserido num processo de malha fiscal. Caso o trabalhador não forneça o número de CPF do dependente, é recomendável que o empregador não o considere para efeito de dedução da base tributável, já que a partir do ano calendário de 2019, o CPF passa a ser obrigatório para dependentes de qualquer idade. Esse procedimento não deve prejudicar o trabalhador já que este, na sua declaração de ajuste anual, ainda terá a chance de fornecer os dados completos de seus dependentes e, portanto, aproveitar-se desse benefício fiscal.

9. Pensão Alimentícia

O valor de pensão alimentícia, quando retido pelo empregador em folha de pagamento, deve ser informado no eSocial por meio de rubrica que indique sua incidência perante o Imposto de Renda como valor dedutível, para que o trabalhador tenha o benefício da redução de sua base de cálculo na declaração de ajuste anual, assim como na redução do valor do desconto do Imposto de Renda no ato do pagamento do salário.

Os beneficiários da pensão alimentícia, ou alimentandos, devem ser informados pelo empregador sempre que houver desconto dessa natureza, com seus dados básicos, como nome, data de nascimento, CPF e o valor da pensão alimentícia relativa a cada alimentando. Essa informação deverá fazer parte da declaração pré-preenchida a ser disponibilizada ao trabalhador por ocasião da declaração de ajuste anual.

10. Plano de Saúde Empresarial

A coparticipação do empregado em plano de saúde empresarial deverá ser formalizada pelo empregador através de desconto em folha de pagamento e ser informada ao eSocial por meio de rubrica cuja natureza seja corretamente classificada como desconto de assistência médica ou odontológica. É a natureza da rubrica que define a informação desse desconto ao eSocial como uma das deduções legais da base tributável.

Em paralelo ao procedimento descrito no parágrafo anterior, o empregador deverá prestar informações no eSocial relativas aos planos de assistência à saúde, detalhando os valores pagos por operadora e identificando o registro da mesma na Agência Nacional de Saúde. Deve-se informar ainda os valores de coparticipação do empregado e dos seus dependentes, separadamente.

11. Rendimentos Recebidos Acumuladamente — RRA

Podem ocorrer diversas situações que devem ser informadas ao eSocial, relativas a valores devidos ao trabalhador de forma acumulada, ou seja, valores relativos a diversos períodos de referência, mas que são pagos de uma vez ao que, na legislação do Imposto de Renda, denominam-se RRA. Essas situações são tratadas nos eventos remuneratórios, no grupo "Informações de Períodos Anteriores" e são originadas essencialmente de Dissídios, Acordos e Convenções Coletivas de Trabalho. Nos casos de servidores públicos, também podem ocorrer pagamentos acumulados, sempre previstos em legislação específica.

A legislação que trata do Imposto de Renda determina que os RRA relativos a anos-calendários anteriores ao do recebimento, devem ser submetidos à tributação do Imposto de Renda separadamente dos demais rendimentos, utilizando-se de forma de cálculo específica. Tal procedimento visa simplificar os cálculos e ao mesmo tempo fazer com que o valor da retenção seja mais justo do que aplicando-se a tabela progressiva diretamente no valor integral recebido.

Por outro lado, os RRA, quando correspondentes ao ano-calendário em curso, são tributados no mês do recebimento ou crédito, sobre o total dos rendimentos, portanto, sem o benefício mencionado no parágrafo anterior.

Em qualquer dos casos, pode ser excluído do rendimento tributável, o valor das despesas com ação judicial necessárias ao seu recebimento, inclusive de advogados, se tiverem sido pagas pelo contribuinte, desde que não haja indenização.

Ao preparar seus eventos remuneratórios relacionados a RRA, o empregador deve utilizar-se de rubricas que tenham como indicativos de tributação do Imposto de Renda, o tipo de rendimento RRA para não confundir com outras formas de tributação. No evento de pagamento, o empregador deve informar o valor do desconto efetuado a título de imposto de renda, lembrando que os cálculos do IRRF são sempre de responsabilidade do empregador. No evento de pagamento, deve ser informado ainda, o número de meses aos quais se referem o rendimento pago.

12. Informações Relacionadas ao IRRF no eSocial

Enquanto a DIRF é transmitida pelo contribuinte em um único arquivo, as informações para o eSocial são prestadas em diversos arquivos e em diversos momentos diferentes. Tudo começa com o evento S-1000 que contém as informações do empregador, passando pela tabela de rubricas, pelos eventos remuneratórios e pelo evento de pagamentos.

A tabela de rubricas (S-1010) é a estrutura básica dos dados. Nela é determinada a classificação de cada verba paga ao trabalhador na ótica do Imposto de Renda, resultando na composição das diversas informações sensíveis a este tributo, tais como rendimento tributável e não tributável, deduções, isenções bem como os valores relativos ao próprio IRRF.

Portanto, o contribuinte deve estar bem atento na definição de sua tabela de rubricas (S-1010), especialmente com relação às informações das incidências tributárias de cada verba cadastrada. Deve-se ter o cuidado de observar a legislação vigente, considerando que as informações prestadas por meio do eSocial devem atender ao conjunto de informações necessárias à construção do informe de rendimentos, que é a base da declaração de ajuste anual do trabalhador.

No entanto, não basta apenas ter uma tabela de rubricas construída com todo esmero. Os eventos remuneratórios e também o de pagamentos precisam ser completos o suficiente para abranger todas as situações previstas na legislação do Imposto de Renda, lembrando que tais informações vão compor a declaração do Imposto de Renda do Trabalhador. Portanto, por meio das informações prestadas, deve ser possível compor:

a) Os rendimentos tributáveis e não tributáveis;

b) O imposto de Renda Retido na Fonte — IRRF;

c) As deduções da base de cálculo do IRRF, tais como contribuições do trabalhador para previdência social oficial, contribuições para planos de previdência privada, pensão alimentícia, entre outras;

d) As isenções do IRRF, tais como parcela isenta do idoso com 65 anos ou mais, diárias de viagem, ajudas de custo, indenização e rescisão de contrato, abono pecuniário, entre outras. Atenção especial para as diárias de viagem que, normalmente, são pagas pelas empresas diretamente pelo departamento financeiro sem transitar pela folha de pagamento e que, na vigência do eSocial, deverão ser informadas através dos eventos de remuneração.

e) As informações resultantes de contestações judiciais relacionadas à tributação do Imposto de Renda, tais como depósito judicial, compensação judicial e Incidência suspensa.

Outro ponto muito importante diz respeito à necessidade de separação dos valores informados de acordo com a natureza dos rendimentos, considerando a forma de tributação, sendo por um lado, os rendimentos tributáveis sujeitos ao ajuste anual e, por outro, os rendimentos sujeitos a tributação exclusiva e definitiva na fonte. Dessa forma, os rendimentos tributáveis devem ser informados separadamente em remuneração mensal, 13º salário, PLR e RRA, já que a tributação do Imposto de Renda é feita de forma exclusiva em cada classificação.

13. Eventos Totalizadores do IRRF

Os eventos totalizadores do eSocial para o Imposto de Renda são da família S-5000 e, portanto, não são gerados ou transmitidos pelo contribuinte, mas gerados pelo eSocial a partir das informações prestadas nos demais eventos transmitidos pelos contribuintes. São dois os eventos totalizadores do eSocial para o Imposto de Renda: o S-5002 — Imposto de Renda Retido na Fonte e o S-5012 — Informações do IRRF consolidadas por contribuinte.

O evento totalizador S-5002 representa o resumo dos valores relativos ao Imposto de Renda individualizado por empregado no período de apuração ao qual se refere o arquivo. É gerado como resultado de cada evento S-1210 em conjunto com os respectivos eventos remuneratórios aos quais se relaciona. São doze arquivos por ano para cada trabalhador em cada empregador, que, ao final de um ano, comporão a declaração pré-preenchida do trabalhador. Por meio deste evento, o empregador poderá conferir os valores apresentados pelo eSocial com os valores constantes em seus controles ou sistemas. As informações contidas neste evento permitirão a substituição da DIRF no que se refere às retenções na fonte e demais informações relacionadas ao Imposto de Renda.

Por seu turno, o evento S-5012 representa um resumo dos valores relativos ao IRRF de todos os seus trabalhadores no respectivo período de competência, apresentado de forma consolidada. Este evento também se destina a alimentar a DCTFWeb com os valores de IRRF a serem recolhidos.

Importante frisar que o eSocial não executa cálculos de apuração do imposto de renda, apenas consolida os valores informados nos eventos remuneratórios e de pagamentos em conjunto com a tabela de rubricas. Portanto, havendo diferenças entre os valores apresentados nos eventos totalizadores e os valores constantes dos sistemas do contribuinte, este deve efetuar conferência das informações prestadas através dos eventos de tabelas e periódicos que foram transmitidos e que serviram de base para o eSocial apurar os valores apresentados, para detectar a origem das diferenças.

14. Considerações Finais

O evento S-1210 em conjunto com os eventos remuneratórios e de tabelas, não serve apenas para apurar o Imposto de Renda e definir o momento da ocorrência do fato gerador, mas serve também para substituir a DIRF, e possibilitará apresentar para o trabalhador, sua declaração de ajuste anual pré-preenchida com as informações de rendimentos auferida em todos os seus empregadores.

É, portanto, inegável a grande responsabilidade do empregador em prestar informações consistentes de forma a assegurar uma perfeita transição para o novo modelo que chega com o eSocial, partindo dos processos que envolvem a prestação de informações para a DIRF, de forma a dar continuidade ao nível de qualidade há tempo alcançado, relativamente ao IRPF. É um processo que se inicia com as retenções na fonte e vai até a declaração de ajuste anual das pessoas físicas. Falhas no processo ou erros podem gerar situações indesejáveis, como a inclusão de trabalhadores em malhas fiscais.

É essencial que haja especial atenção na formulação de qualquer evento a ser transmitido ao eSocial, a começar pelas tabelas, passando pelos eventos periódicos e não periódicos e, por fim, conferindo os valores retornados nos eventos totalizadores, pois cada informação prestada representará um pedacinho do que conhecemos por CAGED, DIRF, GFIP, RAIS, Livro de Registro de Empregados ou qualquer outra obrigação que venha a ser substituída pelo eSocial.

15. Referências Bibliográficas

BRASIL. Leiautes do eSocial versão 2.4.02. Disponível em: <https://portal.esocial.gov.br/instituciona/documentacao-tecnica>. Acesso em: 23 jul. 2018.

BRASIL. Manual de Orientação do eSocial, versão 2.4.02. Disponível em: <https://portal.esocial.gov.br/institucional/documentacao-tecnica>. Acesso em: 23 jul. 2018.

KRUGER, Samuel; PACHECO FILHO, José Gomes. *eSocial Modernidade na Prestação de Informações ao Governo Federal*. São Paulo: Atlas, 2015.

A Comercialização da Produção Rural e seus Reflexos no eSocial

Maria Geórgia Magalhães de Almeida(*)

1. Introdução

A previdência social rural brasileira conta com uma história de evolução lenta e gradativa, até se firmar como uma garantia de proteção aos trabalhadores do campo. A promulgação da Constituição Federal de 1988 consolida o projeto de proteção integral a estes trabalhadores, priorizando a igualdade, expressa no princípio da uniformidade e equivalência dos benefícios e serviços às populações urbanas e rurais conforme estabelece o art. 194, parágrafo único, inciso II.

Por uniformidade, entende-se a vedação de proteção social diversa às populações urbanas e rurais. Já a equivalência deve ser percebida como o não estabelecimento de critérios diversificados para cálculo dos benefícios previdenciários.

No entanto a ampliação de direitos dos trabalhadores rurais e a efetiva unificação dos regimes previdenciários só ocorre com a edição das Leis ns. 8.212, de 1991, que dispõe sobre a organização da Seguridade Social e institui o plano de custeio, e a Lei n. 8.213, de 1991, que trata sobre os planos de benefícios da previdência social, ambas trazem profunda alteração conceitual para a previdência social rural brasileira.

O grande impasse, na época, seria garantir a cobertura previdenciária aos trabalhadores como o produtor rural e o pescador, que não possuem renda fixa e dependem do que colhem, ou pescam e vendem. Essa situação impôs ao legislador o desafio de prever fontes de custeio e formas de arrecadação capazes de viabilizar baixos níveis de sonegação e atender as especificidades desses setores sociais.

Para tanto, dentre outras mudanças legais, o constituinte estabelece, no § 8º do art. 195 da Constituição Federal, que o produtor, o parceiro, o meeiro, e o arrendatário rurais e o pescador artesanal, bem como os respectivos cônjuges que exerçam suas atividades em regime de economia familiar sem empregados permanentes, contribuam para a seguridade social mediante a aplicação de uma alíquota sobre o resultado da comercialização da produção rural.

Para efeito da legislação previdenciária entende-se produção rural como sendo o produto de origem animal ou vegetal, em estado natural ou submetidos a processos de beneficiamento ou de industrialização rudimentar, bem como os subprodutos e os resíduos obtidos por esses processos.

2. Comercialização da Produção Rural — Sub-rogação

O fato gerador das contribuições destinadas à previdência social, devidas por sub-rogação, ocorre na comercialização da produção rural dos segurados especiais ou dos produtores rurais pessoas física diretamente com a empresa *que adquire a produção rural para uso comercial, industrial ou para qualquer outra finalidade econômica (adquirente); com aquelas que adquirem a produção rural no varejo ou diretamente do produtor rural, para uso ou consumo próprio (consumidora) ou ainda com as consignatárias* ou com as cooperativas.

(*) Auditora-Fiscal da Receita Federal do Brasil desde 1998, lotada na Delegacia da Receita Federal de Teresina. Assistente Social formada pela Universidade Federal do Piauí — UFPI, Especialista em Auditoria Fiscal pela Universidade de Fortaleza UNIFOR. Especialista em Seguridade Social pelo Instituto Camilo Filho, Integrante da equipe de representantes da Receita Federal no eSocial desde 2015.

O produtor rural pessoa jurídica ou a agroindústria que adquirir produto rural de pessoa física ou segurado especial tem a contribuição previdenciária consubstanciada na aplicação da alíquota de 1,2% sobre a receita bruta proveniente da comercialização da produção rural, acrescida de 0,1% a título de RAT. Essa contribuição substitui a relativa à folha de remuneração dos segurados que lhe prestam serviços.

Tal contribuição está prevista no art. 25 da Lei n. 8.212, de 1991. Abaixo, transcreve-se o referido dispositivo:

> Art. 25. A contribuição do empregador rural pessoa física, em substituição à contribuição de que tratam os incisos I e II do art. 22, e a do segurado especial, referidos, respectivamente, na alínea a do inciso V e no inciso VII do art. 12 desta Lei, destinada à Seguridade Social, é de: *(Redação dada pela Lei n. 10.256, de 2001)*
>
> I — 1,2% da receita bruta proveniente da comercialização da sua produção; *(Redação dada pela Lei n. 13.606, de 09.01.18)*
>
> II — 0,1% da receita bruta proveniente da comercialização da sua produção para financiamento das prestações por acidente do trabalho.

Além disso, o produtor rural também contribuirá com 0,2%, incidente sobre a mesma base de cálculo (receita bruta), em favor do SENAR.

Para entender as regras da contribuição previdenciária incidente sobre a receita bruta proveniente da comercialização da produção rural faz-se necessário compreender o instituto da sub-rogação como sendo, a situação de responsabilidade tributária por substituição a que se submete, em decorrência da lei, a empresa adquirente, consumidora, ou a cooperativa, que adquirir produção rural de produtor rural pessoa física (empregador rural contribuinte individual e de segurado especial) independentemente de as operações terem sido realizadas com o produtor ou com intermediário pessoa física.

O art. 30 da Lei n. 8.212, de 1991, ao tratar sobre a arrecadação e o recolhimento das contribuições previdenciárias, estabelece no inciso IV a figura da sub-rogação, nos seguintes termos:

> Art. 30. A arrecadação e o recolhimento das contribuições ou de outras importâncias devidas à Seguridade Social obedecem às seguintes normas: *(Redação dada pela Lei n. 8.620, de 5.1.93)*
>
> (...)
>
> IV — a empresa adquirente, consumidora ou consignatária ou a cooperativa ficam sub-rogadas nas obrigações da pessoa física de que trata a alínea "a" do inciso V do art. 12 e do segurado especial pelo cumprimento das obrigações do art. 25 desta Lei, independentemente de as operações de venda ou consignação terem sido realizadas diretamente com o produtor ou com intermediário pessoa física, exceto no caso do inciso X deste artigo, na forma estabelecida em regulamento; *(Redação dada pela Lei n. 9.528, de 10.12.97).*

Verifica-se que a sub-rogação estabelecida no inciso IV do art. 30 da Lei n. 8.212, de 1991, torna a empresa adquirente, consumidora ou consignatária ou a cooperativa responsável pelo pagamento da contribuição previdenciária. Ou seja, caso clássico de responsabilidade tributária por substituição, a referida lei atribui a condição de responsável tributário a terceira pessoa mesmo antes de ter se materializado o fato capaz de gerar a obrigação tributária. Dessa forma, quando a obrigação nasce, o responsável já ocupa seu polo passivo, e o dever de pagar o tributo em nenhum momento recai sobre o contribuinte.

O CTN, em seu art. 121, estabelece que o sujeito passivo da obrigação principal é a pessoa obrigada ao pagamento de tributo ou penalidade pecuniária. Considera-se contribuinte quando houver relação pessoal e direta com a situação que constitua o respectivo fato gerador ou responsável quando, sem revestir a condição de contribuinte, sua obrigação decorra de expressa disposição legal.

As empresas optantes pelo simples e os órgão do poder público, suas autarquias e fundações, as empresas com isenção da contribuição previdenciária e as associações desportivas que mantêm equipe de futebol profissionais também são responsáveis pelo recolhimento desta contribuição na condição de sub-rogadas.

Os adquirentes, sub-rogados, devem descontar as importâncias devidas, em razão da comercialização da produção, do valor a ser pago ou creditado aos produtores rurais pessoas físicas para recolhê-las em benefício da Seguridade Social e do SENAR.

Não se aplica, no entanto, a sub-rogação à contribuição incidente sobre a receita bruta quando da:

a) comercialização de artigos de artesanato elaborados com matéria-prima produzida pelo respectivo grupo familiar;

b) comercialização de artesanato ou do exercício de atividade artística, observado o disposto nos incisos VII e VIII do § 10 do art. 12 da Lei n. 8.212, de 1991; e

c) de serviços prestados, de equipamentos utilizados e de produtos comercializados no imóvel rural, desde que em atividades turística e de entretenimento desenvolvidas no próprio imóvel, inclusive hospedagem, alimentação, recepção, recreação e atividades pedagógicas, bem como taxa de visitação e serviços especiais, situações em que o produtor rural pessoa física e o segurado especial são obrigados a recolher, diretamente, a contribuição devida dos trabalhadores a seu serviço.

3. Comercialização Produção Rural — Pessoa Física/ Segurado Especial

Para a Previdência Social o trabalhador rural é aquele que desempenha atividade própria do meio rural, independentemente do lugar onde a atividade é desenvolvida, desta forma pode-se encontrar trabalhadores que residam em área urbana mas que ocupacionalmente sejam segurados rurais e, da mesma forma, pode se verificar o contrário.

O produtor rural pessoa física, contribuinte individual e o segurado especial, são obrigados a recolher, por si mesmos, as contribuições não se aplicando, portanto a sub-rogação, caso comercializem sua produção com:

a) consumidor pessoa física no varejo;

b) produtor rural pessoa física — Contribuinte Individual;

c) produtor rural pessoal física — Segurado Especial;

d) comercialização de artigos de artesanato elaborados com matéria-prima produzida pelo respectivo grupo familiar;

e) comercialização de artesanato;

f) exercício de atividade artística;

g) prestação de serviços (inclusive hospedagem, alimentação, recepção, recreação e atividades pedagógicas, bem como taxa de visitação e serviços especiais), da utilização de equipamentos e de produtos comercializados no imóvel rural, desde que em atividades turística e de entretenimento desenvolvidas no próprio imóvel.

De acordo com a Lei Complementar n. 123, de 2006 poderá enquadrar-se como MEI o empresário individual ou o empreendedor que exerça as atividades de industrialização, comercialização e prestação de serviço no âmbito rural que possua um único empregado.

O disposto no § 7º do art. 18-E da referida lei complementar estabelece que o MEI manterá todas as suas obrigações relativas à condição de produtor rural ou de agricultor familiar. Assim, o art. 25 da Lei n. 8.212, de 1991 continua sendo aplicado para a receita da comercialização da produção rural, no entanto não estará obrigado ao pagamento do SENAR sobre a venda desta produção, conforme dispõe o § 3º do art.13 da LC n. 123, de 2006.

3.1. Produtor Rural Pessoa Física

É aquele proprietário ou não, que desenvolve, em área urbana ou rural, atividade agrícola, pastoril ou hortifrutigranjeira, a qualquer título, em caráter permanente ou temporário, em área superior a quatro módulos fiscais; ou quando em área igual ou inferior a quatro módulos fiscais ou atividade pesqueira, com auxílio de empregados permanentes ou por intermédio de prepostos.

O produtor rural pessoa física deve obrigatoriamente se inscrever como contribuinte individual e matricular-se na CAEPF.

O consórcio simplificado de produtores rurais é a união de produtores rurais pessoas físicas, com a finalidade de contratar trabalhadores para a prestação de serviços exclusivamente aos seus integrantes.

O produtor rural pessoa física deve reter e recolher as contribuições devidas por seus empregados de acordo com as faixas salariais, além disso é obrigado, também, recolher as decorrentes dos serviços prestados pelos dos contribuintes individuais. Por ser segurado obrigatório do RGPS o percentual de 1,5% recolhido sobre a sua comercialização não substitui a sua contribuição pessoa enquanto contribuinte individual.

3.2. Segurado Especial

O conceito de segurado especial foi introduzido na legislação em 1991 objetivando dar um tratamento especial a uma expressiva parcela de trabalhadores rurais que exercia suas atividades em regime de economia familiar. A Lei n. 8.212, de 1991 em seu art. 12, VII conceitua o segurado especial como sendo:

Art.12.

VII — pessoa física residente no imóvel rural ou em aglomerado urbano ou rural próximo a ele que, individualmente ou em regime de economia familiar, ainda que com o auxílio-eventual de terceiros, na condição de produtor, seja proprietário, usufrutuário, possuidor, assentado, parceiro ou meeiro outorgados, comodatário ou arrendatário rurais, que explore atividade:

a) Agropecuária em área de até 4 módulos fiscais;

b) De seringueiro ou extrativista vegetal que, de modo sustentável, atua na coleta e extração de recursos naturais renováveis, e faça dessas atividades o principal meio de vida;

c) Pescador artesanal ou a este assemelhado que faça da pesca profissão habitual ou principal meio de vida;

d) Cônjuge, companheiro, filho maior de 16 anos de idade ou a este equiparado, do segurado que, comprovadamente, trabalhem com o grupo familiar respectivo.

O segurado especial poderá utilizar empregados desde que contratados por prazo, em épocas de safra, à razão de no máximo 120 (cento e vinte) pessoas/dia no ano civil, em períodos corridos ou intercalados ou, ainda, por tempo equivalente em horas de trabalho.

A base para o recolhimento de sua contribuição previdenciária é a comercialização de sua produção, no entanto, a fim de obter benefícios de valor superior ao mínimo, os segurados especiais, podem contribuir facultativamente como contribuinte individual.

Este segurado contribui com base na receita bruta da comercialização de sua produção aplicando 1,5% sobre essa base de cálculo. Este percentual corresponde a 1,2% — FPAS, 0,1% — financiamento dos benefícios concedidos em razão do GILRAT, e 0,2% — destinado ao SENAR.

São imunes à tributação as receitas de exportação direta de produtos rurais, em decorrência da disposição contida no inciso I do § 2º do art. 149 da Constituição Federal, porém este dispositivo não se aplica à contribuição devida ao SENAR.

Não integra a base de cálculo da contribuição do empregador rural pessoa física e do segurado especial, em substituição à contribuição de que tratam os incisos I e II do art. 22 da Lei n. 8.212, de 1991, a produção rural destinada ao plantio ou reflorestamento, nem o produto animal destinado à reprodução ou criação pecuária ou granjeira e à utilização como cobaia para fins de pesquisas científicas, quando vendido pelo próprio produtor e por quem a utilize diretamente com essas finalidades e, no caso de produto vegetal, por pessoa ou entidade registrada no Ministério da Agricultura, Pecuária e Abastecimento que se dedique ao comércio de sementes e mudas no País.

O empreendedor que exerça as atividades de industrialização, comercialização e prestação de serviço no âmbito rural que efetuar seu registro como MEI não perderá a condição de segurado especial da Previdência Social, no entanto há de se observar a vedação imposta pelo art. 195, § 8º da Constituição Federal, de 1988. Assim caso contrate um empregado por mais de 120 dias, poderá ser MEI, mas perderá a condição de segurado especial, sendo que a única possibilidade de acumular as duas situações (MEI e Segurado Especial) é: contratar 1 empregado por até 120 dias/ano.

3.3. Produtor Rural Pessoa Jurídica/Agroindustria

Considera-se produtor rural pessoa jurídica a empresa legalmente constituída que se dedica à atividade agropecuária ou pesqueira, em área urbana ou rural, com fins exclusivamente de produção rural. Caso este produtor rural tenha como atividade econômica a industrialização da produção própria ou da produção própria e da adquirida de terceiros será considerado pela legislação previdenciária, agroindústria.

Assim como para os segurados especiais e para os produtores rurais pessoa física, os produtores rurais pessoa jurídica também contribuem com base em alíquotas incidentes sobre a receita bruta proveniente da comercialização da sua produção, sendo que neste caso não há de se falar em substituição tributária.

A Lei n. 13.606, de 2018 alterou a contribuição do produtor rural pessoa jurídica passando a ser devidas as seguintes alíquotas: 1,7% (um, vírgula sete por cento) e 0,1% (zero vírgula um por cento) em substituição ao previsto respectivamente nos incisos I e II do art. 22 da Lei n. 8.212, de 1991 e 0,25% (zero, vírgula vinte e cinco por cento) destinado ao SENAR, no entanto tal alteração não é aplicável à agroindústria que permanece com a alíquota de 2,85% (2,5% cota patronal+ 0,1% do RAT+ 0,25 do SENAR) incidentes sobre a receita bruta de sua comercialização.

Caso o produtor rural pessoa jurídica exerça outra atividade econômica autônoma, seja ela comercial ou industrial, no estabelecimento em que explore a atividade agropecuária ou em qualquer outro, independentemente de qual seja a atividade preponderante, deverá contribuir da mesma forma que as empresas em geral em relação a todas as atividades exploradas, inclusive em relação às atividades rurais.

Entretanto caso o produtor rural pessoa jurídica além de explorar atividade rural preste, também, serviços a terceiros será tributado como as empresas em geral, contribuindo na forma dos incisos I e II do art. 22 da Lei n. 8.212, de 1991, em relação aos empregados relacionados com a prestação de serviços e ocorrerá a substituição em relação aos segurados empregados que atuam nas atividades relacionadas com sua produção rural.

As agroindústrias da avicultura, carcinicultura, psicultura, suinocultura, florestamento e reflorestamento tem sua base de cálculo da contribuição previdenciária incidente sobre a folha de pagamento dos segurados a seu serviço, No caso a agroindústria de florestamento e reflorestamento estas recolhem sobre a comercialização da produção industrializada, desde que não altere a natureza química da madeira, ou se houver essa alteração, a empresa explore outra atividade rural ou comercialize resíduos vegetais, cuja a receita represente mais de 1% da sua receita bruta.

4. Comercialização da Produção Rural no eSocial

A comercialização da produção rural no eSocial será informada nos eventos **S-1250** e no **S-1260**. No caso deste último deve ser observado o correto preenchimento dos campos {natJurid} — código da natureza jurídica do contribuinte e o {classTrib} — classificação tributária, uma vez que esse evento será enviado apenas pelo produtor rural pessoa física ou pelo segurado especial.

Os contribuintes que enviarem os arquivos S-1250 e S-1260 deverão preencher obrigatoriamente no evento **S-1005** os campos do grupo [aliqGilrat}, mesmo tendo a contribuição patronal e a destinada ao financiamento do benefício de aposentadoria especial e aqueles concedidos em razão do grau de incidência de incapacidade laborativa decorrentes dos riscos ambientais do trabalho — GILRAT integralmente substituída pelo valor da comercialização do produto rural.

Ressaltamos que neste caso estas alíquotas não serão considerados no cálculo da contribuição previdenciária, no entanto estes campos poderão ser utilizados, para apurar o valor da contribuição, a partir de janeiro de 2019, quando o produtor rural pessoa física optará por contribuir sobre folha de pagamento (20% patronal + RAT — incisos I e II do caput do art. 22 da Lei n. 8.212, de 1991) manifestando sua opção mediante o pagamento da contribuição incidente sobre a folha de salários relativa a janeiro de cada ano, ou à primeira competência subsequente ao início da atividade rural. Tal opção será irretratável para todo o ano-calendário, conforme dispõe o § 13 do art. 25 da Lei n. 8.212, de 1991, incluído pela Lei n. 13.606, de 2018.

A destinação correta dos valores devidos para outras entidades e fundos decorre do preenchimento do evento **S -1020 — Tabela de lotação tributária.**

A receita bruta da comercialização da produção rural {vlrBruto} consiste no valor recebido ou creditado ao produtor rural pela comercialização da sua produção rural com adquirente ou consumidor, pessoas físicas ou jurídicas, com cooperativa ou por meio de consignatário, podendo, ainda, ser resultante de permuta, compensação, dação em pagamento ou ressarcimento que represente valor, preço ou complemento de preço.

Também integram a receita bruta da comercialização da produção as receitas provenientes de:

a) comercialização da produção obtida em razão de contrato de parceria ou meação de parte do imóvel rural;

b) comercialização de artigos de artesanato;

c) serviços prestados, de equipamentos utilizados e de produtos comercializados no imóvel rural, desde que em atividades turística e de entretenimento desenvolvidas no próprio imóvel, inclusive hospedagem, alimentação, recepção, recreação e atividades pedagógicas, bem como taxa de visitação e serviços especiais.

Nos contratos de compra e venda para entrega futura, que exigem cláusula suspensiva, o fato gerador de contribuições dar-se-á na data de emissão da respectiva nota fiscal, independentemente da realização de antecipações de pagamento, devendo nesta data ser considerada no período de apuração e informada no campo {dtEmisNF}.

4.1. Evento S-1250 — Aquisição de Produção Rural

Estão obrigados a enviar este evento:

a) A empresa adquirente, consumidora ou consignatária, inclusive a agroindustrial;

b) A cooperativa adquirente;

c) A pessoa física não produtor rural, quando adquire produção para venda, no varejo ou a consumidor pessoa física;

d) A CONAB, quando adquirir produtos do **produtor rural pessoa física** ou do **produtor rural pessoa jurídica**, destinados ao PAA, instituído pelo art. 19 da Lei n. 10.696, de 2003;

e) A entidade inscrita no PAA na aquisição de produto rural de produtor rural pessoa física ou pessoa jurídica.

O PAA é um programa por meio do qual o Governo Federal adquire alimentos da agricultura familiar, sem necessidade de processo licitatório, e os destina gratuitamente às pessoas em situação de insegurança alimentar e nutricional e àquelas atendidas pela rede socioassistencial.

Quando a entidade executora do PAA compra a produção rural de produtores rurais pessoas físicas, segurados especiais, produtores rurais pessoas jurídicas e de agroindústria esta deve prestar tais informações por meio do envio deste evento.

A IN RFB n. 971, de 2009 dispõe que:

Art. 78. A empresa é responsável:

§ 7º A responsabilidade pelo recolhimento da contribuição do produtor rural pessoa física ou do produtor rural pessoa jurídica, na comercialização de produtos agropecuários com a Companhia Nacional de Abastecimento (CONAB), destinados ao Programa de Aquisição de Alimentos, instituído pelo art. 19 da Lei n. 10.696, de 2 de julho de 2003, é da própria adquirente e será efetuado à conta do referido Programa.

De acordo com o art. 1º do Decreto n. 6.722, de 2008, que inseriu o § 34 no art. 216 do Decreto n. 3.048, de 1999, quando ocorrer aquisição de produtos agropecuários pela CONAB, no âmbito do PAA, instituído pelo art. 19 da Lei n. 10.696, de 2003, o recolhimento da contribuição do produtor rural pessoa física ou jurídica, quando houver, será efetuado pela CONAB à conta do referido programa.

Este evento deve ser enviado sempre que uma pessoa jurídica efetuar aquisição de produtos rurais de pessoa física ou segurado especial ou quando a entidade do PAA comercializar com o produtor rural pessoa física, segurado especial, agroindústria ou produtor rural pessoa jurídica.

Ocorrendo a aquisição da produção rural de pessoa jurídica por entidades do PAA o detalhamento das notas fiscais deve ser obrigatoriamente preenchido.

As informações deste evento devem ser enviadas ao eSocial com a informação do número de inscrição do adquirente da produção, podendo este ser um número decorrente do CNPJ ou do CAEPF.

Não é permitido o envio de mais de um evento no período de apuração pelo mesmo estabelecimento.

4.2. Evento S-1260 — Comercialização da Produção Rural Pessoa Física

O Produtor Rural Pessoa Física e o Segurado Especial devem registrar no evento **S-1260** o valor da receita bruta da comercialização da produção rural própria e dos subprodutos e resíduos quando comercializar com:

a) adquirente domiciliado no exterior (exportação);

b) consumidor pessoa física, no varejo;

c) outro produtor rural pessoa física;

d) outro segurado especial;

e) pessoa jurídica, na qualidade de adquirente, consumidora ou consignatária;

f) pessoa física não produtora rural, quando adquire produção para venda, no varejo ou consumidor pessoa física;

g) destinatário incerto ou quando não houver comprovação formal do destino da produção.

Equipara-se ao produtor rural pessoa física o consórcio simplificado de produtores rurais, definido no art. 25 da Lei n. 8.212, de 1991:

> Art. 25A. Equipara-se ao empregador rural pessoa física o consórcio simplificado de produtores rurais, formado pela união de produtores rurais pessoas físicas, que outorgar a um deles poderes para contratar, gerir e demitir trabalhadores para prestação de serviços, exclusivamente, aos seus integrantes, mediante documento registrado em cartório de títulos e documentos.

Havendo o preenchimento do grupo {ideAdquir} identificação do adquirente da produção, a venda da produção à pessoa jurídica, exceto às entidades inscritas no PAA ou intermediário pessoa física deverá ser correspondente ao CNPJ ou CPF.

Não é permitido o envio de mais de um evento no período de apuração pelo mesmo CAEPF.

A pessoa física que comercialize apenas a produção rural de terceiros não deve prestar nenhuma informação neste evento, pois neste caso não existe a substituição tributária.

5. Comercialização da Produção Rural no EFD- Reinf

São obrigados a enviar o evento **R-2050** o produtor rural pessoa jurídica e a agroindústria quando a responsabilidade pelo recolhimento das contribuições previdenciária sobre a receita da comercialização da produção for atribuída ao próprio produtor rural pessoa jurídica ou a agroindústria, nos casos em que se aplica o regime substitutivo.

As informações deste evento devem ser consolidadas e enviadas em arquivo único para cada estabelecimento, agrupado por tipo de comercialização quais sejam:

a) Comercialização da Produção por produtor rural pessoa jurídica ou agroindústria, exceto para entidades executoras do PAA;

b) comercialização da produção para entidades do PAA;

c) comercialização direta da produção no mercado externo.

São imunes à tributação as receitas de exportação direta de produtos rurais, em decorrência da disposição contida no inciso I do § 2º do art. 149 da Constituição Federal, de 1988. Este dispositivo não se aplica à contribuição devida ao SENAR, por se tratar de contribuição de interesse das categorias profissionais ou econômicas.

Quando o produtor rural pessoa jurídica ou a agroindústria registrar a comercialização de produtos para entidade inscrita no PAA, não haverá o cálculo da contribuição previdenciária sobre a comercialização da produção própria, pois a mesma deverá ser retida e recolhida pela entidade adquirente e informada no evento S-1250 — Aquisição de Produção Rural, do eSocial. Neste caso, a EFD-Reinf calcula o valor devido para outras entidades (SENAR).

As informações nos contratos de compra e venda para entrega futura deve ocorrer na competência da ocorrência do fato gerador das contribuições previdenciárias, que se dá na data da emissão da nota fiscal.

6. Considerações Finais

Até a entrada em vigor do eSocial, as empresas prestavam apenas única uma informação relativa ao valor da comercialização da produção rural na GFIP, a partir de agora os eventos S-1250 e S-1260 vem a aprimorar a qualidade de informações das relações de trabalho, previdenciária e de trabalho, bem como viabilizam a garantia de direitos aos trabalhadores rurais, vez que deve é simplificar o processo de formalização e do registro dos trabalhadores.

7. Referências Bibliográficas

BRASIL. Manual de Orientação do eSocial, versão 2.4.02. Disponível em: <https://portal.esocial.gov.br/institucional/documentacao-tecnica>. Acesso em: 28 jun. 2018

Os Cálculos das Contribuições Sociais no eSocial

Cláudio Maia[*]

1. Resumo

A partir das informações prestadas pela empresa no eSocial, em seus eventos iniciais, de tabelas e periódicos, o sistema totaliza as bases de cálculo de cada trabalhador. Nesse momento, obtêm-se o valor da contribuição devida pelo segurado ao RGPS.

Enviada a remuneração de todos trabalhadores se passa à solicitação de fechamento dos eventos periódicos. Neste momento, há a totalização das bases de todo o empregador e são efetuados os cálculos das contribuições patronais.

Calculadas as contribuições previdenciárias e aquelas devidas a outras entidades e fundos (sistema "S", FNDE, INCRA, etc), estas são enviadas à DCTFWeb por códigos de receita para que o empregador possa acessá-la em ambiente da RFB, efetuar a confissão da dívida e o pagamento das contribuições sociais.

2. Introdução

O eSocial é uma nova forma de prestação de informações pelos empregadores ao Estado. Por meio deste sistema os empregadores no país deverão passar a prestar as informações referentes à relação de trabalho e outras de interesse da legislação previdenciária, trabalhista e fiscal.

Projeta-se a substituição de inúmeras obrigações tributárias ou administrativas prestadas aos órgãos integrantes do eSocial, dentre elas a GFIP, utilizada para apuração das contribuições sociais previdenciárias e devidas a outras entidades e fundos.

Nosso estudo visa apresentar, de forma condensada, a estrutura de apuração das contribuições no eSocial.

3. Modelo de Prestação de Informações do eSocial

Diversamente de outras declarações e escriturações, o eSocial não se utiliza de um programa auxiliar para geração, validação e transmissão das informações. Não há um PGD ou um PVA para que os empregadores possam alimentar com os seus dados, realizar a validação de seu conteúdo e transmiti-lo.

No modelo de prestação de informação no eSocial as informações são apresentadas por meio de eventos transmitidos ao ambiente nacional do eSocial individualmente. Não há agregação de eventos, ainda que similares. Exemplifica-se com as informações das rubricas de um empregador. Caso mantenha em sua folha de pagamento um total de dez rubricas, deverá transmitir ao eSocial dez eventos individualizados, um (evento) para cada rubrica, informando as características de cada uma delas, conforme definido no leiaute do evento S-1010.

(*) Claudio Maia — Auditor-Fiscal da Receita Federal do Brasil. Integrante das equipes de desenvolvimento do eSocial, da EFD — Reinf e da DCTFWeb.

Assim deve feito para todos os demais eventos da escrituração. Um evento para cada estabelecimento, um para cada cargo existente na empresa, um para cada horário de trabalho e etc. No caso da remuneração dos trabalhadores, não se transmite a folha de pagamento integral de uma única vez, mas sim, de forma individualizada, uma para cada trabalhador.

Neste ponto destaca-se duas grandes vantagens deste modelo quando comparado com os modelos que utilizam um PGD ou PVA:

a) Unicidade de prestação de informação.

Enviada ao ambiente nacional, a informação fica armazenada e não necessita mais ser repetida. Caso a informação transmitida não se modifique ao passar do tempo, não há necessidade de transmiti-la novamente. Trata-se de importante premissa do sistema: A informação é prestada uma única vez ao ambiente nacional do eSocial.

b) Facilidade na Retificação de informação.

O modelo de transmissão de dados por meio de PGD ou PVA tem como característica a necessidade de repetição de todas as informações já transmitidas quando houver necessidade de uma retificação pontual. Assim, caso em uma folha de pagamento haja erro na remuneração de um em dez mil trabalhadores, há a necessidade de enviar todos os dez mil novamente com o dado corrigido de um deles.

No modelo do eSocial, como são eventos individualizados, a retificação também é realizada pontualmente. No exemplo acima, bastaria retransmitir a remuneração do trabalhador que continha erros.

4. A Estrutura de Cálculos no eSocial — Eventos Iniciais e de Tabelas

A estrutura de cálculos das contribuições no eSocial utiliza-se de informações prestadas pelo empregador em seus eventos iniciais e suas tabelas. São registros determinantes para a correta aplicação da legislação previdenciária que interferirão diretamente na apuração das contribuições.

4.1. Evento S-1000 — Informações do Empregador

No evento inicial do eSocial, S-1000, além de outras informações de interesse dos órgãos partícipes do eSocial, há registros que definirão o comportamento do sistema para a realização dos cálculos das contribuições, a saber: a) A Classificação Tributária; b) Indicador de Cooperativa; c) Indicador de Construtora; e d) Indicador de Desoneração.

4.1.1. Classificação Tributária

Por meio da Classificação Tributária, o empregador identificará qual o tratamento que o eSocial dará às suas informações visando a correta aplicação da legislação previdenciária e os cálculos das contribuições sociais. Trata-se de uma tabela do eSocial da qual se destaca:

Empresas optantes pelo Simples Nacional

As empresas enquadradas no Simples Nacional devem informar as classificações 01, 02 ou 03.

Devem informar a classificação tributária igual a [01] aquelas optantes em que todas as suas atividades têm a tributação previdenciária substituída. Enquadram-se nesta classificação as empresas que não têm atividade tributada no Anexo IV do Simples Nacional. Para estas empresas, não há contribuição patronal sobre a remuneração de trabalhadores, eis que substituídas pela contribuição sobre a receita. Não há também contribuições para outras entidades e fundos, conhecidos e intitulados como "Terceiros", pois a Lei Complementar n. 123 de 2006, isentou as empresas optantes pelo Simples Nacional destas contribuições.

A classificação tributária igual a [02] deve ser utilizada pelas optantes que têm, exclusivamente, atividade tributada no Anexo IV do Simples Nacional. Para estas empresas não há substituição da contribuição patronal sobre a remuneração de trabalhadores, mormente o disposto no § 5º-C do art. 18 da Lei Complementar n. 123, de 2006:

LC n. 123/2006

Art. 18

§ 5º-C Sem prejuízo do disposto no § 1º do art. 17 desta Lei Complementar, as atividades de prestação de serviços seguintes serão tributadas na forma do Anexo IV desta Lei Complementar, hipótese em que não estará incluída no Simples Nacional a contribuição prevista no inciso VI do caput do art. 13 desta Lei Complementar, devendo ela ser recolhida segundo a legislação prevista para os demais contribuintes ou responsáveis:

A classificação tributária [03] deve ser utilizada pelas empresas que mantém, concomitantemente, atividades tributadas no anexo IV com outras tributadas em qualquer outro anexo. Para estas empresas há uma tributação sobre a remuneração dos trabalhadores que estejam em exercício em ambas atividades, realizada de forma proporcional à receita da atividade não substituída (anexo IV) conforme previsto na IN/RFB n. 971, de 2009:

IN n. 971/09

Art. 198. As ME e EPP optantes pelo Simples Nacional, no que se refere às contribuições sociais previstas no art. 22 da Lei n. 8.212, de 1991, serão tributadas da seguinte forma:

III — as contribuições incidentes sobre a remuneração dos trabalhadores referidos no inciso III do art. 195 desta Instrução Normativa serão proporcionais à parcela da receita bruta auferida nas atividades enquadradas no Anexo IV da Lei Complementar n. 123, de 2006, em relação à receita bruta total auferida pela empresa.

Microempreendedor Individual com empregado

A classificação tributária [04] — Microempreendedor Individual — é necessária para diferenciar este empregador que tem alíquota de contribuição patronal sobre a remuneração do seu empregado de 3% (três por cento) enquanto os demais empregadores recolhem 20%.

LC n. 123

§ 1º Na hipótese referida no caput, o MEI:

III — está sujeito ao recolhimento da contribuição de que trata o inciso VI do caput do art. 13, calculada à alíquota de 3% (três por cento) sobre o salário de contribuição previsto no caput, na forma e prazos estabelecidos pelo CGSN.

Atividades Rurais

As classificações 06, 07 e 08 devem ser utilizadas respectivamente pela Agroindústria, pela Empresa Rural e pelo Consórcio Simplificado de Produtores Rurais. Esta informação em conjunto com as informações prestadas no Evento S-1020 permitem que o sistema identifique a empresa ou atividade dela que tenha a contribuição previdenciária sobre a folha de pagamento substituída pela contribuição sobre a comercialização da produção rural.

A substituição não é extensiva às contribuições sobre a retribuição paga ao segurado contribuinte individual, que tem seu fundamento no art. 22, Inciso III da Lei n. 8.212, de 1991. Alcança apenas a contribuição patronal sobre a remuneração paga aos segurados empregados e trabalhadores avulsos (art. 22, I, Lei n. 8.212, de 1991) e a contribuição destinada ao financiamento dos benefícios concedidos em razão do GILRAT — art. 22, II, Lei n. 8.212, de 1991).

OGMO

O OGMO deve utilizar a classificação tributária [09]. Para este empregador há uma estrutura específica no eSocial que permite a aplicação de regras de tributação previdenciária de acordo com os dados de cada Operador Portuário.

Sindicato de Trabalhadores Avulsos não Portuários

Por sua vez, para atender os ditames da legislação previdenciária que atribui ao Sindicato de Trabalhadores Avulsos Não Portuários a obrigação de fazer a folha de pagamento dos trabalhadores avulsos foi criada a Classificação Tributária [10].

Os sindicatos fazem a folha de pagamento, mas não são responsáveis pelo recolhimento das contribuições. Estas (contribuições sociais) são de responsabilidade do contratante dos serviços executados pelos trabalhadores avulsos não portuários por intermédio do sindicato.

IN n. 971/2009

Art. 278. O sindicato que efetuar a intermediação de mão de obra de trabalhador avulso é responsável pela elaboração das folhas de pagamento por contratante de serviços, contendo, além das informações previstas no inciso III do art. 47, as seguintes:

(...)

Art. 281. A empresa contratante ou requisitante dos serviços de trabalhador avulso, cuja contratação de pessoal não for abrangida pela Lei n. 8.630, de 1993, e pela Lei n. 9.719, de 1998, é responsável pelo recolhimento de todas as contribuições sociais previdenciárias e das contribuições destinadas a outras entidades ou fundos, bem como pelo preenchimento e pela entrega da GFIP, observadas as demais obrigações previstas no RPS.

Clubes de Futebol Profissional

A classificação tributária [11] destina-se às associações desportivas que mantém clube de futebol profissional. Elas têm a contribuição previdenciária incidente sobre a remuneração de segurados empregados e avulsos e a contribuição destinada ao financiamento dos benefícios concedidos em razão do grau de incidência de incapacidade laborativa decorrente dos riscos ambientais do trabalho substituídas pela contribuição sobre as receitas de espetáculos desportivos, de patrocínio, licenciamento de marcas.

Cabe ressaltar, que a **entidades empresariais** que mantém equipe de futebol profissional e atividade econômica organizada para a produção e circulação de bens e serviços tem a substituição apenas em relação à atividade "futebol profissional", estando as demais atividades tributadas regularmente sobre a folha de pagamento.

Lei n. 8.212/91

Art. 22.

§ 11. O disposto nos §§ 6º ao 9º deste artigo aplica-se à associação desportiva que mantenha equipe de futebol profissional e atividade econômica organizada para a produção e circulação de bens e serviços e que se organize regularmente, segundo um dos tipos regulados nos *arts. 1.039 a 1.092 da Lei n. 10.406, de 10 de janeiro de 2002 — Código Civil. (Redação dada pela Lei n. 11.345, de 2006)*

§ 11-A. O disposto no § 11 deste artigo aplica-se apenas às atividades diretamente relacionadas com a manutenção e administração de equipe profissional de futebol, não se estendendo às outras atividades econômicas exercidas pelas referidas sociedades empresariais beneficiárias. *(Incluído pela Lei n. 11.505, de 2007)*

Assim, não devem utilizar a classificação tributária [11] e sim a [99] que se destina às pessoas jurídicas em geral. O tratamento específico para a atividade de futebol profissional será dado pela utilização da Tabela de Lotação Tributária.

Empresas do setor financeiro e bancário

A classificação tributária [13] agrega as entidades do sistema financeiro nacional. Estas entidades são sujeitas a uma contribuição adicional para financiamento da seguridade social na forma § 1º do art. 22 da Lei n. 8.212, de 1991:

Lei n. 8.212/91

Art. 22.

§ 1º No caso de bancos comerciais, bancos de investimentos, bancos de desenvolvimento, caixas econômicas, sociedades de crédito, financiamento e investimento, sociedades de crédito imobiliário, sociedades corretoras, distribuidoras de títulos e valores mobiliários, empresas de arrendamento mercantil, cooperativas de crédito, empresas de seguros privados e de capitalização, agentes autônomos de seguros privados e de crédito e entidades de previdência privada abertas e fechadas, além das contribuições referidas neste artigo e no art. 23, é devida a contribuição adicional de dois vírgula cinco por cento sobre a base de cálculo definida nos incisos I e III deste artigo.

Entidades imunes de contribuição social

As entidades beneficentes de assistência social, portadoras do CEBAS, emitidos pelos Ministérios da Saúde, Educação ou Desenvolvimento Social, são isentas de contribuições sociais destinadas à seguridade social na forma do art. 195 da Constituição Federal Brasileira. Estas entidades devem utilizar a classificação tributária [80]. Para este grupo de contribuintes não há contribuições patronais.

Demais empregadores

As classificações tributárias 14, 21, 22, 60 e 85 são utilizadas para agregar contribuintes em grupos similares permitindo o tratamento específicos.

Por fim, a classificação tributária 99 — Pessoas Jurídicas em Geral é utilizada para os demais empregadores.

4.1.2. Indicador de Cooperativa

As pessoas jurídicas devem informar no evento de informações do empregador sua condição como sociedades cooperativas.

A informação visa atender preceitos específicos da legislação previdenciária aplicáveis às sociedades cooperativas, especialmente a de trabalho e de produção. No caso das sociedades cooperativas de trabalho não há contribuição patronal sobre a retribuição repassada ao cooperado (segurado contribuinte individual). Esta contribuição havia sido substituída pela contribuição sobre a o valor bruto da nota fiscal relativamente a serviços prestados por intermédio de cooperativa de trabalho. Após decisão do STF, em julgamento proferido nos autos do Recurso Extraordinário n. 595.838, o Senado Federal editou a Resolução n. 10 de 30 de março de 2016 suspendendo a eficácia do Inciso IV do art. 22 da Lei n. 8.212, de 1991:

RESOLUÇÃO N. 10, DE 2016

O Senado Federal resolve:

Art. 1º É suspensa, nos termos do art. 52, inciso X, da Constituição Federal, a execução do inciso IV do art. 22 da Lei n. 8.212, de 24 de julho de 1991, declarado inconstitucional por decisão definitiva proferida pelo Supremo Tribunal Federal nos autos do Recurso Extraordinário n. 595.838.

Art. 2º Esta Resolução entra em vigor na data de sua publicação.

Senado Federal, em 30 de março de 2016

RENAN CALHEIROS
Presidente do Senado Federal

4.1.3. Indicador de Construtora

Os empregadores pessoa jurídica deverão informar no evento inicial caso se constituam como construtoras. O objetivo deste indicador é identificar aquelas pessoas jurídicas que podem optar pela forma de tributação de suas obras de construção civil.

Na atual sistemática da desoneração da folha de pagamento, a Lei n. 13.161, de 2015 estatui que a opção pode ser feita por obra de construção civil:

Lei n. 13.161/15

Art. 1º A Lei n. 12.546, de 14 de dezembro de 2011, passa a vigorar com as seguintes alterações:

"Art. 9º (...)

§ 16. Para as empresas relacionadas no inciso IV do caput do art. 7º, a opção dar-se-á por obra de construção civil e será manifestada mediante o pagamento da contribuição incidente sobre a receita bruta relativa à competência de cadastro no CEI ou à primeira competência subsequente para a qual haja receita bruta apurada para a obra, e será irretratável até o seu encerramento.

Trata-se de uma opção exclusiva das pessoas jurídicas construtoras com atividade principal nos grupos CNAE 412, 432, 433 e 439, a escolha da forma de tributação de suas obras, ora sobre a remuneração dos trabalhadores outrora sobre a receita bruta.

4.1.4. Indicador de Desoneração

Por meio deste indicador a pessoa jurídica vai informar se optou pela desoneração da folha de pagamento de que trata a Lei n. 12.546 de 2011 no exercício objeto da escrituração. Isto permitirá que o sistema efetue os cálculos corretos da contribuição patronal sobre a remuneração dos segurados empregados, avulsos e contribuintes individuais.

As empresas que indicarem a opção no evento S-1000 devem preencher obrigatoriamente o evento S-1280 informando se a sua desoneração é total ou parcial. Caso a desoneração seja total, não há contribuição; caso parcial, será proporcional à receita da atividade não desonerada na forma prevista no Inc. II, § 1, Art. 9 da Lei n. 12.546, de 2011:

Lei n. 12.546/11

Art. 9º

§ 1º No caso de empresas que se dedicam a outras atividades além das previstas nos arts. 7º e 8º, o cálculo da contribuição obedecerá:

(...)

II — ao disposto no *art. 22 da Lei n. 8.212, de 24 de julho de 1991*, reduzindo-se o valor da contribuição dos incisos I e III do *caput* do referido artigo ao percentual resultante da razão entre a receita bruta de atividades não relacionadas aos serviços de que tratam o *caput* do art. 7º e o § 3º do art. 8º ou à fabricação dos produtos de que trata o *caput* do art. 8º e a receita bruta total.

Neste caso, o percentual é aplicado sobre a alíquota prevista para a contribuição utilizando-se toda a base tributável, *"o total das remunerações pagas, devidas ou creditadas a qualquer título, durante o mês, aos segurados empregados e trabalhadores avulsos que lhe prestem serviços"* — art. 22, Lei n. 8.212, de 1991.

4.2. Evento S-1005 — Tabela de Estabelecimentos, Obras ou Unidades de Órgãos Públicos

Adequando a sua estrutura no ambiente nacional do eSocial o empregador deve enviar as informações de seus estabelecimentos (matriz e filiais) e de suas obras de construção civil.

Neste evento, as informações que impactam diretamente o cálculo das contribuições previdenciárias são a alíquota GILRAT e o FAP.

4.2.1. Alíquota GILRAT

A contribuição destinada ao financiamento dos benefícios concedidos em razão do GILRAT, prevista no art. 22, II da Lei n. 8.212, de 1991 tem por base a atividade preponderante de cada estabelecimento.

O RPS define o conceito de atividade preponderante no art. 202, § 3º como sendo *"a atividade que ocupa, na empresa, o maior número de segurados empregados e trabalhadores avulsos"*. Em seguida, o RPS orienta a empresa identificar em seu Anexo V o respectivo grau de risco para a sua atividade preponderante, *verbis*:

RPS

Art. 202.

§ 4º A atividade econômica preponderante da empresa e os respectivos riscos de acidentes do trabalho compõem a Relação de Atividades Preponderantes e correspondentes Graus de Risco, prevista no Anexo V.

§ 5º É de responsabilidade da empresa realizar o enquadramento na atividade preponderante, cabendo à Secretaria da Receita Previdenciária do Ministério da Previdência Social revê-lo a qualquer tempo.

O Anexo V do RPS é a uma relação de atividades e correspondentes graus de risco conforme a CNAE. Ele utiliza a tabela CNAE na versão 2.0. Embora haja versões mais recentes da tabela CNAE, esta (2.0) é a que deve ser a utilizada, pois, apenas para ela há publicação de alíquota para cada código da tabela.

A empresa portanto, identifica a atividade preponderante para o estabelecimento, verifica qual o CNAE na tabela 2.0 e informa o correspondente grau de risco. O sistema não recepciona um valor de grau de risco diverso do publicado no Anexo V do RPS, exceto quando o contribuinte tem autorização judicial para utilizar grau de risco diverso do publicado. Neste caso, deve cadastrar o processo judicial na Tabela de Processos — Evento S-1070 e informar o número do processo no grupo de informações do GILRAT.

Importante destacar que todos empregadores devem informar o CNAE preponderante e a alíquota GILRAT independente de recolherem ou não a contribuição. Assim, empresas isentas ou com a contribuição substituída devem prestar a informação. Esta orientação consta no MOS — Versão 2.4.02, Evento S-1005, itens 16 e 17, páginas 68 e 69:

16) No preenchimento "o Grupo "d"dosEstab", todos os empregadores, independente da classificação tributária, devem preencher as informações do CNAE Preponderante, alíquota Rat e Fap.

17) As informações são necessárias para cálculo de contribuições, quando devidas, e também para o cadastro dos órgãos de fiscalização. Assim, mesmo as empresas optantes do Simples nacional com tributação substituída e as empresas imunes de contribuição previdenciária devem identificar o CNAE preponderante, informar a alíquota RAT conforme o CNAE e o FAP publicado pela Secretaria de Previdência Social. Neste caso, a correta informação da classificação tributária impedirá que seja calculada a contribuição previdenciária para acidente de trabalho.

4.2.2. FAP

O FAP é um modelo de estímulo à prevenção de acidentes e adoecimento no ambiente de trabalho. Ele funciona reduzindo em até 50% ou aumentando, em até 100% a alíquota GILRAT de cada estabelecimento da empresa. A graduação de incremento ou redução é medida conforme o desempenho do estabelecimento em sua atividade econômica.

O FAP é publicado anualmente, calculado por meio das informações de benefícios concedidos pelo INSS nos últimos dois anos e tem validade durante todo o exercício seguinte. A forma de utilização é multiplicá-lo pela alíquota GILRAT para encontrar a alíquota GILRAT Ajustada: Ex.: GILRAT conforme CNAE=3; FAP publicado=1,2546; GILRAT Ajustado=3,7368.

Assim como a alíquota GILRAT, o FAP que deve ser informado no leiaute do eSocial é o publicado. Somente se admite valor diverso em caso de contestação administrativa ou judicial. Neste caso, deverá ser cadastrado um processo na Tabela de Processos — Evento S-1070 e informá-lo em campo próprio do leiaute do estabelecimento.

4.3. Evento S-1010 — Tabela de Rubricas

Na tabela de rubrica o empregador deverá enviar ao ambiente nacional do eSocial, de forma individualizada, cada uma das rubricas que compõe a sua folha de pagamento, atribuindo-lhe um código específico.

Para fins de utilização nos cálculos do sistema, a informação principal deste evento é o código de incidência da contribuição previdenciária. É por meio desta indicação que são agrupados e identificados os valores das rubricas e totalizadas as bases de cálculo na remuneração de cada trabalhador.

Caso o empregador tenha alguma rubrica com a exigibilidade suspensa em decorrência de processo judicial deverá cadastrar o processo na Tabela de Processos — Evento S-1070 e informá-lo em campo próprio neste evento.

4.4. Evento S-1020 — Tabela de Lotações Tributárias

A Tabela de Lotações Tributárias tem duas finalidades básicas. Primeira, classificar as atividades autônomas da empresa que são sujeitas ao recolhimento das contribuições destinadas a outras entidades e fundos. Segunda, agrupar trabalhadores em uma mesma folha de pagamento. Esta segunda finalidade visa ao cumprimento da legislação previdenciária que determina que a empresa apresente folha de pagamento por tomador de serviço, por obra de construção civil, por operador portuário, e outras.

A primeira finalidade é a que devemos nos ater para fins de cálculos das contribuições. O empregador deve criar uma lotação tributária para cada conjunto de FPAS e Código de Terceiro, conforme a Tabela n. 04 do eSocial.

Assim, um empregador enquadrado no FPAS 507 deve informar um código de terceiro compatível com este, conforme a tabela 04:

	TERCEIRO	CÓDIGO	ALÍQUOTA
FPAS 507	Salário Educação	0001	2,5
	Incra	0002	0,2
	Senai	0004	1,0
	Sesi	0008	1,5
	Sebrae	0064	0,6
	Total	0079	5,8

O empregador que não possuir convênio de arrecadação direta deverá informar a lotação criada com o código 0079, pois tem obrigação de recolher as contribuições, por meio da RFB, de todos os "terceiros".

Aquele que tenha convênio de arrecadação direta deve excluir o código deste no valor informado. Exemplo: Convênio de arrecadação direta com Senai (código 0004). Deverá informar o código 0075 na lotação criada. O sistema entenderá a existência de convênio com o Senai e efetuará os cálculos das contribuições dos demais "terceiros".

Por sua vez, caso o empregador tenha alguma ação judicial que lhe garanta a suspensão da exigibilidade de determinada contribuição deverá informar o valor do código do "terceiro" no registro específico para este fim, {codTercsSus}.

Cabe asseverar que todos empregadores devem informar o FPAS e o Código de Terceiros independente de recolherem ou não as contribuições. Assim, empresas isentas ou optantes pelo Simples Nacional devem prestar a informação. Esta orientação consta no MOS — Versão 2.4.02, Evento S-1020, item 11, páginas 77 e 78:

> 11) No preenchimento do Grupo "dadosLotação", todos os empregadores, independente da classificação tributária, devem preencher as informações do FPAS e de Códigos de Terceiros. As informações são necessárias para cálculo de contribuições, quando devidas, e também para o cadastro dos órgãos de fiscalização. Assim, mesmo as empresas optantes pelo Simples Nacional e as empresas imunes de contribuição previdenciária devem identificar o FPAS e o Código de Terceiros de cada lotação tributária conforme a Tabela 4. Neste caso, a correta informação da classificação tributária impedirá que sejam calculadas as contribuições sociais destinadas a outras entidades e fundos.

O eSocial utiliza de outras informações para definir se determinado empregador é sujeito ou não ao recolhimento das contribuições, mormente a classificação tributária informada no evento de informações do empregador, S-1000.

4.4.1. Tipos de Lotação Tributária

Há alguns tipos de lotação tributária que podem ser utilizados. Cada um atende regra específica da legislação previdenciária e a sua correta utilização é primordial para o adequado cumprimento das obrigações tributárias.

Lotação tipo 01

Esta é a lotação tributária que será mais utilizada. Pode-se dizer que é a lotação geral, a principal do empregador. Deve ser criada uma lotação para cada conjunto de FPAS x Código de Terceiros. Assim, uma indústria que tenha o FPAS=507 e Código de Terceiros=0079 deve criar apenas uma lotação tributária com estes dados.

Importa destacar que não há relação entre o número de estabelecimentos de uma empresa e a quantidade de lotações tributárias. Neste sentido, no exemplo anterior, se a indústria tiver mil (1000) estabelecimentos e todos eles tiverem os mesmos FPAS e Código de Terceiros, basta a criação de uma única lotação tributária.

Lotação tipo 02

A lotação tipo 02 deve ser utilizada pelo empregador que mantém trabalhadores em obra de construção civil de propriedade de terceiro em atividade de empreitada parcial ou subempreitada. Neste caso, deverá ser criada uma lotação para cada obra de construção civil em que o empregador esteja prestando serviço.

Lotação tipo 03 e 04

Destinam-se às empresas prestadoras de serviço mediante cessão de mão de obra na forma prevista no art. 31 da Lei n. 8.212, de 1991. Para cada contratante uma lotação específica que possibilitará a separação dos trabalhadores por tomador na forma prevista no art. 134 da IN/RFB n. 971, de 2009:

> Art. 134. A empresa contratada deverá elaborar:
>
> I — folhas de pagamento distintas e o respectivo resumo geral, para cada estabelecimento ou obra de construção civil da empresa contratante, relacionando todos os segurados alocados na prestação de serviços, na forma prevista no inciso III do art. 47;

Lotação tipo 05, 06 e 07

As lotações tributárias 05, 06 e 07 destinam-se às cooperativas de trabalho. Por elas as cooperativas informarão os cooperados que receberam retribuição por serviços prestados à pessoa física, às empresas em geral e às entidades beneficentes de assistência social.

O art. 216 da IN/RFB n. 971, de 2009 disciplina a obrigatoriedade da cooperativa de elaboração de folhas de pagamento separadas por tipo de contratante de serviços.

> Art. 216.
>
> § 3º A cooperativa de trabalho deverá elaborar folhas de pagamento nominais mensais, separando as retribuições efetuadas a seus associados decorrentes de serviços prestados às pessoas jurídicas e as decorrentes de serviços prestados às pessoas físicas, bem como efetuar os respectivos lançamentos contábeis em contas próprias.

Lotação tipo 08

Destina-se ao OGMO para diferenciar o grupo de trabalhadores avulsos por operador portuário resultando em uma folha de pagamento específica.

> Art. 264. Cabe ao OGMO (...) adotar as seguintes providências:
>
> IV — elaborar folha de pagamento, na forma prevista no inciso III do *caput* do art. 47, observado o disposto nos §§ 1º e 2º;
>
> (...)
>
> § 2º O OGMO deve consolidar mensalmente as folhas de pagamento elaboradas na forma do inciso III do art. 47 e do § 1º deste artigo, por operador portuário e por trabalhador portuário avulso e deve, também, manter resumo mensal e acumulado, por trabalhador portuário avulso, dos valores totais da remuneração da mão de obra, das férias, do décimo terceiro salário e das contribuições sociais previdenciárias retidas.

Lotação tipo 09

O Sindicato de trabalhadores avulsos não portuários deve criar uma lotação tributária para cada contratante de serviços dos trabalhadores avulsos para atendimento do disposto no art. 278 da IN/RFB n. 971, de 2009:

> IN n. 971/09
>
> Art. 278. O sindicato que efetuar a intermediação de mão de obra de trabalhador avulso é responsável pela elaboração das folhas de pagamento por contratante de serviços, contendo, além das informações previstas no inciso III do art. 47, as seguintes:

Lotação tipo 10

Com o objetivo de atender especificidade criada pela Lei n. 9.432 de 1997, que trata da contribuição destinada ao FDEPM foi criado o tipo de lotação tributária 10.

Lei n. 9.432/97

Art. 11

§ 8º As embarcações inscritas no REB são isentas do recolhimento de taxa para manutenção do Fundo de Desenvolvimento do Ensino Profissional Marítimo.

As embarcações brasileiras registradas no REB, são isentas da contribuição destinada ao FDEPM, devendo, portanto, utilizar o FPAS 523 e o código de terceiros 003. As demais embarcações, não registradas, devem utilizar o FPAS 540 e o código de terceiros 0131 conforme a IN n. 971, de 2009:

IN n. 971/09

Art. 109-A

§ 1º Sobre a remuneração paga por empresa brasileira de navegação a tripulantes de embarcação inscrita no Registro Especial Brasileiro (REB), não incide a contribuição destinada ao Fundo de Desenvolvimento do Ensino Profissional Marítimo, conforme § 8º do art. 11 da Lei n. 9.432, de 8 de janeiro de 1997.

§ 2º Na hipótese do § 1º a empresa de navegação apresentará GFIP específica para os trabalhadores (tripulantes) da embarcação inscrita no REB, na qual informará código FPAS 523 e o código de terceiros 0003 e, para as demais embarcações, apresentará GFIP com código FPAS 540 e o código de terceiros 0131.

Lotação tipo 21 e 24

Foram criadas para atender empregadores pessoa física. Pode-se dizer que equivalem à lotação tributária tipo 01 utilizadas pelos empregadores pessoa jurídica.

Lotação tipo 90

Destinada a localizar os trabalhadores brasileiros sujeitos ao RGPS contratados no Brasil para prestar serviço no exterior. Sobre a remuneração destes trabalhadores não há contribuições destinadas à outras entidades e fundos, motivo pelo qual devem ser separados dos demais trabalhadores e informados com o FPAS 590 e código de terceiros 0000.

Lotação tipo 91

Destina-se a informar os trabalhadores estrangeiros vinculados a regime de previdência no país de origem com o qual o Brasil mantém acordo internacional de previdência social. Deve ser utilizado na hipótese em que o trabalhador mantém o recolhimento de suas contribuições no regime de origem. Neste caso, não há contribuições no Brasil.

4.5. Evento S-1070 — Tabela de Processos

Na tabela de processos o empregador deve cadastrar todos os seus processos, judiciais ou administrativos, que tenham informado nos demais eventos, com objetivo de suspender a exigibilidade de determinada contribuição.

4.6. Evento S-1080 — Tabela de Operadores Portuários

Na tabela de operadores portuários, o OGMO informará todos os operadores com que mantém alocados trabalhadores avulsos portuários. Em cada caso informará a alíquota GILRAT, o FAP e o GILRAT Ajustado, pois estes são os dados que servirão para cálculo da contribuição sobre a remuneração dos trabalhadores avulsos alocados para o respectivo operador portuário.

5. Estrutura de Cálculos do eSocial — Eventos Periódicos

Após o envio dos eventos de tabela em que o empregador delimitou suas características ao ambiente nacional do eSocial, informando dados que direcionarão a aplicação da legislação previdenciária no cálculo das contribuições sociais, e em seguida ao envio dos eventos de cadastramento de vínculos, o empregador poderá iniciar a transmissão dos eventos periódicos.

Nestes, serão informadas os fatos geradores e as bases de cálculo que serão utilizadas para a apuração da contribuição previdenciária.

5.1. Evento S-1200 — Remuneração de Trabalhador Vinculado ao Regime Geral de Previdência Social

O evento de remuneração no eSocial é aderente ao modelo de funcionamento dos diversos *softwares* de folha de pagamento. Até a implantação do eSocial, para gerar as informações para a GFIP, o empregador informava os dados dos trabalhadores em seu sistema de folha de pagamento e gerava um único arquivo para ser importado pelo SEFIP para validação e transmissão por meio do conectividade social da Caixa.

Diferencia-se o eSocial apenas na fase posterior ao encerramento das informações no sistema de folha de pagamento. Ao gerar as informações para envio ao eSocial, o sistema do empregador gerará tantos arquivos quantos forem os trabalhadores com remuneração e por meio de serviço da internet transmitirá ao ambiente nacional do eSocial. Receberá um recibo individualizado para cada evento transmitido.

5.1.1. Identificação do Trabalhador

Para cada trabalhador que tenha prestado serviço ao empregador será transmitido um único evento de remuneração — S-1200. Não há hipótese em que serão recepcionados dois eventos S-1200 para o mesmo trabalhador.

Teremos um único evento de remuneração ainda que o trabalhador tenha mais de um vínculo (mais de uma matrícula) com o mesmo empregador. Mesmo quando o trabalhador prestar serviço ao mesmo empregador em categorias diferentes (ex.: empregado e contribuinte individual) teremos um único evento de remuneração. Isto é possível pelo fato do evento de remuneração ser estruturado para que se tenha um ou mais Demonstrativos de Valores Devidos ao Trabalhador — dmDev (nome do registro no leiaute). Assim, o evento único poderá ter tantos demonstrativos quanto forem as matrículas, as categorias e/ou as parcelas de remuneração incluída ao trabalhador durante o mês.

5.1.2. Indicador de Múltiplos Vínculos

O indicador de múltiplos vínculos é utilizado para o correto cálculo da contribuição previdenciária devida pelo trabalhador, segurado do RGPS. A legislação determina que o trabalhador informe ao empregador a existência de vínculos com outras empresas.

A necessidade deste procedimento origina-se no plano de custeio da seguridade social que estabelece que o salário de contribuição do segurado é a remuneração recebida em uma ou mais empresas no decorrer do mês, *verbis*:

> Lei n. 8.212/91
>
> Art. 28. Entende-se por salário de contribuição:
>
> I — para o empregado e trabalhador avulso: **a remuneração auferida em uma ou mais empresas**, assim entendida a totalidade dos rendimentos pagos, devidos ou creditados a qualquer título, durante o mês, destinados a retribuir o trabalho, qualquer que seja a sua forma, inclusive as gorjetas, os ganhos habituais sob a forma de utilidades e os adiantamentos decorrentes de reajuste salarial, quer pelos serviços efetivamente prestados, quer pelo tempo à disposição do empregador ou tomador de serviços nos termos da lei ou do contrato ou, ainda, de convenção ou acordo coletivo de trabalho ou sentença normativa;
>
> (..)
>
> III — para o contribuinte individual: **a remuneração auferida em uma ou mais empresas** ou pelo exercício de sua atividade por conta própria, durante o mês, observado o limite máximo a que se refere o § 5º;

No caso da apresentação da declaração pelo trabalhador, o empregador deve informar no grupo de informação de múltiplos vínculos o CNPJ, a categoria e o valor da remuneração em outras empresas. O sistema utilizará o somatório das remunerações para identificar a alíquota a ser aplicada, no caso de segurado empregado e limitar a contribuição ao valor máximo do salário de contribuição considerando as remunerações existentes nas outras empresas.

5.1.3. Demonstrativos de Valores Devidos ao Trabalhador — dmDev

Nos demostrativos de pagamento serão informados dados dos trabalhadores e as rubricas que compõe a sua remuneração. O número de demonstrativos a ser utilizado pelo empregador é bastante variável. Não há restrições específicas, ressalvada a limitação de que em cada demonstrativo somente pode haver a remuneração de uma única categoria de trabalhador. Esta definição é facilmente explicada, pois cada categoria de segurados do RGPS tem especificidades na legislação previdenciária que diferem uma de outra. Exemplifica-se com o tratamento que deve ser dispendido à categoria de Segurado Empregado e Segurado Contribuinte Individual. Para este, a alíquota de sua contribuição é em regra 11%, sua remuneração não compõe a base da contribuição para o GILRAT e para outras entidades e fundos. Por sua vez, para aquele (Segurado Empregado), a sua contribuição própria varia conforme o valor da remuneração mensal — 8%, 9% ou 11% — e sua remuneração compõe a bases das contribuições citadas.

5.1.3.1. Identificação do Estabelecimento e da Lotação Tributária

Em cada um dos demonstrativos, após a identificação da categoria de segurado, são registradas informações referentes aos locais em que haverá informação de remuneração do trabalhador.

São informados o estabelecimento e a lotação tributária em que a remuneração é devida. Caso o trabalhador tenha laborado em mais de um estabelecimento ou mais de uma lotação tributária, tal circunstância deve ser espelhada neste registro. Assim, o sistema efetuará a parametrização da remuneração aplicando as regras definidas em cada uma das tabelas transmitidas ao ambiente nacional. Verificará e aplicará a alíquota GILRAT ajustada para cada estabelecimento e o FPAS e Código de Terceiro de cada lotação tributária com o objetivo de efetuar corretamente o cálculo das contribuições sociais.

5.1.3.2. Informações de Remuneração

Há dois grupos de remuneração em cada demonstrativo de valores devidos. No primeiro são informados os dados de remuneração do período de apuração. E no seguinte, as informações de remuneração de períodos anteriores.

O empregador informa o código atribuído para cada rubrica na Tabela S-1010 e o seu valor. Por meio deste código, o sistema identificará no ambiente nacional, as regras de incidência aplicáveis em cada uma das rubricas que compõe a remuneração do trabalhador.

Neste grupo, a empresa enquadrada na classificação tributária 03 — Simples Nacional com atividade substituída e não substituída, deve informar, em cada grupo de remuneração o indicador de contribuição substituída. Assim, se o trabalhador laborou apenas na atividade que tem a contribuição integralmente substituída deve informar o código "1". Caso o labor tenha ocorrido apenas na atividade não substituída informará "2"; e informará "3" caso o trabalhador tenha exercido atividades no período de apuração nas duas atividades.

Os empregadores que mantém ambientes de trabalho com exposição de trabalhadores a agentes nocivos que permitam a concessão de aposentadoria especial, devem informar esta condição neste evento de remuneração. Esta informação é obrigatória para segurados empregados e para o segurado contribuinte individual das categorias 731, 734 e 738 — Cooperados Filiados à Cooperativa de trabalho e de Produção. Ela é essencial para que o sistema apure a contribuição adicional para o financiamento da aposentadoria especial destes trabalhadores, aplicando as alíquotas de 12%, 9% ou 6% sobre a remuneração do trabalhador nos casos do direito de aposentadoria especial poder ser exercido em 15, 20 ou 25 anos, respectivamente.

Diferencia-se o grupo de remuneração de períodos anteriores do grupo período de apuração, as informações acerca do instrumento ou da situação ensejadora do pagamento da remuneração relativa a períodos anteriores ao da declaração.

As rubricas informadas neste grupo serão somadas aquelas do grupo referente ao período de apuração para composição da base de cálculo (salário de contribuição) do trabalhador que comporá a base para cálculo das contribuições da empresa.

5.2. Outros Eventos de Remuneração

Além do evento S-1200, outros dois eventos possuem informações de remuneração. Trata-se dos eventos de Desligamento (S-2299) e Trabalhador sem Vínculo — Término (S-2399).

São eventos não periódicos utilizados para registro do termino do contrato de trabalho que trazem grupos de remuneração que comporão a base de cálculo das contribuições sociais do empregador e o salário de contribuição do trabalhador.

5.3. Retorno do Evento de Remuneração — Evento S-5001

Transmitido o evento de remuneração, o eSocial retorna o recibo de entrega ao empregador. Neste recibo, totaliza as informações do trabalhador informado (CPF), identificando a base de cálculo (Salário de Contribuição) da contribuição previdenciária.

O sistema, a partir desta base, calcula o valor da contribuição devida pelo segurado ao RGPS, retornando o valor apurado e também o valor da contribuição efetivamente descontada pelo empregador, conforme informado em rubrica específica. Este é o evento do eSocial S-5001 — Informações das Contribuições Sociais por Trabalhador, gerado a partir da transmissão de cada um dos eventos de remuneração (S-1200 ou S-2299 ou S-2399).

5.3.1. Totalização da Base de Cálculo por Trabalhador

O eSocial utiliza um sistema de agregação para que as bases sejam agrupadas de acordo com a sua natureza. Assim, ele separa a base de cálculo "normal" daquela que sofrerá a incidência do adicional de contribuição previdenciária para o financiamento dos benefícios de aposentadoria especial. Este agrupador é o Registro 31 {tpValor} — Tipo Valor do evento S-5001 do leiaute versão 2.4.02.

O eSocial agrega as bases observando a existência ou não de exposição à agente nocivo e separa também as bases seguindo a informação acerca da existência de processo judicial informado na tabela de rubricas, que possam suspender a exigibilidade da contribuição sobre determinada rubrica.

Além disso, são criados tipo de valor específicos para registro dos descontos de contribuições efetuadas pelo empregador sobre a remuneração do trabalhador (INSS, SEST e SENAT) e também para os benefícios previdenciários pagos pelo empregador, em nome do INSS, quais sejam o Salário-família e o Salário-maternidade.

Os valores de cada agrupamento (tp valor) são obtidos com o somatório das rubricas do tipo "Vencimento e Informativa" e a subtração das rubricas do tipo "Desconto e Informativa Dedutora", considerando regras de relacionamento de específicos códigos de incidência de rubricas. São consideradas as informações das rubricas informadas nos grupos de remuneração do período de apuração e remuneração de períodos anteriores informados nos eventos S-1200, S-2299 ou S-2399.

Os relacionamentos são estes que se seguem, conforme Registro n. 32, do leiaute do evento S-5001, versão 2.4.02 e MOS, versão 2.4, página 162:

Tipo (tpValor)	Código de Incidência CP (CodIndCP)	Grau de Exposição a Agente Nocivo
11	11, 12, 21, 22	1 ou não informado
12	11, 12, 21, 22	2
13	11, 12, 21, 22	3
14	11, 12, 21, 22	4
15	25, 26 (salário-maternidade pago INSS)	
31	51 (salário-família)	
32	21, 22 (salário-maternidade)	
91	91, 92, 93, 94	1 ou não informado
92	91, 92, 93, 94	2
93	91, 92, 93, 94	3
94	91, 92, 93, 94	4

Os códigos de incidência de contribuição previdenciária constantes da tabela de rubricas (S-1010) que são utilizados na totalização das bases de cálculo são estes que se seguem:

a) 11 e 91= Rubrica compõe a base mensal;

b) 12 e 92= Rubrica compõe a base do 13º Salário;

c) 21 e 93= Rubrica compõe a base de Salário-Maternidade mensal pago pela empresa;

d) 22 e 94= Rubrica compõe a base do Salário-Maternidade 13º pago pela empresa.

O empregador deve ter uma criteriosa preocupação com a definição dos códigos de incidência de suas rubricas, pois eles são determinantes para o correto cálculo das contribuições sociais.

No caso de rubricas com a exigibilidade suspensa, o sistema efetua a separação de seus valores da base geral do trabalhador para que possam ser realizados os cálculos das parcelas suspensas e do valor total do débito.

Exemplo:

Rubrica 1520 — Código de Incidência CP=11 — Valor 1.000,00

Rubrica 1521 — Código de Incidência CP=11 — Valor 300,00

Rubrica 1522 — Código de Incidência CP=91 — Valor 500,00

Base mensal: 1.800,00

Base mensal suspensa: 500,00

Este tratamento é dispensado apenas para os processos cujo indicador de suspensão do processo em S-1070 (Tabela de Processos) indique a suspensão da exigibilidade da contribuição. Não é o mesmo tratamento dado à hipótese em que o indicador de suspensão na tabela de processos indica que houve trânsito em julgado a favor do empregador (Indicador de suspensão igual a "90"). Neste caso, o valor da rubrica não é levado à composição da base, conforme exemplo abaixo:

Exemplo:

Rubrica 1520 — Código de Incidência CP=11 — Valor 1.000,00

Rubrica 1521 — Código de Incidência CP=11 — Valor 300,00

Rubrica 1522 — Código de Incidência CP=91 — Ind. Susp=90 — Valor 500,00

Base mensal: 1.300,00

Não há base suspensa.

A base de cálculo de cada trabalhador será utilizada para o cálculo de sua contribuição ao RGPS e será somada às demais bases dos demais trabalhadores para o cálculo das contribuições dos empregadores (patronal), estas, demonstradas pelo eSocial no retorno do evento de fechamento, S-5011.

5.3.2. Cálculo da Contribuição dos Trabalhadores ao RGPS

Para o cálculo da contribuição do segurado o eSocial utiliza a base de calculo do trabalhador e os registros de informação de existência de múltiplos. Neste, o empregador reproduz para o sistema o teor da declaração apresentada pelo trabalhador informando que recebeu remuneração em outra empresa e o valor utilizado para o desconto da contribuição.

Há três tipos de indicadores de múltiplos vínculos no evento de remuneração do trabalhador conforme leiaute S-1220 do eSocial:

Indicador 1: Utilizado pelo empregador, que aplica a alíquota obtida a partir do somatório das remunerações do trabalhador (na empresa e em outras empresas), sobre a parcela da remuneração paga por ele. Este indicador é utilizado quando a soma das remunerações em todas as empresas não alcançar o limite máximo do salário de contribuição.

Indicador 2: Utilizado pelo empregador que aplicará a alíquota apurada sobre a diferença entre o limite máximo do salário de contribuição e a remuneração na outra empresa sobre a qual já ocorreu desconto.

Indicador 3: Utilizado pelo empregador que não efetuará desconto da contribuição sobre a remuneração paga, pois já houve o desconto sobre o limite máximo do salário de contribuição em outra empresa.

O leiaute do evento S-5001 do eSocial tráz ainda algumas exceções específicas de tratamento do cálculo da contribuição dos segurados:

Rubricas de 13º salário na remuneração mensal

Quando houver, no período de apuração mensal, rubricas com código de incidência de décimo terceiro salário, o cálculo da contribuição do segurado é efetuado separadamente (base mensal e base 13º salário) e o somatório de ambos corresponderá ao valor da contribuição do segurado. Isto ocorre nos casos de rescisão de contrato de trabalho em que são pagas rubricas específicas de 13º salário. O cálculo da contribuição deve ser efetuado separadamente para fins de observância do limite máximo do salário de contribuição que na hipótese deve ser observado individualmente.

Contribuinte Individual — Alíquota de 20%

Quando não há contribuição da empresa, a alíquota a ser aplicada para cálculo da contribuição do segurado contribuinte individual é de 20% e não 11%, aplicável aos casos em que há contribuição patronal.

Esta regra é aplicável na contratação de contribuinte individual por entidade isenta de contribuição social, classificação tributária igual a [80] e também na cooperativa de trabalho referente à retribuição paga aos segurados cooperados, categorias 731 e 734.

Não realização de cálculo da contribuição do segurado

Nas hipóteses seguintes não são feitos, pelo eSocial, o cálculo da contribuição. Nestes casos, o sistema utiliza como valor calculado aquele efetivamente descontado pelo empregador. O valor efetivamente descontado é identificado pelo sistema pelo código de incidência [31] informado na rubrica referente ao desconto do INSS feito pelo empregador. Caso o empregador não tenha utilizado este código de incidência haverá erro no envio do valor descontado para a cobrança realizada pela RFB. O sistema não efetua o cálculo nos seguintes casos:

a) Quando houver informação de remuneração em período anterior {infoPerAnt} em S-1200) na composição da base de cálculo {infoBaseCS/valor} em S-5001. Neste caso, o sistema não consegue identificar qual a alíquota correta a ser aplicada, pois a remuneração se refere a outro período de apuração.

b) Quando houver informação de processo judicial do trabalhador {procJudTrab} nos eventos que contenham informações de remuneração (S-1200, S-2299 e S-2399). Neste caso, o conteúdo da decisão judicial não é de conhecimento do eSocial impedindo assim que seja efetuado o cálculo pelo sistema.

c) Quando houver processo do empregador informado em S-1010, com indicador de suspensão da incidência de contribuição previdenciária em rubricas utilizadas na composição da remuneração do trabalhador.

Neste caso, quando a remuneração alcançar o limite máximo do salário de contribuição, não há como determinar qual ou quais rubricas irão compor o limite, se aquelas com suspensão de exigibilidade ou aquelas sem processo judicial.

Trabalhador contratado por curto prazo

No caso de contratação de trabalhador da categoria [102] — trabalhador de curto prazo contratado por produtor rural pessoa física ou segurado especial — não há tabela para aplicação de alíquotas conforme a remuneração. O legislador definiu a aplicação de alíquota 8%, observando o limite máximo do salário de contribuição (art. 14-A da Lei n. 5.889 de 08 1973 acrescido pelo art. 1º da Lei n. 11.718, de 2008).

Lei n. 5.889/73

Art. 14-A.

§ 5º-A contribuição do segurado trabalhador rural contratado para prestar serviço na forma deste artigo é de 8% (oito por cento) sobre o respectivo salário de contribuição definido no inciso I do caput do art. 28 da Lei n. 8.212, de 24 de julho de 1991.

Contratação de MEI

No caso de contratação de trabalhador da categoria [741] (MEI das atividades de hidráulica, eletricidade, pintura, alvenaria, carpintaria e de manutenção ou reparo de veículos) não há contribuição a ser descontada do trabalhador. Neste caso, a contribuição do segurado é recolhida no âmbito do SIMEI.

Esta contratação deve ser informada no eSocial, pois a legislação definiu a manutenção da contribuição patronal sobre os valores pagos aos MEI contratados nestas condições conforme redação dada à Lei Complementar n. 123, de 2006, pela Lei Complementar n. 147, de 2014:

Lei Complementar n. 123/06

Art. 18-B. A empresa contratante de serviços executados por intermédio do MEI mantém, em relação a esta contratação, a obrigatoriedade de recolhimento da contribuição a que se refere o inciso III do caput e o § 1º do art. 22 da Lei n. 8.212, de 24 de julho de 1991, e o cumprimento das obrigações acessórias relativas à contratação de contribuinte individual.

§ 1º Aplica-se o disposto neste artigo exclusivamente em relação ao MEI que for contratado para prestar serviços de hidráulica, eletricidade, pintura, alvenaria, carpintaria e de manutenção ou reparo de veículos.

5.6. Outros Eventos Periódicos

Além dos eventos de remuneração há outras informações periódicas prestadas pelos contribuintes.

O evento S-1250 é utilizado para escrituração da aquisição de produção rural de pessoa física. Este evento é transmitido pelo adquirente da produção rural que é responsável pelo recolhimento da contribuição adquirida de produtor rural pessoa física.

O evento S-1260 destina-se ao produtor rural pessoa física para que este informe a forma de comercialização de sua produção rural.

O evento S-1270 destina-se aos declarantes que contratam trabalhadores avulsos não portuários por intermediação do Sindicato de Trabalhadores Avulsos não portuários. Neste caso, o declarante informará ao eSocial o valor da base de cálculo total repassada ao Sindicato que foi o responsável pela elaboração da folha de pagamento. Informa-se também o total das contribuições descontadas dos trabalhadores avulsos.

Por fim, o evento S-1280 destina-se à complementação de informações para atender as hipóteses de desoneração da folha de pagamento e a tributação de empresa optante do Simples com atividades concomitante

5.7. Eventos Periódicos — Fechamento

Encerrada a transmissão dos eventos periódicos, o empregador deverá solicitar o seu fechamento, que corresponde, para fins da legislação previdenciária, à totalização da folha de pagamento. Neste momento o sistema eSocial efetua uma série de verificações para garantir a prestação de todas as informações exigidas e efetua o cálculo das contribuições sociais do empregador.

5.8. Cálculos das Contribuições do Empregador

O evento S-5011 é um retorno do ambiente nacional do eSocial para o evento de fechamento de eventos períodos. Objetiva mostrar ao declarante, com base nas informações transmitidas nos eventos precedentes, o total da base de cálculo da empresa por categoria de trabalhador, por lotação tributária e por estabelecimento. A partir dessas informações são apurados os créditos tributários previdenciários e devidos a outras entidades e fundos.

O retorno com sucesso do evento de fechamento (recebimento do evento S-5011) importa no envio, pelo eSocial, para o Portal da DCTFWeb no ambiente da RFB, dos créditos tributários apurados na escrituração.

O eSocial reproduz ao empregador todas as informações transmitidas ao ambiente utilizadas no cálculo das contribuições, quais sejam: Classificação tributária, Indicador de cooperativa, Indicador de construtora, Indicador de substituição da contribuição previdenciária, Percentual de redução de contribuição, Fator Mês, Fator 13º, RAT/FAP/RAT Ajustado, Indicador de Substituição de Obra de Construção Civil, FPAS/Código de Terceiros, Código de Terceiros Suspenso e os dados de Operadores Portuários.

Em seguida, a partir das bases totalizadas por categoria, lotação tributária e estabelecimento, efetua um agrupamento de bases de acordo com a classificação tributária do empregador atribuindo para cada base um indicador de incidência.

Grupo de Incidência {indIncid}	Tipo de Incidência
1	Normal
2	Atividade Concomitante
9	Substituída ou Isenta

Desta forma, para as entidades isentas de contribuição social e para as empresas optantes do Simples Nacional com a tributação previdenciária substituída agrupa-se com o indicador [9]. Para este grupo não há nenhuma contribuição patronal.

Para as empresas cuja Classificação Tributária seja [03], optantes pelo Simples Nacional com a tributação sobre a folha substituída e não substituída, o sistema utiliza as informações dos eventos de remuneração de cada trabalhador e agrupa conforme abaixo:

a. Se o {indSimples} for igual a [1] (contrib. Subst. Integralmente) a base de cálculo do respectivo trabalhador deve ser totalizada com {indIncid} igual a [9]. Sobre esta remuneração não haverá contribuição patronal.

b. Se o {indSimples} for igual a [2] (contrib. não Substituída) a base de cálculo do respectivo trabalhador deve ser totalizada com {indIncid} igual a [1] (normal). Sobre esta remuneração haverá contribuição patronal.

c. Se o {indSimples} for igual a [3] (ativ. concomitante) a base de cálculo do respectivo trabalhador deve ser totalizada com {indIncid} igual a [2]. Sobre esta remuneração será aplicada o percentual informado no evento S-1280 para identificação da base sujeito à tributação.

No Sindicato de Trabalhadores Avulsos Não Portuários o sistema agrupa as bases de cálculo dos trabalhadores avulsos não portuários, categoria [202] com indicador de incidência igual a [9], pois sobre o valor de suas remunerações não há tributação previdenciária no Sindicato.

Por sua vez, para os empregadores Segurados Especiais as bases de cálculo dos trabalhadores são totalizadas com indicador de incidência igual a [9], exceto para o empregado doméstico deste empregador, se houver, cuja totalização de incidência é [1]. Este comportamento visa dar adequado tratamento a este empregador que embora não tenha que recolher contribuição patronal sobre a remuneração de seus auxiliares eventualmente contratados na atividade rural, mantém a obrigação de recolhimento de contribuições caso mantenha trabalhador doméstico.

As Cooperativas de Trabalho terão as remunerações dos cooperados (Categorias 731 e 734) totalizadas com indicador igual a [9], pois sobre estas remunerações não há contribuição da empresa. Já as associações desportivas que mantém equipe de futebol profissional terão as bases de cálculo dos trabalhadores totalizadas com indicador igual a [9], **exceto** para as categorias de contribuinte individual, que são totalizadas com indicador igual a [1] uma vez que, sobre a remuneração desta categoria há contribuição patronal.

As demais situações são todas classificadas com indicador de incidência igual a [1].

A partir destas totalizações o eSocial efetua os cálculos das contribuições do empregador retornando com o recibo de fechamento dos eventos periódicos todos os tributos apurados com base nas informações prestadas nos eventos iniciais, de tabelas e periódicos.

Os créditos tributários são informados à Receita Federal, por códigos de receita, em integração com o sistema DCTFWeb, que será acessado pelo empregador para confissão da dívida. Transmitida a declaração será possível a extinção do crédito tributário, seja por pagamento ou compensação, utilizando, respectivamente, o DARF Numerado (em substituição a GPS) e a DCOMP.

6. Conclusão

Depreende-se, após este resumido retrato do tratamento do eSocial para o cálculo das contribuições sociais, que este novo modelo exige a reprodução de dados e informações de cada empregador, de acordo com as suas especificidades, estrutura e enquadramento previdenciário. Percebe-se que há um completo espelhamento da folha de pagamento do empregador no ambiente nacional do eSocial. Assim, é imprescindível que o empregador mantenha criteriosa análise dos ajustes realizados em seu sistema para que os mesmos sejam reportados ao ambiente nacional do eSocial para que os cálculos das contribuições sejam realizados em conformidade com a lei.

7. Referências Bibliográficas

BRASIL. Leiautes do eSocial versão 2.4.02. Disponível em: <https://portal.esocial.gov.br/institucional/documentacao-tecnica>. Acesso em: 11 jun. 2018

BRASIL. Manual de Orientação do eSocial, versão 2.4.02. Disponível em: <https://portal.esccial.gov.br/institucional/documentacao-tecnica>. Acesso em: 11 jun. 2018

O Encadeamento de Dados no eSocial e as Informações Extemporâneas

Paulo César Santos Brandão[*]

1. Introdução

Um dos principais objetivos do eSocial é o aprimoramento da qualidade das informações prestadas pelos empregadores aos órgãos governamentais. O incremento desta qualidade, em relação aos sistemas e procedimentos anteriores, ocorre, sobretudo, com a criação de um amplo conjunto de regras de validação para recepção de eventos. As informações deixaram de ser analisadas de forma isolada e passaram a ser consideradas dentro de um contexto de encadeamento sequencial de dados, tornando-se pressupostos uns dos outros. Assim, um evento de admissão, por exemplo, tornou-se requisito para a informação de remuneração de um trabalhador, ou do início de um afastamento por doença, que por sua vez passou a ser condição para a recepção do evento de retorno deste afastamento e, assim, sucessivamente. Para assegurar essa interrelação lógica entre os eventos foi necessária a aplicação de uma solução estrutural de dados conhecida como "empilhamento" (*data stack*). Esta solução exigia, contudo, que os eventos fossem enviados, sempre, em ordem sequencial o que se revelou um método inviável do ponto de vista prático. O objetivo deste trabalho é detalhar e elucidar as regras criadas pelo eSocial para viabilizar a recepção de eventos fora de sua ordem sequencial ou cronológica sem sacrificar a higidez do encadeamento lógico dos dados e apresentar as limitações existentes na aplicação destas regras.

2. Método de Recepção e Manipulação de Dados no eSocial

A evolução a que se propôs o eSocial no que se refere à qualidade na gestão das informações exigiu a implementação de uma rica cadeia de validações e de regras às quais os eventos são submetidos, não apenas para sua recepção, mas também para seu manejo (inclusão/retificação/exclusão).

Para os eventos não periódicos foi utilizado o sistema chamado de "pilha de dados" ("*data stack*"), contudo, a rígida limitação quanto à edição das informações nesse tipo de estrutura exigiu uma completa reestruturação de sua sistemática para a flexibilização de algumas de suas premissas, conforme detalharemos a seguir.

2.1. Empilhamento de Dados

Com o objetivo de esclarecer o método de relacionamento entre os eventos do eSocial tomemos o seguinte exemplo: um empregado é admitido por uma empresa, recebe uma promoção, entra em férias, retorna ao trabalho, é demitido sem justa causa e, posteriormente, reintegrado. Para a recepção destes eventos, são aplicadas as seguintes regras, constantes do leiaute de eSocial:

a) Para informar a promoção do empregado deve ser enviado o evento de alteração contratual (evento S-2206) e, para tanto, é indispensável que aquele trabalhador tenha sido previamente admitido (evento S-2200). Esta exigência está contida na REGRA_EXISTE_VINCULO[1].

---

[*] Auditor-Fiscal do Trabalho, bacharel em Direito e integrante da equipe técnica de especificação e homologação do eSocial.
[1] "REGRA_EXISTE_VINCULO: O vínculo identificado pelo CPF + Matrícula deve existir na base de dados do RET. (...)"

b) Para que seja recepcionada a informação do início de férias do empregado (evento S-2230), é necessário que ele tenha sido anteriormente admitido e esteja ativo, conforme REGRA_VINCULO_ATIVO_NA_DTEVENTO[2].

c) Para que o retorno das férias seja aceito, é necessário que o afastamento esteja em curso, de acordo com a REGRA_EXISTE_EVENTO_AFASTAMENTO[3].

d) Para que seja recepcionado o evento de demissão sem justa causa (S-2299) é necessário que o empregado esteja ativo e tenha retornado das férias. É o que dispõe a REGRA_DESLIG_TRABALHADOR_AFASTADO[4].

e) Por fim, para que o empregador consiga enviar com sucesso a reintegração (evento S-2298) de um trabalhador, é necessário que este empregado tenha sido previamente desligado, conforme REGRA_EXISTE_EVENTO_DESLIGAMENTO[5].

Analisando essa sequência de eventos e as regras de validação a que estão submetidos, percebe-se que é imprescindível que o seu envio ocorra na ordem cronológica correta, afinal, se o evento de afastamento (S-2230) do empregado fosse enviado antes de sua admissão (S-2200), por exemplo, ele seria recusado por descumprimento da REGRA_VINCULO_ATIVO_NA_DTEVENTO e o mesmo ocorreria com a maioria dos eventos citados se enviados fora da ordem.

Por esta razão, tornou-se necessário criar uma forma de garantir, mesmo após a validação inicial das informações, que fosse mantida essa sequência lógica e cronológica de eventos, afinal, de nada adiantaria que essas regras fossem aplicadas no momento da recepção dos dados e, em momento posterior, fosse permitida a sua edição de forma a comprometer essa sequência. Exemplo dessa violação indesejada seria a retificação do evento de admissão de um empregado atribuindo-lhe data de admissão posterior a um evento de início de afastamento.

Com o objetivo de preservar essa superposição encadeada de eventos foi adotada uma estrutura de dados chamada de "empilhamento" (*data stack*) do tipo LIFO (*last-in first-out*), onde o último elemento a ser inserido deve sempre ser o primeiro a ser retirado e o único a ser editado. Assim, uma "pilha" permite acesso a apenas um item de dados — o último inserido. Para editar ou excluir o penúltimo item inserido, por exemplo, é necessário remover o último.

---

[2] "REGRA_VINCULO_ATIVO_NA_DTEVENTO: O vínculo identificado pelo CPF + Matrícula deve estar ativo na data do evento, ou seja, a data do evento deve ser igual ou maior que a data de admissão (no caso de sucessão, igual ou maior que a data da transferência) e menor ou igual à data de desligamento. (...)"
[3] "REGRA_EXISTE_EVENTO_AFASTAMENTO: O trabalhador deve estar afastado no mesmo vínculo na data definida no campo {dtTermAfast}, no caso de término do afastamento."
[4] "REGRA_DESLIG_TRABALHADOR_AFASTADO: Somente é permitido o envio de evento de desligamento para trabalhador afastado temporariamente se o motivo de desligamento for igual a (10, 11, 12, 13, 14, 26, 34)".
[5] "REGRA_EXISTE_EVENTO_DESLIGAMENTO: Para aceitação do evento de Reintegração é necessária a existência de evento de desligamento para o mesmo vínculo e com data do desligamento anterior à data da reintegração. (...)".

Abaixo, uma representação gráfica de formação de uma pilha de dados no eSocial:

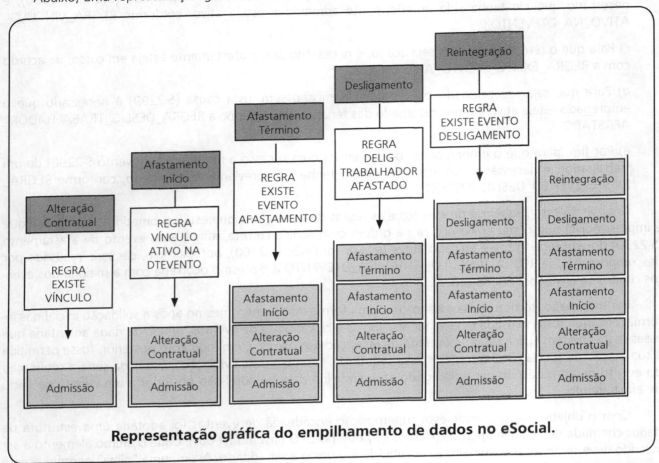

Representação gráfica do empilhamento de dados no eSocial.

Ao exigir que o usuário remova todos os dados enviados depois do evento a ser editado ("desempilhamento") o sistema preserva a integridade sequencial das informações, afinal, ao repor a "pilha" após edição, o sistema faz uma revalidação de todas as regras que haviam sido aplicadas e recusa o evento caso a edição promovida tenha tornado a sequência inconsistente.

A coerência no encadeamento dos eventos, exigida pelo eSocial, não se restringe à ordem cronológica dos fatos. O sistema também submete os eventos a validações de adequação e compatibilidade entre eles. Por exemplo, um evento de Convocação para Trabalho Intermitente (S-2260) só pode ser enviado para empregados cuja categoria seja de trabalhador intermitente (REGRA_EXISTE_VINCULO[6]). No mesmo sentido, um cadastramento de Operador Portuário (S-1080) só pode ser enviado se o empregador possuir classificação tributária de Órgão Gestor de Mão de Obra (REGRA_TABOPPORTUARIO_VALIDA_OGMO[7]). Assim como um evento de Remuneração de Servidor Vinculado a Regime Próprio de Previdência Social (S-1202) só pode ser enviado para trabalhador admitido sob esse regime de previdência, ou sob regime de previdência social no exterior (REGRA_COMPATIB_REGIME_PREV[8]), e um evento de Comercialização de Produção Rural (S-1260) só pode ser enviado se o empregador tiver classificação tributária de segurado especial ou de pessoa física (REGRA_EVE_FOPAG_INFO_COMPAT_CLASSTRIB[9]).

---

(6) "REGRA_EXISTE_VINCULO: O vínculo identificado pelo CPF + Matrícula deve existir na base de dados do RET. No caso do evento S-2260, o código da categoria do trabalhador deve ser igual a [111]".
(7) "REGRA_TABOPPORTUARIO_VALIDA_OGMO: O evento somente pode ser encaminhado por OGMO (classificação tributária = [09])".
(8) "REGRA_COMPATIB_REGIME_PREV: (...) O evento S-1202 só é permitido para informação de remuneração relativa a trabalhador amparado por Regime Próprio de Previdência Social ou por Regime de Previdência Social no Exterior. (...)"
(9) "REGRA_EVE_FOPAG_INFO_COMPAT_CLASSTRIB: (...) b) O evento S-1260 (Comerc. Prod Rural) é permitido apenas se {classTrib} = [21,22]; (...)".

Como se pode perceber, as informações enviadas ao eSocial são validadas por uma série de regras que visam manter a conformidade e a sintonia entre os eventos, não apenas do ponto de vista cronológico mas também da compatibilidade entre eles.

A estrutura de empilhamento de dados também ampara essa compatibilidade, afinal, se o empregador tenta enviar um evento de Convocação para Trabalho Intermitente (S-2206) para um empregado que não é intermitente (categoria 111) o sistema recusa a informação. E caso o usuário envie esta convocação para um trabalhador intermitente e depois tente retificar sua admissão para alterar sua categoria, o sistema também não permite. Afinal, como vimos, para concluir a referida retificação seria exigido que ele primeiro excluísse (desempilhasse) a convocação e, efetuando a mudança de categoria do empregado, o sistema rejeitaria o posterior reenvio da convocação.

Destarte, ao exigir o envio de eventos em sua ordem correta e forçar a exclusão de todos os eventos posteriores àquele que se quer editar o sistema de empilhamento de dados preserva, de maneira eficaz, a coerência imposta pelo o arcabouço de regras aplicadas no momento da recepção de todos os eventos.

2.2. Validação de Coesão Lógica e não de Legalidade

Antes de prosseguir, é oportuno fazer a seguinte ressalva: as regras e validações a que o eSocial submete os eventos para sua recepção têm o único escopo de evitar notórios erros de escrituração e não controlar o lançamento de eventuais irregularidades. Ou seja, ao impedir que uma empresa informe um evento de Desligamento (S-2299) com data anterior a que consta no evento de Aviso-Prévio (S-2250), por exemplo, o sistema só está impedindo a escrituração equivocada de um evento que certamente não ocorreu na prática, uma vez que é impossível. Assim como o lançamento de Remuneração de Servidor Vinculado ao Regime Próprio de Previdência (S-1202) para trabalhador admitido sob o Regime Geral ou a Convocação para Trabalho Intermitente (S-2260) para um trabalhador regular, etc. Não é o propósito do eSocial impedir a informação de qualquer evento que possa ter ocorrido na prática, mesmo que de forma irregular, como um pagamento fora do prazo legal, por exemplo, ou a admissão de um empregado com idade inferior ao permitido por lei para o trabalho. Nem faria sentido tal procedimento, afinal, o que se espera é o registro autêntico, fidedigno e específico de todos os fatos trabalhistas, tributários e previdenciários ocorridos na empresa, independentemente de sua regularidade ou licitude.

2.3. Conceito de Extemporaneidade no eSocial

Para tratarmos, adiante, dos problemas advindos da estrutura do empilhamento de dados, é necessário delimitar o conceito de extemporaneidade para o eSocial uma vez que ele utiliza esse termo de uma forma ligeiramente distinta de seu conceito literal.

Em sentido estrito, extemporâneo é qualquer fato que ocorra fora de seu tempo ideal ou de seu período desejável. Por esse prisma, um evento de desligamento, por exemplo, que deve ser enviado ao eSocial no prazo de 10 (dez) dias contados da data da dispensa, seria extemporâneo se enviado a partir do 11º (décimo primeiro) dia. Por outro lado, para o eSocial, um evento só é considerado extemporâneo quando, independentemente de ter ou não se esgotado o prazo para o seu envio, outro evento, com data de ocorrência posterior àquele, já tenha sido recepcionado (REGRA_EVENTOS_EXTEMP[10]).

Em outras palavras, o eSocial trata por "extemporâneo" o evento enviado fora da ordem cronológica e não simplesmente enviado fora de seu prazo legal. Por exemplo: o evento de Aviso-Prévio (S-2250) tem prazo de envio até o 10º (décimo) dia da comunicação feita ao empregado. Se ele for enviado a partir do 11º (décimo primeiro) dia, mas antes de qualquer outro evento para o mesmo empregado, ele é considerado intempestivo e pode sujeitar o empregador a sanções aplicadas pelos órgãos governamentais, mas não é considerado extemporâneo para efeito do tratamento de dados do eSocial. Contudo, se o aviso prévio comunicado ao empregado no dia 1º.01.2018 tiver sido enviado no dia 10.01.2018, ou seja, dentro do prazo legal,

---

(10) "REGRA_EVENTOS_EXTEMP: O evento é considerado extemporâneo quando a data de seu envio for posterior à data de sua ocorrência E outro evento com data de ocorrência posterior já tiver sido recepcionado (...)."

ele será considerado extemporâneo se outro evento, com ocorrência entre os dias 1º e 10 de janeiro, já tiver sido recepcionado, como uma Alteração Cadastral (S-2205) ou Contratual (S-2206).

Em resumo, é considerado extemporâneo apenas o evento transmitido fora da ordem cronológica em relação a outros eventos do mesmo trabalhador de forma a prejudicar a sistemática do empilhamento de dados. É importante frisar que a inclusão, retificação ou exclusão de informações no eSocial é feita sempre por meio do envio de novos eventos que, portanto, são considerados extemporâneos quando se destinam a editar informações anteriores à última enviada para determinado trabalhador.

2.4. Problemas da Estrutura de Empilhamento

Se por um lado o empilhamento de dados se apresenta como um método extremamente eficiente na preservação da coerência e qualidade das informações, conforme já foi demonstrado, por outro, revela-se um sistema excessivamente rígido e engessado no que tange à manipulação dos dados enviados, especialmente quanto à edição de eventos antigos. Afinal, ao impor a exclusão de todos os dados posteriores àquele que se deseja editar, o eSocial, ao mesmo tempo em que evita que se desconfigure o encadeamento de eventos, também impede que se façam correções ou inclusões pontuais, ainda que não tenham absolutamente nenhuma interferência na sequência lógica dos eventos ou em sua interrelação de compatibilidade.

Tomemos como exemplo um longo contrato de trabalho, em que durante anos foram enviados inúmeros eventos para um determinado empregado a partir de sua admissão, como início e fim de vários períodos de férias, início e término de afastamentos por doença, alterações contratuais com reajustes salariais, alterações de cargo, alterações cadastrais, etc. Imaginemos, nesse caso, que o empregador tenha percebido, ao fazer o desligamento desse funcionário, que sua admissão havia sido informada com a data errada e que precisaria retificá-la. Neste caso, mesmo que essa retificação não interferisse em nenhum evento futuro, para realizá-la o empregador seria obrigado a excluir todos os eventos deste trabalhador enviados ao longo de toda sua vida laboral.

Cabe esclarecer que a estrutura de empilhamento de dados foi adotada no módulo do eSocial para empregadores domésticos, desde a sua implantação, em outubro de 2015, até abril de 2018. Neste período não foram raras as vezes em que usuários, diante da necessidade de fazerem alguma correção de dados antigos, tenham sido obrigados a excluir e depois refazer todos os dados transmitidos ao sistema.

A experiência com o empilhamento de dados vivenciada no módulo doméstico, aliada a numerosas e fundamentadas críticas recebidas dos usuários, determinou a especificação, por parte dos entes envolvidos no projeto, de soluções para flexibilização das regras de recepção dos eventos extemporâneos.

3. Solução para Recepção dos Eventos Extemporâneos

Diante da necessidade de flexibilizar o mecanismo de recepção de eventos extemporâneos foi criado um método diferente de validação de dados e elaborado um conjunto de regras, introduzido na versão 2.3 do Leiaute (aprovada por Resolução do Comitê Gestor de 05.07.2017), que sofreu pequenos ajustes em versões posteriores até assentar redação final na versão 2.4.02 sob o título REGRA_EVENTOS_EXTEMP que dispõe:

O evento é considerado extemporâneo quando a data de seu envio for posterior à data de sua ocorrência e outro evento com data de ocorrência posterior já tiver sido recepcionado (no caso de evento periódico, considera-se como data de ocorrência seu período de apuração). O envio de evento extemporâneo deve observar o que segue:

a) O evento não periódico extemporâneo só será recepcionado após validação com os eventos não periódicos anteriores e com o primeiro posterior de cada tipo (ex.: primeiro afastamento posterior, primeira alteração cadastral, primeira alteração contratual, primeiro desligamento, primeira CAT, etc.);

b) Quando validada pela regra do item 'a', serão recepcionados apenas os eventos não periódicos extemporâneos que atenderem:

b1) Às regras de validação do fechamento das folhas de todo o período afetado cujo movimento já esteja fechado se o evento extemporâneo incluir trabalhador (ou ampliar no RET o seu período de contrato ativo);

b2) Às regras REGRA_REMUN_JA_EXISTE_DESLIGAMENTO e REGRA_REMUN_TRAB_EXISTENTE_RET e à condição do grupo {infoComplCont} de todo o período afetado, se o evento extemporâneo excluir trabalhador (ou reduzir no RET o seu período de contrato ativo).

Período Afetado: Meses em que a alteração pode tornar as informações do RET incompatíveis com as regras de validação do fechamento da folha ou com as regras mencionadas no item b2). Exemplos: inclusão ou exclusão de evento de admissão, retificação de data de admissão, envio/retificação de evento de desligamento, etc.);

c) A retificação ou exclusão extemporânea de evento remuneratório (S-1200/S-1202/S-1207/S-2299/S-2399) que implique modificação do valor líquido de determinado demonstrativo exigirá a exclusão prévia do correspondente evento de pagamento S-1210, quando existente. Não se aplica esta regra no caso de pagamentos parciais (S-1210, campo {indPgtoTt} = [N]}.

A regra define, no item "a", o tratamento de extemporaneidade entre eventos não periódicos. No item "b" o tratamento do evento não periódico extemporâneo em relação a eventos periódicos e, no item "c", o tratamento de extemporaneidade entre eventos periódicos. Analisaremos cada um deles separadamente nos tópicos seguintes além da extemporaneidade referente a eventos de tabela.

3.1. Extemporaneidade entre Eventos não Periódicos

A execução das regras de recepção de eventos extemporâneos, em especial a que definiu a relação entre eventos não periódicos, exigiu uma grande inovação no procedimento de validação dos dados no eSocial.

O sistema passou a ser obrigado a simular a recepção do evento extemporâneo na posição sequencial a que se destina e, dentro dessa simulação, reexecutar as regras aplicáveis não só para a recepção daquele evento específico, mas de todos os posteriores, considerando a potencial inclusão daquele novo evento. Somente depois de validado dentro dessa complexa simulação, o evento extemporâneo é recepcionado com sucesso pelo eSocial.

Em outras palavras, quando há a tentativa de inclusão de um evento não periódico extemporâneo no ambiente do eSocial, o sistema considera a data de ocorrência daquele evento e executa os seguintes passos:

a) verifica se ele é compatível com os eventos não periódicos com data de ocorrência anterior (aplicando as regras que seriam executadas se todos os eventos posteriores fossem desempilhados).

b) simula a recepção desse evento naquela posição e verifica se todos os eventos não periódicos posteriores seriam corretamente recepcionados caso fossem enviados depois daquele dado que acabou de ser incluído, aplicando as regras como se estivesse sendo feito o re-empilhamento de eventos após aquela inclusão.

c) somente depois da realização desses passos, quando o sistema conclui que a recepção daquele evento não irá gerar nenhuma inconsistência, ele é aceito no ambiente nacional.

É importante frisar que o sistema não realiza o desempilhamento e posterior re-empilhamento dos dados. O eSocial efetua as validações através de uma simulação, ou seja, uma reprodução hipotética daquele cenário. Abaixo, uma representação gráfica do procedimento de validação do evento não periódico extemporâneo:

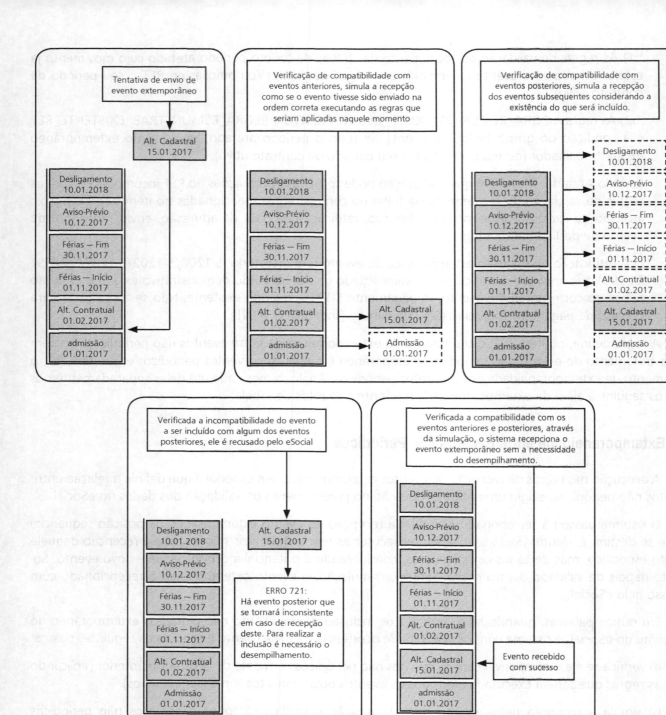

3.2. Extemporaneidade de Eventos não Periódicos em Relação aos Periódicos

Quando o evento extemporâneo é compatível com os eventos não periódicos anteriores e posteriores lançados para aquele empregado, conforme vimos no item anterior (3.1), o sistema ainda reexecuta as regras de envio de remuneração ou de fechamento de folha de todo o período afetado para conferir se a aceitação daquele evento geraria alguma inconsistência com os eventos periódicos.

Sendo mais específico: quando a inclusão, retificação ou exclusão extemporânea de algum evento cria ou amplia o período de contrato ativo de algum trabalhador, o sistema reexecuta as regras previstas para o fechamento da folha (quando se encontram fechadas) naquele intervalo de contrato que foi criado ou ampliado. Por outro lado, quando a ação extemporânea reduz ou exclui o período de contrato ativo de algum trabalhador, o sistema reexecuta as regras previstas para a recepção de eventos remuneratórios naquele intervalo de contrato que foi reduzido ou excluído. Se dessas revalidações resultarem inconsistências, o evento é recusado até que se promovam as devidas adaptações nos eventos periódicos.

No caso de ampliação do período de vínculo ativo, é desnecessária a reaplicação das regras de recebimento de remuneração porque o sistema nem teria como ter recebido qualquer evento remuneratório no período criado ou ampliado, uma vez que o trabalhador não existia no RET. Basta, nesses casos, a aplicação das regras de fechamento da folha no período afetado, que detectariam inconsistências opostas como, por exemplo, período de apuração em que o empregado deveria ter informação de remuneração e não teve.

Lado outro, quando o evento é reduzido ou excluído, o empregado poderia ter tido remuneração em período para o qual deixou de estar ativo no RET, inconsistência que seria detectada pelas regras de recebimento de remuneração.

Caso o evento extemporâneo não modifique o período de contrato ativo de algum trabalhador, essas regras não precisam ser reexecutas. Por exemplo, a inclusão extemporânea de um evento de alteração cadastral não tem como afetar o período de contrato ativo de nenhum empregado, portanto, não há necessidade de efetuar nenhuma revalidação desta ação extemporânea em relação aos eventos periódicos.

Em contrapartida, a retificação de data de admissão ou de desligamento, por exemplo, sempre afetará o tempo de contrato ativo de um trabalhador e, por isso, exigirá revalidação. Bem como a alteração de data de início ou fim de um afastamento por doença não relacionada ao trabalho, por exemplo.

Vejamos os seguintes exemplos: Um empregado foi admitido em 1º.05.2018, recebeu remuneração referente aos meses de maio, junho e julho e a empresa fechou as folhas referentes a essas três competências. Depois percebeu que havia enviado a data de admissão errada, e que aquele trabalhador, na realidade, havia sido admitido em 1º.03.2018 e, por isso, enviou evento para retificar a data de admissão do trabalhador. Antes de aceitar esta retificação, o sistema identifica que o período de vínculo ativo está sendo ampliado e que o intervalo afetado são os meses de março e abril de 2018, por isso, deveriam ser reaplicadas as regras de fechamento da folha apenas neste período afetado. O sistema, então, simula a recepção daquele evento retificador e verifica se as folhas daqueles dois meses poderiam ter sido fechadas com aquela modificação. Há uma regra que exige, para o fechamento de uma folha, que o empregador tenha enviado remuneração para todos os seus empregados ativos, portanto, como a alteração resultaria na inclusão de um empregado para o qual não havia sido lançada remuneração a retificação seria recusada. A empresa, nesse caso, precisaria reabrir a folha de março e abril para concluir, com sucesso, a retificação pretendida. Nesse caso, ela só conseguiria fechar novamente essas folhas, depois de informar a remuneração daquele trabalhador no período afetado pela retificação extemporânea.

Agora imaginemos o inverso: a empresa cadastrou empregado com data de admissão em 1º.03.2018, informou remuneração para ele em todos os meses a partir de março e fechou todas as folhas do período. Depois percebeu que a informação estava errada e tentou enviar evento de retificação para alterar a data de admissão de 1º.03.2018 para 1º.05.2018. Inicialmente o eSocial identifica que o período afetado foram os meses de março e abril 2018. Verifica que a ação extemporânea está reduzindo o período de contrato ativo do empregado e, portanto, precisa reaplicar as validações de recepção de remuneração citadas no item "b2" da regra de extemporaneidade. Uma dessas regras define que só pode ser lançada remuneração para um empregado se o seu vínculo estiver ativo no período de apuração. Ao simular, portanto, a nova data de admissão do empregado, o sistema verifica que as remunerações de março e abril, que haviam sido lançadas para o empregado, ficariam inconsistentes uma vez que o trabalhador deixaria de estar ativo naqueles meses. O evento extemporâneo, portanto, seria recusado. Para concluir essa retificação com sucesso o empregador precisaria reabrir as folhas de março e abril, excluir a remuneração desse trabalhador nesses meses, efetuar a alteração pretendida e depois fechar novamente aqueles movimentos.

Em suma, a revalidação dos eventos não periódicos extemporâneos sujeita-se ao procedimento representado no seguinte organograma:

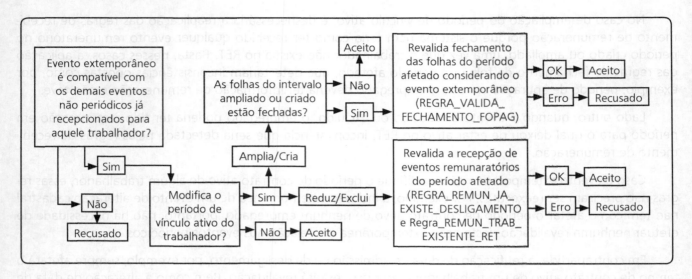

3.3. Extemporaneidade entre Eventos Periódicos

Os eventos periódicos são vinculados a um determinado período de apuração e, por isso, via de regra, não há um encadeamento de compatibilidade entre eventos do mesmo tipo enviados em meses subsequentes que demande um tratamento especial de extemporaneidade nos moldes do que ocorre com os eventos não periódicos. Ou seja, as regras para recepção dos eventos periódicos referentes ao mês de maio não mudam se forem enviadas antes ou depois dos eventos periódicos do mês de junho do mesmo ano. Então, como regra, podem ser enviados em qualquer ordem. As exceções são: o encadeamento que existe entre o evento de Pagamento (S-1210) e os eventos que contêm remuneração (S-1200, S-1202, S-1207, S-2299 e S-2399) e, além disso, entre todos os eventos tanto remuneratórios quanto de pagamento e o evento de Fechamento da Folha (S-1299).

O evento de Pagamento (S-1210), exceto quando se trata de antecipação de férias e quando se refere à uma parcela devida antes do início da obrigatoriedade do eSocial, deve, necessariamente, estar ligado ao evento onde essa remuneração foi declarada, o que pode ser feito num evento remuneratório rescisório (S-2299 e S-2399) ou mensal/anual (S-1200, S-1202 e S-1207). Os valores devidos ao trabalhador são declarados em demonstrativos identificados dentro dos eventos remuneratórios e os eventos de pagamento fazem referência ao identificador destas remunerações. Quando é realizado o pagamento total de determinado demonstrativo o sistema dispensa o usuário de detalhar os pagamentos por rubricas, uma vez que seria uma mera repetição do que já foi declarado no evento remuneratório. Em contrapartida, quando o pagamento é feito de forma parcial, o empregador deve detalhar a quais parcelas aquele pagamento se refere.

Foi criada, portanto, a regra de extemporaneidade que determina que, a retificação ou exclusão extemporânea de evento remuneratório que implique modificação do valor líquido de determinado demonstrativo não será aceita quando há indicativo de pagamento total. Afinal, a dispensa de detalhamento das rubricas no evento S-1210 ocorreu justamente porque o empregador indicou, num campo próprio ("indPgtoTt") que se tratava de pagamento total. Se a ação extemporânea altera o valor líquido do evento remuneratório, a declaração de que o pagamento original era total torna-se defasada e precisa ser refeita. Quando há indicativo de pagamento total, o evento remuneratório correspondente só pode ser retificado ou excluído se o de pagamento for previamente excluído.

Além disto, sempre que houver necessidade de inclusão, exclusão ou retificação de um evento remuneratório ou de pagamento de determinado mês em que já houve o fechamento da folha (evento S-1299), esta deve ser reaberta (evento S-1298) para que a ação se concretize. Afinal, o evento de fechamento da folha consolida as informações prestadas naquele movimento e gera retorno de totalizadores de contribuições sociais e imposto de renda (eventos S-5011 e S-5012) com base nas informações prestadas até o momento de seu envio. Ou seja, se o sistema permitisse a alteração de dados remuneratórios ou de pagamento num movimento fechado, as informações ficariam inconsistentes. Havendo a reabertura da folha antes da modificação pretendida, nova consolidação será feita quando o movimento for novamente encerrado. As regras que cuidam dessa obrigatoriedade de reabertura da folha para edição de eventos remuneratórios e de pagamento não estão incluídas na já citada "REGRA EVENTOS EXTEMP" porque, tecnicamente, não se tratam de ações extemporâneas. Isto porque os eventos periódicos (remuneratórios, de pagamento e de fechamento de folha) são vinculados a um período de apuração, mensal ou anual, e não possuem data de ocorrência, assim, a retificação de uma remuneração referente ao período de apuração "maio/2019" após o envio do fechamento de folha vinculado ao mesmo período de apuração não cabe no conceito de extemporaneidade, como já foi visto no item 2.3 deste trabalho. As regras que tratam da necessidade de reabertura da folha para edição dos eventos periódicos já constavam em versões anteriores do leiaute, são elas: "REGRA REMUN IND RETIFICACAO[11]", "REGRA REMUN PERMITE EXCLUSAO[12]", "REGRA PAGTO IND RETIFICACAO[13]", "REGRA PAGTO PERMITE EXCLUSAO[14]" e "REGRA VALIDA PERIODO APURACAO[15]".

3.4. Extemporaneidade Referente a Eventos de Tabela

Para os eventos de tabela não houve necessidade de se criar um tratamento específico para alteração extemporânea. A única diretriz a ser observada, não apenas no eSocial mas em qualquer banco de dados relacional, é a preservação da integridade referencial dos dados. Ou seja, nenhum item de tabela pode ser excluído se há qualquer evento, periódico ou não periódico, que faça referência a ele. Da mesma forma, nenhum item de tabela pode ter fim de validade anterior a data de ocorrência do evento não periódico, ou ao período de apuração de evento periódico, que o referencie.

Ou seja, a única limitação para uma ação extemporânea referente a eventos de tabela é a impossibilidade de se deixar algum evento sem cobertura. Em outras palavras, quando um evento "aponta" para outro, torna-se dependente deste, e por isso, ele não pode ser excluído.

Por exemplo, uma admissão ocorrida em 1º.03.2018 indica o cargo do trabalhador como "operador de empilhadeira". Para tanto, este cargo deve ter sido previamente cadastrado na tabela de cargos (evento S-1030) e estar vigente em 1º.03.2018, ou seja, deve ter início de validade igual ou anterior a esta data e não possuir fim de validade anterior a ela. Depois de recebida essa admissão, não é possível excluir esse cargo e nem incluir fim de validade para ele anterior a 1º.03.2018 pois há um registro dependente dele.

4. Limitações do Tratamento dos Eventos Extemporâneos

Após a análise do método de recepção dos eventos extemporâneos detalharemos suas limitações e possíveis inconsistências geradas por este procedimento em determinados casos.

4.1. Avaliação Individual dos Eventos Extemporâneos

Como já vimos, para a recepção do evento extemporâneo sem a necessidade de desempilhamento o eSocial executa uma simulação onde todas as regras são revalidadas não apenas para a recepção do próprio

---

(11) REGRA_REMUN_IND_RETIFICACAO: (...) b) se o evento a ser retificado for relativo a um período já encerrado, a retificação só é aceita se enviada após o evento específico de reabertura (S-1298); (...).
(12) REGRA_REMUN_PERMITE_EXCLUSAO: (...) b) Se o evento que está sendo excluído for relativo a período de apuração para o qual já exista encerramento (S-1299), o evento de exclusão somente é aceito se encaminhado após o evento de "reabertura" (S-1298).
(13) REGRA_PAGTO_IND_RETIFICACAO: (...) Caso o evento que está sendo retificado seja relativo a um período já encerrado, a retificação só é aceita se enviada após o evento específico de "reabertura" das informações (S-1298).
(14) REGRA_PAGTO_PERMITE_EXCLUSAO: Se o evento a ser excluído for relativo a um período de apuração para o qual já exista encerramento das informações, o evento de exclusão deve ser transmitido após o evento de "reabertura" das informações (S-1298).
(15) REGRA_VALIDA_PERIODO_APURACAO: (...) b) Se já existe para o período de apuração indicado no evento, evento de encerramento (S-1299), a aceitação do evento fica condicionada ao envio do evento de Reabertura (S-1298). No caso de desligamento (S-2299 e S-2399), se já existir evento de fechamento (S-1299) para o período que compreende {dtDeslig} (indicada no S-2299) ou {dtTerm} (indicadano S-2399), a aceitação do evento fica condicionada ao envio do evento de reabertura (S-1298).

evento extemporâneo, mas de todos os posteriores. Essa revalidação, contudo, não pode ser feita com um conjunto de eventos, mas exclusivamente com um evento específico. Significa dizer que o usuário não pode enviar extemporaneamente um lote de eventos, mesmo que a sua análise conjunta seja necessária para a compatibilização deles com os demais eventos recebidos.

Por exemplo, uma empresa, depois de uma série de eventos já enviados ao eSocial, percebe que deixou de informar que determinado empregado havia sido demitido e, logo em seguida, reintegrado. Para registrar, com sucesso, essas informações o empregador será obrigado a desempilhar todos os eventos posteriores à data do desligamento e da reintegração. Isto porque a análise de qualquer um deles isoladamente não seria revalidada pela regra de recepção dos eventos extemporâneos uma vez que o desligamento, individualmente, tornaria todos os eventos posteriores inconsistentes e a reintegração, isoladamente, não seria recepcionada porque esse evento exige um desligamento prévio para sua recepção.

Este tipo de situação, contudo, é muito excepcional e atípica. Na maioria dos casos não há qualquer prejuízo na análise individual dos eventos extemporâneos. A impossibilidade de envio de eventos agrupados poderia trazer complicações para a informação extemporânea de afastamentos (evento S-2230), uma vez que este tipo de evento pode ter início e término informados em eventos separados, entretanto, esse tipo de evento tem a particularidade de poder ser enviado com data de início e término dentro do mesmo evento, o que viabiliza sua análise e recepção extemporânea pelo método atual.

4.2. Inalterabilidade dos Totalizadores por Alteração Extemporânea de Tabelas

O eSocial, ao receber eventos de pagamento para determinado empregado, devolve ao usuário um totalizador de IRRF (S-5002) e ao receber eventos remuneratórios, devolve um totalizador de contribuições sociais (S-5001) e um totalizador de FGTS (S-5003). Quando a folha é fechada (através do evento S-1299) ou há uma solicitação de totalização para pagamento em contingência (evento S-1295), o eSocial soma os totalizadores por trabalhador e envia eventos S-5011, S-5012 e S-5013 consolidando, respectivamente, as informações de contribuições sociais, imposto de renda retido na fonte e FGTS por contribuinte/empregador.

Caso um evento remuneratório ou de pagamento seja retificado e, como já vimos, isso só pode ocorrer com a folha aberta, o eSocial envia ao usuário um novo evento totalizador, refletindo os impactos da retificação. Entretanto, caso o usuário altere os atributos de um item de tabela que teriam impacto nos totalizadores, com data de início de vigência anterior a um período de apuração para o qual já tenham sido enviados eventos periódicos, essa ação extemporânea não tem reflexo nos totalizadores já recebidos, a não ser que o usuário exclua e reenvie (ou retifique) esses eventos periódicos.

Portanto, a alteração extemporânea de itens de tabela exige do usuário muita cautela para evitar incongruências como as do seguinte exemplo: 1) uma empresa envia o desligamento de cinco empregados no dia 10.06.2018 com pagamento de uma rubrica de "Aviso Prévio Indenizado", cadastrada por ela com incidência de contribuição previdenciária, e recebeu, após o envio, o totalizador de contribuições sociais: S-5001. 2) Em 11.06.2018, seu setor jurídico reviu a interpretação quanto a natureza daquela parcela e alterou a rubrica "Aviso-Prévio Indenizado" retirando-lhe a incidência de contribuição previdenciária a partir de 1º.06.2018. 3) No dia 12.06.2018 enviou mais quatro desligamentos, com pagamento de aviso prévio indenizado, e recebeu o totalizador devido. 4) Nesse caso, a empresa teria nove desligamentos ocorridos no mesmo mês, cinco com recolhimento de Contribuição Previdenciária sobre o Aviso-Prévio Indenizado e outros quatro desligamentos sem esse recolhimento. Apesar da vigência da alteração da rubrica ter data de início de vigência em 1º.06.2018, ela não afetou os totalizadores dos cinco desligamentos enviados no dia 10 de junho, uma vez que eles haviam sido enviados antes da alteração da tabela e o respectivo totalizador já havia sido devolvido pelo eSocial. Já nos desligamentos enviados no dia 12 de junho, os totalizadores consideraram a alteração promovida na rubrica. E essa incongruência seria refletida na consolidação por empregador dos totalizadores de contribuições sociais (S-5011), mesmo que o fechamento da folha (eventos S-1299) tenha sido enviado após a alteração da rubrica, isto porque a consolidação é feita pela soma dos totalizadores enviados por trabalhador, que, como já vimos, não sofrem alteração pela ação extemporânea nas tabelas.

4.3. Impossibilidade de Alteração Indireta do Contrato de Trabalho e das Condições Ambientais do Trabalho

Como já vimos no item 3.4 deste trabalho, as modificações extemporâneas de tabelas não são recusadas pelo eSocial, a não ser que quebrem a integridade referencial do banco de dados, ou seja, quando deixam um evento periódico ou não periódico que aponta para uma tabela, sem a cobertura dela em uma determinada data de ocorrência ou período de apuração.

Assim, conclui-se que ações extemporâneas que modifiquem um atributo de tabela, sem alterar seu período de validade, sempre são recepcionados pelo eSocial. Contudo, apesar do que este grau de permissividade possa levar a crer, esse tipo de alteração pode transformar radicalmente o teor de determinado evento, alterando de forma profunda sua substância, sem que seja necessário, sequer, que esse próprio evento seja objeto de retificação.

É possível, por exemplo, no evento de Admissão (S-2200) alterar o horário de trabalho, o cargo e a CBO de determinado empregado por meio de alterações extemporâneas de tabela e, tudo isso, sem que o próprio evento de admissão desse trabalhador seja retificado. Isto porque, quando um evento faz referência a uma tabela, cita apenas o código atribuído para aquele item e não ao seu conteúdo. Assim a admissão de um empregado pode indicar para ele o cargo 0001 da Tabela de Cargos, que originalmente tinha como descrição "Pedreiro" e como CBO o código "7152-10", e pode ter essas informações alteradas para descrição "Mestre de Obra" e CBO "7102-05". Da mesma forma, no evento de Condições Ambientais de Trabalho (S-2240) é possível alterar a definição do ambiente de trabalho em que presta serviços um trabalhador, o equipamento de proteção coletiva adotado para eliminação de um risco naquele ambiente ou o equipamento de proteção individual fornecido ao empregado. Bem como, no evento de remuneração (S-1200), através da alteração dos atributos de uma rubrica, pode ser modificada não só a natureza de determinada parcela, mas as próprias incidências de FGTS, contribuição previdenciária e imposto de renda.

Embora todas as ações de um usuário no ambiente do eSocial sejam plenamente rastreáveis, foram criadas algumas proteções a fim de tolher a aplicação oblíqua desta possibilidade de modificação indireta de eventos através de alteração extemporânea de atributos de tabelas.

Quanto aos eventos remuneratórios e de pagamento, a alteração indireta através da modificação extemporânea das rubricas, tem seu efeito bastante mitigado pela inalterabilidade dos totalizadores, como já foi esclarecido no item anterior (4.2) deste trabalho. A fim de mitigar, da mesma forma, os efeitos da alteração indireta do contrato de trabalho e das condições ambientais de trabalho, foram criados, para estes eventos, recibos qualificados, com a informação de todos os itens de tabela referidos no evento, com os atributos vigentes na data de seu envio. Este recibo funciona como uma "fotografia" do evento, deixando registrado, precisamente, quais eram os itens de tabela informados na época do envio daquela informação.

Assim, o sistema não impede a alteração extemporânea de nenhum item de tabela, mas inibe que tenham efeito para aqueles contratos e ambientes de trabalho já informados. Os eventos que possuem esse recibo qualificado, com a "fotografia" dos itens de tabela, são: "S-2200 – Admissão/Cadastramento Inicial", "S-2206 – Alteração de Contrato de Trabalho", "S-2300 – Trabalhador Sem Vínculo – Início", "S-2306 – Trabalhador sem vínculo – Alteração Contratual" e "S-2240 – Condições Ambientais de Trabalho – Fatores de Risco".

4.4. Limitação de Efeitos das Alteração Cadastrais, Contratuais e das Condições Ambientais de Trabalho

Os eventos de Alteração Cadastral (S-2205), Alteração Contratual (S-2206 ou S-2306) e Condições Ambientais de Trabalho – Fatores de Risco (S-2240), têm a seguinte característica em comum: produzem efeitos apenas até a data do próximo evento do mesmo tipo. Assim, cada um destes eventos deve ser enviado, sempre, com todos os campos preenchidos, mesmo que a modificação pretendida seja em um único campo, ou seja, nos demais campos, em que não houve modificações em relação ao evento anterior, as informações devem ser repetidas. Consequentemente, a ação extemporânea que inclui ou retifica um desses eventos, tem efeito sempre limitado ao próximo evento do mesmo tipo que já havia sido recebido.

Por exemplo: 1) durante cinco anos a empresa enviou ao eSocial, uma vez por ano, sempre no dia 1º de maio, um evento de alteração contratual (S-2206) reajustando o salário de um de seus empregados, que tinha o cargo de "embalador". 2) Como a única informação modificada em cada um dos eventos de alteração contratual foi a remuneração mensal, o cargo desse empregado foi repetido em todos eles. 3) depois desses cinco anos, a empresa percebeu que havia cadastrado esse empregado com o cargo errado desde o início de seu contrato, uma vez que ele nunca fora "embalador" e sim "caixa". 4) logo, a empresa retificou, extemporaneamente, a admissão desse empregado, corrigindo seu cargo. 5) a retificação foi aceita com sucesso, contudo, essa correção teve efeito até a primeira alteração contratual subsequente, uma vez que, sempre que houve reajuste salarial para o empregado, seu cargo de "embalador" foi repetido. 6) assim, para que a retificação de cargo pretendida pelo empregador nesse exemplo fosse bem-sucedida ele deveria retificar não só a admissão, mas todas as cinco alterações contratuais posteriores, sob pena de deixar registrado que o empregado, admitido como "caixa", tenha tido o cargo alterado para "embalador" em sua primeira alteração contratual.

4.5. Integração com Bancos de Dados Externos sem Pesquisa Histórica

No item 3.1 deste artigo esclarecemos que, ao se tentar incluir um evento não periódico extemporâneo, o sistema efetua uma revalidação de todos os eventos não periódicos posteriores àquele que se pretende incluir, simulando a inclusão de cada um deles com a execução de todas as regras a que estariam sujeitos.

A prática, contudo, revelou a necessidade de se excluir dessa revalidação as integrações realizadas com bancos de dados externos ao eSocial, como a consulta à tabela TOM e aos cadastros de CPF e CNPJ da RFB, uma vez que não há pesquisa histórica nessas bases de dados. Ou seja: não há como efetuar consulta tendo como referência a data de ocorrência dos eventos revalidados. Dados que eram válidos e verdadeiros na época da inclusão dos eventos e de sua recepção com sucesso, podem ter mudado ou sido cancelados na época da revalidação destes mesmo eventos.

Exemplo. 1) Uma empregada foi admitida em 03/2018 e no evento de admissão (S-2200) foi informado seu nome: Ana Oliveira. 2) Na data de sua admissão o eSocial checou no banco de dados da RFB e, somente após a confirmação que o nome vinculado ao CPF estava correto, aceitou o evento. 3) Depois disso, em 08/2018 foi realizada uma alteração cadastral para atualização de endereço da trabalhadora e, após essa alteração, houve uma série de outros eventos. 4) Em 11/2018 essa trabalhadora se casou e alterou o nome para incluir o sobrenome do marido e passou a se chamar Ana Oliveira Santos. Diante disso foi enviado um evento S-2205 para atualização cadastral de seu estado civil e nome. O evento foi aceito após confirmação na base da RFB, onde seu nome já havia sido atualizado. 5) Em 12/2018 o empregador percebeu que deveria ter lançado, em 04/2018, uma atualização salarial para a empregada, por meio de um evento de alteração contratual (S-2206). 6) Ao tentar enviar este evento extemporaneamente, o eSocial não aceitava porque, ao executar as regras de recepção dos eventos posteriores, efetuava todas as validações aplicáveis, inclusive de integração com bancos de dados externos. Ao avaliar o primeiro evento posterior ao extemporâneo, ou seja, o evento de alteração cadastral feito em 08/2018 para alterar o endereço da empregada, o sistema verificou que o nome informado ali não conferia com o banco de dados da RFB porque ainda não é possível fazer essa pesquisa tendo como referência uma data pretérita. O sistema faz as integrações externas tendo como base a data de envio do evento extemporâneo. No caso, o nome de solteira da trabalhadora, que havia sido corretamente informado em 08/2018 não conferia com banco de dados da RFB em 12/2018, data da revalidação e, por isso, o evento era recusado.

O mesmo tipo de problema ocorria também com as outras integrações, afinal um CEP válido na época do recebimento de determinado evento pode ter sido cancelado e excluído da tabela TOM na época de sua revalidação para recepção de uma ação extemporânea. Bem como um CNPJ de uma filial que era válido na época de uma alteração contratual que vincula determinado trabalhador àquele CNPJ pode ter sido cancelado na época de revalidação deste evento para a recepção de outro, com data de ocorrência anterior.

Por estes motivos, ao simular a recepção do evento extemporâneo na posição sequencial a que se destina e, dentro dessa simulação, reexecutar as regras aplicáveis a todos os eventos posteriores, o sistema exclui dessa revalidação as regras que envolvem integração com bancos de dados externos ao eSocial.

É importante ressaltar que o bloqueio dessa revalidação só é feito nos eventos que haviam sido aceitos em época própria e estão sendo revalidados pela ação extemporânea. Para o próprio evento extemporâneo que está sendo incluído são aplicadas as regras que envolvem as citadas integrações. Ou seja, no exemplo dado acima, da empregada que alterou seu nome, caso a ação extemporânea fosse a retificação da própria admissão da trabalhadora, o sistema só aceitaria o evento caso fosse informado seu nome de casada, embora na época da admissão ela ainda utilizasse seu nome de solteira. Tal procedimento pode parecer estranho à primeira vista, já que na época daquele evento que se pretende retificar o nome da empregada era outro, contudo, como já dissemos, não há pesquisa histórica da base de dados da receita e não é possível desativar essa validação para o próprio evento que se está tentando incluir, sob pena de se permitir a entrada de dados falsos ou equivocados de forma a comprometer a qualidade das informações do sistema. A desativação das integrações externas na validação dos eventos posteriores é possível porque as informações constantes nesses eventos já foram confrontadas com as bases externas na época de sua recepção, de forma que nova consulta torna-se dispensável, ao contrário do próprio evento que se pretende incluir ou retificar que autoriza a inserção de quaisquer novos dados que necessitam de conferência.

4.6. Impossibilidade de Aplicação aos Eventos Enviados pelo Empregador Doméstico na Versão 2.1 do Leiaute.

O módulo do eSocial para empregadores domésticos está em produção (disponível para o usuário) desde outubro de 2015, época em que o método de tratamento para recepção de eventos extemporâneos ainda não existia. Este tratamento foi construído em versão posterior do leiaute para a qual o módulo do empregador doméstico só migrou em janeiro de 2018. Todos os arquivos enviados até esta data estão na versão 2.1 do Leiaute e, portanto, não têm tratamento para recepção extemporânea de eventos.

Quando o Portal do empregador doméstico permitir o envio de eventos extemporâneos haverá esta limitação: o procedimento de validação para recepção dos arquivos só pode ser realizado em eventos enviados nas versões do leiaute posteriores a migração ocorrida em 08.01.2018. Todos os eventos enviados na versão 2.1 do leiaute, ou seja, anteriores a essa data, ainda precisam ser desempilhados caso seja necessária uma ação extemporânea. Cabe salientar que o que define a versão do leiaute de um evento é sua data de envio e não a sua data de ocorrência, ou seja, se a admissão e demais eventos de um empregado doméstico tiverem sido enviados depois de 08.01.2018, mesmo que retroativos a períodos anteriores, esses eventos estarão plenamente aptos ao tratamento de extemporaneidade.

4.7. Possibilidade de Alteração de Atributo de Tabela que seja Condição de Outro Evento

Como já vimos, o envio de um evento de alteração de tabela que não exclua ou coloque fim de validade em determinado item, sempre será aceito pelo eSocial, uma vez que não pode quebrar a integridade referencial das informações do banco de dados. Contudo, em alguns casos, esse tipo de alteração pode tornar algum evento não periódico inconsistente, como por exemplo: quando uma empresa possui um processo judicial que suspende a cobrança de CSR, deve informar esse fato no evento de desligamento num campo próprio para isso (Grupo: {procCS}, campo: {nrProcJud}). Essa informação é feita por meio da indicação de um processo previamente cadastrado em um evento de tabela (S-1070). Contudo, esse campo do desligamento exige que seja indicado um item da tabela de processos que tenha um atributo específico: Indicativo de Matéria Processual {indMatProc} igual a 7, ou seja, FGTS ou CSR. Se o evento é enviado citando um processo que não tenha esse atributo, ele é recusado. Entretanto, se o evento é enviado citando um processo com o atributo exigido e, depois que o evento é aceito, o empregador altera esse atributo, o sistema permite, deixando o evento de desligamento inconsistente.

As ações extemporâneas em eventos de tabela não geram a revalidação dos eventos posteriores, por isso o sistema permite que esse tipo de alteração ocorra, mesmo que provoque incongruências. Apenas quando o evento for revalidado pela ação extemporânea em algum evento não periódico anterior, a inconsistência será revelada. Ou seja, caso o empregador tente enviar algum evento não periódico extemporâneo para aquele empregado, anterior a seu desligamento, o evento será recusado, porque o desligamento não será aprovado na simulação de recepção dos eventos posteriores. E, nesse caso, a origem do problema será de difícil detecção porque o que gerará a inconsistência no evento de desligamento não será o evento não periódico que está se tentando incluir, mas sim na alteração de tabela que ocorreu em momento diferente.

5. Considerações Finais

Diante da abordagem realizada neste trabalho demonstrou-se a importância da estrutura do empilhamento de dados como forma de salvaguardar o encadeamento coeso das informações prestadas ao eSocial e foram identificados os problemas de ordem prática no manejo de dados que esta estrutura originalmente disponibilizava, sobretudo quando diante da necessidade de fazer o desempilhamento de dados para se realizar uma ação extemporânea.

Foram apresentados os métodos e regras desenvolvidos para a recepção de eventos extemporâneos transpassando a necessidade de desempilhamento sem comprometer a qualidade dos dados e, ainda, foram identificados os problemas e limitações desta solução.

Ao final, sopesando todas as informações apresentadas neste trabalho, fica muito evidente que, apesar das limitações apontadas, o procedimento criado para a recepção extemporânea de eventos no eSocial cumpre de forma satisfatória os objetivos a que se propôs: permitir a ação extemporânea do usuário sem a necessidade do desempilhamento dos dados e, principalmente, preservar a qualidade da informação.

6. Referências Bibliográficas

BRASIL. Leiautes do eSocial versões anteriores: 2.1, 2.3 e 2.4. Disponíveis em: <https://portal.esocial.gov.br/institucional/documentacao-tecnica>. Acesso em: 23 jun. 2018

BRASIL. Leiautes do eSocial versão 2.4.02. Disponível em: <https://portal.esocial.gov.br/institucional/documentacao-tecnica>. Acesso em: 23 jun. 2018

BRASIL. Manual de Orientação do eSocial, versão 2.4.02. Disponível em: <https://portal.esocial.gov.br/institucional/documentacao-tecnica>. Acesso em: 23 jun. 2018

BRASIL. Nota de Documentação Evolutiva 01/2018 – Eventos de Saúde e Segurança do Trabalho — SST. Disponível em: <https://portal.esocial.gov.br/institucional/documentacao-tecnica>. Acesso em: 23 jun. 2018

Gerenciamento de Riscos Ocupacionais e o eSocial

Airton Marinho da Silva(*)
Lailah Vasconcelos de Oliveira Vilela (**)

1. Introdução

Um número inaceitável de lesões e adoecimentos ainda são causados diariamente pelo ato de trabalhar, em todo o mundo. Os países do terceiro mundo apresentam dados ainda menos favoráveis, em especial nas atividades econômicas mais precárias e perigosas, como a construção civil, a mineração e a exploração agropecuária (OIT, 2007).

A cada dia, a previdência social brasileira contabiliza, apenas nas estatísticas oficiais, cerca de sete mortes causadas pelo trabalho, perfazendo cerca de 2500 mortes anuais, situação agravada pelo fato de que as mesmas estatísticas se repetem com poucas variações há já algumas décadas (BRASIL, 2016). Dos cerca de 700.000 acidentes de trabalho registrados anualmente no mercado formal de trabalho pelo INSS no Brasil, 15000 deles geram, a cada ano, aposentadorias por incapacidade permanente, com repercussões econômicas, familiares e pessoais imensuráveis.

Torna-se evidente a necessidade e obrigação de todos, em especial de empregadores, quanto a reconhecer, avaliar e fazer o controle dos riscos à integridade dos trabalhadores existentes nos ambientes do trabalho. O eSocial surge como ferramenta fundamental de transparência e demonstração do cumprimento de tais obrigações, presentes na legislação de segurança e saúde no trabalho

A literatura referente a esse tema, em nível internacional, reforça que a prevenção de riscos profissionais deve ser apoiada em métodos, já bem difundidos no âmbito empresarial, de gerenciamento preventivo dos riscos gerados pelos processos de trabalho. Segundo a OIT (2007), dentro da empresa devem ser asseguradas boas condições de trabalho, o que favorece a permanência da mão de obra, menor rotatividade, ambiente mais favorável à produção eficiente e à boa imagem da empresa.

A Constituição Federal brasileira, em seu art. 7º, Inciso XXII, é muito clara:

Art. 7º São direitos dos trabalhadores urbanos e rurais [...]

XXII — redução dos riscos inerentes ao trabalho, por meio de normas de saúde, higiene e segurança;

Com o objetivo de assegurar esse direito previsto na Constituição, há todo um arcabouço legal que determina a necessidade de gestão de riscos ocupacionais, de modo a garantir o trabalho com o melhor desempenho, conforto e segurança.

A CLT, em seu capítulo V, trata de diversas questões relativas à saúde e segurança no trabalho. Na mesma linha as NRs do MTb, que detalham as obrigações dos empregadores nesses quesitos.

(*) Médico do Trabalho. Mestre em Saúde Pública pela UFMG. Auditor-Fiscal do Trabalho do Ministério do Trabalho.
(**) Médica do Trabalho. Mestre em Saúde Pública pela UFMG. Auditora-Fiscal do Trabalho do Ministério do Trabalho.

E o que muda com o eSocial? Como foi descrito ao longo desta publicação, o eSocial não cria novas obrigações. O que o novo sistema exige é um melhor gerenciamento das informações sobre segurança e saúde no trabalho, o que permite maior controle social sobre as ações preventivas que, ética e legalmente, já devem existir em todos os ambientes de trabalho.

2. Acidentes e Doenças Relacionados ao Trabalho

Os acidentes e as doenças decorrentes do trabalho, ainda que plenamente evitáveis, causam importantes consequências sobre a produtividade e a economia, além de grande sofrimento para a sociedade. Segundo a OIT, ocorrem cerca de 270 milhões de acidentes de trabalho e cerca de dois milhões de mortes ao ano por esses motivos, em todo o mundo. Conforme ainda a OIT, os custos dos acidentes de trabalho são raramente contabilizados de forma abrangente, mesmo em países avançados quanto à prevenção. O equivalente a US$ 2,8 trilhões, ou 4% do Produto Interno Bruto (PIB) mundial, são perdidos por ano em custos diretos e indiretos devido a acidentes de trabalho e doenças ocupacionais. Essa cifra pode aumentar para 10% quando se trata de países em desenvolvimento (OIT, 2007).

Sob todos os aspectos em que possam ser analisados, os acidentes e doenças decorrentes do trabalho representam pontos extremamente negativos para a empresa, para o trabalhador acidentado e para a sociedade.

Para os trabalhadores, os custos de um acidente ou de uma doença, mesmo que alguns sejam difíceis de quantificar, são: a dor e o sofrimento provocado pelo acidente ou doença; a perda de rendimentos; a possível perda de um emprego; os gastos com os cuidados de saúde, morte ou incapacidade prematuras.

Os custos relacionados com doenças ou acidentes de trabalho para os empregadores são igualmente vultosos. Para uma pequena empresa, o custo de um acidente poderá constituir um desastre financeiro, muitas vezes irrecuperável. Segundo vários autores (OIT, 2007; INSHT, 2000), para os empregadores, alguns dos custos diretos e indiretos são:

— remunerações de trabalho não realizado;

— complemento de despesas médicas;

— pagamento de indenizações;

— multas resultantes de fiscalizações de órgãos públicos, como MTb, MPt e outros;

— aumento das alíquotas de seguros privados e públicas (Previdência);

— reparação ou substituição de máquinas ou de equipamento danificado;

— redução ou parada temporária de produção;

— acréscimo de despesas de formação, substituição e de custos administrativos;

— contratação de profissionais da área de segurança do trabalho;

— contratação de advogados;

— prejuízos ao conceito e à imagem da empresa;

— necessidade de substituição do trabalhador acidentado/doente;

— formação e o tempo de adaptação necessários para um novo trabalhador;

— período de tempo até que um novo trabalhador tenha o mesmo nível de produção do trabalhador anterior;

— possível redução na qualidade de trabalho;

— efeitos negativos na motivação dos outros trabalhadores;

— tempo dedicado às investigações necessárias, à execução de relatórios e ao preenchimento de formulários;

— o fato dos acidentes afetarem muitas vezes os colegas de trabalho, preocupando-os, influenciando negativamente as relações de trabalho;

— possível enfraquecimento e deterioração das relações com os fornecedores, clientes e entidades públicas face às deficientes condições de saúde e segurança no local de trabalho.

Convém observar que o pagamento pela Previdência Social das prestações por acidente de trabalho não exclui a responsabilidade civil da empresa e de seus prepostos. Os responsáveis técnicos (o engenheiro ou técnico de segurança do trabalho, o médico do trabalho, as chefias, entre outros) podem ser chamados a responder criminalmente pelos danos. Deve-se lembrar também que o trabalhador segurado do INSS, após retornar do auxílio-doença por acidente de trabalho tem garantida a estabilidade de seu contrato de trabalho na empresa pelo prazo de 12 meses (BRASIL, 2015).

É de se ressaltar que as condições ambientais de trabalho que levam a tamanho número de ocorrências e grandes despesas públicas, são as mesmas que levam a aposentadorias denominadas 'Especiais', em que os trabalhadores se retiram de suas atividades pelo menos 10 anos antes da idade normal de aposentadoria. Tais Aposentadorias Especiais são acumuladas ao longo dos anos e geraram despesas à Previdência Social da ordem de 22 bilhões de Reais no período citado de 2009 a 2011 (BRASIL, 2015).

Os custos gerais, que afetam toda a comunidade, vão bem além dos benefícios previdenciários, apenas. Gastos com assistência médica do SUS, indenizações atuariais, ações nos tribunais do trabalho e da Justiça, por exemplo, são integrados a esses custos. O economista José Pastore, no início dos anos 2000 publicou que o país perderia R$ 71 bilhões por ano com os acidentes de trabalho (PASTORE, 2011).

Os acidentes atingem, conforme o INSS (2015), principalmente pessoas na faixa etária dos 20 aos 30 anos, justamente quando estão em plena capacidade produtiva. A falta desses jovens trabalhadores, que sustentam suas famílias com seu trabalho, desfalca as empresas e traz grande ônus para sociedade, pois, muito além da produção interrompida, há que se considerar que as vítimas necessitam de tratamentos, muitas vezes longos, custosos e insuficientes, passam a sobreviver com parcos benefícios previdenciários e deixam de trazer renda e perspectivas positivas futuras para si e para sua família. Isso, consequentemente, afeta negativamente o desenvolvimento de qualquer nação, pois provoca redução de investimentos e aumento de custos gerados por redução da população economicamente ativa, aumento da taxação securitária e aumento de impostos e taxas (SESI, 2005).

Os acidentes de trabalho são o resultado de alterações imprevistas, podendo ser descritos pela forma como são produzidos (quedas, aprisionamento de partes do corpo, impactos, cortes, etc.) e também pelo agente que gera os acidentes, como máquinas, equipamentos ou elementos do trabalho, como produtos químicos, fontes de energia etc.

De um ponto de vista geral os danos pessoais derivados de condições deficientes de trabalho podem envolver:

- lesões por acidentes de trabalho;
- doenças profissionais;
- doenças relacionadas ao trabalho;
- quadros variáveis de fadiga e sobrecarga física;
- quadros variáveis de insatisfação, *stress;*
- desencadeamento de doenças não específicas.

Legalmente, se entende por acidente de trabalho aquele que ocorre pelo exercício do trabalho a serviço da empresa, provocando lesão corporal ou perturbação funcional, permanente ou temporária, que cause a morte, a perda ou a redução da capacidade para o trabalho (BRASIL, 2015).

Consideram-se também como acidentes do trabalho para fins previdenciários e jurídicos, a doença profissional e a doença do trabalho. Equiparam-se também ao acidente do trabalho: o acidente ligado ao trabalho que, embora não tenha sido a causa única, haja contribuído diretamente para a ocorrência da lesão; certos acidentes sofridos pelo segurado no local e no horário de trabalho; a doença proveniente de contaminação acidental do empregado no exercício de sua atividade; e o acidente sofrido a serviço da empresa ou no trajeto entre a residência e o local de trabalho do segurado e vice-versa (BRASIL, 2015).

As doenças profissionais, por sua vez, são o resultado de uma deterioração lenta e paulatina da saúde do trabalhador, sendo comuns efeitos depois de vários anos após a exposição a fontes de risco ou condições perigosas. São causadas por condições inadequadas de trabalho, que, entre inúmeras situações, podem envolver, por exemplo, precariedade ergonômica, organização do trabalho inadequada, exposição a produtos químicos e exposição a agentes físicos ou biológicos nos locais de trabalho (BRASIL, 2001).

Com a finalidade de evitar acidentes, doenças e agravos relacionados ao trabalho e garantir uma boa produtividade, desempenho eficiente com conforto e segurança, o gerenciamento em SST deve ser bem estruturado, tendo como base o arcabouço legal vigente no país e com apoio nas normas e literatura técnica internacional.

3. Gerenciamento dos Riscos Ocupacionais

A seguir, são descritos os princípios básicos do gerenciamento de riscos ocupacionais conforme a literatura internacional aplicável ao tema.

3.1. Principais Riscos à Segurança e Saúde no Trabalho

A classificação mais comum de riscos nos ambientes de trabalho é aquela que envolve as fontes geradoras desses riscos, e pode ser resumida em riscos de ordem física, química, biológica, ergonômica e situações geradoras de riscos de acidentes de trabalho, conforme descrito no Artigo "Aportes teóricos utilizados na construção da tabela 23 — fatores de risco".

3.2. A Avaliação de Riscos nos Ambientes de Trabalho

O processo de gerenciamento de riscos baseia-se fundamentalmente na correta identificação e avaliação dos riscos presentes no trabalho.

Risco é a possibilidade de que algo não desejado ocorra, com consequências também não desejadas (HSE, 2014). As probabilidades de ocorrências nefastas por causa de fatores do trabalho podem ser aumentadas ou reduzidas dependendo das situações reais de trabalho ou de realização de tarefas.

Um exemplo prático e simples é o do pedestre que assume um determinado nível de risco de ser atropelado ao atravessar uma avenida. Pode-se reduzir o risco ao se utilizar a faixa de pedestres ou o semáforo, mas será ainda mais seguro se for possível, substituir a travessia direta da pista de carros por uma outra rota, como uma passarela ou trincheira, por exemplo.

A avaliação dos riscos ocupacionais supõe um processo de antecipação, que mostre os fenômenos e processos que podem se tornar fontes de risco para a segurança e integridade dos trabalhadores e que são também capazes de interferir na higidez econômica e competitividade da empresa. O empregador é responsável pela avaliação dos riscos e pelas ações de prevenção que decorrem do reconhecimento dos riscos existentes. A avaliação de riscos deve ser abrangente e levar em conta os aspectos humanos, técnicos e organizacionais do trabalho.

Assim, o objetivo principal da avaliação de riscos deve ser deve ser "compreender para agir": deve-se analisar as situações de trabalho com base nas condições de exposição dos trabalhadores aos riscos, tomando em conta todos os componentes do trabalho: pessoal, organização e métodos de trabalho, ambiente de trabalho, produtos, materiais, resíduos, equipamentos e materiais.

A análise do conjunto desses componentes exige uma abordagem multidisciplinar de prevenção, especialmente nas empresas com maior porte e processos mais complexos de produção e trabalho. É necessário associar competências organizacionais, de engenharia, médicas, de saúde e técnicas, em processo dinâmico e contínuo no tempo (FRANCE, 2016).

Tal análise de risco compreende o conhecimento do ambiente de trabalho onde o trabalhador realiza suas atividades, os agentes de risco aos quais ele está exposto nos diversos ambientes, as medidas de controle que devem ser adequadas, e submetidas a processo de reavaliação contínua.

As informações prestadas ao eSocial permitirão demonstrar a forma como as ações de gerenciamento de riscos se desenvolvem na empresa.

3.3. Soluções Possíveis e Boas Práticas para Redução e Eliminação de Riscos Ocupacionais

A eliminação ou a redução da exposição dos trabalhadores aos fatores de risco e a melhoria dos ambientes de trabalho para promoção e proteção da saúde dessas pessoas representa um imperativo ético, exigido pelos instrumentos legais de todos os países e que deve ser viabilizado pela tecnologia disponível (BRASIL, 2001).

Dependendo do porte da empresa e dos riscos gerados, deverá haver a participação de profissionais de Medicina do Trabalho, de Engenharia de Segurança do Trabalho, Técnicos de Segurança do Trabalho, Ergonomistas, Higienistas Industriais, Psicólogos, Fisioterapeutas, entre outros.

O empresário, dentro de seus limites econômicos e de acordo com as necessidades e obrigações legais deve se apoiar nesses profissionais para tomar as decisões corretas de gestão dos riscos gerados pelo trabalho.

A realidade brasileira mostra grande distância entre as estatísticas de doenças e acidentes de trabalho, que refletem a precariedade de parte significativa das realidades do trabalho, e os discursos sobre qualidade e preocupação empresarial com segurança e saúde no trabalho. Segundo a OIT, o principal desafio a ser enfrentado em relação à segurança no trabalho é a necessidade de mudanças da cultura empresarial quanto aos modelos de gestão de negócios em relação à segurança e saúde no trabalho. Conforme a OIT haveria 'fosso' entre o discurso formal do trabalho representado pelas normas e procedimentos prescritos, e a diversidade de formas práticas de trabalho, nem sempre adequadas e seguras, ainda que realizadas com o conhecimento de chefias imediatas (OIT, 2007).

Diversas organizações de cunho governamental, privado e sindical, em nível internacional, têm divulgado propostas de programas visando a ações preventivas sobre os riscos ocupacionais. (INSHT, 2000; FRANCE, 2016; HSE, 2013). A tônica principal dessas propostas é o envolvimento gerencial direto de alto escalão no tema das lesões e doenças provocadas pelo trabalho, em qualquer empresa. Estão à disposição das organizações diversos métodos e programas para gestão preventiva e redução dos riscos gerados pelo trabalho à integridade dos trabalhadores (INSHT, 2000). Muitos desses métodos fazem parte dos sistemas de certificação de qualidade e melhoria contínua. Sabendo-se que a sobrevivência da grande maioria das empresas vincula-se atualmente à demonstração pública e a seus clientes sobre formas adequadas de produção e comportamento ético e social, torna-se crítica a aplicação de tais princípios, em todos os sentidos.

Outro denominador comum a todas essas iniciativas é a necessidade de uma correta identificação e avaliação de riscos como o ponto de partida para as medidas de prevenção necessárias (INSHT, 2000).

Como exemplo positivo a ser seguido, a Comunidade Europeia, há vários anos, mantém diretrizes muito claras sobre gerenciamento de riscos no trabalho. Veja-se a seguir pontos importantes da Diretiva n. 89/391/CEE, relativa à aplicação de medidas destinadas a promover a melhoria da segurança e da saúde dos trabalhadores no trabalho (CE, 1989):

> [...] No âmbito das suas responsabilidades, a entidade patronal tomará as medidas necessárias à defesa da segurança e da saúde dos trabalhadores, incluindo as atividades de prevenção dos riscos profissionais, de informação e de formação, bem como à criação de um sistema organizado e de meios necessários. [...] com base nos seguintes princípios gerais de prevenção:
>
> a) evitar os riscos;

b) avaliar os riscos que não possam ser evitados;

c) combater os riscos na origem;

d) adaptar o trabalho ao homem, especialmente no que se refere à concepção dos postos de trabalho, bem como à escolha dos equipamentos de trabalho e dos métodos de trabalho e de produção, tendo em vista, nomeadamente, atenuar o trabalho monótono e o trabalho cadenciado e reduzir os efeitos destes sobre a saúde;

e) ter em conta o estádio de evolução da técnica;

f) substituir o que é perigoso pelo que é isento de perigo ou menos perigoso;

g) planificar a prevenção com um sistema coerente que integre a técnica, a organização do trabalho, as condições de trabalho, as relações sociais e a influência dos fatores ambientais no trabalho;

h) dar prioridade às medidas de proteção coletiva em relação às medidas de proteção individual;

i) dar instruções adequadas aos trabalhadores (CE, 1989).

Quanto ao compartilhamento de ambientes de trabalho por mais de uma empresa:

4. Sem prejuízo das restantes disposições da presente diretiva, quando estiverem presentes no mesmo local de trabalho trabalhadores de várias empresas, as entidades patronais devem cooperar na aplicação das disposições relativas à segurança, à higiene e à saúde e, tendo em conta a natureza das atividades, coordená-las no sentido da proteção e da prevenção dos riscos profissionais, informar-se reciprocamente desses riscos e comunicá-los aos trabalhadores e/ou aos seus representantes. (CE, 1989)

A legislação brasileira de segurança e saúde no trabalho, representada, em especial, pelo conteúdo do Capítulo V da CLT e das NRs do MTb, contempla, em vários pontos, os princípios acima referidos.

Por exemplo, o combate dos riscos na origem e a substituição do que "é perigoso pelo que é isento de perigo ou menos perigoso" são partes necessárias do PPRA, obrigação expressa de todos os empregadores brasileiros, de acordo com a NR-09 — 'PPRA' (BRASIL, 1994).

O conceito de que se deve dar prioridade às medidas de proteção coletiva em relação às medidas de proteção individual também está claro como obrigação na NR-09 citada.

A instrução de "Adaptar o trabalho ao homem" é expressa também claramente como obrigação na NR-17, "Ergonomia", que faz parte do conjunto das normas obrigatórias do MTb (BRASIL, 1990).

Tomando-se em conta tais recomendações e a legislação em vigor, o objetivo geral em segurança e saúde no trabalho, portanto, deve ser planejar a prevenção com um sistema coerente que integre a técnica, a organização do trabalho, as condições de trabalho, as relações sociais e a influência dos fatores ambientais no trabalho, conforme o subitem g da Diretiva Europeia citada.

Coerentemente, a NR-09 do MTb, sobre o PPRA, exige de todos os empregadores o desenvolvimento de programa preventivo envolvendo etapas necessárias para o gerenciamento dos riscos detectados:

9.3.1 O Programa de Prevenção de Riscos Ambientais deverá incluir as seguintes etapas:

a) antecipação e reconhecimentos dos riscos;

b) estabelecimento de prioridades e metas de avaliação e controle;

c) avaliação dos riscos e da exposição dos trabalhadores;

d) implantação de medidas de controle e avaliação de sua eficácia;

e) monitoramento da exposição aos riscos;

f) registro e divulgação dos dados (BRASIL, 1994).

O empregador deverá, antes de mais nada, identificar e reconhecer corretamente os riscos gerados por seu processo produtivo. Veja-se a NR-09:

9.3.3 O reconhecimento dos riscos ambientais deverá conter os seguintes itens, quando aplicáveis:

a) a sua identificação;

b) a determinação e localização das possíveis fontes geradoras;

c) a identificação das possíveis trajetórias e dos meios de propagação dos agentes no ambiente de trabalho;

d) a identificação das funções e determinação do número de trabalhadores expostos;

e) a caracterização das atividades e do tipo da exposição;

f) a obtenção de dados existentes na empresa, indicativos de possível comprometimento da saúde decorrente do trabalho;

g) os possíveis danos à saúde relacionados aos riscos identificados, disponíveis na literatura técnica;

h) a descrição das medidas de controle já existentes (BRASIL, 1994).

Uma vez caracterizados os principais problemas relacionados aos riscos ambientais no trabalho, é obrigatória a introdução de medidas de controle e redução dos riscos.

A NR-09 do MTb, já citada, determina, expressamente:

9.3.5.1. Deverão ser adotadas as medidas necessárias suficientes para a eliminação, a minimização ou o controle dos riscos ambientais sempre que forem verificadas uma ou mais das seguintes situações:

a) identificação, na fase de antecipação, de risco potencial à saúde;

b) constatação, na fase de reconhecimento de risco evidente à saúde;

c) quando os resultados das avaliações quantitativas da exposição dos trabalhadores excederem os valores dos limites previstos na NR-15 ou, na ausência destes os valores limites de exposição ocupacional adotados pela ACGIH — *American Conference of Governmental Industrial Hygienists*, ou aqueles que venham a ser estabelecidos em negociação coletiva de trabalho, desde que mais rigorosos do que os critérios técnico-legais estabelecidos;

d) quando, através do controle médico da saúde, ficar caracterizado o nexo causal entre danos observados na saúde os trabalhadores e a situação de trabalho a que eles ficam expostos (BRASIL, 1994).

Essas ações são variáveis, a depender das situações analisadas e do tipo e gradação de riscos identificados. Podem variar desde cuidados de manutenção que mantenham inalterada a situação encontrada, quando satisfatória, até a introdução de medidas pontuais ou mais amplas e custosas, para resolver definitivamente um problema, ou, pelo menos, para reduzir riscos de forma que as pessoas possam trabalhar de forma saudável naquela situação.

Como estão propostos pelo Ministério da Saúde (BRASIL, 2001), os princípios básicos da tecnologia de controle propostos pela Higiene do Trabalho, podem ser listados como:

1. evitar que um agente potencialmente perigoso ou tóxico para a saúde seja utilizado, ou formado ou liberado;

2. se isto não for possível, contê-lo de tal forma que não se propague para o ambiente;

3. se isto não for possível, ou suficiente, isolá-lo ou diluí-lo no ambiente de trabalho e, em último caso;

4. bloquear as vias de entrada no organismo, por exemplo, respiratória, pele, boca e ouvidos, para impedir que um agente nocivo atinja um órgão crítico, causando lesão (BRASIL, 2001).

A legislação que obriga à implantação de PPRA — define que os controles de riscos nos ambientes de trabalho devem ser hierarquizados, devendo-se investir antes em soluções que efetivamente alterem o ambiente de trabalho coletiva e ambientalmente, relegando a um segundo plano aquilo que seja mais precário e/ou que dependa especialmente de aspectos comportamentais, sabidamente falíveis.

A hierarquia exigida no PPRA envolve a seguinte ordem:

i. (1º lugar) o controle do risco na fonte;

ii. (2º lugar) o controle na trajetória (entre a fonte e o receptor) e

iii. (3º lugar) no caso de inviabilidade técnica das medidas anteriores, o controle da exposição ao risco no trabalhador (BRASIL, 1994).

As medidas de prevenção devem ser compostas, principalmente, por medidas de engenharia que introduzam alterações permanentes nos processos, ambientes e nas condições de trabalho. Isso inclui tecnologias, por exemplo, de automação e mecanização, em que máquinas e equipamentos dispensem a presença arriscada e insalubre do trabalhador junto ao processo direto de produção. Nesses casos as medidas tendem a ser muito mais eficazes e duradouras, pois deixam de depender do nível de cooperação ou sacrifício dos trabalhadores, que ocorre quando se exige dessas pessoas que, além do esforço para produzir corretamente, utilizem continuamente EPI, na maior parte das vezes sabidamente desconfortáveis e sem garantias de proteção efetiva. Somente em casos em que se comprove a inviabilidade técnica de proteções de caráter coletivo é que outras medidas podem ser consideradas válidas, especialmente de cunho administrativo (redução de jornadas, mudanças de função, modos operatórios) ou de cunho individual (uso regular de EPI).

Adicionalmente, a complexidade crescente dos novos processos de trabalho organizados a partir da incorporação das inovações tecnológicas e de novos métodos gerenciais tem gerado formas diferenciadas de sofrimento e adoecimento dos trabalhadores, particularmente na esfera osteomuscular e mental (BRASIL, 2001).

Torna-se indispensável, cada vez mais, buscar o auxílio da Ergonomia, por meio da análise ergonômica das situações de trabalho, para identificar os momentos críticos no processo produtivo potencialmente geradores de doença e definir as intervenções para que estes sejam modificados ou corrigidos.

É importante ressaltar que somente medidas organizacionais e gerenciais adotadas com base no conhecimento das realidades de trabalho é que permitem trabalho mais adequado às condições psicofisiológicas dos trabalhadores e, ao mesmo tempo, preservam e estimulam a boa produção e qualidade na organização.

Os fatores de riscos que levam a essas situações são múltiplos e ligados às condições efetivas de realização e execução das tarefas, com pouca influência direta de agentes ambientais tradicionalmente estudados como o ruído ou o calor. São situações em que não se pode contar com valores de Limites de Tolerância como previstos para outros agentes de risco, e os objetivos a atingir não são apenas ausência de doenças ou acidentes, mas, principalmente, o bem-estar e manutenção da capacidade produtiva dos trabalhadores. A intervenção e participação ativa desses trabalhadores, torna-se, portanto, uma necessidade (MALCHAIRE, 2011).

A confiabilidade e pertinência das avaliações de risco se apoiam, em grande parte, sobre a avaliação de situações concretas de trabalho. Os estudos de ergonomia têm mostrado nas últimas décadas, o quanto o trabalho real se diferencia dos procedimentos prescritos e mesmo dos objetivos assinalados pelas empresas (DANIELLOU, LAVILLE e TEIGER, 1989; FERREIRA e BARROS, 2003).

Verificar a forma como as pessoas trabalham, as exigências biomecânicas, cognitivas e afetivas no trabalho, é fundamental para avaliar como tais exigências se configuram na organização do trabalho, se sua intensidade, duração e constância são capazes de gerar desconforto para o trabalhador e seu adoecimento físico ou psíquico.

A informações prestadas ao eSocial permitirão às empresas demonstrar de forma transparente as ações que aplicam no sentido do gerenciamento dos riscos ocupacionais. Os programas previstos em lei incluem diversos princípios de gestão de riscos, como se pode depreender das obrigações contidas no PPRA e nos programas similares previstos legalmente, como o PGR nas atividades de mineração e o PCMAT — nas obras de construção, entre outros.

Assim, o eSocial formará um repositório inestimável de informações sobre o tratamento de riscos realizado em cada empresa.

4. Como a Gestão dos Riscos será Informada no eSocial?

Após a adequada identificação dos locais onde a pessoa trabalha, dos riscos gerados pelo trabalho, da adequada gestão desses riscos, com definição das formas de controle conforme hierarquia descrita ao longo deste texto, o empregador/contribuinte/órgão público que mantenha trabalhadores, deve sistematizar as informações para registro no eSocial. Dentro dos princípios do eSocial, o novo sistema de informação não cria obrigações na gestão de saúde e segurança no trabalho, que já existem há décadas na legislação. Exige, no entanto, um melhor controle e organização das informações. Devem ser priorizados bons profissionais, com formação suficiente para gestão de SST dentro da maneira preconizada nas Normas e na literatura internacional, dedicando ao tema da segurança e saúde no trabalho o mesmo nível de importância das demais ações de gestão do negócio.

No eSocial há o evento **S-2240 — Condições Ambientais do Trabalho — Fatores de Risco**. É neste evento que o responsável pelo ambiente de trabalho vai descrever suas características e os riscos existentes. Para tanto, o primeiro passo é criar as tabelas próprias do empregador/contribuinte/órgão público. Cada ente preenche as tabelas referentes ao cadastramento do estabelecimento e do trabalhador, como visto nos artigos anteriores desta publicação.

Em seguida, há que se preencher as tabelas com informações específicas de Saúde e Segurança, conforme vigência da obrigatoriedade:

1) **Evento S-1060 — Tabela de Ambientes de Trabalho** — A tabela de ambientes de trabalho também é construída pelo empregador/contribuinte/órgão público, com as seguintes informações: um código criado pela empresa; data de início e fim da validade das informações; a descrição do ambiente de trabalho, com até 8000 caracteres; a definição se é próprio ou de terceiros e cada um dos fatores de risco nele identificados, conforme **Tabela 23 – Fatores de Risco do Meio Ambiente de Trabalho**. Todos os ambientes do estabelecimento e de terceiros onde existem trabalhadores devem ser descritos. Se não houver fatores de risco no ambiente, o mesmo deverá ser descrito e o código 09.01.001 (Ausência de fatores de risco) da Tabela 23 deverá ser informado. Ao se preencher a tabela, ainda não há vinculação com nenhum trabalhador. O evento existe para evitar a repetição de informações, ou seja, não será necessário descrever os ambientes para cada trabalhador, mas tão somente atribuir a cada trabalhador um ou mais códigos gerados neste evento de tabela S-1060.

O evento S-1060 servirá como fonte para preenchimento do evento principal de Ambiente de Trabalho, o **S-2240 — Condições Ambientais do Trabalho — Fatores de Risco**. Neste evento, tem-se a vinculação dos ambientes de trabalho e dos fatores de risco a cada trabalhador. Tais informações substituirão o PPP, portanto devem refletir a realidade da vida laboral de cada trabalhador. Se há mudança no ambiente, na exposição aos riscos, a alteração deverá ser registrada, com um novo S-2240. As fontes dessas informações são os programas de gerenciamento de risco, tais como PPRA e Análise Ergonômica. Avaliações ambientais do LTCAT, caso existam em documento apartado do PPRA, também são subsídio para o preenchimento de S-2240.

A primeira parte do S-2240 é a identificação do empregador e do trabalhador, como ocorre nos demais eventos. Em seguida, deve-se informar a data em que o trabalhador iniciou as atividades no ambiente de trabalho ou a data de início da obrigatoriedade deste evento para o empregador no eSocial, a que for mais recente. No campo {codAmb}, será informado o código do(s) ambiente(s) de trabalho, conforme cadastrado previamente pelo evento S-1060. Na sequência são descritas as atividades, físicas ou mentais, realizadas pelo trabalhador, por força do poder de comando a que se submete. Conforme orientação no próprio leiaute, as atividades deverão ser descritas com exatidão, e de forma sucinta, com a utilização de verbos no infinitivo. Por exemplo: "rebarbar peças de ferro transportadas por uma esteira em velocidade contínua, utilizando um esmeril elétrico de 10 kg, ao longo de toda a jornada, média de 200 peças ao dia, trabalho em pé, controle de qualidade visual etc." Para cada trabalhador podem ser informados até 99 ambientes, com respectivos códigos e descrições de atividades.

Após essa descrição da atividade, faz-se necessário indicar se ela se enquadra nas características da **Tabela 28 — Atividades Perigosas, Insalubres e/ou Especiais**. Esta tabela foi criada em função da necessidade de separação entre fatores de risco e condições específicas que geram insalubridade mesmo sem avaliação quantitativa. E, caso haja alguma das situações previstas na legislação trabalhista e previdenciária como atividades perigosas, insalubres, ou especiais, que ensejem pagamento dos adicionais, recolhimentos de alíquotas diferenciadas em tributos etc., a informação será transmitida com base na Tabela 28, aplicando um de seus códigos. Se a atividade não se enquadra em nenhuma das descrições da Tabela 28, informar o código 99.999 (Ausência de correspondência).

Neste momento, também são vinculados os fatores de risco ao trabalhador, utilizando-se dos códigos da Tabela 23. Também deve ser declarada a forma de avaliação do agente de risco, se qualitativa ou quantitativa. Em seguida, a intensidade, concentração ou dose da exposição do trabalhador ao fator de risco cujo critério de avaliação seja quantitativo, seguida da unidade de medida utilizada, conforme normas vigentes, informada pelo uso de um dos códigos disponíveis no próprio leiaute do eSocial. Informa-se também a técnica de avaliação utilizada, citando-se a norma cuja metodologia foi utilizada na mensuração do agente nocivo, e não apenas o nome do equipamento ou do método utilizados.

Deve-se prestar Informações relativas a e EPC e EPI, inclusive se a hierarquia de medidas de proteção obrigatória pela NR-9 do MTb, descrita neste texto foi respeitada.

Se o EPI for a alternativa utilizada, mesmo após todas as considerações aqui postas, deve-se declarar se o mesmo é eficaz na neutralização dos riscos ao trabalhador, considerando vários aspectos, que também são declarados: se foram observadas as condições de funcionamento e do uso ininterrupto do EPI ao longo do tempo, conforme especificação técnica do fabricante nacional ou importador, ajustadas às condições de campo; se foi observado o prazo de validade do CA do MTb no momento da compra do EPI; se foi observada a periodicidade de troca definida pelo fabricante nacional ou importador e/ou programas ambientais; se houve higienização e manutenção adequadas.

Para o EPI, informar o CA é obrigatório. Caso seja um equipamento de proteção utilizado no exterior, ou no caso de equipamentos previstos para o trabalho rural que não tenham o respectivo CA, previstos na NR-31 para o trabalhador rural, deve-se descrever o equipamento, especificando sua aplicação e capacidade de proteção informadas pelo fabricante.

As informações sobre a exposição do trabalhador a fatores de riscos ambientais devem ser registradas mesmo que se considere que o risco esteja neutralizado, atenuado, abaixo do nível de ação ou que exista proteção eficaz, como bem definido no MOS.

É importante ressaltar que essas informações sobre os fatores de risco devem ser coerentes e compatíveis com as informações e dados anotados nos ASO dos empregados e com os dados dos programas de controle médico e documentos de demonstração de gerenciamento de riscos da empresa.

O próximo passo é definir se a exposição ao fator de risco/execução da atividade configura trabalho insalubre, perigoso ou enseja recolhimento para fins de aposentadoria especial. Devem ser prestadas todas as informações de identificação e caracterização profissional relativas ao responsável pelos registros ambientais.

Cabe lembrar que é necessário descrever a metodologia utilizada para o levantamento dos riscos ergonômicos. É facultativa a informação de observações complementares referentes a registros ambientais. Ambos os campos são abertos, cada um com até 999 caracteres.

A incorporação das boas práticas de gestão de saúde e segurança no trabalho nas empresas, incluindo a divulgação e transparência de informações sobre riscos e condições de trabalho e prevenção, em especial nas micro e pequenas empresas, pode contribuir de forma importante para a proteção contra os riscos presentes no ambiente de trabalho, prevenindo e reduzindo acidentes e doenças, com possibilidades reais de redução de custos e limitação de eventuais prejuízos. Além disso, segundo os estudos e propostas internacionais, os cuidados com a gestão da segurança e saúde no trabalho podem tornar a empresa mais competitiva, com reflexos positivos na qualidade dos produtos e imagem empresarial.

5. Registro de Capacitações e Treinamentos no eSocial

Um componente muito importante das medidas preventivas deve ser a informação e a capacitação dos trabalhadores. Não é possível uma abordagem adequada sem a participação dos primeiros interessados, que são os próprios trabalhadores.

O eSocial requer a informação dos momentos de capacitação do trabalhador no evento **S-2245 — Treinamentos e Capacitações**. Neste evento, o responsável por transmitir as informações identifica o empregador, identifica o trabalhador que foi submetido ao treinamento ou capacitação, com seu CPF e demais informações de cadastro no eSocial. Em seguida, informa qual o treinamento realizado, conforme **Tabela 29 — Treinamentos e Capacitações**. A tabela 29 apresenta uma lista de Treinamentos e capacitações e exercícios simulados previstos nas NR. A cada um deles foi atribuído um código, cujos dois primeiros dígitos se referem à NR que dispõe sobre a realização do treinamento, capacitação ou exercício simulado, buscando facilitar a identificação da referência normativa.

A primeira parte da tabela traz os treinamentos que devem ser obrigatoriamente anotados no Registro de Empregado. Como o eSocial substituiu essa obrigação, as informações sobre esses treinamentos, em especial, são obrigatórias. Para os demais, o empregador pode fazer opção de informar e facilitar seu gerenciamento de informações em SST.

Deverá ser informada a data de início do treinamento/capacitação ou a data de início da obrigatoriedade do evento S-2245 para o empregador no eSocial, a que for mais recente. Também deve ser informada a duração do treinamento/capacitação em horas e sua modalidade, se presencial, ensino a distância (EAD) ou mista. O responsável por ministrar o treinamento/capacitação/exercício simulado deverá ser identificado neste evento, com qualificação e classificação de sua profissão conforme CBO.

6. Monitoração e Acompanhamento da Eficácia das Medidas de Controle dos Riscos Ocupacionais

A empresa deve estar preparada, com base nas avaliações de riscos, para registrar, controlar e monitorar incidentes, desvios nos processos, acidentes, adoecimentos profissionais e situações emergenciais.

Todas as situações de risco devem ser objeto de monitoração e registros a longo prazo, utilizando-se indicadores de qualidade e eficácia das medidas de controle implantadas. O controle de riscos deve incluir, obrigatoriamente, além da monitoração periódica das condições de trabalho, a vigilância da saúde dos trabalhadores, por meio de ações de Saúde no Trabalho.

As empresas brasileiras estão obrigadas a fazer o controle médico ocupacional, por meio da implantação de PCMSO, sob a coordenação de profissional Médico do Trabalho.

O controle médico dos trabalhadores, executado por profissionais conhecedores dos detalhes da produção e dos riscos gerados na organização, é peça fundamental para se acompanhar a real eficácia dos métodos de controle e redução de riscos. O aparecimento de qualquer caso, ainda que inicial, de doença profissional e/ou acidentes/incidentes de trabalho demonstra que as medidas de controle utilizadas pela empresa, coletivas e/ou individuais, ainda são barreiras insuficientes para a manutenção da saúde e segurança dos trabalhadores. Após o afastamento do trabalhador do local, a empresa buscará a melhoria contínua dos processos e do local, de modo a permitir o retorno seguro do trabalhador à sua função original, sem o risco de adoecer ou se acidentar novamente.

A correta inter-relação e parcerias entre os profissionais que desenvolvem os programas preventivos, ambientais e de saúde, diretamente apoiados pelas gerências da empresa, permitem que as situações de trabalho sejam modificadas e reduzidos os casos de agravos à saúde e segurança dos trabalhadores.

7. Como a Gestão de Saúde Ocupacional será Informada no eSocial?

No eSocial, há um evento específico para transmitir as informações de controle de saúde ocupacional. É o evento **S-2220 — Monitoramento da Saúde do Trabalhador**. Neste evento vão constar informações do Controle de Saúde definido nos programas como o PCMSO e nas avaliações de saúde ocupacional.

Como nos demais eventos, há identificação do empregador e do trabalhador. Para cada exame ocupacional deve-se definir o tipo: Exame médico admissional, periódico, de retorno ao trabalho, mudança de função ou demissional. Há previsão de um exame médico de monitoração pontual, que seria aquele que o médico decide fazer em função de uma necessidade específica que seja detectada. Importante lembrar que esse tipo não deve ser utilizado para exames com periodicidade fixa prevista na NR7 ou no programa de controle, como a audiometria do sexto mês para expostos a ruído, já que tais exames com periodicidade fixa entram na categoria de exames periódicos.

Informa-se a data da realização do monitoramento e a conclusão sobre aptidão do trabalhador. Em seguida o detalhamento dos exames deverá ser feito, com registro da data de realização, código do exame/avaliação conforme **Tabela 27 — Procedimentos Diagnósticos**. Estão incluídas na tabela as avaliações clínicas, psicossociais, exames clínicos com ênfase em aparelhos ou sistemas corporais específicos, a serem aplicados conforme o risco, por exemplo, "Avaliação Clínica com ênfase Dermatológica (Anamnese e Exame físico)". Também os exames complementares, não somente os especificados nos quadros I e II da NR-07, mas centenas de outros que podem ser utilizados para monitoramento da exposição, estão na Tabela 27. Podem ser informados até 99 procedimentos em cada evento de monitoração para cada trabalhador. Podem ser ressaltadas observações sobre os procedimentos diagnósticos com até 999 caracteres, caso os gestores de saúde ocupacional entendam ser necessário.

Em seguida, deve-se definir se aquele exame é um exame sequencial ou se foi o primeiro daquele tipo realizado pelo empregador, ou seja, o exame inicial. Somente pessoas que comecem a trabalhar na empresa após a vigência da obrigatoriedade dos eventos de SST terão seu exame referencial registrado no sistema. Os demais terão registrados apenas exames sequenciais, mas o histórico de exames do trabalhador não será perdido, devendo ficar registrado somente nos documentos já previstos na legislação.

A indicação do resultado do exame deve ser realizada com as seguintes diretrizes: concluir, no primeiro momento, se o exame está normal ou alterado. Em uma segunda avaliação, se o exame continua alterado, deve-se definir se o mesmo se manteve estável ou se houve agravamento, informando os códigos respectivos no sistema. Todas as alterações devem ser informadas, sendo ocupacionais ou não. Este campo não é de informação obrigatória, em função da Resolução 1715/2004 do CFM, que determinou que os médicos deveriam abster-se de informar pontos sujeitos a sigilo médico no PPP. Em caso de alterações ocupacionais, as mesmas devem ser registradas na CAT, pelo evento **S-2210 Comunicação de Acidente de Trabalho** que será detalhado posteriormente. Também deve ser realizada a identificação do médico emitente do ASO e do médico responsável pelo PCMSO.

Há evento próprio **S-2221**, para informação do **Exame Toxicológico do Motorista Profissional** do transporte rodoviário de passageiros e do transporte rodoviário de cargas, exigido pela Portaria n. 116, de 2015 do MTb e que tinha a obrigatoriedade de informação no CAGED, conforme Portaria n. 945, de 2017 do MTb. Tal obrigatoriedade passa a ser cumprida pela informação do eSocial.

Para essa avaliação, que não faz parte do PCMSO, são informados: data de realização, CNPJ do laboratório responsável, o código do exame (conforme a exigência da Portaria citada: "Deve ser informado no formato AA999999999, sendo AA o serial do sequencial e 999999999 o número sequencial do exame"), e a identificação do médico responsável.

Atestados de afastamento não compõem o monitoramento de saúde diretamente, mas suas informações devem ser registradas pelo evento **S-2230 — Afastamento Temporário** "utilizado para informar os afastamentos temporários dos trabalhadores, por quaisquer dos motivos elencados na **Tabela 18 — Motivos de Afastamento**, bem como eventuais alterações e prorrogações", conforme orienta o MOS. São vários os motivos de afastamento, mas este capítulo trata somente dos afastamentos por doença ou acidente. São identificados o empregador, o trabalhador, data do afastamento, se o afastamento decorre de mesmo motivo de afastamento anterior. Se for por acidente de trânsito, é preciso informar se é por atropelamento, colisão ou outros. O código da CID e o tempo de afastamento declarados no atestado de afastamento assim como a identificação do profissional emitente do atestado também devem ser informados. Posteriormente, informa-se a data de término de afastamento.

Conforme o MOS, os prazos para informação dos afastamentos temporários por doença ou acidente são os seguintes:

a) Afastamento temporário ocasionado por acidente de trabalho ou doença decorrente do trabalho com duração não superior a 15 (quinze) dias, deve ser enviado até o dia 7 (sete) do mês subsequente da sua ocorrência.

b) Afastamento temporário ocasionado por acidente de qualquer natureza ou doença não relacionada ao trabalho, com duração entre 3 (três) e 15 (quinze) dias, deve ser enviado até o dia 7 (sete) do mês subsequente da sua ocorrência.

c) Afastamento temporário ocasionado por acidente de trabalho, acidente de qualquer natureza, ou doença com duração superior a 15 (quinze) dias deve ser enviado até o 16º dia da sua ocorrência, caso não tenham transcorrido os prazos previstos nos itens 'a' e 'b'.

d) Afastamentos temporários ocasionados pelo mesmo acidente ou doença, que ocorrerem dentro do prazo de 60 (sessenta) dias e totalizar, na somatória dos tempos, duração superior a 15 (quinze) dias, independentemente da duração individual de cada afastamento, devem ser enviados, isoladamente, até o 16º dia do afastamento caso não tenham transcorrido os prazos previstos nos itens 'a', 'b' e 'c'.

e) Demais afastamentos devem ser enviados até o dia 7 (sete) do mês subsequente ao da sua ocorrência ou até o envio dos eventos mensais de remuneração a que se relacionem.

f) Alteração e término de afastamento devem ser enviados até o dia 07 (sete) do mês subsequente à competência em que ocorreu a alteração ou até o envio do evento "S-1299 – Fechamento dos Eventos Periódicos", o que ocorrer primeiro.

g) Para servidores de regime jurídico estatutário vinculados ao RPPS deverão ser observados os prazos previstos na legislação específica.

8. A Informação de Acidentes e Doenças Profissionais no eSocial

A ocorrência de doenças relacionadas ao trabalho e acidentes de trabalho denota insuficiência ou falhas nos processos de gestão de riscos ocupacionais da empresa. Quando dessas ocorrências, as informações devem ser transmitidas pelo evento **S-2210 — Comunicação de Acidente de Trabalho**, observando os prazos da legislação previdenciária: a comunicação do acidente de trabalho deve ser registrada até o primeiro dia útil seguinte ao da ocorrência e, em caso de morte, de imediato.

Após a identificação de empregador e trabalhador, informa-se a data do acidente, a forma de apresentação do acidente conforme códigos da **Tabela 24 — Codificação de Acidente de Trabalho,** que traz a correspondência legal prevista na legislação previdenciária para cada tipo de acidente ou doença. Também são informados: a hora do acidente, a quantidade de horas trabalhadas antes da ocorrência; o Tipo de CAT, se Inicial, de Reabertura ou Comunicação de Óbito. Deve-se informar se houve óbito, a data e se houve comunicação à autoridade policial.

Informar ainda o código da situação geradora do acidente, conforme **Tabela 16 — Situação Geradora do Acidente de Trabalho**, O local do acidente deve ser indicado, com referência ao local de trabalho conforme a Tabela do evento **S-1060**, já informada previamente. Para caracterizar o "Tipo de local", o sistema dá as seguintes opções: estabelecimento do empregador no Brasil; Estabelecimento do empregador no Exterior; Estabelecimento de terceiros onde o empregador presta serviços; Via pública; Área rural; Embarcação ou Outros. Também deve haver especificação do ponto onde ocorreu o acidente em campo aberto de até 255 caracteres, descrevendo-o (pátio, rampa de acesso, descrição do posto de trabalho, etc.). Dados do endereço do local do acidente também necessitam ser informados.

Caso o acidente se refira a trabalhador que prestava serviço no ambiente de trabalho da empresa tomadora, a empresa prestadora deve informar o CNPJ/CNO/CAEPF do local do acidente, bem como informar o código do ambiente cadastrado na Tabela S-1060.

A empresa deve informar se a iniciativa da CAT foi do empregador, por ordem judicial ou por determinação de órgão fiscalizador. Tal campo surgiu por solicitação de empresas, para que seja feita a informação mesmo que a empresa não concorde com a emissão da CAT.

Informar a parte do corpo atingida, conforme **Tabela 13 — Parte do corpo atingida**, e se há lado esquerdo ou direito no segmento afetado. O detalhamento do agente causador deve ser informado de acordo com as tabelas: **Tabela 14 — Agente Causador do Acidente de Trabalho** e **Tabela 15 — Agente Causador / Situação Geradora de Doença Profissional**.

Informações sobre o atendimento médico também seguem o padrão do formulário anterior da CAT, com a diferença de informar o Código da unidade de atendimento médico no CNES. Identificação do profissional responsável, data e hora, indicativo de internação e dias de afastamento, estimativa de tempo para tratamento e a natureza da lesão, conforme **Tabela 17 — Descrição da Natureza da Lesão**.

A informação do código da CID é obrigatória na CAT, por se tratar de evento de notificação compulsória conforme prevê o art. 22 da Lei n. 8.213, de 1991 e no art. 169 da CLT.

Caso o acidente de trabalho resulte em afastamento do trabalhador, o empregador/contribuinte/órgão público deve também, obrigatoriamente, enviar o evento **S-2230 — Afastamento Temporário**.

No eSocial, o número da CAT é o número do recibo deste evento. Este número deve ser utilizado para se fazer referência a uma CAT de origem, nos casos de reabertura.

9. À Guisa de Conclusão

De forma resumida buscou-se neste capítulo abordar a problemática da segurança e saúde no trabalho, apresentando-se evidências de altos custos humanos e materiais, em todo o mundo. Foram listadas as principais situações de risco aos trabalhadores e como elas se apresentam em diversos ambientes de trabalho. Buscou-se, na literatura, técnicas e propostas de boas práticas e soluções de gerenciamento dos riscos ambientais do trabalho, seguindo a legislação brasileira e as principais tendências internacionais atuais, que relacionam diretamente a qualidade da produção com as condições de trabalho, vida e saúde dos trabalhadores. Nada mudou nas obrigações quanto ao gerenciamento de saúde e segurança no trabalho com o advento do eSocial. O que muda é a necessidade de gerenciamento das informações. Por óbvio que, se não era dada a devida atenção à necessidade de Gestão em SST, isso ficará mais evidente pela necessidade de se informar seu *status*. A afirmativa do magistrado a seguir é um conselho inestimável para todos os empregadores:

> "... Por convicção ética ou por conveniência empresarial, o empresário terá que investir em Segurança e Saúde no Trabalho..."
>
> (Dr. Sebastião Geraldo de Oliveira — Juiz do Trabalho — TRT MG)

10. Referências Bibliográficas

BRASIL. Leiautes do eSocial versão 2.4.02. Disponível em: <https://portal.esocial.gov.br/institucional/documentacao-tecnica>. Acesso em: 2 jun. 2018

BRASIL. Manual de Orientação do eSocial, 2018. Disponível em: <https://portal.esocial.gov.br/institucional/documentacao-tecnica>. Acesso em: 2 jun. 2018

BRASIL. Nota de Documentação Evolutiva 01. Disponível em: <http://portal.esocial.gov.br/institucional/documentacao-tecnica>. Acesso em: 2 jun. 2018

BRASIL. INSS — Instituto Nacional do Seguro Social. Anuário Estatístico de Acidentes de Trabalho. 2015. Disponível em: <http://www1.previdencia.gov.br/aeps2006/15_01_03_01.asp>. Acesso em: 10 jun. 2018

BRASIL. Ministério da Saúde. Doenças relacionadas ao trabalho: Diagnóstico e Condutas – Manual de Procedimentos para os Serviços de Saúde. 2001. Disponível em: <http://bvsms.saude.gov.br/bvs/publicacoes/doencas_relacionadas_trabalho1.pdf>. Acesso em: 10 jun. 2018.

CE — Comunidade Européia. DIRECTIVA DO CONSELHO de 12 de junho de 1989 relativa à aplicação de medidas destinadas a promover a melhoria da segurança e da saúde dos trabalhadores no trabalho (89/391/CEE). Disponível em: <http://eur-lex.europa.eu/legal-content/PT/TXT/?uri=CELEX%3A31989L0391>. Acesso em: 10 jul. 2018.

DANIELLOU, F.; LAVILLE, A.; TEIGER, C., Ficção e realidade do trabalho operário. 1989. *Revista Brasileira de Saúde Ocupacional*. Fundacentro, SP. 17:7-13.

FERREIRA, M. C.; BARROS, P. C. R. (In)Compatibilidade Trabalho Prescrito — Trabalho Real e Vivências de Prazer-Sofrimento dos Trabalhadores: Um Diálogo entre a Ergonomia da Atividade e a Psicodinâmica do Trabalho. Artigo aceito para publicação na Revista Alethéia, Ulbra, Canoas RS (2003). Disponível em: <http://www.ergopublic.com.br/arquivos/1252861523.51-arquivo.pdf>. Acesso em: 10 jul. 2018

FRANCE. Ministère des affaires sociales, du travail et de la solidarité. Évaluer pour prévenir — Comprendre pour agir. 2016. Disponível em: <http://agriculture.gouv.fr/sante-securite-au-travail>. Acesso em: 10 jul. 2018.

HSE — Health and Safety Executive — Risk assessment — A brief guide to controlling risks in the workplace. 2014. Disponível em: <www.hse.gov.uk>. Acesso em: 10 jul. 2018.

HSE — Health and Safety Executive. Managing for health and safety. 2013. Disponível em: <www.hse.gov.uk>. Acesso em: 10 jul. 2018.

INSHT Instituto Nacional de Seguridad e Higiene en el Trabajo. Evaluación de las Condiciones de Trabajo en la PYME. 5. Edicion. 2000. Disponível em: <http://www.insht.es/portal/site/Insht/menuitem.1f1a3bc79ab34c578c2e8884060961ca/?vgnextoid=ad6c41941b086110VgnVCM100000dc0ca8c0RCRD&vgnextchannel=a4bcc64128ab3110VgnVCM100000dc0ca8c0RCRD>. Acesso em: 10 jul. 2018.

MALCHAIRE, J. Guide Classification de méthodes d'évaluation et/ou de prévention des risques de troubles musculosquelettiques. Université catholique de Louvain. 2011.

OIT — Oficina Internacional del Trabajo. Lugares de trabajo seguros y sanos Hacer realidad el trabajo decente. 2007. Disponível em: <www.ilo.org/publns>. Acesso em: 10 jul. 2018.

PASTORE, J. O custo dos acidentes e doenças do trabalho no Brasil. Palestra proferida no Tribunal Superior do Trabalho, 20.10.2011. Disponível em: <http://www.josepastore.com.br/artigos/rt/rt_320.htm>. Acesso em: 10 jul. 2018.

SESI — Serviço Social da Indústria. Dicas de Prevenção de Acidentes e Doenças no Trabalho: SESI — SEBRAE. Brasília: SESI-DN, 2005.

Aportes Teóricos Utilizados na Construção da Tabela 23 — Fatores de Risco

Mara Queiroga Camisassa[*]

1. Introdução

Este artigo tem por objetivo apresentar os fundamentos legais e normativos utilizados para a elaboração da Tabela 23 — Fatores de Risco, cujas informações devem ser utilizadas pelas empresas[1] para **prestação das informações do evento S2240, quando da vinculação do trabalhador aos respectivos ambientes de trabalho.**

Os fatores de risco da Tabela 23 também subsidiarão, quando aplicável, a declaração dos empregadores se a exposição dos empregados ao agente nocivo enseja o pagamento do adicional de insalubridade correspondente ou o recolhimento do Financiamento Aposentadoria Especial (FAE).

A composição do Perfil Profissiográfico Previdenciário (PPP)[2] também será realizada a partir da declaração da exposição a estes agentes.

O reconhecimento dos riscos ambientais é etapa fundamental do processo que servirá de base para decisões quanto às ações de prevenção, eliminação ou controle desses riscos. Reconhecer o risco significa identificar, no ambiente de trabalho, fatores ou situações com potencial de dano à saúde do trabalhador ou, em outras palavras, se existe a possibilidade deste dano.

Uma vez identificado o risco, a empresa deverá observar a hierarquia das medidas de controle, com prioridade para adoção de medidas de proteção coletiva. Neste sentido, o fornecimento de equipamentos de proteção individual deve ser a última opção do empregador, conforme dispõe o item 9.3.5.4 da NR9:

> 9.3.5.4 Quando comprovado pelo empregador ou instituição a inviabilidade técnica da adoção de medidas de proteção coletiva ou quando estas não forem suficientes ou encontrarem-se em fase de estudo, planejamento ou implantação, ou ainda em caráter complementar ou emergencial, deverão ser adotadas outras medidas, obedecendo-se à seguinte hierarquia:
>
> a) medidas de caráter administrativo ou de organização do trabalho;
>
> b) utilização de equipamento de proteção individual — EPI.

2. Tabela 23 — Fatores de Risco

A Tabela 23 apresenta uma lista dos fatores de risco aos quais os trabalhadores poderão estar expostos nos diversos ambientes laborais. Estes fatores de risco estão previstos nos seguintes instrumentos legais/normativos:

---

[*] Auditora-Fiscal do Trabalho, graduada em Engenharia Elétrica com ênfase em Sistemas Eletrônicos e de Telecomunicações pela PUC-MG. Exerce suas atividades na Seção de Segurança e Saúde do Trabalho da Superintendência Regional do Trabalho (SRT), em Belo Horizonte/MG. Possui MBA pela Fundação Getúlio Vargas/*Ohio University* em Sistemas de Telecomunicações. Desde 2011 ministra aulas presenciais e on-line da disciplina de Segurança e Saúde no Trabalho, para concursos públicos. Site: www.maracamisassa.com.br. Autora do livro "NRs 1 a 36 Comentadas e Descomplicadas" publicado pela Editora Método.
(1) Leia-se empregador/contribuinte/órgão público.
(2) Todas as informações do PPP enviadas anteriormente por meio do formulário em papel deverão ser obrigatoriamente informadas no eSocial. Tão logo as obrigações de SST no eSocial passem a ser obrigatórias, o formulário em papel não será mais utilizado.

- NRs publicadas pelo MTb;
- Decreto n. 3.048, de 1999 — RPS;
- LINACH, aprovada com a publicação da Portaria Interministerial n. 9, de 2014;
- ABNT ISO/TS 20646:2017 — Diretrizes Ergonômicas para Otimização das Cargas de Trabalho Sobre o Sistema Musculoesquelético

Como apresentado adiante, e de forma a complementar a Tabela 23, também foram incluídos os fatores de riscos químicos e físicos indicados pela ACGIH, uma vez que a legislação trabalhista prevê sua utilização para adoção de medidas de controle, ainda que de forma subsidiária.

A decisão pela centralização dos fatores de risco previstos na legislação trabalhista e previdenciária em tabela única se deve à relação intrínseca existente entre estas legislações.

Dentre as normas regulamentadoras que subsidiaram a construção da Tabela 23, destacam-se as seguintes:

- NR-9 — PPRA, em especial o item 9.3.5.1. alínea "c":

9.3.5.1. Deverão ser adotadas as medidas necessárias suficientes para a eliminação, a minimização ou o controle dos riscos ambientais sempre que forem verificadas uma ou mais das seguintes situações:

c) quando os resultados das avaliações quantitativas da exposição dos trabalhadores excederem os valores dos limites previstos na NR-15 ou, na ausência destes os valores limites de exposição ocupacional **adotados pela ACGIH — American Conference of Governmental Industrial Higyenists**, ou aqueles que venham a ser estabelecidos em negociação coletiva de trabalho, desde que mais rigorosos do que os critérios técnico-legais estabelecidos; (grifo acrescentado)

Portanto, a complementação da Tabela 23 com os agentes listados pela ACGIH tem como fundamento normativo o item citado acima e como objetivo principal a viabilização do seu cumprimento.

- NR-15 — Atividades e operações insalubres e seus anexos 1 a 14[3]
- NR-17 — Ergonomia

A Tabela 23 é dividida nos seguintes grupos de fatores de risco:

— Físicos

— Químicos

— Biológicos

— Ergonômicos

— Mecânicos/Acidentes

Dada a importância da correta e inequívoca identificação dos riscos nos ambientes de trabalho buscou-se a completude da Tabela 23, porém é fato que se trata de lista não exaustiva. Caso ocorra exposição a fator de risco nela não constante, a empresa deverá indicar esta condição no(s) campo(s) "Outros" de acordo com a classificação correspondente. Caso a empresa não identifique exposição a nenhum fator de risco deve ser informado "Ausência de Fator de Risco" (código 09.01.001).

2.1. Fatores de Risco — Físicos

Segundo o item 9.1.5.1 da NR-9:

Consideram-se agentes físicos as diversas formas de energia a que possam estar expostos os trabalhadores, tais como: ruído, vibrações, pressões anormais, temperaturas extremas, radiações ionizantes, radiações não ionizantes, bem como o infrassom e o ultrassom.

---

(3) O Anexo 4 da NR15 foi revogado pela Portaria MTPS n. 3.751, de 23 de novembro de 1990.

Destaca-se que o item citado lista os agentes físicos de forma exemplificativa. Desta forma, para fins de aderência à legislação previdenciária e trabalhista, foram incluídos na Tabela 23 todos agentes físicos previstos nestas legislações, sendo ainda que, no caso de alguns agentes, foi necessário particularizar certas especificidades a fim de atender às disposições para caracterização de atividades insalubres.

Este é o caso da radiação ultravioleta. Segundo o Anexo 7 da NR-15 — Radiações não ionizantes, a exposição à radiação ultravioleta na faixa correspondente à Luz Negra (400 a 320 nm) não enseja o direito ao adicional de insalubridade. Desta forma, foi necessária a divisão da radiação ultravioleta em:

- Radiação ultravioleta, exceto radiação na faixa 400 a 320 nm (Luz Negra)
- Radiação ultravioleta, na faixa 400 a 320 nm (Luz Negra)

Este também é o caso das radiações eletromagnéticas, mais especificamente da radiação na faixa de micro-ondas. A ACGIH prevê o seguinte agente físico: *Radiação de radiofrequência e micro-ondas*. Entretanto, ainda segundo o Anexo 7 da NR-15 somente a exposição à radiação na faixa de micro-ondas enseja direito ao adicional de insalubridade. Como a radiação por micro-ondas ocupa lugar diverso no espectro eletromagnético da radiação por radiofrequência, vislumbrou-se a necessidade de individualização deste agente.

Oportuno salientar a inclusão do agente "Pressão Hipobárica" em função de sua classificação como agente físico, ainda que não conste expressamente na legislação trabalhista nem previdenciária.

Já as empresas que possuírem em seu quadro empregados expostos a condições hiperbáricas deverão declarar não somente a exposição, mas também a atividade específica realizada pelo trabalhador nesta condição, se trabalho submerso ou sob ar comprimido, conforme o disposto no Anexo 6 da NR-15 — Trabalho sob condições hiperbáricas e Tabela 28 do eSocial. A indicação da atividade do trabalhador exposto à condição hiperbárica se faz necessária em função de disposições normativas específicas relativas a jornada, exames médicos, limite de idade e pressão máxima de trabalho.

Este é o caso, por exemplo, dos *Guias Internos de Câmaras Hiperbáricas*, denominação dada aos técnicos de enfermagem ou outros profissionais de saúde que são expostos a condições hiperbáricas ao exercerem atividades dentro destas câmaras assistindo aos pacientes durante as sessões de oxigenoterapia hiperbárica ou durante as sessões de recompressão terapêutica para tratamento de acidentes disbáricos, como doença descompressiva e embolia traumática pelo ar[4]. Estes empregados devem ter mais de 18 (dezoito) e menos de 45 (quarenta e cinco) anos de idade e jornada de trabalho condicionada à pressão máxima de trabalho.

Finalmente destaca-se a inclusão dos agentes ultrassom e infrassom na lista de fatores de riscos físicos. Apesar de citados expressamente na definição dos agentes físicos da NR9, não há na legislação trabalhista (leia-se NR-15) nenhum apontamento para caracterização de insalubridade em função da exposição a estes agentes, tampouco na legislação previdenciária para fins de concessão de aposentadoria especial; ao contrário da ACGIH, que determina textualmente limites de exposição a estes agentes nocivos. O mesmo ocorre para os agentes físicos *Campos magnéticos estáticos*, *Campos magnéticos de sub-radiofrequência (30 kHz e abaixo) e Sub-Radiofrequência (30 kHz e abaixo) e campos eletrostáticos*[5][6].

2.2. Fatores de Risco — Químicos

Segundo o item 9.1.5.2 da NR-9:

Consideram-se agentes químicos as substâncias, compostos ou produtos que possam penetrar no organismo pela via respiratória, nas formas de poeiras, fumos, névoas, neblinas, gases ou vapores, ou que, pela natureza da atividade de exposição, possam ter contato ou ser absorvidos pelo organismo através da pele ou por ingestão.

---

(4) MENDES, René. *Dicionário de Segurança e Saúde do Trabalhador*. Novo Hamburgo-RS: Proteção Publicações, 2018.
(5) A despeito do art. 200 da CLT, que dispõe que cabe ao Ministério do Trabalho estabelecer disposições complementares às normas de segurança e saúde no trabalho, em 2009 foi publicada a Lei n. 11.934/09 que determina limites à exposição humana a campos elétricos, magnéticos e eletromagnéticos. O art. 1º desta lei estabelece estes limites associados ao funcionamento de estações transmissoras de radiocomunicação, de terminais de usuário e de sistemas de energia elétrica **nas faixas de frequências até 300 GHz,** visando garantir a proteção da saúde e do meio ambiente. Já o art. 2º, inciso II, dispõe que os limites se referem à exposição de **trabalhadores** aos campos elétricos, magnéticos e eletromagnéticos em razão de seu trabalho. A lei adota os **limites recomendados pela Organização Mundial de Saúde — OMS.**
(6) No caso de Leucemia, a Lista B do Decreto n. 3.048/99 (Agentes etiológicos ou fatores de risco de natureza ocupacional) identifica, de forma genérica, o seguinte agente etiológico "Campos eletromagnéticos" (dentre outros).

O item em comento destaca que os agentes químicos são substâncias, compostos ou produtos. E que estas substâncias, compostos ou produtos podem penetrar no organismo pela via respiratória por inalação, pela via dérmica por contato com a pele ou ainda pelo trato digestivo, por ingestão.

Ao penetrarem no organismo pela via respiratória, os agentes químicos podem se apresentar na forma de poeiras, fumos, névoas, neblinas, gases ou vapores.

Na construção da lista de fatores de riscos químicos da Tabela 23 buscou-se apresentar todos aqueles constantes nos Anexos 11 e 12 da NR15 (Anexo 11: Agentes químicos cuja insalubridade é caracterizada por limite de tolerância e inspeção no local de trabalho; Anexo 12: Limites de Tolerância para poeiras minerais), no Anexo IV do Decreto n. 3.048, de 1999 (Classificação dos agentes nocivos), na LINACH e na ACGIH. Destacam-se as seguintes considerações:

1 — Asbesto:

Apesar de o STF ter proibido no país a realização de atividades de extração e comercialização do asbesto, os trabalhos envolvendo esta fibra ainda ocorrerão nas atividades de remoção de materiais que a contenham. A própria atividade de "remoção de sistemas que contêm ou podem liberar fibras de asbesto para o ambiente" está prevista no Anexo 12 da NR-15. Por este motivo, as empresas que possuírem empregados expostos a esta fibra deverão declarar esta exposição indicando o agente *Asbestos, todas as formas*. Entende-se que tal exposição se refere ao asbesto crisotila, único permitido no Brasil, com restrições, antes da decisão do STF. Empresas que no passado tiveram empregados expostos a esta fibra devem também observar a obrigatoriedade de realização e registro correspondente dos exames médicos de acordo com a determinação normativa, cuja periodicidade varia em função do tempo de exposição. As informações correspondentes como data, resultado do exame e código do procedimento diagnóstico devem ser registradas no evento S-2220 — Monitoramento da Saúde do Trabalhador[7].

2 — Agentes químicos que se apresentam na forma de poeira

A omissão da NR-15 no que se refere à identificação de agentes que se apresentam na forma de poeira[8], principalmente poeiras vegetais, forçou que fosse considerado o item 9.3.5.1. "c" da NR9 citado anteriormente e a inclusão na Tabela 23 de agentes previstos na ACGIH. Sendo assim, foram incluídos na tabela os seguintes particulados, ainda que não previstos na legislação nacional:

- Particulados de origem vegetal:
    - Algodão
    - Cereais
    - Farinha
    - Grãos
    - Madeira
    - Talco
- Particulados de origem mineral:
    - Ferrovanádio
    - Cobre
    - Prata
- Outros
    - Particulados (insolúveis ou de baixa solubilidade) não especificados de outra maneira (*Particles Not Otherwise Specified* — PNOS)

---

(7) Permanece inalterada a obrigação de cadastro, no Ministério do Trabalho das empresas que possuem empregados expostos a asbesto.
(8) Exceção para bagaço de cana, silicatos, cal e cimento, além de poeiras de manganês, sílica e asbesto.

Desta forma, por exemplo, a exposição a poeira de aves, tão comum aos empregados que exercem atividades em aviários ou na recepção e descarga[9] destes animais, deve ser registrada no evento S-2240. Neste caso, deve ser informado (S2240) o agente "Particulados (insolúveis ou de baixa solubilidade) não especificados de outra maneira (PNOS) — não respiráveis[10] **como um dos agentes aos quais o trabalhador está exposto (código 02.01.789 na Tabela 23).**

3 — Manganês

No caso de exposição a manganês será necessário que a empresa informe, no ambiente de trabalho correspondente, a forma de apresentação deste agente, se fumos ou poeira, uma vez que os limites de exposição e consequentemente os níveis de ação são diferentes para cada uma delas. Também deverá ser registrado se o trabalho é realizado no subsolo ou na superfície[11] em função de disposições normativas diversas, referentes aos exames periódicos, que variam de períodos entre 3 (três) a 6 (seis) meses para os trabalhadores que exercem atividades no subsolo e entre 6 (seis) meses a anualmente para os trabalhadores na superfície.

2.3. Fatores de Risco — Biológicos

Segundo o item 9.1.5.3 da NR-9:

> 9.1.5.3 Consideram-se agentes biológicos as bactérias, fungos, bacilos, parasitas, protozoários, vírus, entre outros.

Optou-se por listar os fatores de risco biológicos na Tabela 23 da seguinte forma: "Agentes biológicos infecciosos e infectocontagiosos (bactérias, vírus, protozoários, fungos, príons, parasitas e outros)".

As atividades que expõem os trabalhadores a agentes biológicos que caracterizam atividade insalubre conforme Anexo 14 — Agentes Biológicos da NR-15 bem como aquelas apresentadas no Anexo II do Decreto n. 3.048, de 1999 estão listadas na Tabela 28 citada anteriormente.

No caso de operadores de *telemarketing* e teleatendimento será necessário informar a intensidade da exposição a fungos (em ufc/m^3), para atendimento ao item 4.3 "*b*" do Anexo 2 da "NR-17 — Ergonomia"[12].

2.4. Fatores de Risco — Ergonômicos

A expansão horizontal da ergonomia, desde seu nascimento como disciplina científica, após a 2ª guerra mundial, tem alcançado praticamente todos os tipos de atividades humanas. Desta forma, na elaboração da lista de fatores de risco ergonômicos da Tabela 23 buscou-se abranger toda e qualquer atividade humana produtiva incorporando o escopo da macro ergonomia, envolvendo, portanto, não somente o ambiente físico, mas também os aspectos ambientais, organizacionais, psicossociais e cognitivos que possam representar riscos ergonômicos.

A partir das determinações da NR-17 — Ergonomia[13] e também das disposições da norma ABNT ISO/TS 20646:2017 — Diretrizes Ergonômicas para Otimização das Cargas de Trabalho Sobre o Sistema Musculoesquelético foram incluídos na Tabela 23 fatores de risco ergonômicos que se referem a situações muitas

---

(9) Segundo o item 36.6.3 da NR-36: Segurança e saúde no trabalho em empresas de abate e processamento de carnes e derivados: 36.6.3. Na recepção e descarga de aves devem ser adotadas medidas de controle de poeiras de maneira a garantir que os níveis não sejam prejudiciais à saúde dos trabalhadores.
(10) PNOS — *Particles not Otherwise Specified*
(11) Este registro deverá utilizar os códigos a Tabela 28: Trabalhos no subsolo com exposição a manganês (02.102) ou Trabalhos na superfície com exposição a manganês (02.103).
(12) NR17, Anexo 2 — Trabalho em teleatendimento/telemarketing. Item 4.3. Para a prevenção da chamada "síndrome do edifício doente", devem ser atendidos: [...]
b) os Padrões Referenciais de Qualidade do Ar Interior em ambientes climatizados artificialmente de uso público e coletivo, com redação dada pela Resolução RE n. 9, de 16 de janeiro de 2003, da ANVISA — Agência Nacional de Vigilância Sanitária, ou outra que a venha substituir, à exceção dos parâmetros físicos de temperatura e umidade definidos no item 4.2 deste Anexo.
(13) O item inaugural da NR-17 determina que a norma visa a estabelecer parâmetros que permitam a adaptação das condições de trabalho às características psicofisiológicas dos trabalhadores, de modo a proporcionar um máximo de conforto, segurança e desempenho eficiente.

vezes ignoradas ou até mesmo desprezadas pelas empresas no seu reconhecimento, como trabalho noturno, trabalho com necessidade de variação de turnos e iluminação precária (tanto noturna quanto diurna).

Os riscos ergonômicos são identificados a partir da AET, obrigatória para todas as empresas, conforme determina o item 17.1.2 da NR-17 — Ergonomia:

17.1.2. Para avaliar a adaptação das condições de trabalho às características psicofisiológicas dos trabalhadores, cabe ao empregador realizar a análise ergonômica do trabalho, devendo a mesma abordar, no mínimo, as condições de trabalho, conforme estabelecido nesta Norma Regulamentadora.

Cumpre esclarecer que, apesar de a NR-17 não definir quem é o profissional responsável pela elaboração da AET, é necessário que este possua formação específica para executar trabalhos nessa área do conhecimento, bem como formação acadêmica de nível superior que aborde os sistemas humanos para poder interpretar e planejar melhorias ergonômicas que protejam o trabalhador no seu ambiente de trabalho[14].

Os fatores de risco ergonômico da Tabela 23 foram divididos em:

— Biomecânicos

— Mobiliário e equipamentos

— Organizacionais

— Ambientais

— Psicossociais/Cognitivos

2.4.1. Fatores de Risco Ergonômico Biomecânicos

A biomecânica ocupacional se ocupa dos movimentos corporais e forças relacionadas ao trabalho e procura quantificar as cargas mecânicas que ocorrem durante as atividades, analisando seu impacto sobre o sistema osteomuscular.

Desta forma, *os fatores de risco ergonômico biomecânicos* incluem atividades que requeiram do trabalhador esforço físico intenso como levantar e movimentar objetos pesados, postura em pé/sentada por longos períodos, frequente execução de movimentos repetitivos, manuseio ou movimentação de cargas e volumes sem pega ou ainda, exposição a vibrações, dentre outros.

2.4.2. Fatores de Risco Ergonômico Relativos a Mobiliário e Equipamentos

O principal objetivo do projeto dos postos de trabalho é adaptar o mobiliário, máquinas e equipamentos ao trabalhador de modo a reduzir as posturas e movimentos inadequados, minimizando o estresse muscular e facilitando a operação. Dimensionamentos inadequados dos postos de trabalho provocam esforços musculares estáticos, além de movimentos exagerados de braços, ombros, tronco e pernas.

Os fatores de risco ergonômico relativos à mobiliário e equipamentos, portanto, são aqueles que encontrados em postos de trabalho improvisados, em equipamentos e/ou máquinas sem meios de regulagem de ajuste ou não adaptados à antropometria do trabalhador, ou ainda quando o assento disponibilizado é inadequado, dentre outros.

2.4.3. Fatores de Risco Ergonômico Organizacionais

Acerca da organização do trabalho, vejamos a redação do item 17.6.2 da NR-17:

17.6.2. A organização do trabalho, para efeito desta NR, deve levar em consideração, no mínimo:

a) as normas de produção;

b) o modo operatório;

c) a exigência de tempo;

---

(14) Nota Técnica 287/2016 CGNOR/DSST/SIT.

d) a determinação do conteúdo de tempo;

e) o ritmo de trabalho;

f) o conteúdo das tarefas.

A organização do trabalho se refere à integração de diversos elementos no sistema produtivo, envolvendo fatores como divisão do trabalho, níveis hierárquicos, comunicação, normas de produção, trabalho real x trabalho prescrito, organização do tempo, ritmos e cadências, intervalos e pausas, turnos de trabalho, dentre vários outros.

Neste sentido, *os fatores de risco ergonômico organizacionais* abrangem, por exemplo, situações em que há necessidade de manter ritmos intensos de trabalho, desequilíbrio entre tempo de trabalho e tempo de repouso, trabalho noturno ou ainda trabalho com variações de turnos.

2.4.4. Fatores de Risco Ergonômico Ambientais

Os fatores de risco ergonômico ambientais abrangem ambientes de trabalho com parâmetros fora dos limites máximos ou mínimos de conforto conforme determinação normativa, como níveis de pressão sonora, umidade do ar, iluminação noturna, iluminação diurna, velocidade do ar e temperatura efetiva.

2.4.5. Fatores de Risco Ergonômico Psicossociais e Cognitivos

Aqui temos a abordagem da Ergonomia Cognitiva que abrange desde o estudo da carga mental de trabalho e tomadas de decisão, até a confiabilidade humana, estresse profissional e a respectiva formação dos trabalhadores (acadêmica, treinamentos).

Desta forma, *os fatores de risco ergonômico psicossociais e cognitivos* alcançam trabalhos em que há situações de sobrecarga de trabalho mental, excesso de demandas emocionais/afetivas ou ainda excesso de situações de estresse, dentre outros.

2.5. Fatores de Risco — Mecânicos/Acidentes

A lista de fatores de riscos mecânicos e de acidentes foi elaborada tomando como base, entre outros, os possíveis agentes causadores de acidente conforme Tabela 15 — Agente Causador / Situação Geradora de Doença Profissional. Foram incluídos desde os fatores mais prevalentes como trabalho em altura e máquinas sem proteção até aqueles com menor predominância como risco de ataque de animais selvagens.

2.6. Fator de Risco — Umidade

Devido ao não enquadramento do fator de risco "umidade" nas classificações anteriores, optou-se por sua listagem em separado na Tabela 23[15].

3. Avaliações Quantitativas

Conforme dispõe o item 9.3.4 da NR-9:

A avaliação quantitativa deverá ser realizada sempre que necessária para:

a) comprovar o controle da exposição ou a inexistência riscos identificados na etapa de reconhecimento;

b) dimensionar a exposição dos trabalhadores;

c) subsidiar o equacionamento das medidas de controle.

---

(15) Existe um entendimento equivocado de que "Umidade" é fator de risco físico. Conforme dispõe o item 9.1.5.1 da NR-9, já citado, riscos físicos são formas de energia. Já a umidade é uma condição adversa presente no ambiente de trabalho, que pode ensejar inclusive o direito ao adicional de insalubridade. Este é o caso de atividades ou operações executadas em locais alagados ou encharcados, com umidade excessiva, que sejam capazes de produzir danos à saúde dos trabalhadores conforme comprovado em laudo de inspeção realizada no local de trabalho. Item 1 do Anexo 8 da NR-15 — Umidade.

Desta forma, a fim de atender a estas disposições, a empresa deverá informar o resultado das avaliações quantitativas realizadas referentes à dose, concentração ou intensidade dos agentes da Tabela 23, quando aplicável, presentes em cada ambiente de trabalho.

Entretanto, antes de partir para a realização de avaliações quantitativas a empresa deve observar o seguinte:

Quando, por meio da análise preliminar dos riscos ambientais, houver a convicção técnica de que as situações de exposição são aceitáveis, em princípio não serão necessárias avaliações quantitativas, sendo recomendada, no mínimo, a manutenção das condições de exposição existentes.

Quando, por meio da análise preliminar, houver a convicção técnica de que as situações de exposição são inaceitáveis, em princípio também não serão necessárias avaliações quantitativas, sendo obrigatória a adoção de medidas de controle.

Quando, após a análise preliminar, permanecer a incerteza da aceitabilidade da condição de exposição analisada. deve-se efetuar a avaliação quantitativa[16].

Importante destacar portanto que, caso em determinado ambiente um agente não seja reconhecido como fator de risco (avaliação qualitativa) com probabilidade de dano à saúde do trabalhador, a avaliação quantitativa correspondente não será necessária. Este é o caso, por exemplo, do agente físico ruído em setores administrativos onde não há fontes geradoras de ruído excessivo ou que não sejam trajetórias deste.

4. A Interdependência entre a Tabela 28 e a Tabela 23

A Tabela 28 — Atividades Insalubres, Perigosas e/ou Especiais apresenta a lista das atividades que também irão compor o Evento S-2240.

Na lista de atividades insalubres constam aquelas cuja caracterização da insalubridade é realizada de acordo com as determinações do Anexo 13 (Agentes químicos) e Anexo 14 (Agente biológicos) da NR-15, que abrangem as caracterizações qualitativas. Porém, inclui também casos específicos de caracterização de insalubridade quantitativa, porém dependente da atividade, como é o caso de atividades no subsolo ou na superfície, com exposição a manganês.

A lista de atividades perigosas contém aquelas identificadas no art. 193 da CLT regulamentado pela NR-16, incluindo também as atividades do Anexo (sem número)[17] desta mesma NR que abrange as atividades e operações perigosas com radiações ionizantes ou substâncias radioativas.

A lista de atividades especiais por exposição a agentes físicos abrange aquelas constantes no Anexo IV do Decreto n. 3.048, de 1999.

5. Considerações Finais

A construção da Tabela 23 é o resultado do esforço de vários profissionais entre auditores-fiscais do trabalho e especialistas das legislações trabalhista e previdenciária. Nela buscou-se contemplar da forma mais completa e atualizada possível os fatores de risco visíveis e não visíveis que podem causar danos à saúde e integridade física do trabalhador.

6. Referências Bibliográficas

ABNT ISO/TS 20646:2017 — Diretrizes Ergonômicas para Otimização das Cargas de Trabalho Sobre o Sistema Musculoesquelético.

LINACH — Lista Nacional de Agentes Cancerígenos para Humanos, aprovada com a publicação da Portaria Interministerial n. 9, de 7 de outubro de 2014

MENDES, René. *Dicionário de Segurança e Saúde do Trabalhador*. Novo Hamburgo-RS: Proteção Publicações, 2018.

IIDA, Itiro. *Ergonomia* — Projeto e Produção. 3. ed. São Paulo: Blucher.

---

(16) Norma de Higiene Ocupacional NHO09 Fundacentro.
(17) Incluído na NR16 com a publicação da Portaria GM n. 518, de 4 de abril de 2003.

Eventos de Segurança e Saúde no Trabalho do eSocial: Impactos na Previdência Social

Orion Sávio Santos de Oliveira[*]

1. Introdução

Enquanto as obrigações acessórias relacionadas à escrituração contábil e fiscal sofreram um processo acelerado de alteração na sua forma de registro e de declaração com o advento do SPED, instituído pelo Decreto 6.022, de 2007, a informatização das obrigações de SST começa a dar os seus primeiros passos com o eSocial.

Os processos físicos ainda prevalecem de forma quase que absoluta tanto nos registros e nas declarações feitos ao MTb, quanto naqueles realizados para a Previdência Social, com parcas tentativas de mudar esse cenário, as quais mais se aproximam do envio de formulários em meio eletrônico do que da real informatização dos processos.

Por tal motivo, o eSocial tem sido tão debatido e esperado pelos profissionais da área de SST, haja vista representar uma revolução na forma de registro e na consistência das informações, aumentando sobremaneira a percepção de risco em relação ao não cumprimento das obrigações e evidenciando a necessidade de uma gestão integrada com os demais setores da empresa, tais como as áreas de recursos humanos, contabilidade, financeiro, jurídico, dentre outras.

Assim, o que em seu início era para ser apenas uma folha de pagamentos eletrônica destinada à RFB, o eSocial ganhou importante projeção no cenário nacional, passando a envolver diversos órgãos públicos e permitindo uma visão completa de todas as obrigações legais que porventura possam refletir da folha de pagamentos, evidenciando, dentre outros aspectos, a importância de uma boa gestão em SST.

Na perspectiva previdenciária, o foco principal está na informatização do Perfil Profissiográfico Previdenciário (PPP), documento essencial para a análise e o reconhecimento do direito ao benefício da aposentadoria especial por exposição a agentes nocivos, bem como para a fiscalização, por parte da RFB, do efetivo recolhimento, pelo empregador, do adicional do seguro contra acidentes de trabalho para o financiamento da aposentadoria especial. A qualificação das informações constantes do PPP é imprescindível para reduzir o elevado índice de judicialização da aposentadoria especial: atualmente, mais de 80% (oitenta por cento) do total das aposentadorias especiais são concedidas em decorrência de ações judiciais.

Além do PPP, a CAT também será realizada no eSocial, no intuito de gerar maior consistência das informações declaradas e de facilitar o processo para a empresa.

Por fim, o envio de informações de afastamentos temporários por motivo de doenças e acidentes, sejam elas relacionadas ou não ao trabalho, deixará de ser realizado na GFIP e passará a ser feito no eSocial, buscando melhorar a qualidade das informações que chegam ao INSS para a concessão de benefícios por incapacidade.

(*) Analista Técnico de Políticas Sociais em exercício na Secretaria de Previdência do Ministério da Fazenda. Advogado. Foi professor da Universidade Federal de Uberlândia no período de 2010 a 2012, ministrando as disciplinas de Direito do Trabalho e de Direito Previdenciário. Faz parte da equipe técnica de elaboração dos manuais e *layouts* do eSocial, com foco nas informações de Segurança e Saúde no Trabalho.

É importante destacar que todo o processo que envolve o eSocial ocorre sem a modificação da legislação que rege as obrigações a serem cumpridas. Entretanto, como o projeto resultará em substituição das obrigações de SST e em impactos nas rotinas das empresas, o presente artigo visa detalhar seus principais reflexos na Previdência Social, com o intuito de facilitar a correta compreensão das alterações.

2. O PPP e a CAT

2.1. A Aposentadoria Especial por Exposição a Agentes Nocivos e o PPP

a) Histórico da aposentadoria especial e da comprovação da exposição a agentes nocivos para fins de aposentadoria especial por meio do PPP

A aposentadoria especial é um benefício concedido ao segurado que trabalha exposto aos agentes nocivos prejudiciais à saúde ou à integridade física, de forma permanente, não ocasional nem intermitente, em níveis de exposição acima dos limites estabelecidos em legislação própria ou de forma qualitativa (especificados atualmente no anexo IV do Decreto n. 3.048, de 1999).

A primeira tentativa de regulamentar uma aposentadoria para o trabalhador exposto a condições prejudiciais à saúde ou à integridade física surgiu com o Decreto n. 35.448, de 1954 (Regulamento Geral dos IAPs), o qual previa aposentadoria ordinária após a prestação de 15 anos de serviços penosos ou insalubres. Esse regulamento, contudo, não foi exitoso[1].

Assim, a doutrina considera como marco inicial da aposentadoria especial a Lei n. 3.807, de 1960 (LOPS), a qual estipulou o direito ao benefício após 25, 20 ou 15 anos de contribuição em atividade com exposição aos agentes nocivos. Ademais, era exigida, cumulativamente, a idade mínima de 50 anos para a concessão do benefício, requisito retirado da LOPS por força da Lei n. 5.440-A de 1968, mas que ainda foi exigido por certo período em virtude de normatização infralegal.

Atualmente, a aposentadoria especial em virtude de atividades exercidas sob condições especiais que prejudiquem a saúde ou a integridade física no âmbito do Regime Geral de Previdência Social (RGPS) possui previsão expressa no art. 201, § 1º da Constituição da República Federativa do Brasil de 1988 (CRFB/1988), constituindo exceção à vedação de adoção de requisitos e critérios diferenciados para a concessão de aposentadoria aos beneficiários de tal regime.

O benefício foi regulamentado nos arts. 57 e 58 da Lei n. 8.213, de 1991, dispositivos com *status* de lei complementar, em função do disposto no art. 15 da Emenda Constitucional n. 20, de 1998 e na Lei n. 10.666, de 2003. Tais artigos mantiveram o direito ao benefício ao segurado que tiver trabalhado sujeito a condições especiais que prejudiquem a saúde ou a integridade física, durante 15, 20 ou 25 anos, cumprida a carência mínima de 180 contribuições, sem limite etário mínimo.

Em sua redação vigente, a Lei n. 8.213, de 1991 estabelece que a aposentadoria especial dependerá da comprovação pelo segurado, perante o INSS, de:

a) tempo de trabalho permanente, não ocasional nem intermitente, em condições especiais que prejudiquem a saúde ou a integridade física; e

b) exposição aos agentes nocivos químicos, físicos ou biológicos ou associação de agentes prejudiciais à saúde ou à integridade física pelo período equivalente ao exigido para a concessão do benefício.

A partir do acima exposto, é possível verificar que a concessão da aposentadoria especial por exposição a agentes nocivos depende de tempo de trabalho permanente, assim definido no art. 65 do Decreto n. 3.048, de 1999 (com redação dada pelo Decreto n. 8.123, de 2013):

---

(1) MARTINEZ, Wladimir Novaes. *Aposentadoria Especial*. São Paulo: LTr, 2010. p. 34.

Art. 65. Considera-se tempo de trabalho permanente aquele que é exercido de forma não ocasional nem intermitente, no qual a exposição do empregado, do trabalhador avulso ou do cooperado ao agente nocivo seja indissociável da produção do bem ou da prestação do serviço. *(Redação dada pelo Decreto n. 8.123, de 2013)*

Parágrafo único. Aplica-se o disposto no *caput* aos períodos de descanso determinados pela legislação trabalhista, inclusive férias, aos de afastamento decorrentes de gozo de benefícios de auxílio-doença ou aposentadoria por invalidez acidentários, bem como aos de percepção de salário-maternidade, desde que, à data do afastamento, o segurado estivesse exposto aos fatores de risco de que trata o art. 68. *(Redação dada pelo Decreto n. 8.123, de 2013)*[2]

Importante notar que, para fazer jus à aposentadoria especial, a exposição do segurado deve ser aos agentes nocivos químicos, físicos, biológicos ou à associação de agentes prejudiciais à saúde ou à integridade física, definidos pelo Poder Executivo e listados no anexo IV do Decreto n. 3.048, de 1999.

A comprovação da efetiva exposição do segurado aos agentes nocivos será feita mediante formulário emitido pela empresa ou por seu preposto, denominado PPP, com base em LTCAT, expedido por médico do trabalho ou por engenheiro de segurança do trabalho, nos termos da legislação trabalhista. Do laudo técnico deverão constar informações sobre a existência de tecnologia de proteção coletiva ou individual que diminua a intensidade do agente agressivo a limites de tolerância, além de recomendação de sua adoção pelo estabelecimento.

Ressalta-se, ainda, que o PPP tem finalidades que superam a concessão da aposentadoria especial, constituindo-se em um robusto histórico laboral do trabalhador. Por tal motivo é que o art. 265 da IN/INSS n. 77, de 2015 estabelece que o PPP se presta a:

• Comprovar as condições para habilitação de benefícios e serviços previdenciários, em particular, o benefício de aposentadoria especial;

• Prover o trabalhador de meios de prova produzidos pelo empregador perante a Previdência Social, a outros órgãos públicos e aos sindicatos, de forma a garantir todo direito decorrente da relação de trabalho, seja ele individual, ou difuso e coletivo;

• Prover a empresa de meios de prova produzidos em tempo real, de modo a organizar e a individualizar as informações contidas em seus diversos setores ao longo dos anos, possibilitando que a empresa evite ações judiciais indevidas relativas a seus trabalhadores; e

• Possibilitar aos administradores públicos e privados acesso a bases de informações fidedignas, como fonte primária de informação estatística, para desenvolvimento de vigilância sanitária e epidemiológica, bem como definição de políticas em saúde coletiva.

A aposentadoria especial não é um benefício devido a todas as categorias de segurados da previdência social, mas apenas ao empregado, ao trabalhador avulso e ao contribuinte individual — este somente quando cooperado filiado à cooperativa de trabalho ou de produção, motivo pelo qual apenas em relação a esses segurados haverá necessidade de declaração das informações para fins de aposentadoria especial no eSocial.

b) As previsões legais sobre o PPP e sua emissão eletrônica

O art. 266, §§ 1º e 2º, da IN/INSS n. 77, de 2015 trouxe expressamente a previsão de implantação do PPP em meio eletrônico, disposição que já constava no art. 272, § 10, IN/INSS n. 45/2010, mas que não chegou a ser implementada.

Com o início da obrigatoriedade dos eventos de saúde e segurança do trabalhado no eSocial, previsto para janeiro de 2019, o formulário em papel será substituído pelo registro eletrônico das informações, dando efetividade ao art. 266, §§ 1º e 2º, da IN/INSS n. 77, de 2015.

É importante ressaltar que no eSocial somente poderão ser registradas informações de fatos ocorridos a partir do início da obrigatoriedade dos eventos de SST, ou seja, as informações relacionadas aos períodos

---

(2) BRASIL. Decreto n. 3.048, de 6 de maio de 1999. Disponível em: <http://www.planalto.gov.br/ccivil_03/decreto/d3048compilado.htm>. Acesso em: 11 jun. 2018.

anteriores continuarão a ser arquivadas no formato exigido à época (formulário em papel). Exigir a transcrição destas informações para o eSocial seria impor um retrabalho e a aplicação retroativa da nova forma de registro, gerando possíveis complicações jurídicas. Ademais, é premissa do eSocial a não exigência de informações relativas a eventos que ocorreram em período anterior ao início da sua obrigatoriedade.

2.2. CAT

a) Previsão normativa da CAT e competência para fiscalização

O instrumento denominado CAT possui previsão do art. 22 da Lei n. 8.213, de 1991, o qual dispõe:

> Art. 22. A empresa ou o empregador doméstico deverão comunicar o acidente do trabalho à Previdência Social até o primeiro dia útil seguinte ao da ocorrência e, em caso de morte, de imediato, à autoridade competente, sob pena de multa variável entre o limite mínimo e o limite máximo do salário de contribuição, sucessivamente aumentada nas reincidências, aplicada e cobrada pela Previdência Social. *(Redação dada pela Lei Complementar n. 150, de 2015)*
>
> § 1º Da comunicação a que se refere este artigo receberão cópia fiel o acidentado ou seus dependentes, bem como o sindicato a que corresponda a sua categoria.
>
> § 2º Na falta de comunicação por parte da empresa, podem formalizá-la o próprio acidentado, seus dependentes, a entidade sindical competente, o médico que o assistiu ou qualquer autoridade pública, não prevalecendo nestes casos o prazo previsto neste artigo.
>
> § 3º A comunicação a que se refere o § 2º não exime a empresa de responsabilidade pela falta do cumprimento do disposto neste artigo.
>
> § 4º Os sindicatos e entidades representativas de classe poderão acompanhar a cobrança, pela Previdência Social, das multas previstas neste artigo.
>
> § 5º A multa de que trata este artigo não se aplica na hipótese do caput do art. 21-A. *(Incluído pela Lei n. 11.430, de 2006)*[3]

Observa-se que a CAT, instrumento inicialmente projetado com a finalidade previdenciária de notificação dos acidentes e das doenças do trabalho ou de situações equiparadas, previstas nos arts. 19 a 21-A da Lei n. 8.213, de 1991, passou a ser utilizada também pelo MTb, o qual tem por competência a fiscalização do cumprimento das normas de SST. Em um primeiro momento, o compartilhamento das informações oriundas da CAT ocorreu por meio de Acordo de Cooperação Técnica e, atualmente, possui previsão expressa no art. 341, parágrafo único, do Decreto n. 3.048, de 1999 (com redação dada pelo Decreto n. 7.331, de 2010):

> Art. 341. (...)
>
> Parágrafo único. O Ministério do Trabalho e Emprego, com base em informações fornecidas trimestralmente, a partir de 1º de março de 2011, pelo Ministério da Previdência Social relativas aos dados de acidentes e doenças do trabalho constantes das comunicações de acidente de trabalho registradas no período, encaminhará à Previdência Social os respectivos relatórios de análise de acidentes do trabalho com indícios de negligência quanto às normas de segurança e saúde do trabalho que possam contribuir para a proposição de ações judiciais regressivas. *(Incluído pelo Decreto n. 7.331, de 2010)*[4]

Tal disposição é fundamental e demonstra a relevância do trabalho conjunto dos órgãos públicos para proteção e promoção da saúde do trabalhador, os quais possuem competências complementares e muitas vezes difíceis de serem segregadas. Por tal motivo é que o eSocial mostra-se como um projeto de alta relevância para eficiência e efetividade dos órgãos públicos federais, partindo de uma mesma informação para a correta verificação do cumprimento da legislação.

Embora a emissão da CAT e a respectiva multa por sua não emissão estejam previstas na legislação previdenciária, o detalhamento das informações a serem registradas no referido documento está atualmente contido na Portaria MPAS n. 5.817, de 1999.

---

[3] BRASIL. *Lei n. 8.213, de 24 de julho de 1991*. Disponível em: <http://www.planalto.gov.br/ccivil_03/Leis/L8213cons.htm>. Acesso em: 11 jun. 2018.
[4] BRASIL. *Decreto n. 3.048, de 6 de maio de 1999*. Disponível em: <http://www.planalto.gov.br/ccivil_03/decreto/d3048compilado.htm>. Acesso em: 11 jun. 2018.

Atualmente, a IN/INSS n. 77, de 2015 prevê em seu art. 328 que a CAT deverá ser registrada preferencialmente por meio eletrônico, embora ainda seja possível o protocolo físico nas agências da Previdência Social. O prazo para o registro da CAT é o primeiro dia útil após a ocorrência do acidente, ou de imediato em caso de óbito, conforme previsão expressa que consta no *caput* do art. 22 da Lei n. 8.213, de 1991.

É importante destacar que, no âmbito da Previdência Social, a emissão da CAT somente é obrigatória para os segurados empregados, empregados domésticos (esses desde o advento da Lei Complementar n. 150, de 2015), trabalhadores avulsos e segurados especiais, conforme expresso na IN/INSS n. 77, de 2015, haja vista que o conceito de acidente de trabalho para a Previdência somente existe para tais categorias de segurados, as quais estão protegidas pelo SAT.

O art. 22 da Lei n. 8.213, de 1991 dispõe ainda que a multa decorrente da não emissão da CAT pela empresa será aplicada pela Previdência Social. Entretanto, desde a edição da Lei n. 11.457, de 2007, a Secretaria da Receita Previdenciária foi extinta e suas competências transferidas para a Secretaria da Receita Federal do Brasil, motivo pelo qual a fiscalização pela não emissão da CAT passou a ser atribuição do AFRF, conforme expressamente previsto no art. 47, XI, c/c o art. 46, ambos da IN/RFB n. 971, de 2009.

Como se viu, diversos órgãos públicos detêm competências relacionadas à análise da CAT, quais sejam, o MTb, a SPREV, o INSS e a RFB. O registro da comunicação via eSocial, para além de todos os benefícios advindos da informatização dos processos propiciará, ainda, a qualificação na gestão integrada do instrumento.

b) Problemas enfrentados com o protocolo do documento em papel e a divergência de dados

Atualmente, embora o art. 328 da IN/INSS n. 77, de 2015 preveja o registro da CAT preferencialmente por meio eletrônico (sistema CATWeb), certo é que ainda ocorre, em grande volume, o protocolo de CATs em meio físico nas agências da Previdência Social. Além de sobrecarregar a já assoberbada rotina das agências do INSS, o protocolo físico abre margem para uma série de incorreções e inconsistência das informações lançadas na CAT, gerando graves erros de registro e dificultando a utilização de tais informações no cálculo do FAP.

Assim, o registro eletrônico da CAT é essencial à qualidade e à consistência das informações recebidas pela Previdência Social, além de permitir uma análise mais tempestiva dos dados. Entretanto, não basta que seja criado um formulário eletrônico: é necessário que haja uma forma de registro que permita validações dos dados do empregador e do empregado, além do fornecimento de informações padronizadas, que possibilitem a realização de estudos estatísticos e epidemiológicos relevantes para a produção de políticas públicas e a correta fiscalização do cumprimento das obrigações legais pelas empresas. Essa forma inovadora de registro é o eSocial.

3. Os Eventos de SST no eSocial que Impactam a Previdência Social

Inicialmente, é importante ressaltar que os eventos de SST que serão detalhados no presente artigo são aqueles que de alguma forma acarretam impactos na Gestão do RGPS, haja vista que fogem ao escopo do estudo as informações de SST prestadas com foco na fiscalização trabalhista.

Conforme já é de conhecimento dos leitores dessa obra, o eSocial foi estruturado por meio dos denominados "eventos", que são um conjunto de informações agrupados em um arquivo 'xml'. Alguns desses eventos contêm, predominantemente, informações necessárias à composição do PPP e da CAT, os quais passo a detalhar.

3.1. Evento "S-1060 — Tabela de Ambientes de Trabalho"

Os dois primeiros eventos de SST enquadram-se no conceito de tabelas do empregador, ou seja, tabelas construídas pelo prestador da informação, com a atribuição de um código ao registro efetuado, o qual será utilizado em eventos posteriores para referenciar a informação registrada na tabela, evitando a replicação desnecessária da mesma informação.

No evento "S-1060 — Tabela de Ambientes de Trabalho" o empregador irá registrar os ambientes de trabalho existentes em cada um dos seus estabelecimentos. Os códigos registrados nessa tabela serão utilizados para a prestação de informações no evento "S-2240- Condições Ambientais do Trabalho — Fatores de Risco" e no evento "S-2210 — Comunicação de Acidentes de Trabalho", conforme será detalhado mais adiante.

A dúvida mais frequente em relação à tabela refere-se ao conceito de "ambiente de trabalho". Atualmente, tal conceito não possui definição precisa na legislação, motivo pelo qual foi necessário esclarecer no MOS que:

> "8) A definição dos ambientes de trabalho e suas delimitações são de responsabilidade do empregador/contribuinte/órgão público, devendo a descrição ser objetiva e permitir a identificação das fontes geradoras, possíveis trajetórias e medidas de controle dos riscos...".[5]

Resta evidente que a delimitação dos ambientes de trabalho será feita pelo próprio empregador/contribuinte quando do levantamento dos riscos existentes na empresa, sendo essa a informação a ser registrada no eSocial, não havendo um mandamento legal específico sobre a melhor forma de agrupar os ambientes de trabalho. Assim, a atuação de profissional com formação específica para a identificação de riscos será de fundamental importância, garantindo que a delimitação dos ambientes propicie uma boa gestão dos riscos e mitigue eventuais declarações equivocadas.

Importante estar atento à necessidade da localização do ambiente, ou seja, de informar o estabelecimento onde está localizado o ambiente descrito. Isso porque, no evento S-1060, é necessário identificar se o ambiente é do próprio empregador/contribuinte ou se é de um terceiro, caso em que deverá ser identificado o terceiro por meio do CNPJ, CNO ou CAEPF.

Com a publicação da NDE n. 01, de 30 de maio de 2018, passou a ser possível identificar duas espécies de ambientes de terceiros:

- **2 — Estabelecimento de terceiros**: hipótese em que o ambiente de trabalho encontra-se localizado em estabelecimento de terceiro em virtude de relação de cessão de mão de obra, ou seja, lotações tributárias dos tipos 03 a 09 da tabela 10; e

- **3 — Prestação de serviços em instalações de terceiros não consideradas como lotações dos tipos 03 a 09 da tabela 10**: hipóteses em que o ambiente de trabalho está localizado em estabelecimento de terceiros, sem relação de cessão de mão de obra.

A alteração acima referenciada foi implementada por insistente demanda das empresas, que alertavam para a existência de relação de trabalho em que, embora a atividade seja exercida em ambientes de terceiro, não há configuração da cessão de mão de obra, sendo que as opções existentes nas versões anteriores do *layout* impediam a declaração de tal situação. É o caso, por exemplo, da aquisição por uma empresa "B" de um software desenvolvido pela empresa "A", que muitas vezes pode demandar o exercício de atividade de um técnico da empresa "A" durante dias ou meses na empresa "B", sem que isso configure cessão de mão de obra.

Ademais, vale destacar que nos estabelecimentos do próprio empregador/contribuinte não é necessária a vinculação física do ambiente, ou seja, o importante é a descrição do ambiente para fins de identificação dos fatores de risco. Por exemplo, em uma universidade com 200 salas com a mesma configuração e com os mesmos fatores de risco, não há necessidade de identificar cada uma das salas de aula, bastando descrever um único ambiente "sala de aula" englobando todos esses espaços físicos.

3.2. Evento "S-2210 — Comunicação de Acidentes de Trabalho"

Conforme explicitado anteriormente, a CAT será realizada pelo empregador/contribuinte por meio do eSocial, sendo que a prestação de tal informação ocorrerá no evento S-2210. Considerando que a estrutura

---

(5) ESOCIAL. *Manual de Orientação do eSocial*. Disponível em: <https://portal.esocial.gov.br/institucional/documentacao-tecnica>. Acesso em: 11 jun. 2018.

do evento é bastante semelhante à da CAT emitida atualmente pelas empresas em formulário específico publicado pelo INSS, abaixo serão destacados apenas os pontos do *layout* de maior relevância.

Primeiramente, é importante destacar que a histórica e insuficiente classificação dos acidentes de trabalho em "típico", "trajeto" e "doença" foi alterada, sendo que no evento S-2210 o tipo de acidente de trabalho será identificado a partir de um dos códigos da tabela 24 do eSocial, denominada "Codificação de Acidentes de Trabalho". Tal tabela apresenta todas as hipóteses de acidentes de trabalho trazidas na legislação previdenciária, previstos nos arts. 19 a 21-A da Lei n. 8.213, de 1991, bem como na legislação trabalhista.

Trata-se de um avanço necessário e de uma reivindicação antiga dos profissionais que trabalham na área de SST, haja vista que a CAT possui como uma das suas principais finalidades a produção de dados estatísticos e a confecção de estudos epidemiológicos, buscando subsidiar políticas públicas para a proteção e a promoção da saúde do trabalhador, sendo certo que a perfeita definição do evento ocorrido é fundamental para maior precisão dos estudos elaborados. Ademais, com tal previsão, fica ainda mais evidente a íntima relação da legislação previdenciária e trabalhista sobre o tema, denotando a importância do compartilhamento das informações da CAT, conforme determina o art. 341 do Decreto n. 3.048, de 1999:

> Art. 341. (...)
>
> Parágrafo único. O Ministério do Trabalho e Emprego, com base em informações fornecidas trimestralmente, a partir de 1º de março de 2011, pelo Ministério da Previdência Social relativas aos dados de acidentes e doenças do trabalho constantes das comunicações de acidente de trabalho registradas no período, encaminhará à Previdência Social os respectivos relatórios de análise de acidentes do trabalho com indícios de negligência quanto às normas de segurança e saúde do trabalho que possam contribuir para a proposição de ações judiciais regressivas. *(Incluído pelo Decreto n. 7.331, de 2010)*[6]

Outra importante alteração, pleiteada pelas empresas e decorrente do processo de construção coletiva do eSocial, refere-se à exclusão dos campos para indicação de "testemunhas" na CAT, haja vista que tais informações não são mais utilizadas pela Previdência Social.

No evento S-2210 destaca-se a possibilidade de indicação da iniciativa da CAT, ou seja, se a Comunicação foi registrada pelo empregador em virtude de ordem judicial, de determinação do órgão fiscalizador ou de iniciativa do próprio empregador. Embora em um primeiro momento esse campo pareça desnecessário, haja vista que qualquer autoridade pública pode realizar diretamente a emissão da CAT caso ela não tenha sido feita pelo empregador, nos termos do art. 22, § 2º, da Lei n. 8.213, de 1991, é comum a existência de decisões judiciais determinando que o empregador emita a CAT em seu próprio nome, sendo justo o pleito de informação da origem da ordem nesse caso.

Ao tornar o processo de emissão da CAT totalmente eletrônico para o empregador, foi necessária a construção de um campo em que se permita informar se o acidente ocorreu no Brasil ou no exterior, viabilizando a consistência das informações enviadas.

Outro ponto de destaque é a inclusão da informação do CNES, que pode ser prestada pelo empregador, não sendo exigida na atual versão do *layout*. Trata-se de um registro obrigatório para qualquer estabelecimento de saúde operacionalizado pelo Ministério da Saúde, motivo pelo qual, mesmo não sendo obrigatório no eSocial, deve ser realizado para cumprimento da legislação atualmente vigente.

É importante destacar que as tabelas já existentes para auxiliar no cadastramento da CAT, as quais codificam a "parte do corpo atingida", o "agente causador do acidente de trabalho", o "agente causador/situação geradora do acidente da doença profissional", a "situação geradora do acidente de trabalho" e a "descrição da natureza da lesão" foram transportadas *ipsis literis* para o eSocial, consubstanciadas respectivamente nas tabelas 13, 14, 15, 16 e 17.

Por fim, ressalta-se que o eSocial não define nem altera o prazo previsto para a emissão da CAT, que continua sendo o previsto no art. 22 da Lei n. 8.213, de 1991, ou seja, o primeiro dia útil após a ocorrência do acidente e, de imediato, em caso de óbito.

---

(6) BRASIL. *Decreto n. 3048*, de 6 de maio de 1999. Disponível em: <http://www.planalto.gov.br/ccivil_03/decreto/d3048compilado.htm>. Acesso em: 11 jun. 2018

O prazo é exíguo, mas somente pode ser alterado pelo legislador pátrio, motivo pelo qual ao longo dos anos algumas alternativas foram sendo oferecidas pela autarquia previdenciária para garantir o registro da informação, mesmo que incompleta, sendo a principal ferramenta para isso denominada de "CAT parcial", que busca evitar prejuízos à empresa que não é comunicada tempestivamente da ocorrência do acidente ou que não recebe em tempo hábil o atestado médico. Embora sem previsão legal explícita o INSS, atualmente, aceita o registro da CAT com informações incompletas, as quais poderão ser preenchidas em até 30 dias, período após o qual, não havendo complementação, o documento perderá seu efeito.

Buscando não romper com o conceito acima exposto, o eSocial também aceita o registro da CAT sem os dados do atestado médico, o que não significa o cumprimento da obrigação, nem implica na não aplicação de multa pela RFB, haja vista inexistir fundamento legal para tal procedimento.

Ademais, é importante estar atento ao art. 331, 3º da IN/INSS n. 77/2015, o qual prevê:

> Art. 331. A empresa deverá comunicar o acidente ocorrido com o segurado empregado, exceto o doméstico, e o trabalhador avulso até o primeiro dia útil seguinte ao da ocorrência e, em caso de morte, de imediato, à autoridade competente, sob pena de multa aplicada e cobrada na forma do art. 286 do RPS.
>
> **§ 3º A CAT entregue fora do prazo estabelecido no caput e anteriormente ao início de qualquer procedimento administrativo ou de medida de fiscalização, exclui a multa prevista no *caput*. (GRIFEI)**[7]

Embora tal dispositivo seja de legalidade duvidosa, haja vista que a competência para aplicação da multa por não emissão da CAT é da RFB, conforme já demonstrado, certo é que deve ser analisado para respaldar o instituto da "CAT parcial", haja vista que a comunicação com dados incompletos tem por objetivo demonstrar a boa-fé da empresa na realização da notificação antes de qualquer atuação administrativa ou judicial.

3.3. Evento "S-2220 — Monitoramento da Saúde do Trabalhador"

O primeiro ponto que merece atenção do leitor refere-se ao tipo de exame ocupacional realizado, haja vista que além dos exames definidos na NR-7 do MTb, quais sejam, admissional, demissional, periódico, mudança de função e retorno ao trabalho, foi incluído um código para o exame médico de monitoração pontual não enquadrado nos demais casos.

Embora inicialmente a informação pareça estranha, tal código foi inserido por demanda das empresas, no processo de construção coletiva do projeto, visto que o PPP possui, dentre as suas diversas finalidades, *"Prover a empresa de meios de prova produzidos em tempo real, de modo a organizar e a individualizar as informações contidas em seus diversos setores ao longo dos anos, possibilitando que a empresa evite ações judiciais indevidas relativas a seus trabalhadores"*, sendo certo que a empresa pode realizar exames além daqueles previstos na legislação e justo que tal conduta seja informada no eSocial.

Merece também ser destacada a nova codificação de procedimentos diagnósticos introduzida a partir da NDE 01. Enquanto os *layouts* anteriores faziam referência à codificação adotada pela tabela TUSS para a identificação do procedimento realizado, a versão mais atual utiliza uma tabela própria do eSocial, denominada "Tabela 27 — Procedimentos Diagnósticos".

Isso ocorreu em virtude da dificuldade relatada por alguns usuários em relação ao versionamento correto e à extensão da tabela TUSS, o que acarretava dificuldade na localização dos exames ocupacionais a serem informados. Assim, para simplificar a prestação da informação e evitar erros quanto à versão dos códigos a serem utilizados foi construída a tabela 27, a qual é baseada na tabela TUSS, porém restringindo os procedimentos àqueles que possam ter aplicação no âmbito ocupacional.

Outra alteração importante trazida pela NDE 01 foi a necessidade de indicação apenas do médico emitente do ASO e do médico responsável/coordenador do PCMSO, não sendo necessária a indicação do médico ou profissional responsável por cada exame. Isso facilita o fluxo das informações e evita o envio de dados desnecessários.

---

(7) INSS. Instrução Normativa n. 77, de 21 de janeiro de 2015. Disponível em: <http://sislex.previdencia.gov.br/paginas/38/inss-pres/2015/77.htm>. Acesso em: 11 jun. 2018.

A nova versão do MOS esclarece uma dúvida frequente apresentada em relação à indicação da ordem dos exames, deixando expresso que no eSocial deve ser entendido como referencial o primeiro de cada tipo ao qual o trabalhador foi submetido na empresa/contribuinte/órgão público. Os demais exames do mesmo tipo são considerados sequenciais.

Por fim, é importante esclarecer que assim como no atual formulário do PPP em papel, a indicação do resultado dos exames não é obrigatória, sendo possível o envio do evento S-2220 sem o registro da informação, atendendo ao que dispõe a Resolução 1.715, de 2004, do CFM.

3.4. Evento "S-2240 — Condições Ambientais do Trabalho — Fatores de Risco"

No evento S-2240, um dos mais importantes para a parte de SST no eSocial, serão (i) registrados os ambientes da tabela S-1060 nos quais o trabalhador exerce as suas atividades, (ii) descritas as atividades do trabalhador em cada ambiente, e (iii) individualizados os riscos aos quais o trabalhador está exposto em seu trabalho — em caso de riscos quantitativos, será descrita a medição e a técnica utilizada. Ademais, serão informados os EPIs utilizados e a eficácia. Por fim, será feito o enquadramento legal das exposições descritas, ou seja, para cada risco e atividade informados será avaliado pelo declarante se há previsão legal para o pagamento de insalubridade, de periculosidade e/ou de aposentadoria especial, de acordo com as informações prestadas.

Nos casos de EPI, estabelece o item 6.2 da NR-06 do MTb que:

> 6.2 O equipamento de proteção individual, de fabricação nacional ou importado, só poderá ser posto à venda ou utilizado com a indicação do Certificado de Aprovação — CA, expedido pelo órgão nacional competente em matéria de segurança e saúde no trabalho do Ministério do Trabalho e Emprego.[8]

Assim, cada EPI utilizado deverá conter o registro do respectivo CA, haja vista ser um dos requisitos imprescindíveis para que o equipamento de proteção atenda à NR-06.

Todavia, dúvida persistente surge para as hipóteses nas quais o trabalhador exerce suas atividades em outro país, casos em que os equipamentos adquiridos e fornecidos no país de realização da atividade não terão CA emitido pelo MTb. Nessas situações, como ainda não há posição específica do MTb sobre o tema, o *layout* foi concebido de forma a aceitar o registro de um equipamento sem a identificação do CA, o que não significa o cumprimento da legislação, pois a análise da conformidade legal será feita posteriormente, pela auditoria fiscal do trabalho.

Pela descrição acima, é possível verificar que o evento S-2240 é o mais completo dentre os de SST, motivo pelo qual é fundamental ter atenção a alguns pontos que serão abaixo explicitados.

Primeiramente, o evento exige a descrição das atividades realizadas pelo trabalhador por meio de um campo aberto, com tamanho de 999 caracteres. Nesse campo deve ser descrita a atividade efetivamente realizada pelo trabalhador, para que seja possível verificar a exposição à qual está submetido, evitando-se exposições genéricas constantes da descrição de cargos e funções, conforme é feito atualmente no campo 14.2 do formulário do PPP, o qual consta no anexo XV da IN/INSS 77, de 2015 (com redação dada pela IN/INSS n. 85, de 18 de fevereiro de 2016).

Ainda em relação às atividades é possível verificar que o evento S-2240 exige a indicação de um dos códigos da tabela 28, denominada "Atividades Periculosas, Insalubres e/ou Especiais". Tal tabela é uma novidade trazida pela NDE 01, decorrendo de um desmembramento da tabela 23, denominada "Fatores de Risco do Meio Ambiente de Trabalho".

Tal desmembramento foi necessário porque a tabela 23, embora tivesse a intenção de descrever fatores de risco, trazia em seu bojo descrições de atividades, o que tornava inviável a necessária precisão conceitual. Por exemplo, para enquadramento da exposição a agentes nocivos biológicos para fins de aposentadoria

---

(8) MINISTÉRIO DO TRABALHO. *Norma Regulamentar 06 — Equipamento de Proteção Individual — EPI.* Disponível em: <http://trabalho.gov.br/images/Documentos/SST/NR/NR6.pdf?utm_source=blog&utm_campaign=rc_blogpost>. Acesso em 16 de junho de 2018.

especial, o anexo IV do Decreto 3.048, de 1999 optou por descrever um rol taxativo de atividades em que se presume a exposição ao risco biológico, não sendo suficiente a simples exposição aos agentes descritos. O mesmo ocorre para a configuração do direito à periculosidade, que decorre do exercício de determinadas atividades e não da exposição a agentes específicos.

Para evitar equívocos, foi mantida a tabela 23 somente com indicação dos fatores de risco e criada a tabela 28, somente com a descrição de atividades. Assim, a legislação ficou melhor representada e as tabelas conceitualmente mais precisas.

A partir dessa nova lógica, o declarante terá que observar se para o enquadramento da atividade como insalubre, periculosa ou especial a legislação (i) –exige apenas a exposição ao agente acima dos limites de tolerância, (ii) determina o enquadramento de acordo com a atividade exercida (por exemplo, na exposição a agentes físicos para fins de aposentadoria especial, em que o anexo IV descreve agente, exposição ao agente ou exercício de atividades) ou (iii) utiliza uma combinação dos dois conceitos.

Desse modo, é possível que seja indicada somente a exposição ao agente, mas que não haja correspondência das atividades exercidas com aquelas descritas na tabela 28, hipótese em que deverá ser informado o código referente à ausência de correspondência. Mesmo assim, nesses casos, poderá haver direito à insalubridade ou à aposentadoria especial, pois em várias situações basta a exposição ao agente.

Por outro lado, quando o enquadramento se dá exclusivamente por alguma das atividades descritas na tabela 28, é fundamental a indicação do agente ao qual o trabalhador está presumidamente exposto. Por exemplo, embora no caso de exposição a agentes biológicos o enquadramento ocorra exclusivamente pelo exercício das atividades descritas no anexo IV do Decreto n. 3.048, de 1999, deve ser informado também o código do fator de risco biológico.

Superada a descrição das atividades (em campo de texto e na indicação de um dos códigos da tabela 28) e a indicação do código do fator de risco ao qual o trabalhador está exposto (a partir de um dos códigos da tabela 23). Destaca-se que não é mais necessário o registro dos fatores de risco no evento S-1060, motivo pelo qual não mais ocorrerá a validação entre os riscos aos quais o trabalhador está exposto, informados no evento S-2240, com os riscos existentes no ambiente de trabalho. Assim, a regra de validação exige somente a existência do fator de risco na tabela 23.

Foge ao escopo do presente trabalho o detalhamento da tabela 23, haja vista que o tema foi objeto de artigo específico que consta na presente obra. Todavia, é importante esclarecer que os riscos ergonômicos e mecânicos/acidentes foram incluídos nas informações a serem prestadas em virtude do que dispõe o art. 266, § 1º da IN/INSS n. 77, de 2015, o qual estabelece que:

> Art. 266. A partir de 1º de janeiro de 2004, conforme estabelecido pela Instrução Normativa INSS/DC n. 99, de 5 de dezembro de 2003, a empresa ou equiparada à empresa deverá preencher o formulário PPP, conforme Anexo XV, de forma individualizada para seus empregados, trabalhadores avulsos e contribuintes individuais cooperados, que trabalhem expostos a agentes nocivos químicos, físicos, biológicos ou associação de agentes prejudiciais à saúde ou à integridade física, ainda que não presentes os requisitos para fins de caracterização de atividades exercidas em condições especiais, seja pela eficácia dos equipamentos de proteção, coletivos ou individuais, seja por não se caracterizar a permanência.
>
> **§ 1º A partir da implantação do PPP em meio digital, este documento deverá ser preenchido para todos os segurados, independentemente do ramo de atividade da empresa, da exposição a agentes nocivos e deverá abranger também informações relativas aos fatores de riscos ergonômicos e mecânicos.** (Grifos nossos)[9]

Uma novidade trazida pela NDE 01 refere-se à necessidade de indicação do critério de avaliação do fator de risco, se quantitativo ou qualitativo. No caso de identificação quantitativa deverá ser informado o valor da medição e a unidade de medida utilizada, as quais já estão previamente estabelecidas no *layout*.

A NDE 01 estabeleceu, também, que a medição deverá considerar a exposição do trabalhador ao agente durante toda a sua jornada de trabalho, não sendo realizada por ambiente de trabalho. Tal mudança foi

---

(9) INSS. Instrução Normativa n. 77, de 21 de janeiro de 2015. Disponível em: <http://sislex.previdencia.gov.br/paginas/38/inss-pres/2015/77.htm>. Acesso em: 11 jun. 2018.

necessária para adequação à legislação, permitindo a verificação do direito ao adicional de insalubridade e à aposentadoria especial, haja vista que deve ser considerada toda a jornada de trabalho para a perfeita subsunção do fato à norma.

Será necessário, ainda, indicar a técnica de medição utilizada, com a descrição da norma que descreve a metodologia (ex.: NHO 01).

Por fim, para atendimento de mais uma solicitação feita pelas empresas, poderá ser indicada a metodologia utilizada para aferição dos riscos ergonômicos, haja vista que a legislação não define uma metodologia específica a ser adotada.

4. Os Procedimentos de Concessão da Aposentadoria Especial e os Impactos do PPP Eletrônico

a) A composição do PPP eletrônico a partir do eSocial

A partir das informações acima explicitadas, acredito que todos os leitores já tenham em mente que o PPP será composto por uma série de eventos do eSocial, e não apenas por um único evento denominado Perfil Profissiográfico Previdenciário. Essa opção objetiva deixar a prestação das informações mais próxima da gestão de riscos feita pela empresa, facilitando a identificação de informações e garantindo o entendimento da lógica dos arquivos que estão sendo enviados.

Assim, o PPP será composto pelas informações de ambientes de trabalho, descritas no evento S-1060; do monitoramento da saúde do trabalhador, oriundas do evento S-2220; das informações de exposição a risco e suas consequências legais, declaradas no evento S-2240; além das informações de CATs emitidas (item 12 do formulário do PPP, previsto no anexo XV da IN/INSS n. 77/2015). Embora essas sejam as informações mais relevantes, outras serão obtidas do evento S-2200 — Cadastramento Inicial do Vínculo e Admissão/Ingresso de Trabalhador, tais como o CBO e os dados de identificação do trabalhador, além da correlação com outros eventos que contenham informações necessárias.

b) Melhorias esperadas com a implementação do PPP eletrônico

Conforme já mencionado anteriormente, mais de 80% dos benefícios de aposentadoria especial são concedidos por decisão judicial, o que mostra um grave problema operacional, acarretando custos elevados para o Estado brasileiro e sobrecarregando os cofres da Previdência Social. Vários são os aspectos que contribuem para essa elevada judicialização, sendo um deles a falta de informação consistente enviada ao INSS para a concessão do benefício.

Os formulários de PPP atualmente emitidos muitas vezes não possuem coerência e consistência, possuindo informações totalmente divergentes para trabalhadores que atuavam ao mesmo tempo, na mesma função e submetidos aos mesmos riscos dentro do estabelecimento empresarial. Isso ocorre pincipalmente pela demora no registro das informações: se, de um lado, o trabalhador, em regra, somente solicita o seu PPP no momento de pleitear a aposentadoria, de outro, a empresa, também em regra, não cumpre o dever de manter o PPP atualizado, elaborando-o apenas quando da solicitação do empregado.

A partir do eSocial tais informações serão registradas pelas empresas em momento mais próximo ao seu nascedouro e estarão disponíveis para o empregado com menor burocracia, permitindo uma fiscalização mais efetiva por parte desse agente, o qual poderá ser auxiliado pelo sindicato representativo da sua categoria.

As informações também estarão disponíveis com maior agilidade ao fisco, permitindo que a RFB consiga, por meio de critérios de inteligência na fiscalização, aumentar sua ação em relação ao recolhimento do adicional do seguro contra acidentes de trabalho para o financiamento da aposentadoria especial, previsto no art. 57, § 6º, da Lei n. 8.213, de 1991, incrementando a percepção de risco para a empresa/contribuinte e garantindo o cumprimento mais efetivo da legislação.

5. Os Avanços Trazidos com a Emissão da CAT no eSocial

No que tange à emissão da CAT via eSocial a principal melhoria será a consistência das informações, evitando erros de cadastramento e principalmente de vinculação de um trabalhador à empresa, os quais geram reflexo no cálculo do FAP e a proliferação de contestações que poderiam ser evitadas.

Ademais, haverá a garantia de que a informação chegue de forma tempestiva à perícia médica do INSS, permitindo melhor conhecimento sobre os fatos ocorridos quando da análise do benefício por incapacidade que eventualmente decorra do acidente de trabalho, evitando a demora na transcrição do documento em papel para o sistema.

O registro de informações parametrizadas e a melhor classificação dos acidentes de trabalho permitirão estudos mais qualificados para subsidiar as políticas públicas de promoção e proteção à saúde do trabalhador, efetivando o direito à redução dos riscos inerentes ao trabalho, insculpido no art. 7º, XXII, da CRFB/1988.

Por fim, por ser o eSocial um repositório de informações gerido por um consórcio de órgãos públicos e, considerando que as informações relativas à CAT são relevantes para vários dos órgãos consorciados, conforme anteriormente demonstrado, o registro da informação nesse ambiente permitirá acesso imediato dos dados por todos os órgãos públicos, garantindo maior eficiência e efetividade na atuação do Estado.

Importante destacar que somente o empregador enviará as informações via eSocial, sendo que os demais legitimados a emitir a CAT continuarão a fazê-lo por meio físico. Tal fato decorre da impossibilidade de terceiros enviarem informações ao eSocial. Entretanto, como cerca de 70% das CATs são emitidas pelo empregador, o eSocial representará um grande avanço em relação ao cenário atual.

6. Os Benefícios por Incapacidade e o Evento S-2230 (Afastamentos Temporários)

Embora não se trate de um evento classificado como de SST no eSocial, o "S-2230 — Afastamentos Temporários" possui informações que serão utilizadas pela Previdência Social na concessão de benefícios por incapacidade, motivo pelo qual faremos alguns breves apontamentos a seu respeito.

O evento S-2230 é utilizado para registrar uma série de afastamentos que podem ocorrer durante o vínculo laboral, os quais estão codificados na tabela 18 do eSocial, sendo que dois deles se destacam para a área de SST:

- 01 — Acidente/doença do Trabalho; e
- 03 — Acidente/doença não relacionado ao trabalho.

Tais informações são atualmente declaradas na GFIP por meio dos seguintes códigos:

- O1 — Afastamento temporário por motivo de acidente do trabalho, por período superior a 15 dias;
- O2 — Novo afastamento temporário em decorrência do mesmo acidente do trabalho;
- P1 — Afastamento temporário por motivo de doença, por período superior a 15 dias; e
- P2 — Novo afastamento temporário em decorrência da mesma doença, dentro de 60 dias contados da cessação do afastamento anterior.

Entretanto, tais informações, na maioria das vezes, não são registradas pelas empresas, sendo de pouca utilidade para a Previdência Social.

Para viabilizar a criação de uma obrigação que efetivamente tivesse adesão dos declarantes, foi flexibilizada a regra de declaração, de modo que os afastamentos decorrentes de doenças/acidentes não relacionados ao trabalho somente precisam ser declarados caso tenham duração de 3 ou mais dias. Tal disposição, entretanto, não impede que a empresa faça a opção de declarar os afastamentos com menos de 3 dias.

Por outro lado, foi mantida a regra de declaração dos afastamentos/doenças decorrentes do trabalho, os quais devem ser informados mesmo que tenham duração de apenas um dia.

Ademais, para evitar a existência de quatro códigos diferentes, eles foram simplificados nos dois acima descritos, sendo incluído um campo para que a empresa possa fazer o registro de que o afastamento decorre de outro pelo mesmo motivo dentro do prazo de 60 dias.

Além de tais informações, será exigido o registro do médico que emitiu o atestado, buscando dar maior consistência à declaração, bem como o número de dias de repouso indicado pelo médico. Nesse ponto alguns esclarecimentos são de fundamental importância, haja vista o grande número de informações desencontradas sobre o tema.

Primeiramente, é importante esclarecer que o número de dias de repouso indicado pelo médico assistente, ou seja, o médico que emitiu o atestado, não deve ser confundido com a duração do afastamento. Isso porque, a duração do afastamento será verificada pelas datas de início e de fim do próprio afastamento, não possuindo qualquer correlação com o número de dias do atestado médico.

Diga-se, ainda, que somente é necessário o envio de atestados médicos até o 15º dia de afastamento, haja vista que a partir do 16º dia o fundamento legal para a manutenção do trabalhador em afastamento é a decisão do INSS acerca da concessão do benefício por incapacidade.

Assim, suponhamos a hipótese em que o trabalhador recebeu um atestado médico, com 30 dias de afastamento por motivo não relacionado ao trabalho, a partir de 1º.03.2019 e que, após perícia médica, esse trabalhador tenha recebido um benefício com duração até 30.09.2019. Nesse caso, conforme regras que constam no MOS, o empregador/contribuinte deverá enviar o evento S-2230 até o 16º dia de afastamento, informando como data de início do afastamento o dia 1º.03.2019 e inserindo no campo "atestado" os 30 dias indicados pelo médico assistente. Entretanto, o afastamento somente deverá ser encerrado no dia 30.09.2019, sendo que a duração do afastamento foi de 1º.03.2019 a 30.09.2019.

Mesmo que o trabalhador entregue novos atestados durante o período de afastamento, tais informações não deverão ser encaminhadas ao eSocial pois, após o 16º dia, o afastamento é justificado pela concessão do benefício por incapacidade, informação que já consta no banco de dados da Previdência Social.

Por fim, importante esclarecer que a Resolução do CFM n. 1.658, de 2002, determina que o atestado médico deve conter o tempo concedido de dispensa da atividade:

> Art. 3º Na elaboração do atestado médico, o médico assistente observará os seguintes procedimentos:
>
> I — especificar o tempo concedido de dispensa à atividade, necessário para a recuperação do paciente;[10]

Tais informações serão utilizadas para facilitar e dar agilidade ao processo de concessão de benefícios por incapacidade.

7. Conclusões

O eSocial é um ousado projeto do estado brasileiro e tem por objetivos a garantia de direitos, a simplificação de processos e a disponibilização de informações com maior qualidade aos órgãos públicos envolvidos. Desde o seu nascedouro, o projeto foi pautado no diálogo com a sociedade civil, por meio das representações de empregadores e empregados. Buscou-se, assim, o engajamento de todos os interessados em um processo de construção dialética da política pública.

Especificamente em relação às obrigações de SST, verifica-se uma verdadeira revolução para o setor, sendo o primeiro passo para a informatização dos processos, garantindo maior qualidade da gestão a ser realizada.

---

(10) CONSELHO FEDERAL DE MEDICINA. *Resolução n. 1.658, de 2002*. Disponível em: <http://www.portalmedico.org.br/resolucoes/cfm/2002/1658_2002.htm>. Acesso em: 11 jun. 2018

No âmbito da Previdência Social, as informações de SST declaradas terão importante impacto nas rotinas de concessão de benefícios e de registro de dados, sendo tal processo imprescindível para melhorar a qualidade dos documentos recebidos e reduzir o risco de judicialização.

Ademais, os órgãos de fiscalização poderão atuar de forma mais efetiva em relação à tributação incidente sobre o meio ambiente de trabalho e ao cumprimento das normas de SST, garantindo a efetividade das políticas públicas para proteção e promoção da saúde do trabalhador.

Toda essa revolução está acontecendo sem alterações na legislação que embasa a produção das informações que serão prestadas, sendo que o impacto positivo do projeto decorre principalmente do aumento da percepção de risco, estimulando o cumprimento da legislação, bem como simplificando processos tanto para as empresas quanto para os órgãos públicos envolvidos.

Assim, fica evidente que para a adaptação das empresas ao eSocial é necessária uma boa gestão em saúde e segurança e a integração de todas as áreas da empresa, garantindo que as informações prestadas sejam consistentes e estejam de acordo com a legislação de regência.

8. *Referências Bibliográficas*

BRASIL. Leiautes do eSocial versão 2.4.02. Disponível em: <https://portal.esocial.gov.br/institucional/documentacao-tecnica>. Acesso em: 11 jun. 2018

BRASIL. Manual de Orientação do eSocial, versão 2.4.02. Disponível em: <https://portal.esocial.gov.br/institucional/documentacao-tecnica>. Acesso em: 11 jun. 2018

BRASIL. Nota de Documentação Evolutiva 01/2018 — Eventos de Saúde e Segurança do Trabalho — SST. Disponível em: <https://portal.esocial.gov.br/insti-tucional/documentacao-tecnica>. Acesso em: 11 jun. 2018

MARTINEZ, Wladimir Novaes. *Aposentadoria Especial*. São Paulo: LTr, 2010.

O eSocial e o Tratamento Diferenciado Previsto na Legislação ao Empregador Doméstico, Microempreendedor Individual, Segurado Especial e Micro e Pequenas Empresas

Zander Gonçalves da Silva[*]

1. Introdução

O eSocial, instituído pelo Decreto n. 8.373, de 2014[1], tem como objetivo a prestação de informações fiscais, previdenciárias e trabalhistas pelos empregadores ao governo federal. Busca reduzir a burocracia na prestação dessas informações geradas pelas relações de trabalho, com a simplificação, racionalização, eliminação de redundância e a consequente melhoria na qualidade dos dados prestados. Além da melhoria do ambiente de negócios para empresas, trará benefícios para trabalhadores, com garantia de direitos trabalhistas e previdenciários. Do mesmo modo, propiciará ao governo um melhor acompanhamento do cumprimento dessas obrigações.

Com a prestação de informações de forma centralizada, espera-se a extinção de diversas obrigações que os empregadores prestam atualmente de forma esparsa, como a GFIP/SEFIP, RAIS, CAGED, DIRF, CAT, LRE e diversos outros documentos e declarações. O eSocial não criará nenhuma nova obrigação acessória ou trabalhista, apenas centralizará essas informações a partir de um único canal.

Mesmo com a simplificação e racionalização esperadas com a implantação do eSocial, existem alguns tipos de empregadores que precisam de um tratamento diferenciado, devido ao seu porte ou mesmo sua natureza. Pensando nisso, o legislador sabiamente destacou um tratamento diferenciado e favorecido a ser dispensado ao Empregador Doméstico, Microempreendedor Individual (MEI), Segurado Especial, Micro Empresas e Empresas de Pequeno Porte (ME/EPP). Para esses empregadores, o governo federal deverá disponibilizar um sistema simplificado para prestar as informações ao eSocial, de forma que não precisem comprar ou desenvolver um sistema próprio para transmitir esses dados. O sítio eletrônico do eSocial[2] será a ferramenta utilizada por esses empregadores para o envio dessas informações.

2. Formas de Transmissão de Dados ao eSocial

Os empregadores poderão transmitir as informações fiscais, previdenciárias e trabalhistas, resultantes de suas relações de trabalho com indivíduos — e também na aquisição e comercialização de produção rural pessoa física — de duas formas: a primeira utilizando sistemas próprios de gestão e transmissão de informações, que realizam uma conexão direta com o servidor do eSocial (também conhecido como "Ambiente Nacional") via Webservice[3]. Nesse processo não há a figura dos famosos PGD, pois o próprio sistema da empresa se

---

[*] Auditor-Fiscal do Trabalho desde 2010. Bacharel em Administração pela Faculdade de Ciências Econômicas da UFMG. Especialista em Direito e Processo do Trabalho pela PUC. Professor da Escola Nacional de Inspeção do Trabalho — ENIT e de cursos de pós-graduação em Direito e Gestão do Trabalho. Membro da equipe do Ministério do Trabalho no eSocial desde 2015.
[1] Disponível em: <http://www.planalto.gov.br/ccivil_03/_ato2011-2014/2014/decreto/d8373.htm>.
[2] Disponível em: <www.esocial.gov.br>
[3] Webservice é uma solução utilizada na integração de sistemas e na comunicação entre aplicações diferentes. Com esta tecnologia é possível que novas aplicações possam interagir com aquelas que já existem e que sistemas desenvolvidos em plataformas diferentes sejam compatíveis. Os Web services são componentes que permitem às aplicações enviar e receber dados em formato

comunica com os servidores do eSocial, realizando a transmissão dos eventos devidamente assinados por certificação digital; na segunda opção, via portal eSocial na web, os empregadores prestam a informação e a própria página web se conecta com o servidor de dados do eSocial.

Nesse último caso de transmissão, via portal eSocial, os empregadores terão dois tipos de páginas. A primeira é chamada de "Contingência", voltada para qualquer empregador que precise transmitir alguma informação para o Ambiente Nacional do eSocial. A página de contingência permite que o empregador preste todas as informações previstas nos leiautes[4] e no Manual de Orientação do eSocial (MOS)[5], mas sem integração entre eventos ou cálculos automáticos. Deve ser utilizada quando seu sistema próprio de gestão de dados apresentar alguma instabilidade, ou quando esse sistema não estiver compatível com as exigências do eSocial. Também poderá ser utilizado para conferir se os dados transmitidos estão na base do eSocial, embora este não seja seu objetivo, posto que o sistema da empresa, via *Webservice*, recebe um retorno do Ambiente Nacional com a confirmação se determinado evento foi ou não recepcionado pelo eSocial.

A segunda forma de transmissão de dados via portal eSocial ocorre pelos sistemas simplificados, que atuam como verdadeiros sistemas de gestão das relações de trabalho para o empregador, integrando todo o processo. Por exemplo, se o empregador transmitir um afastamento de determinado empregado pelo motivo de doença não relacionada ao trabalho que durou 25 dias em determinado mês, o sistema aplicará automaticamente essa informação na folha de pagamentos, reduzindo o salário devido, já considerando a legislação previdenciária que prevê que os primeiros 15 dias são de responsabilidade do empregador.

Os sistemas simplificados também utilizam informações que vão além dos campos previstos nos leiautes do eSocial. Isso ocorre — para citar uma aplicação — na gestão de férias, quando o eSocial apresenta os períodos aquisitivos de férias, informação que não tem previsão no leiaute do eSocial.

Portanto, esses sistemas simplificados — que precisam ser customizados com as particularidades do Empregador Doméstico, MEI, Segurado Especial e ME/EPP — devem abordar o processo da relação de trabalho como um todo, inclusive com alguns parâmetros legais, de forma a tutelar e orientar o empregador na correta prestação de informação e respeito à legislação.

Cabe destacar que os sistemas disponibilizados pelo governo para a prestação de informações ao eSocial são gratuitos. Caberá ao empregador possuir um equipamento com conexão à internet para acessar o portal do eSocial. No caso de sistemas próprios de gestão e transmissão de dados ao eSocial, caberá ao empregador os custos de desenvolvimento e manutenção.

2.1. Assinatura de Eventos

Todos os eventos do eSocial devem ser assinados eletronicamente para serem recebidos pelo Ambiente Nacional. A assinatura via certificado digital é o padrão utilizado pelo sistema e a única forma de assinar e transmitir eventos via *Webservice*. Alguns empregadores poderão utilizar o código de acesso para acessar o portal do eSocial e transmitir seus eventos.

a) **Certificado Digital**: deverá ser emitido por Autoridade Certificadora credenciada pela Infraestrutura de Chaves Públicas Brasileira — ICP-Brasil e ser do tipo A1 ou A3. O custo de aquisição será suportado pelo empregador. Assinaturas de eventos por procuradores serão possíveis apenas com o uso de certificado digital. O certificado digital poderá ser utilizado, inclusive, por empregadores que possam acessar o eSocial via código de acesso. O certificado digital poderá ser da empresa (e-CNPJ) ou do CPF (e-CPF) do responsável pelo empregador cadastrado na base da RFB. Os eventos ainda poderão ser assinados por certificados digitais que possuam procuração eletrônica cadastrada nos sistemas da RFB (e-CAC) ou da Caixa (Conectividade Social);

XML (Extensible Markup Language). Cada aplicação pode ter a sua própria "linguagem", que é traduzida para uma linguagem universal, o formato XML.
(4) Artigo baseado na versão 2.4.02 dos leiautes do eSocial, publicado em 07.03.2018. Disponível em: <https://portal.esocial.gov.br/institucional/documentacao-tecnica>.
(5) Artigo baseado na versão 2.4 do Manual de Orientação do eSocial — MOS, publicado em 07.03.2018. Disponível em: <https://portal.esocial.gov.br/institucional/documentacao-tecnica>.

b) **Código de Acesso**: gerado diretamente no portal do eSocial na internet e utilizado apenas para acesso via portal (não é válido para envio de eventos via *Webservice*). São solicitados CPF, data de nascimento, recibos de entrega da DIRPF ou número do título de eleitor. No caso de empresas, o código de acesso será gerado no CPF do responsável (representante legal) pelo CNPJ cadastrado na base da RFB. Como forma de simplificar e reduzir custos, os seguintes empregadores poderão utilizar o código de acesso:

i. MEI que possua empregado;

ii. Segurado Especial;

iii. Empregador Doméstico;

iv. ME/EPP optantes pelo Simples Nacional com até 01 empregado[6], não incluídos os empregados afastados.

Na transmissão de eventos via portal eSocial (web), o usuário deverá assinar todo o evento que será enviado ao Ambiente Nacional do eSocial quando utilizar certificado digital. Será solicitado na inclusão, alteração, retificação e exclusão de eventos. O processo de assinatura é realizado fora do navegador, por meio do aplicativo Java que será instalado. Não será necessária a assinatura nas telas de consultas dos eventos.

3. Sistemas Simplificados do eSocial

O termo "Sistema Simplificado" identifica uma aplicação que poderá ser utilizada pelo empregador para prestar as informações para o eSocial, de forma integrada, customizada e sem a necessidade de desenvolver sistemas próprios.

No entanto, isso não significa que o empregador estará dispensado de prestar as mesmas informações caso utilizasse um sistema próprio de gestão ou continuasse transmitindo informações utilizando as declarações antigas. Os campos obrigatórios nos leiautes do eSocial deverão ser informados por todos os empregadores, a não ser que exista uma previsão legal, cuja exceção será prevista no próprio leiaute. Por premissa, a implantação do eSocial não alterou nenhuma lei ou criou novas obrigações acessórias, apenas criou um canal único para prestação de informações.

O acesso aos sistemas simplificados será exclusivo via portal, ou seja, será desenvolvido em um ambiente web e não existirá um Programa Gerador de Declarações (PGD) para o usuário baixar para seu computador. A validação de campos será feita no próprio preenchimento ou na tentativa de envio do evento para o Ambiente Nacional do eSocial, o que ocorrerá quando o empregador clicar em "Salvar", após preencher todos os campos necessários.

Haverá integração entre os diversos eventos transmitidos, de forma que o empregador consiga gerir de forma consolidada todas as obrigações legais decorrentes de suas relações de trabalho. O eSocial preencherá diversas informações de forma automatizada como sugestão, podendo o empregador alterar esses dados para que reflitam a realidade de determinada situação.

Por exemplo, ao realizar o cadastro inicial de um trabalhador no portal do eSocial, o sistema calculará automaticamente os períodos aquisitivos de férias, tomando como base a data de admissão. No entanto, se esse trabalhador possui afastamentos antes do eSocial que alteraram o período aquisitivo de férias, como ocorre nos afastamentos previdenciários por mais de 06 meses dentro do mesmo período aquisitivo[7], caberá ao empregador editar e informar qual o novo período aquisitivo correto para esse trabalhador.

O mesmo ocorrerá nas folhas de pagamentos. O eSocial fará uma sugestão de remuneração com base no salário contratual do empregado, mas o usuário poderá editá-la ou mesmo incluir outros valores de verbas salariais que ocorreram naquela competência, como horas extras e faltas.

---

(6) § 3º do art. 72 da Resolução n. 94/2011 do Comitê Gestor do Simples Nacional (CGSN), atualizada pela Resolução n. 137/2017. Disponível em: <http://normas.receita.fazenda.gov.br/sijut2consulta/link.action?idAto=36833&visao=anotado>.

(7) Inciso IV, art. 133 do Decreto-Lei n. 5.452/1943 (CLT).

Validações adicionais que interpretam e atendem a legislação atual também são consideradas nos módulos simplificados. Dessa forma, o sistema tenta agir como um tutor para que o empregador cumpra todas as suas obrigações de acordo com a lei. Por exemplo, no caso de um empregado com contrato de trabalho por prazo determinado de 90 dias, ao registrar o desligamento e informar que o motivo da demissão foi por "rescisão por término do contrato a termo", o sistema preencherá automaticamente a data de demissão somando 90 dias à data de admissão. Se o usuário colocar outra data, o sistema fará uma crítica destacando a inconsistência informada. Esse tipo de validação não existe nas regras dos leiautes do eSocial.

Outra característica marcante dos sistemas simplificados será sua integração para gerar guias de recolhimento. As informações de fechamento de folha de pagamentos serão transmitidas para os sistemas dos órgãos responsáveis e estes poderão fornecer as guias de recolhimento de tributos e FGTS no próprio ambiente do eSocial, sem a necessidade de realizar outro *login* em sistema diferente. As guias serão geradas de forma unificada ou separadamente, respeitando a legislação para cada tipo de empregador. A implementação completa dessa solução não depende apenas do eSocial, mas também dos sistemas dos órgãos que realizam a gestão dos tributos e FGTS.

Além da integração entre os eventos enviados, o eSocial também deverá consolidar as diversas categorias de trabalhadores em uma mesma visão, posto que o fechamento de folha de pagamentos é único por empregador. Isso poderá ocorrer no caso de pessoas físicas que contratem trabalhadores em mais de uma atividade econômica, como ocorre com um médico que possui um consultório com uma recepcionista, uma atividade rural com finalidade lucrativa e também um empregado doméstico em sua residência, todas vinculadas à pessoa física. Dessa forma, as três atividades deverão ser consolidadas dentro do eSocial para o fechamento das folhas de pagamento.

Apesar do fechamento único da folha de pagamento, cada atividade econômica poderá gerar uma obrigação distinta, com incidência de tributos diferentes. Esse fato gerará guias de recolhimento independentes.

Nos módulos simplificados, o próprio sistema cria uma tabela padrão de rubricas para todos os empregadores, indicando a natureza de cada verba de acordo com a Tabela 03 (Natureza das Rubricas da Folha de Pagamento) dos leiautes do eSocial e também colocando se há ou não a incidência de CP, IRRF ou do FGTS.

No momento de prestar informações na folha de pagamento, o empregador que utiliza um módulo simplificado terá que selecionar necessariamente rubricas padrões cadastradas automaticamente no sistema para demonstrar todos os pagamentos realizados para cada trabalhador. Todo código de rubrica padrão utilizada pelo sistema começa com os caracteres "eSocial". O leiaute proíbe que as empresas cadastrem rubricas com esses mesmos caracteres, pois são reservados para a tabela padrão do eSocial. A tabela com todas as verbas possíveis de se informar — e suas respectivas incidências — são disponibilizadas no portal.

As demais tabelas serão informadas diretamente pelos empregadores. Algumas tabelas serão preenchidas automaticamente pelo eSocial no momento que o usuário cadastrar determinado trabalhador. Por exemplo, ao informar que um empregado terá o cargo de "Assistente Administrativo" vinculado ao CBO 4110-10, o sistema criará um item na tabela de cargos desse empregador com esses dados. Em admissões futuras, será possível selecionar esse cargo sem a necessidade de informar todos os seus dados novamente.

Ocorrerá o mesmo na tabela de horários. O empregador informará o horário de início e término da jornada, bem como o intervalo de descanso, diretamente na admissão do trabalhador. O eSocial criará um item de tabela com esse horário que poderá ser utilizado posteriormente para preencher os horários nos demais dias da semana.

Caberá ao empregador escolher por qual sistema fará a transmissão de dados, que poderá ser via sistema próprio — o que também poderá ocorrer através de um prestador de serviços, como um escritório de contabilidade — ou utilizar um módulo simplificado do eSocial. Poderá, inclusive, utilizar os dois ambientes ao mesmo tempo. No entanto, só poderá utilizar a tabela de rubricas padrão criada pelo eSocial. Assim, ao transmitir um evento via *Webservice*, deverá informar uma rubrica que inicia com os caracteres "eSocial". Dessa forma, o Ambiente Nacional irá considerar a natureza e incidências previstas na tabela padrão para calcular o FGTS, CP e IRRF.

Vale ressaltar, ainda, que a utilização de sistemas do governo e do empregador de forma alternada poderá causar inconsistências em ambos. Os módulos simplificados, assim como os sistemas próprios dos empregadores, trabalham de forma harmônica e possuem uma visão do processo como um todo. Para isso, utilizam informações que vão além dos campos básicos exigidos nos leiautes do eSocial. Por exemplo, se o empregador transmite um afastamento pelo motivo "férias" utilizando sistema próprio, o módulo simplificado não conseguirá identificar a qual período aquisitivo essas férias se referem, posto que o leiaute do eSocial não possui esse tipo de informação. Assim, quando o empregador acessar a funcionalidade de férias via módulo simplificado, não conseguirá realizar a gestão plena das férias de seus trabalhadores.

Os seguintes tipos de empregadores poderão utilizar sistemas simplificados:

i. Empregador Doméstico;

ii. Microempreendedor Individual;

iii. Segurado Especial;

iv. Micro e Pequenas Empresas

3.1. Empregador Doméstico

A Lei Complementar n. 150, de 2015 definiu que Empregado Doméstico é todo "*aquele que presta serviços de forma contínua, subordinada, onerosa e pessoal e de finalidade não lucrativa à pessoa ou à família, no âmbito residencial destas, por mais de 2 (dois) dias por semana*"[8]. Por consequência, Empregador Doméstico é todo aquele que contrata esse tipo de trabalhador. Cabe destacar uma singularidade para esse tipo de empregador: poderá ser um indivíduo ou uma família. Neste caso, um representante da família será o responsável pelo cumprimento das obrigações diante do eSocial.

Havia uma expectativa que seria criado um sistema que solicitaria poucos dados do empregador, como ocorrera até então na geração das GPS, único documento obrigatório para pagamento para esse empregador até setembro de 2015. Ocorre que a Emenda Constitucional n. 72, de 2013[9] e a Lei Complementar n. 150, de 2015 estabeleceram a igualdade de direitos trabalhistas entre os trabalhadores domésticos e os demais trabalhadores urbanos e rurais.

Dessa forma, o empregador doméstico também passou a ter quase as mesmas obrigações que uma empresa, tendo que prestar informações dessa relação de emprego em vários livros e sistemas diversos (GFIP, DIRF, LRE, dentre outros). No entanto, para evitar toda essa burocracia, o legislador criou o Simples Doméstico[10], que é um regime unificado de pagamento de tributos, de contribuições e dos demais encargos do empregador doméstico, em que a inscrição do empregador e a entrada única de dados cadastrais e de informações trabalhistas, previdenciárias e fiscais ocorrerão via sistema eletrônico. O eSocial foi a ferramenta escolhida para transmissão dessas informações.

O módulo Doméstico do eSocial está disponível desde outubro, de 2015 para os empregadores. O lançamento ocorreu apenas 04 meses após a aprovação da legislação relacionada e o sistema apresentou vários problemas no início. O tempo exíguo foi uma das explicações para todo o transtorno causado na implementação desse módulo. Para fins de comparação, o projeto do eSocial começou a ser desenvolvido no ano de 2010 e as empresas com faturamento acima de R$ 78 milhões começaram a enviar eventos apenas no início de 2018, em um processo que durou quase oito anos. A expectativa inicial era que o Empregador Doméstico fosse o último a utilizar esse sistema, mas acabou sendo o primeiro. Ato contínuo, serviu como laboratório para ajuste dos leiautes e correção de inconsistências de todo o eSocial.

Como consequência de uma implementação que atropelou o desenvolvimento normal para uma aplicação desse porte, somada à complexidade da legislação fiscal, previdenciária e trabalhista, muitos empregadores sentiram-se inseguros e optaram por contratar empresas de contabilidade para operar o sistema. Na

---

(8) Disponível em: <http://www.planalto.gov.br/ccivil_03/Leis/LCP/Lcp150.htm>.
(9) <http://www.planalto.gov.br/ccivil_03/constituicao/emendas/emc/emc72.htm>
(10) Capítulo II da Lei Complementar n. 150/2015.

prática, verifica-se que o cadastramento inicial dos trabalhadores exige mais atenção do empregador, pois são solicitadas diversas informações cadastrais e contratuais. Por outro lado, após a admissão, a maioria dos empregadores acessa o eSocial apenas uma vez por mês, tendo que realizar apenas quatro passos para transmitir a remuneração e imprimir a guia de arrecadação[11] e o recibo de salários.

O eSocial Doméstico recebeu diversas melhorias desde seu lançamento e a versão de julho/2018 opera com estabilidade e diversas ferramentas de gestão. No entanto, esse módulo ainda precisa de melhorias, como opção para realizar a transferência de titularidade entre pessoas de uma mesma família, cálculo completo de verbas do desligamento e um sistema de controle de ponto que apure a jornada e calcule automaticamente horas extras, faltas e adicionais diversos.

O acesso ao módulo Doméstico pode ocorrer com certificado digital ou via código de acesso, independentemente do número de trabalhadores ativos do empregador.

3.2. Microempreendedor Individual (MEI)

MEI[12] — como uma modalidade de microempresa[13] — é o pequeno empresário individual que tenha faturamento limitado a R$ 81 mil por ano, que não participe como sócio, administrador ou titular de outra empresa e que exerça uma das atividades econômicas previstas no Anexo XI da Resolução do CGSN 140 de 2018[14]. Além disso, o MEI poderá contratar apenas um empregado que receba exclusivamente um salário mínimo ou o piso salarial da categoria profissional. Como o eSocial é um sistema para prestar informações decorrentes de relação de trabalho, apenas o MEI[15] que contratar empregados estará obrigado a utilizar o sistema.

Atualmente, o MEI utiliza o Portal do Empreendedor[16] para realizar pagamentos, declarações, parcelamentos e outros serviços de sua atividade. O DAS-MEI gerado nesse portal inclui todos os tributos de sua atividade econômica, exceto os tributos e FGTS de seu empregado, caso possua. Nesse caso, para recolhimento da contribuição previdenciária patronal e do empregado, bem como o FGTS dessa relação de emprego, utiliza a GFIP — que após transmitida pelo sistema de Conectividade Social da Caixa — gera a GPS e a GRF.

Seguindo o cronograma de implantação do sistema[17], que definiu prazos para o início da transmissão de eventos de acordo com o faturamento e natureza jurídica do empregador, o MEI que possuir empregado deverá utilizar o eSocial para prestar informações ao governo. O sistema simplificado do Microempreendedor Individual será integrado com o Portal do Empreendedor, permitindo que o empregador utilize um único ambiente para gerar e transmitir todas as informações exigidas por lei.

Ainda não há previsão que esse empregador pague todas as suas obrigações em apenas um documento, unificando os valores da guia DAS-MEI com a GPS e GRF. A Lei Complementar n. 123, de 2016[18] prevê que o CGSN defina a forma, a periodicidade e o prazo para recolhimento de todos os tributos de obrigação do MEI, bem como do FGTS e da contribuição para a Seguridade Social descontada do empregado. Portanto, uma resolução desse conselho poderá unificar em um único documento todos os valores devidos pelo empregador.

O acesso ao módulo simplificado do MEI ocorrerá via Portal do Empreendedor utilizando o certificado digital ou código de acesso do Simples Nacional cadastrado nesse sistema. Também poderá acessar o módulo simplificado diretamente pelo portal do eSocial com o mesmo código de acesso ou com certificado digital.

---

(11) DAE — Documento de Arrecadação do eSocial.
(12) § 1º, art. 18-A, Lei Complementar n. 123/2006.
(13) § 3º, art. 18-C, Lei Complementar n. 123/2006.
(14) Disponível em: <http://normas.receita.fazenda.gov.br/sijut2consulta/link.action?visao=anotado&idAto=92278>.
(15) O MEI sem empregados está dispensado de apresentar a RAIS e a GFIP, conforme § 13 do art. 18-A da Lei Complementar n. 123/2006.
(16) <http://www.portaldoempreendedor.gov.br/> que está integrado ao portal do Simples Nacional (<http://www8.receita.fazenda.gov.br/SimplesNacional/>).
(17) Conforme Resolução do Comitê Diretivo do eSocial n. 003/2017.
(18) § 3º, art. 18-C da Lei Complementar n. 123/2016.

3.3. Segurado Especial

A Lei n. 8.213, de 1991[19] definiu que Segurado Especial é o produtor rural pessoa física que, individualmente ou em regime de economia familiar, ainda que com o auxílio-eventual de terceiros, explore a atividade de agropecuária, seringueiro ou extrativista vegetal. O pescador artesanal também é um tipo de segurado especial. Essa definição inclui o cônjuge ou companheiro, bem como filho maior de dezesseis anos de idade que, comprovadamente, trabalhem com o grupo familiar respectivo. A atividade poderá ocorrer em imóvel rural ou em aglomerado urbano ou rural próximo a ele. O produtor poderá ser proprietário do imóvel, usufrutuário, possuidor, assentado, parceiro ou meeiro outorgado, comodatário ou arrendatário rural.

O Segurado Especial também poderá contratar empregados, desde que a soma do total de dias do contrato de todos os trabalhadores não ultrapasse cento e vinte dias durante o ano, em períodos corridos ou intercalados ou, ainda, por tempo equivalente em horas de trabalho, não sendo computado nesse prazo o período de afastamento em decorrência da percepção de auxílio-doença.

Apesar de fugir um pouco do propósito geral do eSocial — de ser o local único para prestação de informações decorrentes das relações de trabalho para o governo –, o resultado da comercialização da produção rural da pessoa física deverá ser informado neste ambiente. Isso ocorre porque a própria Constituição Federal[20] determinou que a contribuição para a seguridade social desse tipo de contribuinte ocorrerá sobre uma alíquota sobre sua produção e o eSocial é o sistema mais próximo dentro do SPED para receber tais dados.

O segurado especial deve informar no eSocial o valor da receita bruta da comercialização da produção rural própria e dos subprodutos e resíduos, se houver, quando comercializar com:

• Adquirente domiciliado no exterior (exportação);

• Consumidor pessoa física, no varejo;

• Outro produtor rural pessoa física;

• Outro segurado especial;

• Pessoa jurídica, na qualidade de adquirente, consumidora ou consignatária;

• Pessoa física não produtor rural, quando adquire produção para venda, no varejo ou a consumidor pessoa física;

• Destinatário incerto ou quando não houver comprovação formal do destino da produção.

O recolhimento dos tributos e de FGTS, se for o caso, será realizado em guia única, considerando os valores devidos sobre a comercialização da produção e da relação de trabalho, se existir. O acesso ao módulo simplificado do Segurado Especial ocorrerá com certificado digital ou código de acesso.

3.4. Micro e Pequenas Empresas

A Lei Complementar n. 123, de 2006 instituiu o Estatuto Nacional da ME e da EPP[21], que determinou um tratamento diferenciado, simplificado e favorecido no cumprimento de obrigações legais. O Decreto n.

---

(19) Inciso VII, art. 11, Lei n. 8.213/1991.
(20) § 8º, art. 195, Constituição Federal: *"O produtor, o parceiro, o meeiro e o arrendatário rurais e o pescador artesanal, bem como os respectivos cônjuges, que exerçam suas atividades em regime de economia familiar, sem empregados permanentes, contribuirão para a seguridade social mediante a aplicação de uma alíquota sobre o resultado da comercialização da produção e farão jus aos benefícios nos termos da lei".*
(21) A microempresa será a sociedade empresária, a sociedade simples, a empresa individual de responsabilidade limitada e o empresário, devidamente registrados nos órgãos competentes, que aufira em cada ano calendário, a receita bruta igual ou inferior a R$ 360.000,00. Se a receita bruta anual for superior a R$ 360.000,00 e igual ou inferior é R$ 4.800.000,00, a sociedade será enquadrada como empresa de pequeno porte. Estes valores referem-se a receitas obtidas no mercado nacional. A empresa de pequeno porte não perderá o seu enquadramento se obter adicionais de receitas de exportação, até o limite de R$ 4.800.000,00. Referência para o ano de 2018.

8.373, de 2014[22] — que regulamentou o eSocial — também previu a utilização de sistemas simplificados para esses empregadores.

Para acesso ao eSocial, as ME/EPP optantes pelo Simples Nacional com até um empregado ativo poderão acessar o módulo simplificado utilizando o código de acesso. O acesso via certificado digital será obrigatório para empresas que possuam mais de um empregado ou para aqueles empregadores que acessam via código de acesso e realizem a admissão de novos trabalhadores, terminando o mês com mais de um trabalhador ativo, ocasião em que serão avisados que deverão utilizar o certificado digital no acesso do próximo mês.

Não há previsão de geração de guia única para pagamento de obrigações tributárias e do FGTS. No entanto, o Comitê Gestor do Simples Nacional[23] poderá implementar o recolhimento unificado de tributos e do FGTS e caberá ao eSocial incluir essa funcionalidade no módulo simplificado destinado às ME/EPP.

5. Considerações Finais

A criação de sistemas simplificados é essencial para que Empregador Doméstico, MEI, Segurado Especial e ME/EPP consigam cumprir as obrigações decorrentes da contratação de trabalhadores. Trata-se de orientação contida na Carta Maior e pelo próprio legislador infraconstitucional, qual seja, dar tratamento diferenciado que reduza a burocracia e racionalize o tempo despendido em burocracias legais por esses empregadores.

A legislação trabalhista, previdenciária e tributária possui uma complexidade tão grande que, para cumpri-las, esses empregadores especiais necessitam de auxílio de sistemas informatizados. O fornecimento de um sistema gratuito que possibilite ao pequeno empregador a correta prestação de informação é vital para que ele possa se dedicar ao seu negócio principal.

As particularidades de cada empreendimento ou atividade exercida ainda são desafios para qualquer sistema, pois poderão apresentar uma realidade que nem sempre é possível de se prever. Caberá aos empregadores que utilizam os módulos simplificados se qualificar e buscar conhecimento sobre as matérias legais tratadas pelo eSocial relacionadas ao seu negócio, porque mesmo em um sistema eficiente a responsabilidade das informações será, em última análise, sempre do usuário.

6. Referencias Bibliográficas

BRASIL. Leiautes do eSocial versão 2.4.02. Disponível em: <https://portal.esocial.gov.br/institucional/documentacao-tecnica>. Acesso em: 4 jun. 2018.

BRASIL. Manual de Orientação do eSocial, versão 2.4.02. Disponível em: <https://portal.esocial.gov.br/institucional/documentacao-tecnica>. Acesso em: 4 jun. 2018.

---

(22) § 2º, art. 2º, Decreto n. 8.373/2014. Disponível em <http://www.planalto.gov.br/ccivil_03/_Ato2011-2014/2014/Decreto/D8373.htm>.
(23) § 9º, art. 2º, Lei Complementar n. 123/2006.